推理◉邪馬台国と日本神話の謎

邪馬台国は99.9%福岡県にあった

ベイズの新統計学による確率計算の衝撃

安本美典［著］

勉誠出版

邪馬台国論争に、
ベイズ統計学をわが国ではじめて適用
驚愕すべき結果！

ベイズ統計学の衝撃!!

邪馬台国論争に、あらたな展開

ベイズの肖像

トーマス・ベイズ（Thomas Bayes、1701または1702〜1761）は、イギリスの人。

牧師であった。いま、ベイズの統計学が隆盛となっている。

＊肖像は松原望著『図解入門よくわかる最新ベイズ統計　基本と仕組み』（秀和システム、2010年刊）による。

いま、ベイズ統計学が、統計学の分野に、革命をもたらしている。

ベイズ統計学は、情報処理の分野をはじめ、広い分野で応用され、黄金期をむかえつつある。

ベイズ統計学は、膨大《ぼうだい》なデータをまとめ、ただ一つの数字に帰着させるところに、その切れ味がある。凄《すご》みがある。

日本全国の全都道府県の『魏志倭人伝』記載関係の全考古学的データを総合して、ただひとつの数字、「確率」にまとめれば、つぎのようになる。


邪馬台国が、**福岡県**にあった確率　**99.8%**

邪馬台国が、**佐賀県**にあった確率　**0.2%**
（1000回に2回）

邪馬台国が、**奈良県**にあった確率　**0.0%**

「明日、雨のふる確率は、99.8%」といえば、ほとんどかならず雨がふるというに等しい。

さらに、福岡県と奈良県とのみを対比させれば、邪馬台国が、福岡県にあった確率は、ほぼ１となり、奈良県にあった確率は、ほぼ０（１万回に１回以下）となる。

邪馬台国論争への、強い警鐘が、ここからきこえてくる。

奈良県説は、個々の遺跡・遺物に注意を集め、それをなんとか邪馬台国に結びつけて、マスコミ報道にもちこむことをくりかえしている。それは、証明にならない。遺跡・遺物の、全体的状況をみなければならない。

ベイズ統計学概説

松原 望（培風館、2010年刊）

邪馬台国問題へのベイズ統計学の適用にあたり、安本が指導をあおいだ松原望《まつばらのぞむ》氏（東京大学名誉教授・聖学院《せいがくいん》大学大学院教授）とその著書

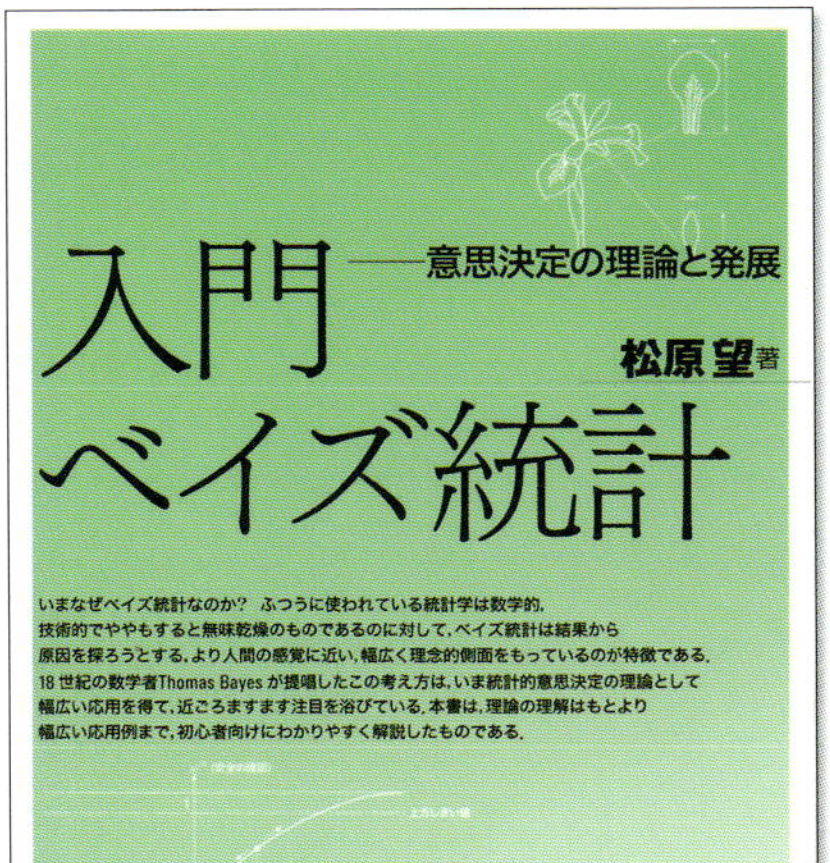

入門ベイズ統計

松原 望（東京図書、2008年刊）

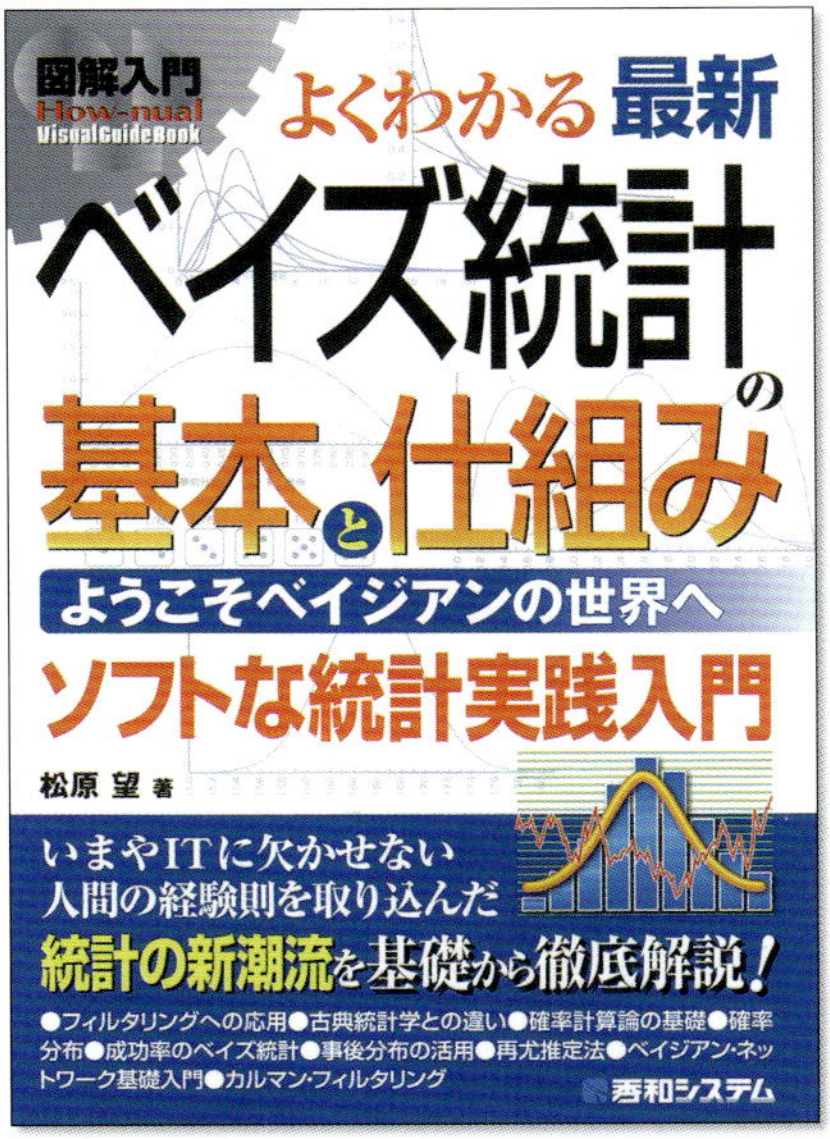

図解入門よくわかる
最新ベイズ統計の基本と仕組み

松原 望（秀和システム、2010年刊）

つぎつぎと刊行されるベイズ統計学とビッグデータ関係の本

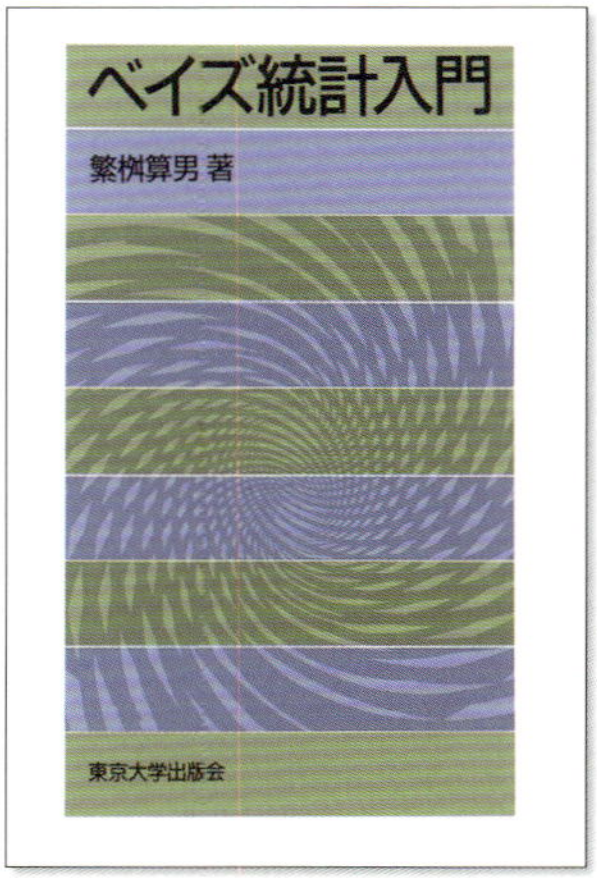

ベイズ統計入門

重桝算男《しげますかずお》著（東京大学出版会、1985年刊）
著者は、教育心理学者。この本は、1985年の刊行であるが、現在7刷。

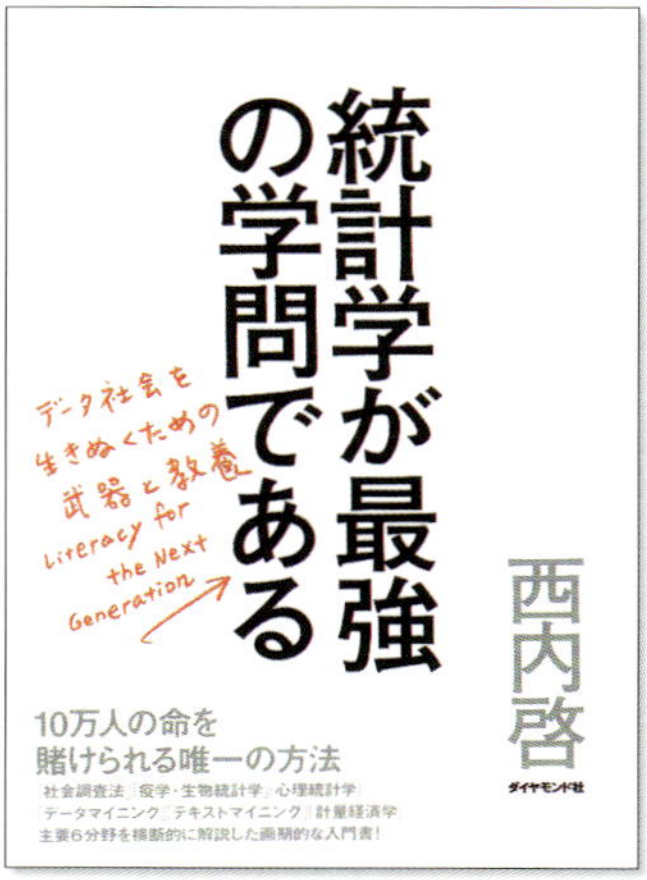

統計学が最強の学問である

西内啓《にしうちひろむ》著（ダイヤモンド社、2013年刊）
最近のこの分野の大ベストセラーである。ベイズ統計学が、要領よく紹介されている。

ビッグデータの正体

V・M・ショーンベルガー＆K・クキエ著
（斎藤栄一郎訳）
（講談社、2013年刊）

史上最強図解
これならわかるベイズ統計学

涌井良幸《わくいよしゆき》　涌井貞美《わくいさだみ》著
（ナツメ社、2012年刊）

纒向＝虚構の邪馬台国

これが卑弥呼の宮殿だって？

纒向遺跡の発掘調査で発見された建物B、C、DをCGで復原／監修：黒田龍二（NHKスペシャル「“邪馬台国”を掘る」写真提供：NHK）

『魏志倭人伝』の記述とあっていない！
『魏志倭人伝』の記述を無視して議論するなら、
どんな説でも成立しうる。

なぜ、「卑弥呼の宮殿」報道が行なわれるのか？

目　次

第2章 纒向《まきむく》＝虚構の邪馬台国——89

●マスコミ宣伝があって、証明がない●

掲載図版一覧

地図

図

表

写真

コラム

系図

序章　『文藝春秋』での紹介

●邪馬台国が、福岡県や奈良県にあった確率を計算する●

「邪馬台国が、福岡県にあった確率は99.9％以上」「邪馬台国が、奈良県にあった確率は、0.1％以下（ほぼ0％）」などの確率計算の結果を紹介した『文藝春秋』(2013年11月号)。

天気予報でさえ、「明日、雨のふる確率は、七〇パーセント」というような表現をする。

確率論や統計学は、いまや、多くの科学・学問分野で共通の言語となりつつある。確率計算を行なう方法こそ、客観的で、確実な証明をもたらす。

邪馬台国論争の混乱を突破《ブレークスルー》し、新しい知見、新世界をもたらす。

確率計算を行なう

この本の題名の、「99・9％」という数字は、たんなる強調表現ではない。

データにもとづく、根拠をもった確率計算の結果、「邪馬台国が、福岡県にあった確率」は、九九・九％以上であることをのべている。そして、たとえば、「邪馬台国が奈良県にあった確率」は、〇・一％以下、つまりほとんど0《ゼロ》％であることをのべている。

これは、現代の、ふつうの科学的な基準では、「邪馬台国は、奈良県にあった」とする仮説は、棄却すべきであること、つまり、成立しえないことをのべている。

邪馬台国論争混乱の原因は、ふつうの科学分野での論理が、この分野では通用しない。または、無視されるところにある。

この本でのべる内容は、すでに、その概略を、『文藝春秋』二〇一三年十月号や、『季刊邪馬台国』118号などで紹介されている。

この本は、その詳論である。

『文藝春秋』で、紹介されたものが、この本の、よい要約になっている。そこで、まず、その文章を、転載させていただく。

この文章は、私の計算結果と、それについての、現代を代表する統計学者のひとり、松原望氏の見解とを、取材にあたられた河崎貴一氏が、まとめられたものである。

この計算の方法は、私が、その基本的な着想を得《え》、松原望氏と私が、長時間のディスカッションによって、いわば共同開発したものである。

『文藝春秋』二〇一三年九月号での紹介

大型企画　歴史の常識を疑え

邪馬台国を統計学で突き止めた

安本美典《やすもとびてん》　数理歴史学者

百年以上続く邪馬台国論争。九州説と畿内説をビッグデータで分析すると意外な結果が——

邪馬台国は、弥生時代後期にあたる紀元三世紀頃、日本にあった倭国の都です。倭国は、約三十か国の連合国家でした。邪馬台国とその女王卑弥呼については、西暦二八五年頃にまとめられた中国の歴史書『三国志』の中にある「魏書」の「東夷伝倭人条」（通称「魏志倭人伝」）に記されています。

邪馬台国がどこにあったのか、そして卑弥呼が誰なのかは、日本古代史の最大の謎のひとつとなり、江戸時代から邪馬台国論争が始まりました。とくに一九一〇（明治四十三）年、東京帝国大学の白鳥庫吉教授が「邪馬台国北九州説」を提唱したのに対して、京都帝国大学の内藤湖南教授が「邪馬台国畿内説」を主張し、この二説を中心に、百年以上も大論争を繰り広げています。

ところが、今世紀に入ってから、奈良県桜井市にある纒向《まきむく》遺跡とその内部南側の箸墓古墳が、それぞれ邪馬台国と卑弥呼の墓の候補だと脚光を浴びるようになりました。とくに、二〇〇九年五月三十一日に開かれた日本考古学協会の研究発表会で、国立歴史民俗博物館（歴博）の研究グループが、これまで四世紀の築造とされてきた箸墓古墳の築造年代を、発掘した土器に付着していた放射性炭素14の測定により、これまでより百年以上早い「二四〇〜二六〇年」と発表してから、畿内説にあらたな火が着きました。

この発表の二日前に朝日新聞は、「やっぱり卑弥呼の墓？　死亡と築造の時期一致　奈良・箸墓古墳、放射性炭素年代測定」と、歴博研究グループのリークにより〝スクープ〟しています。

その頃から、テレビやマスコミは、纒向遺跡を「邪馬台国の有力候補」と報じるようになり、「最有力候補」と決めつける新聞も現れました。

ところが、日本考古学会の会場でも、歴博研究グループの年代測定法について「非科学的で話にならない」という批判が相次ぎました。さらに、翌一〇年三月、日本情報考古学会が「炭素14年代法と箸墓古墳の諸問題」というテーマでシンポジウムを大阪大学で開き、歴博研究グループの発表の内容をほとんど全面的に否定しています。

実は、纒向遺跡はおろか、奈良県内の遺跡からは、弥生時代の年代を明確に示す遺物は、何ひとつとして出土してはいません。「纒向遺跡＝邪馬台国説」の根拠はただひとつ、問題の多い歴博研究グループの年代測定結果だけなのです。

邪馬台国のビッグデータ

私は、数理歴史学者として邪馬台国をはじめとする日本古代史を四十年以上研究し続け、『季刊邪馬台国』の編集責任者をつとめています。私は、邪馬台国九州説を説いていますが、九州説に固執しているわけではありません。もし、邪馬台国が畿内やそのほかの地域にあるのなら、科学的に納得できる根拠を示して欲しいと、主張し続けているのです。

それなのに、纒向遺跡で大きな建物跡が発掘されると「卑弥呼の宮殿跡か」などと、〝かすったら邪馬台国〟的な発表や報道が後を絶ちません。しかし、「魏志倭人伝」を読めばわかるように、邪馬台国には、佐賀県の吉野ヶ里遺跡で復元されたような「楼観（物見のための高殿）」や「城柵」があったと記されていますが、纒向遺跡から楼観や城柵跡は見つかっていません。同様に、「倭国に馬はいない」とあるのに、箸墓古墳の周濠（堀）跡からは、馬のあぶみが発見されています。

このように、全体を見ずに、自説に有利なデータだけをピックアップして、それをマスコミ宣伝するような方法が考古学界でまかり通っています。

邪馬台国を考えるには、原点の「魏志倭人伝」に立ち戻らなければなりません。この書には、魏の役所が置かれた朝鮮半島の帯方郡（ソウル付近など諸説あり）から、邪馬台国に至る方位と距離が記されています。

朝鮮半島南岸の「狗邪韓国」から海を渡って「対馬国（対馬）」、「一大国（壱岐）」を経て、北部九州の「末盧国（長崎県松浦半島）」に上陸します。それからは、陸路を「伊都国（福岡県糸島市付近）」、「奴《な》国（福岡市付近）」とたどります。

福岡市の博多は、かつて「那の津《な》」と呼ばれて、博多湾の対岸にある志賀島からは、江戸時代、「漢委（倭）奴國王」と刻まれた金印が発見されています。奴国は、西暦五七年、中国の後漢に使いを送り、光武帝から印綬を与えられたと、『後漢書』に記されています。

ところが、「魏志倭人伝」にしたがって、奴国から先の道筋をたどると、邪馬台国は九州の南方海上にあったことになってしまいます。そこで、「距離」を間違えたと考える「九州説」と、「方角」を間違えたと考える「畿内説」が、二大有力説とされるようになったのです。

「魏志倭人伝」には、道筋のほかにも、倭国の風俗や習慣、政治、外交などについて記されています。そこで私は、それらの〝歴史的遺物〟が、邪馬台国の所在地を考えるうえで、重要な決め手になると考えました。現代は、ビッグデータの時代です。遺跡の発掘調査が行われると詳細な報告書が作成されます。さらに、出版物やインターネットには、膨大な考古学に関する情報があふれています。

これらの邪馬台国に関係するビッグデータを、統計学的手法によって検討できるのではないかと考え、統計学の権威である松原望・聖学院大学大学院教授（東京大学名誉教授）と検討を重ねました。「魏志倭人伝」に記されている遺物をリストアップし、統計的に検討できる「鏡」「鉄の鏃《やじり》」と「勾玉《まがたま》」「絹」の四つについて、各県別の出土数をもとに、ベイズ統計学に基づいて計算を行いました。

そして、福岡県に邪馬台国があった確率は九九・九％、同じく佐賀県は〇・一％、そしてマスコミ各社が〝本命〟と報道する奈良県は、〇％という結果が出たのです。

松原望教授が、ベイズ統計学について説明する。

「統計学が使われている典型的な例は、世論調査です。選挙予測のように、投票所の出口調査でのデータにはばらつきがありますが、その中から規則性や不規則性を見つけ出して、結果を予測するというように、結果に重点が置かれます。

ところが、ベイズ統計学は逆に、結果に対する原因の確率や言明を求める考え方です。十八世紀、イギリスの牧師・数学者だったトーマス・ベイズによって考案されました。ベイズ統計学は、インターネットやケイタイのフィルタリングソフトにも応用されています。たとえば、『AV』という言葉には、『視聴覚』と『アダルトビデオ』の二つの意味があります。それがインターネットやメールでは、後者の意味で使われるケースが圧倒的に多くなります。しかし、少ないながらも前者の意味で使われる場合もあります。そこでアダルトサイトや迷惑メールの膨大なデータをもとに、『AV』が使われているサイトやメールがあれば、一旦保留にしておきます。さらに、『人妻』や『ヌード』などの言葉が使われていれば、アダルトサイトや迷惑メールのデータをもとに確率の計算を加えて、ある一定基準を超えた場合は、閲覧できないように制限をしているのです。このように、ベイズの定理は、データごとの確率をかけあわせることができるという特徴があります。

邪馬台国に話を戻すと、『邪馬台国があった』という結果を説明するために、『どの県から○○が出土している』という原因が、もっとも説得力があるかと考えるのがベイズ統計学です。各県ごとに、弥生時代後期の遺跡から出土する『鏡』『鉄の鏃』『勾玉』『絹』の数を調べて、その出土する割合をかけあわせれば、県ごとに、邪馬台国が存在した可能性の確率を求めることが可能になります。その意味では、邪馬台国問題は、ベイズ統計学向きの問題なのです」

福岡県からの出土数が突出

邪馬台国問題を統計学で論じるにあたり、もっとも注意しなければならないのは、みずからの説に有利になるようにデータを取捨選択することです。そこで今回、可能なかぎり、畿内説を主張する研究者による、畿内説に有利なデータを採用するように心がけました。

最初のデータは鏡です。「魏志倭人伝」には、鏡に関する記述が二か所あります。

景初二（二三八）年（※実際には翌年か）、魏の皇帝が、倭王卑弥呼に「銅鏡百枚」を与えました。

また、正始元（二四〇）年、帯方郡の太守が使いを倭国に送り、金、帛（白絹）、刀などとともに、「鏡」を賜っています。

魏の皇帝が、卑弥呼に送った鏡がどのような種類であったのかは、わかっていません。そこで、桜井市纏向学研究センターの所長をつとめる寺沢薫氏（畿内説）が、『古代学研究』（〇五年六月、九月刊）に発表した「古墳時代開始期の暦年代と伝世鏡論」（上、下）から、三世紀初め以降、卑弥呼が魏に遣使した時期を含む二五六年頃までのものとみられる鏡の数を都道府県別に数えました。

すると、全国で出土した六十四面のうち、福岡県が三十面、佐賀県と愛媛県が五面、京都府が四面、奈良県と兵庫県は三面でした。

同時期の鏡の出土数に関しては、畿内説の小山田宏一氏のデータ（「三世紀の鏡と『おおやまと古墳群』」、『古代「おおやまと」を探る』所収）と、九州説の奥野正男氏のデータ（「邪馬台国の鏡」、『奥野正男著作集Ⅱ』所収）も参考にしました。三人のデータは、いずれも福岡県からの鏡の出土数が突出していて、奈良県は少ないという傾向は同じですが、寺沢氏のデータは、福岡県に対する奈良県の出土数の割合がもっとも高いのです。

寺沢氏のデータによれば、奈良県からこの時期に出土した鏡の数は、福岡県の「十分の一」でした。

畿内説では、魏の皇帝が卑弥呼に送った鏡を「三角縁神獣鏡」と考える人がいますが、寺沢氏はこの鏡を邪馬台国の時代のものとは考えず、データに加えていません。実は、三角縁神獣鏡は、中国での出土例は皆無なのです。しかも、日本では、四世紀以降の古墳から出土しています。

魏と、『三国志』が書かれた晋の時代には、「十種の魏晋鏡」が知られています。そのうち、「位至三公鏡」は、これを持つだけで三公（三つの最高官職）に就けるというほど格式がある鏡で、中国では、おもに三世紀後半の西晋時代の洛陽の墓から出土しています。しかも、この鏡が出土する墓からは、西暦三〇〇年前後の墓誌も出土しているので、年代が明確です。

この位至三公鏡は、日本では三十二面出土していて、そのうち福岡県からの八面、大阪府からの七面、佐賀県からの五面などがあります。しかし、奈良県からの明確な出土例はありません。

つまり、北九州を中心に、洛陽系の西暦三〇〇年までの鏡が分布していることがはっきりしています。その反面、奈良県には明確な年代の証拠がありません。

九州と近畿、それぞれの確率

二番目のデータは「鉄」です。「魏志倭人伝」には、「鉄の鏃」の記述があります。

鉄の鏃については、倭国では、兵器に矛、楯、木弓をもちいていて、木弓の箭（矢）には鉄の鏃、あるいは骨の鏃を使うとあります。

また、魏の皇帝から卑弥呼は「五尺刀二口」を賜ったとあります。この刀の素材については触れられていませんが、「五尺（魏代の一尺は約二十四センチ）」という一メートルを超える刀は、鉄製だと考えられます。銅製の一メートルを超える刀は、折れやすいからです。

前述のように、鏡と一緒に送られた刀も鉄製だと考えられます。

弥生時代から古墳時代前期にかけて、一メートルを超える長い鉄製の刀は、福岡県では二十一本出土していますが、奈良県では出土していません。ベイズ統計学で、奈良県の「0《ゼロ》」をかけると、奈良県に邪馬台国がある確率が「0」になってしまうので、ここでは鉄の刀についてはオミットすることにしました。

弥生時代の鉄鏃の数については、広島大学の川越哲志名誉教授（文学研究科考古学研究室）が編集した『弥生時代鉄器総覧』（二〇〇〇年）という膨大な資料があります。その中に鉄鏃についてのデータがあります。全国で出土した鉄鏃二千百七十五個のうち、福岡県では三百九十八個出土していて、以下、熊本県の三百三十九個、大分県の二百四十一個、京都府の百十二個……と続きます。奈良県からの出土は、わずかに四個です。

奈良県（四個）の出土数は、福岡県（三百九十八個）の「百分の一」にすぎません。

三番目のデータは「勾玉」です。

「魏志倭人伝」には、卑弥呼の跡を継いだ女王・壱与が、魏の洛陽に使いを送り、男女の生口《せいこう》（奴隷）三十人などとともに、「孔青大句珠――二枚」（はなはだ青い大きな勾玉二枚）を献じたとあります。

勾玉は、日本独特の装身具で、L字型をして、紐を通す穴が開けられています。勾玉には翡翠製とガラス製がありますが、私の調査では、この時期全国で邪馬台国の時代の勾玉が五十五個出土しています。そのうち福岡県からは二十九個（翡翠四個、ガラス二十五個）出土していて、佐賀県は十六個（翡翠十四個、ガラス二個）、大阪府はガラス製のみ三個、奈良県は三個（翡翠二個、ガラス一個）です。

勾玉でも、奈良県の出土数は、福岡県の約「十分の一」です。

最後のデータは「絹」です。

「魏志倭人伝」には、倭人の風習として、養蚕して糸を紡ぎ、「絹織物」を作り出していると記されています。

絹織物は、魏の皇帝への貢ぎ物として使いが洛陽まで持参したほか、魏から倭王へも送られています。弥生時代から古墳時代前期にかけての絹製品の遺物は、私の調査で、全国の二十九地点で出土しています。そのうち、福岡県からは十五地点で出土し、島根県は四地点、京都府は三地点、奈良県は二地点で出土しています。

奈良県でこの邪馬台国の時期における絹製品の出土数は、福岡県の「七分の一」以下でした。

これら、「鏡」「鉄鏃」「勾玉」「絹」のすべてが、弥生時代から古墳時代前期の遺跡で出土しているのは、現時点で福岡県、佐賀県、長崎県、奈良県の四県だけです。

各県別に、四つのデータが出土する割合をベイズ統計学に基づいて更新（確率のかけあわせ）して、「どの県に邪馬台国が存在したか」という確率を、小数点以下第一位まで求めました。

その結果、邪馬台国が各県にある確率は、次のようになりました。

福岡県　九九・九％

佐賀県　〇・一％

長崎県　〇・〇％（〇・〇五％未満）

奈良県　〇・〇％（〇・〇五％未満）

邪馬台国時代の国の範囲が、現在の県とは異なるので、これまでの計算結果に異論を唱える方があるかもしれません。そこで、四データについて、九州と近畿というエリアに拡大して、再度、確率を計算してみました。

その結果は次のとおりです。

九州　九九・七％

近畿　〇・三％

近畿に邪馬台国がある確率は、各県別の計算に比べて若干上がりましたが、大勢に影響はありませんでした。

この結果について、松原教授の話。

「統計学者が、『鉄の鏃』の各県別出土データを見ると、もう邪馬台国についての結論は出ています。畿内説を信じる人にとっては、『奈良県からも鉄の鏃が四個出ているじゃないか』と言いたい気持ちはわかります。しかし、そういう考え方は、科学的かつ客観的にデータを分析する方法ではありません。私たちは、確率的な考え方で日常生活をしています。たとえば、雨が降る確率が『〇・〇五％未満』なのに、長靴を履き、雨合羽を持って外出する人はいません」

桜井市のホケノ山古墳は、箸墓古墳の東側約三百メートルにあり、箸墓古墳と同時期の築造か、ホケノ山古墳の方が少し築造時期が早いと考えられている。ともに、前方後円墳である。そのホケノ山古墳からは、鉄の鏃約六十個、大刀一口、鉄剣類十口が出土している。畿内説の人なら、ホケノ山古墳の出土物も統計データに入れるべきだと考えるだろう。

それについても、松原教授は答える。

「ホケノ山古墳の鉄の刀や鏃のデータを今回の計算式に入れても、奈良県に邪馬台国があったとする確率が〇・一～〇・二％上昇するだけで、結果にほとんど影響はありません。奈良県の確率が福岡と同じ五〇％になるためには、鏡、鉄の鏃、勾玉、絹の四データのうち、二つの項目で、福岡県より十倍から百倍もあらたに出土する必要があります。それは、常識的には考えられません」

箸墓古墳は卑弥呼の墓ではない

前述したように、歴博研究グループの炭素14の年代測定には重大な問題があります。炭素の原子量は12ですが、ごく微量の原子量14の炭素が含まれています。炭素14は、ベータ線という放射線を放出して、五千七百三十年で半分になることがわかっています。これを半減期といいます。この原理を応用して、炭素14の個数を測定することによって、年代を測定できるのです。

年代測定のために用いる試料によって、何百年も異なる値がでてきます。

ホケノ山古墳出土のおよそ十二年輪の小枝試料の炭素14年代測定値は、四世紀を中心とする年代を示しています。箸墓古墳の場合は、桃核（桃の種子を含む内果皮）で年代を測定すれば、四世紀を中心とする年代が得られます。

いずれも卑弥呼の時代とは重なりません。

歴博研究グループは、箸墓古墳から出土した土器付着炭化物によって年代測定をしています。しかし、土器付着炭化物は、〝活性炭作用〟があって、土器が作られた時期より以前の炭素14を含む炭素を吸着して汚染されやすく、古い年代がでがちであることがわかっています。さらに、土器付着炭素物の場合、年代測定値の幅はかなり大きく、一世紀から四世紀までのどこにでも当てはめられるのです。

そのような誤差を少なくするために、古墳の中から出土する桃核を使って年代測定をするべきだと私は考えます。桃は単年度産なので、土器付着炭化物のような問題は生じにくいのです。

箸墓古墳の場合、桃核の三試料での年代測定値は、土器付着炭化物より平均で七十七年新しいという測定結果が出ています。それなら、箸墓古墳は、四世紀の古墳時代の築造です。

このことから、箸墓古墳は、卑弥呼の墓でないことがいえるのです。

わかりやすく説明しましょう。ある人が亡くなった時、身につけていた平成時代の五百円硬貨と、おじいさんからもらった明治時代の一銭銅貨を一緒に埋葬したとします。後世になって、その人の墓が発掘されて、五百円硬貨と一銭銅貨が出てきたら、どちらの硬貨を、埋葬時期に近いと考えるでしょうか。言うまでもなく、新しい五百円硬貨です。

ところが、纒向遺跡を邪馬台国、箸墓古墳を卑弥呼の墓と考える畿内説の人たちは、強引に、一銭銅貨が使用された時代を埋葬時期と決めているのです。

日本考古学協会の会長をつとめられた大塚初重・明治大学名誉教授（畿内説）は、著書『古墳と被葬者の謎にせまる』（二〇一二年）でこう記されています。

「考古学本来の基本的な常識では、その遺跡から出土した資料の中で、もっとも新しい時代相を示す特徴を以てその遺跡の年代を示すとするのです」

極めて当然な考え方です。

大塚先生には、私の著書や『季刊邪馬台国』を何度もお送りして、纒向遺跡を邪馬台国、箸墓古墳を卑弥呼の墓と短絡することの問題をお知らせしました。

ところが、大塚先生は、今年七月に発売された『邪馬台国の正体』というムックの中でこう述べられています。

「国立歴史民俗博物館の発表によれば、箸墓古墳周辺から出土した布留0式土器は240～260年頃のものであると推定されました。これは、『魏志倭人伝』に記された卑弥呼が死去した時代（正始8年、

247年頃）に重なるわけです」

あの旧石器捏造事件から、考古学界は一体何を学んだのでしょうか。

（取材構成・河﨑貴一）


その後、インターネットを見ていたら、この『文藝春秋』の記事などを読んだ人で、およそ、つぎのような意見をのべている人がいた。

「安本たちが調べた項目以外の項目をとりあげたら、同じ方法を用いても、別の結果がでてくるのではないか。」

この意見は、誤りである。私たちは『魏志倭人伝』に記されている事物で、遺跡・遺物を残しうるものは、すべてとりあげて検討しているのである。別の結果がでてくるような調査項目があるというのなら、それを、具体的に示していただきたい。

邪馬台国探究の新局面

邪馬台国の探究は、つぎのような段階をへて、すすんできているように思える。

［文献学的段階］

邪馬台国は、『魏志倭人伝』という文献にみえる国名である。

そこで、最初は、文献学的な研究が行なわれた。明治期の東洋史学を代表する東京大学の白鳥庫吉と京都大学の内藤湖南との論争などは、その代表的なものである。

［考古学的段階］

第二次大戦後、多くの考古学的な発掘が行なわれた。そして、文献学的に解決がつかないのであれば、考古学者の出番だとばかり、考古学者たちのマスコミなどによる発言がふえた。

それとともに、その発言内容への疑問も増大していった。

（1）　考古学者どうしの見解が対立している。

（2）　なぜ、その発掘データから、その結論がでてくるのか、推論の論理構成が思いつき的で、あまりにもいいかげんとしか思えないものが増大していった。大きな建物跡がでれば、『魏志倭人伝』の記述内容と照らしあわせることなく、「卑弥呼の宮殿あとか」というような見解をマスコミ発表してさわぐといった類である。つまり、根本資料である『魏志倭人伝』の記述を、無視または軽視する傾向が強くなった。

（3）　とにかく、マスコミで発表したものが勝ちといった傾向が強くなり、証明が、目にあまるほど粗雑になっていった。考古学者たちの行なうマスコミ発表と、実際のデータが示す全体的傾向との乖離《かいり》が、あまりにも大きくなった。

［情報の総合的処理の段階］

さきにのべたようなことがおきたのは、文献学的なデータ（諸論文、諸著書）も、考古学的なデータ（諸報告書など）も、ともに量が厖大になりすぎたことが関係しているようにみえる。考古学的な報告書の類も、厖大な量に達し、インターネットなどで検索すれば、どのような報告や研究が行なわれているか、報告書類は、どこに所在するかを容易にしることができるようになった。

しかし、情報の量が多くなりすぎ、その全体像を見とおすのが困難になってきた。そのため、研究者が、みずからある仮説あるいは思いこみをもったばあい、その仮説あるいは思いこみにあったデータだけを、ピックアップし、拡大解釈し、マスコミ発表などを行なうことになりやすい。しかし、別の仮説、または思いこみをもつ人には、まったく別の解釈や理解が成立することになる。

ある部分だけをつかまえ、それを確かであるとし、そこから拡大解釈することになりやすい。

鼻なら鼻だけをつかまえ、精密に観察記述し、「象という動物は、長いゴムホースのようなものである。これは、たしかだ。」と発言する。

耳なら耳だけを観察し、「象という動物は、大きな、やわらかい、うちわのようなものである。」と発言する。

足なら足だけを観察し、「象という動物は、ビア樽《だる》のようなものである。」とマスコミ発表する。

データの量が多くなりすぎ、全体像を構成することが困難となり、部分だけを見て、そこにみずからの思いこみを重ねるということになりやすい。

このようなことは、古代史の分野にかぎらず、多くの分野でおきている。

「ビッグデータ（パソコンを利用すればえられる巨大情報）」、「ビッグデータを処理して、そこから適切な本質的情報をとりだすデータ・マイニングの方法」などが、どの分野でも欠かせなくなってきている。

いまや、データ情報の総合的処理を必要とする段階にいたっている。

諸データを総合的に処理し、適切な結論をみちびいていく技術や方法が、必要とされる段階に、いたっている。

コンピュータ技術や統計学の進展もいちじるしい。手段や道具は、ととのってきているように思える。

考古学の分野でも、すでに「情報考古学会」などが存在している。

これからの若い研究者は、でてきた結果の精密な記述だけでなく、鋭意、このような総合的推論の方法の探究に、エネルギーをそそぐべきである。

「かすったら邪馬台国」「風がふけば邪馬台国」といわれるように、なんでもかんでも「邪馬台国」と結びつけて報道されるのは、助成金や、つぎの発掘費、あるいはポストの獲得などと関係しているのであろうか。「邪馬台国」というワードが、邪馬台国ビジネスといったものに、くみこまれているのであろうか。

このような方法は、あまりにも、不合理になっているように思う。

学問や科学の分野では、つねに可能性の大きい仮説を採択し、可能性の小さい仮説を棄却していく、という姿勢が必要である。とすれば、その可能性の大きさをはかる方法を考えるべきである。それは「確率」が教えてくれる。

このような前提がなければ、問題は、永遠に解決しない。「マスコミで発表したものが勝ち」的な方法は、科学や学問を、大きくゆがめるものである。

公的費用の地域配分は、データにもとづき、可能性の大きさに応じて配分すべきである。そうでなければ、公的費用の無駄づかいとなる。

確率の算定などに、あまりに無関心では、いけないのではないか。

科学や学問の世界は、黒か白かが、比較的はっきりでやすい世界である。思いつき的な仮説も、みな成立するという世界ではない。科学や学問の原点にたちかえるべきである。

これからは、統計学者や、情報考古学者の出番である。

なお、この本で紹介するベイズ統計学の「ベイズの定理」は、簡単にいえば、系統的に確率計算を行なうための便利な公式といえる。

福岡県から、奈良県の十倍「鏡」が出土する。あるいは、福岡県から、奈良県の約百倍「鉄鏃」が出土する。そのそれぞれを別々にみれば、そのようなことは、あるいは偶然でもおきうる範囲のことのようにみえるかもしれない。

しかし、「鏡」と「鉄鏃」という二つのフィルターをくぐりぬけるという点から邪馬台国問題をみて、「福岡県か奈良県かのどちらか」ということになれば、福岡県は奈良県の千倍可能性（確率）が大きくなる。

$$\left(\frac{1}{10}\times\frac{1}{100}=\frac{1}{1000}\right)$$

偶然では、きわめて起きにくいことになる。

「ベイズの定理」は、そのことを教えてくれる。そのような、簡単で切れ味のよい公式にすぎない、ともいえる。

話は、比較的簡単といえば、簡単なことなのである。

シリコンバレー在住のコンサルタント海部《かいふ》美知《みち》氏は、その著『ビッグデータの覇者たち』（講談社現代新書、二〇一三年刊）のなかでのべている。

「マイニングとは、鉱山で鉱物を掘り出すことですので、データ・マイニングとは、大量のデータから、意味や関連性を『掘り出す』ということになります。膨大なデータが使えるようになり、人の勘や従来型の手動の分析だけでは思いもつかない、これまで知られていなかった特徴を引き出すことができるところが、ビッグデータのおもしろさです。データ・マイニングでは、種々の統計分析手法を組み合わせて使います。」

ベイズ統計学は、そのような統計分析手法の一つである。

『魏志倭人伝』に記されている情報や、考古学的に手に入る情報のうち、邪馬台国の場所の決定に役立ちうる情報は何か。それがまず、徹底的に検討されなければならない。

「かすったら邪馬台国」「風がふけば邪馬台国」といわれるような、たんなる連想ゲームを行なってマスコミで騒ぐ、といった方法で、邪馬台国問題が解けるわけがない。

京都大学の教授であった大考古学者、梅原末治《うめはらすえじ》にはじまる精密な発掘、正確な記録の集積だけでは、過去や歴史を復元しえない。それらとは別に、正確な推論を行なうための方法と技術とが必要なのである。

精密な発掘、正確な記録は、出発点である。しかし、それらが過度に目的化すると、過去や歴史の復元が、お留守になってしまう。

「梅原末治論」（角田文衛《つのだぶんえい》編『考古学京都学派』〔雄山閣出版、一九九七年刊〕所収）を執筆した穴沢咊光《あなざわわこう》氏は記している。

「現在まで、日本考古学主流のやってきたことは、さながら梅原的研究戦略の踏襲であり、これに無反省であれば、ついには晩年の梅原のように八幡《やわた》の藪《やぶ》知らずのようなデータの森の中で迷子になるだけであろう。」

現代の旧考古学者の基本的方法論は、いまから五〇年ほどまえになくなった大正・昭和時代の考古学者、梅原末治の方法論の踏襲にとどまっている。

邪馬台国問題は、簡単な探索問題

現在、自然科学、社会科学、人文科学を問わず、ある仮説を採択するか否かの決定を、統計学などにもとづく確率計算によって、客観化する手つづきは、常識化している。

それは、薬のききめがあるか否かの判断でも、タバコに害があるか、否かの問題でも、教育の効果の測定のばあいでも同じである。

たとえば、統計学や、作戦計画（オペレーションズ・リサーチ［OR］）の分野に、「探索問題」とか、「索敵問題」とかいわれる問題がある。これらは、そのまま、邪馬台国の探索問題につながりうる。

「探索問題」や「索敵問題」というのは、つぎのような問題である。

(1) **探索問題**　二〇一四年三月八日、マレーシア航空機が行方不明になるという事件があった。この種の事件は、これまでにもたびたび起きている。

一九六六年一月十六日に、アメリカのノースカロライナ州のセイモア空軍基地から四つの水爆を積んだジェット爆撃機が、とび立った。ところが、その爆撃機は給油機と接触し、燃料が爆発し、七名の乗務員が命をおとした。乗務員と、水爆と、飛行機の残骸が、空から降りそそいだ。しかし、幸いにして、核爆発はおきなかった。四つの水爆のうち、三つは、事故後に、二十四時間以内に発見された。ただ、最後の一つの水爆がみつからなかった。

大ざっぱにいえば、このようなばあい、爆弾の沈んでいそうな場所をふくむ地域についての確率地図をつくる。海面または海底の地図の上に、メッシュ（網の目）をかぶせる。小さい正方形のグリッド（格子）に分ける。そして、その一つ一つの正方形（セル、網の目）についての情報をデータとしていれる。そして、爆弾がそのセルに存在する確率を計算する。このようにして、爆弾が沈んでいそうな場所を示す確率地図をつくる。

一九六八年にも、ソ連とアメリカの潜水艦が、乗組員もろとも、行方不明になっている。

(2)　**索敵問題**　基本的には、探索問題と同じである。ただ逃げまわるターゲットや、人間の操縦で動いている目標物の位置をとらえたり、追跡したりする。

この本では、基本的に、探索問題を解く方法によって、邪馬台国の場所を求めている。

邪馬台国問題は、統計学や確率論の問題としては、ふつうの「探索問題」や「索敵問題」にくらべ、はるかに簡単な問題である。

それは、つぎのような理由による。

(1)　「探索問題」では、セル（正方形の網の目）の数は、ふつう一万ヵ所ていどにはなる。セルの数がふえると、確率計算は、急速に面倒なものとなる。邪馬台国問題のばあい、「どの県に邪馬台国はあったか」という形で、「県」を、セルとして用いれば、対象となるセルの数は、五〇たらずである。電卓によってでも、根気よく計算すれば、計算できるていどの問題である。

(2)　「鉄の鏃」「鏡」など、『魏志倭人伝』に記されている事物などの、各県ごとの出土数などを、データとして入れていく。このばあい、「索敵問題」などと違って、遺跡・遺物などとは、動かない。逃げまわらない。

もちろん、私たちが、あらたに工夫したところは、すくなくない。

たとえば、ふつうの「探索問題」では、それぞれのセルのなかにふくまれている情報の数や量（機体の破片の数、浮かんでいる乗客の持ちもの数、機体から流れでたとみられる石油の量など）をしらべ、それらが全体の数や量のなかでしめる比（パーセント）を求め、それを初期確率（事前確率）として計算をすすめる。

邪馬台国問題でいえば、各県ごとの、たとえば、鉄の鏃《やじり》の出土数を数え、その全体の出土数に対する比、すなわち出土率を、初期確率として用いるようなものである。

この方法で行なっても、私たちが用いた方法で行なっても、最終結果は同じになる。ただ、私たちは、モデルの適切性、厳密性を考え、確率と確率との比（たとえば、奈良県からの出土数と、福岡県からの出土数との比）を、計算の出発点として用いるなどのことをしている。

いま、問題設定を、「邪馬台国は、奈良県にあったのか、福岡県にあったのか」という形にしてみよう。つまり、奈良県か福岡県かの二者選択にしてみよう。

すると、結果は、つぎのようになる。

奈良県にあった確率…〇・〇〇二％以下

福岡県にあった確率…九九・九九八％以上

数字の意味するところは、邪馬台国が奈良県にあった可能性（確率）は、一万回に一回もない、ということである。

さきに紹介した大考古学者の梅原末治は、整理・観察・事実記載の天才であった。

そしてのべた。

「考古学の本義は何か？　本義は物だ。」

梅原末治が活躍していたころ、思想界においても、マルクスらのとく「唯物論思想」が世界をゆり動かしていた。「もの」の欠乏こそが、人類の歴史を動かす最大の動因であるようにみえた。

しかし、時代は動く。

一個の鏡、一基の古墳の発掘を、精密に行ない、記録することは、研究の出発点である。しかし、それだけでは、歴史は復原されない。

同種の鏡、同種の古墳などの地域的な分布、他の遺物、遺跡との共通性や異質性の調査、伝承との照合などを通して、歴史は、復原構成されて行く。

データの量、そのものが多くなれば、必要になるのは、諸情報を、統合し、処理する技術である。

いまは、情報の時代である。

「歴史学の本義は何か？　本義は情報である。諸情報を総合し、正確に、古代を復原することである。」

いまは、諸情報を総合的に処理する技術が、進化発展している。また、それを行なうための道具としてのパソコンなども普及している。

そのような時代の流れに、無頓着であってはならないであろう。

以下に本論を展開するにあたり、この拙著のシリーズの企画を、最初にたてて下さった勉誠出版の池嶋洋次会長、また、ご多忙中にもかかわらず直接この本の編集を担当して下さった岡田林太郎社長、そして、お力ぞえいただいた勉誠出版の方々に、厚く御礼申しあげる。

第1章　ベイズ統計学により、邪馬台国が九州にあった確率、近畿にあった確率を計算する

●邪馬台国が、福岡県にあった確率は、九九・九パーセント以上●

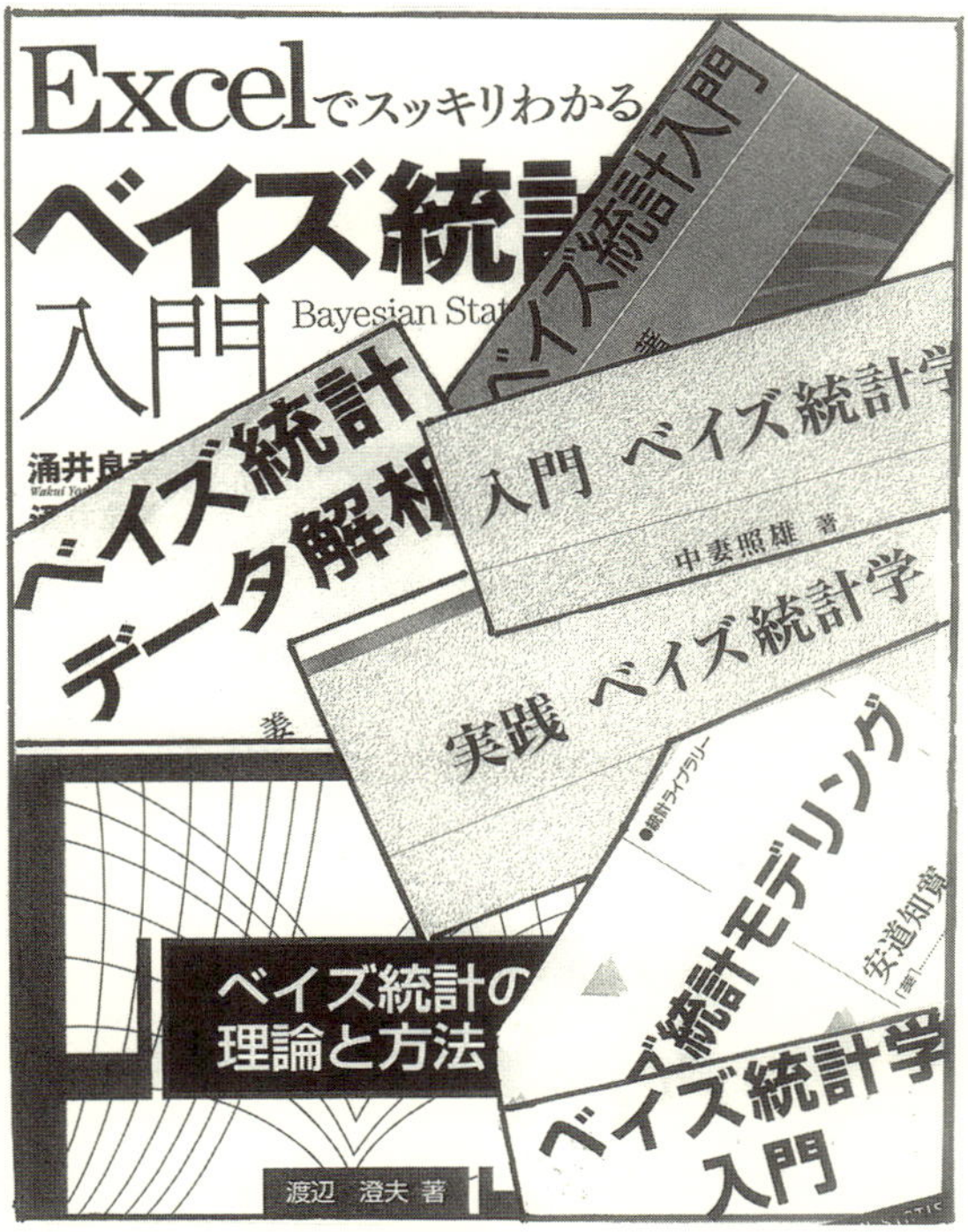

続々と刊行されるベイズ統計学の本

ツルカメ算と旅人《たびびと》算（追いつき算）とは、現実の世界では、まったく異種の問題である。しかし、数学的には、「方程式を解く」という同じ種類の問題として処理することができる。科学の世界で、すでに効果、効用のたしかめられている統計学や確率論の問題としてとりあつかいうるものは、なるべくそれらを利用することを考えるべきである。効率のよい科学の軌道《レール》の上にのせるように心がけるべきである。新幹線があるのに、それを利用せず、個人的に発明した方法で歩いて行く必要はない。

1　邪馬台国問題へのベイズ統計学の適用

この章のはじめに

二〇〇七年十一月二十四日（土）の『朝日新聞』の朝刊に、つぎのような記事がのっている。

☆『朝日新聞』二〇〇七年十一月二十四日（土）be report 記事（の一部）

３００年後に脚光　ベイズの定理
迷惑メール対策や人工知能・新薬開発…

迷惑メール判別フィルター、マーケティング理論、気象予測、人工知能、新薬開発……。最近、こうした分野で必ず聞く名前がある。「ベイズ」。18世紀の数学者トーマス・ベイズのことだ。彼が提唱した確率論「ベイズの定理」は約３００年後、応用され、情報処理の土台になる理論として注目されている。

（中島鉄郎）

甦る18世紀の確率論

迷惑メールの判別に「ベイズの定理」を応用した振り分け技術が役に立つ――。02年に米国で専門家が論考を出して以来、ベイズの名前は一般にも知られるようになった。

ベイズの定理ってなに？　——それは結果から原因を推定する確率論

$$P(H_1 \mid D) = \frac{P(H_1) \cdot P(D \mid H_1)}{P(H_1) \cdot P(D \mid H_1) + P(H_2) \cdot P(D \mid H_2)}$$

Hは仮説、$P(H_1)$ は仮説H_1が正しいとみられる確率。Dは結果として生じたデータ、$P(H_1 \mid D)$ はデータDが得られた時に、仮説H_1が正しい確率

日本で、この定理の基づく判別フィルターを最初に導入したのはニフティだ。担当した同社のチーフエンジニア工藤隆久さん（37）は03年秋、役員会でのプレゼンテーションの反応を覚えている。

「この迷惑メール対策フィルターは、もともとは18世紀の数学者だったベイズという人が発見した確率の理論ですと説明したら、役員たちから『ほおー』という感嘆の声が上がったんです」

トーマス・ベイズは1702年ごろにロンドンで生まれた。詳細な履歴は不明だが、長老派教会の牧師で、アマチュアの数学者。死後に出された確率論の論文をもとに、後の学者がベイズの定理を完成させ、それをもとにベイズ統計学が生まれた。

統計学の歴史で、ベイズは長く異端とされてきた。ベイズ統計に詳しい上智大の松原望教授（65）は言う。

「例えば、土星の質量。普通の統計学では、それはデータがないから扱えない。だが、ベイズ統計学では、さまざまな経験や見通しを交え、確率分布で『このくらいから、このくらいの間の重さ』と、『だいたい』のことを言う。現実には一通りしかないものに確率分布があるのはおかしい、科学的態度ではないと批判されてきた」

ベイズの定理はよく簡略化した式を使い、クイズでその原理を説明される。

〈箱Aに青玉10個・赤玉30個、箱Bに青玉20個・赤玉20個があった。無作

為に箱を選び、一つ取り出したら赤玉だった。この赤玉が箱Ａから取り出された確率は？〉

まずは推測

箱Ａの方を選ぶ割合は半分の50％。だが、「赤玉」という結果を見てから考えると、箱Ａを選んだ確率は変わる。箱Ａ（仮説Ｈ１）と箱Ｂ（仮説Ｈ２）からそれぞれ赤玉が取り出される確率（イラストの式で分母にあたる）の中で、箱Ａから赤玉が取り出された確率（式で分子）なので、正解は60％に変わる。

新情報（赤玉）によって、過去に起きたこと（箱Ａの選択）の確率が修正される。逆に言えば「とりあえず」と原因を確率的に推定すれば、結果がある程度予測できる。（以下略）

この記事のなかにみえる「上智大の松原望教授」（東京大学名誉教授、現聖学院《せいがくいん》大学大学院教授）の名を、ご記憶にとどめていただきたい。

松原望教授は、統計学者であり、長年にわたりベイズ統計学のわが国での普及につとめてこられた方である。ベイズ統計学についての、わが国での第一人者といってよい。

この本の執筆などにあたり、ご指導をいただき、長時間にわたり、くわしく検討していただいた。厚く御礼申しあげたい。

さて、最近は、天気予測などでも「明日は雨の確率60％」などの報道がされる。

「確率」ということばが、かなりポピュラーになってきた（「コラムⅠ」参照）。

では、「邪馬台国は福岡県にあった確率は何％か？」「邪馬台国は、奈良県にあった確率は何％か？」などを、ベイズの統計学を用いて、求めることができるであろうか。

コラムⅠ　確率

確率は、確からしさの度合いである。0《ゼロ》から、1までのあいだの値をとる。確率0.6を、「60パーセントの確率で」などのように表現することもある。

一枚の十円玉を投げるとき、表のでる確からしさと、裏のでる確からしさとが、同じと考えられるとしよう。このとき、表のでる確率は、二つに一つという意味で、「$\frac{1}{2}$」と表現される。このばあいは、裏のでる確率も、「$\frac{1}{2}$」である。

おなじように、サイコロを投げるばあいならば、一の目のでる確率は、六つのうちひとつであるから、「$\frac{1}{6}$」と表現できる。

じっさいに、十円玉を百回なげて、52回表がでて、48回裏がでたとする。このばあい、じっさいの頻度にもとづいて、表のでる確率は「0・52」と考えることもある。

いま、表のでる確率が「$\frac{1}{2}$」、表のでる確率が「$\frac{1}{2}$」の十円玉があるとする。

この十円玉を二回投げたとき、二回とも表がでる確率を求めてみよう。

このばあい、左の図のように、「1回目が表で、2回目も表」「1回目が表で、2回目が裏」「1回目が裏で、2回目が表」「1回目も2回目も裏」の四とおりの「ばあい」が考えられる。

1回目	㊤表	表	裏	裏
2回目	表	裏	表	裏

二回とも表がでるのは、四つの「ばあい」のうちの一つがおきることになる。よって、二回とも表がでる確率は$\frac{1}{4}$である。

ところで、この1/4は、「1回目に表のでる確率1/2」と、「2回目に表のでる確率1/2」とをかけあわせた値になっている（1/2×1/2＝1/4）。

いろいろな確率は、しばしばこのような掛け算を行なうことによって求めることができる。

確率を用い、この種の演算約束によって、計算を行なうことにより、種々の推測や判断を行なうことができる。

以下の議論は、あるいは、非常にややこしい感じがするかもしれない。しかし、この本の範囲では、微分や積分や、あるいは対数などを使うわけではない。足し算、引き算、掛け算、割り算だけを、公式どおりに、根気よく行なえば結果はでてくる。

もしそれができれば、ベイズ統計学は、邪馬台国論争に最終的解決を与える一つの道になる可能性がある。

ベイズ統計学は、ふつうの統計学とは逆に、「結果」から「原因」を推定する統計学である。

現在出土し、存在している諸データなどからさかのぼって、古代の「どこか」に存在した邪馬台国の場所を考える。それは「どこ」なのか。

邪馬台国問題は、いかにも、ベイズ統計学むきの構造をしているようにみえる。

寺沢薫氏の庄内式土器時代の鏡のデータ

まず、「鏡」についてのデータから、話をはじめよう。

『魏志倭人伝』には、魏の皇帝が、倭王卑弥呼に「銅鏡百枚」を与えたことを記している。

『魏志倭人伝』の正始《せいし》元年（二四〇）の条にも、倭王に「鏡」を賜ったことを記している。

表1　庄内様式期の出土鏡（寺沢薫氏による）

西暦	相対年代 （土器・甕棺様式）		出土遺跡・遺構（鏡式） 九州	以東
200	**後期―7 様式 [KV]**	**畿内Ⅳ― 2**	**佐賀・中原 ST13414・M（四連Ⅳ）** 福岡・宮原 S3（四連Ⅲ'・Ⅳ） 福岡・笹原（四連Ⅳ） 福岡・日佐原 E 群 D15（四連Ⅳ'） **福岡・高津尾16区 D40（方Ⅵ）** **福岡・みくに保育所1住（方Ⅵ△）** 長崎・原の辻 D 地区 SK9（四連Ⅳ）	**兵庫・西条52号墓石槨（四連Ⅲ※）** **鳥取・秋里9溝（四連Ⅲ or Ⅳ△）**
	土師器― 1様式 [KV]	**庄内様式 （古）**	**福岡・原田S1（単）◎／SD（四連ⅤB'）** **福岡・三雲寺口 S2（蝙連Ⅰ）** **福岡・馬場山 D41a（双ⅠC△）** **福岡・徳永川ノ上Ⅰ区 MD6（方Ⅵ△）／Ⅰ区 D8（三画像△）／Ⅳ区 SD19（斜盤ⅠB'）** 福岡・長谷池 SD2（方Ⅵ'） 福岡・谷頭 S（蝙連Ⅰ） **佐賀・中原 ST13415・M（四連Ⅳ'・四連Ⅳ'・方 VC'）※** 佐賀・藤木 SD（四連Ⅳ' or ⅤB'） **長崎・椎ノ浦 S（円連Ⅲ）**	**山口・朝田3号台状墓石槨（蝙連Ⅱ'）** **広島・壬生西谷 M33（四連Ⅰ）◎** **愛知・朝日北環境濠 D（虺龍ⅡB?▲）** 愛媛・土壇原Ⅵ区 D36（方Ⅶ△） 愛媛・東本4次 SB302（方△） **石川・無量寺 BⅡ区1溝（双ⅠC▲）** 愛知・石座神社3002SI（方 VA △）
238年、または、 239年卑弥呼遣使	**土師器― 2様式**	**庄内様式 （新）**	**福岡・良積 K14（三方Ⅶ）** **福岡・向田Ⅰ―S7（四連ⅤB'）** 福岡・藤崎 S（斜方Ⅶ） **福岡・徳永川ノ上2号墓（方Ⅱ△）◎／4号墓54（蝙連Ⅰ'）** 福岡・前田山1区 S9（蝙連Ⅱ'） 福岡・汐井掛 S4（斜方Ⅶ）／S6（円連Ⅲ△）／M28（三飛） 福岡・酒殿 S2（獣首） 福岡・山鹿石ヶ坪 S2（斜双Ⅰ?△） **福岡・野方中原 S1（上浮四獣△）／S3（蝙連Ⅱ）** **福岡・野方塚原 S1（三浮獣Ⅲ△）** **福岡・御笠地区 F―3住（蝙連Ⅰ△）**	**愛媛・朝日谷2号墳 MA（斜神、禽獣）◎** 愛媛・治平谷7号墳 M（円連Ⅲ）◎ 愛媛・相の谷9号台状墓 S1（細獣ⅣA▲） **岡山・鋳物師谷1号墳石槨 A（虺龍ⅡB）◎** **徳島・萩原1号墳石囲木槨（画同※）** 兵庫・綾部山39号墳石囲石槨（画環※） 兵庫・白鷺山 S1（蝙連Ⅱ△）◎ **兵庫・岩見北山1号墳石槨（四連Ⅳ※）◎**

250			福岡・馬場山S5（斜方Ⅶ△） 福岡・岩屋S（双ⅡG△） 福岡・平S（夔鳳△） 福岡・上所田SD（斜細獣Ⅵ△、四連Ⅰ△）◎ 福岡・五穀神S（方Ⅲ'）◎ **大分・川辺南西地区1号方形墓S2（鳥）◎** **佐賀・町南103住（双ⅡD or E▲）** **佐賀・柴尾橋下流004溝（四連Ⅰ）◎** **佐賀・志波屋六本松2・3号墓周壕（双ⅡG or H△・ⅢK or L△）** 佐賀・中原SP13231・M（斜上浮四獣※） 佐賀・城原三本谷S（方Ⅰ'▲）◎ **長崎・塔ノ首S4（方Ⅶ）** **熊本・狩尾湯の口S2（画同▲）**	**大阪・加美84—1区2号方形墓M（蝙連Ⅰ△）** **奈良・ホケノ山古墳石覆木槨（画同・画同△・四連△◎）伝（四連Ⅰ◎・画同）** **京都・上大谷6号墳M（夔鳳3A）** **京都・太田南2号墳M（画環※）◎** **京都・豊富狸谷17号墓M2（上浮四獣△）／M3（細獣Ⅵ）◎** **滋賀・斗西ヤナ（四連ⅤA▲・ⅤB▲）** **三重・東山古墳M（斜上浮四獣）▲** 千葉・鳥越古墳M2（方Ⅵ▲）◎
	土師器—3様式（古）	**布留0様式（古）**	**福岡・津古生掛古墳M（方ⅤC）◎** **福岡・祇園山古墳K1（画環△）** 福岡・郷屋古墳（三四）◎（以下略）	山口・国森古墳木槨（異Ⅴ'）◎ **広島・中出勝負峠8号墳M8（異Ⅴ'）◎** **広島・石槌山2号墳M1（蝙連Ⅰ▲）** （以下略）

出典：寺沢薫『弥生時代政治史研究　弥生時代の年代と交流』（吉川弘文館、2014年刊）

（注）①出土遺構を以下の略号で示す。

K：甕（壺）棺墓、D：土壙墓、S：石棺墓、SD：石蓋土壙、MD：木蓋土壙、M：木棺墓、石槨：竪穴式石槨、木槨：竪穴式木槨、礫槨、住：竪穴住居、SK・SP：土坑、溝：溝（その他、必要に応じて遺構略号の後に報造書での遺構名を付したものもある）。

②鏡式の略号は以下の通りとし、後に型式名を付す。

草：草葉文鏡、彩：重圏彩画鏡、雷：四乳羽状獣文地雷文鏡、星：星雲文鏡、異：異体字銘帯鏡、虺龍：虺龍文鏡、鳥：八鳥（禽）文鏡、方：方格規矩（四神）鏡、細獣：細線式獣帯鏡、浮獣：浮彫式獣帯鏡、盤：盤龍鏡、四連：四葉座鈕連弧文鏡、円連：円座鈕連弧文鏡、蝙連：蝙蝠座鈕連弧文鏡、獣首：獣首鏡（変形四葉文鏡）、双：双頭龍鳳文鏡、夔鳳：夔鳳文鏡、単：単夔文鏡、飛：飛禽鏡、上浮六（四）獣：「上方作」系浮彫式六像式（四像式）獣帯鏡、画像：画像鏡、四獣：四獣鏡・四禽鏡、画同：画文帯同向式神獣鏡、画環：画文帯環状乳神獣鏡、神：神獣鏡（二神二獣、四神四獣など）、同神：同向式神獣鏡。

なお、平原1号墓の「八連」は八葉座重圏文帯連弧文鏡（仿製か？）をさす。

③外縁型式平縁は無記名とし、斜：斜縁、三：三角縁を付す。

④鏡の形状、性格を以下の通り表示する。

※：破砕鏡、△：鏡片（ただし一部を欠いて研磨されていても原鏡と考えられる鏡は完形鏡として扱う）、▲：懸垂鏡、◎：仿古鏡・復古鏡または踏み返し鏡の可能性の高いもの。

⑤明朝体による表示は土器などからの直接的な時期比定資料を欠くか、不十分なもの。

「邪馬台国」がどこにあったかはわからない。しかし、倭国に鏡がもたらされたことはたしかである。

そして、わが国では、そのころのものとみられる鏡が多数出土している。

たとえば、「邪馬台国＝畿内説」の立場にたつ、桜井市の纒向《まきむく》学研究センター所長の考古学者、寺沢薫氏は、そのころの土器の時代（庄内式土器の時代）に出土した鏡として、**表1**のようなデータを示しておられる。

ただし、**表1**の、いちばん左の欄の、四角のなかの「238年、または、239年卑弥呼遣使」だけは、私の書きいれである。また、**表1**の最後の「（以下略）」も、私の書きいれである。

表1をみれば、寺沢薫氏が、庄内様式期の土器の時代を、大略邪馬台国前後の時代と考えておられることがわかる。

寺沢薫氏は、庄内様式期の時代を、西暦二〇〇年をすこし過ぎたころから、二五五〜二六〇年前後ごろまでに、あてておられる。

また、**表1**をみれば、いわゆる「三角縁神獣鏡」は一面もふくまれていない。寺沢氏は「三角縁神獣鏡」を、「庄内様式期」よりも、あとの時代の鏡とみておられるようである。

さて、**表1**をもとに、庄内様式期に出土した鏡を、各県別の出土数にわけてカウントし、まとめれば、**図1**のようになる。

図1をみれば、つぎのようなことがわかる。

(1) 寺沢薫氏の示されたデータでは、庄内様式期の鏡が、全国で、六十四面示されていることになる。

(2) そのうちの半数近い三十面が、福岡県から出土している。

(3) 奈良県からは、三面出土している。

(4) 福岡県からの出土数は、奈良県からの出土数の、十倍である。

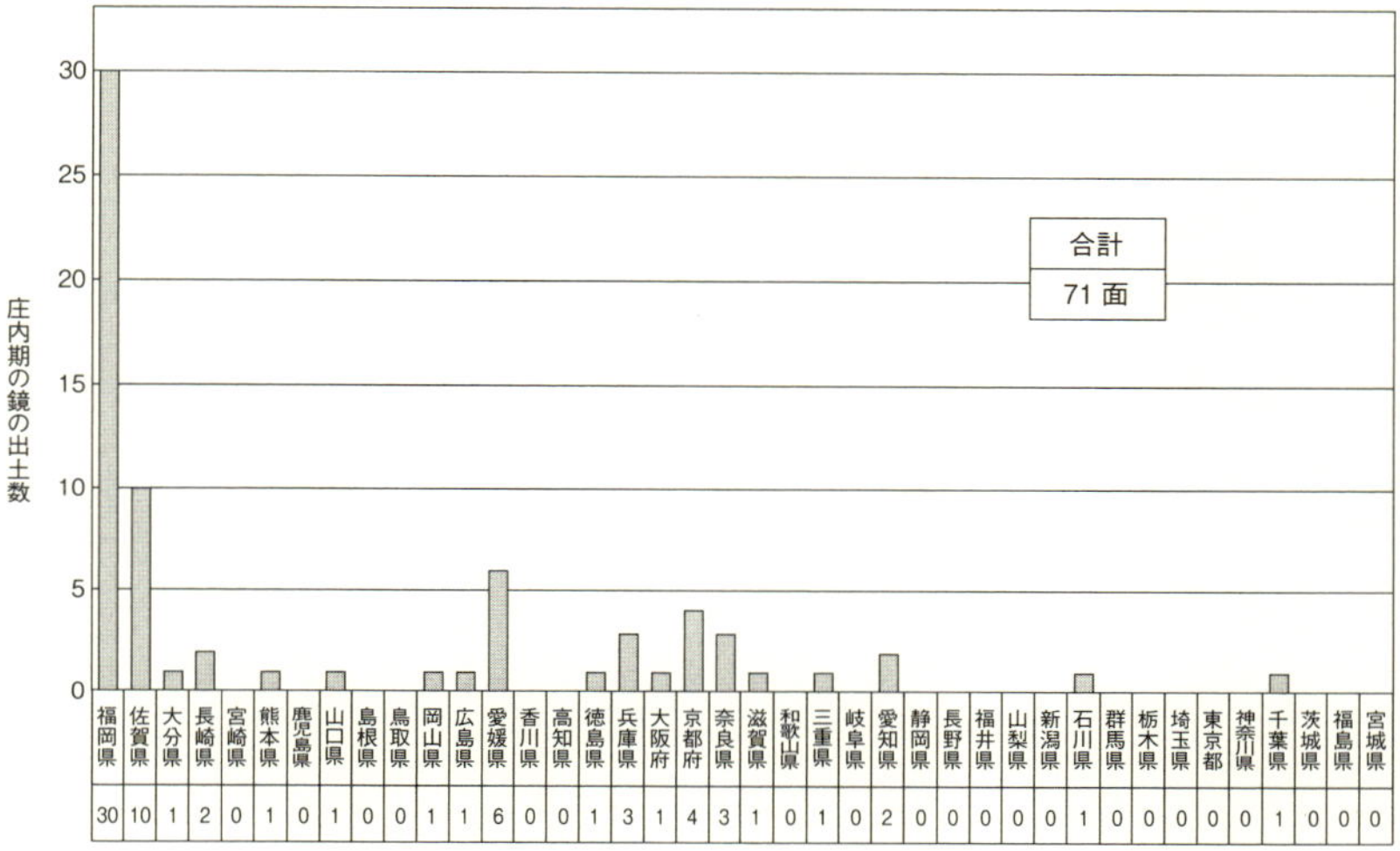

図1　寺沢薫氏の資料による県別・庄内期の鏡の出土数

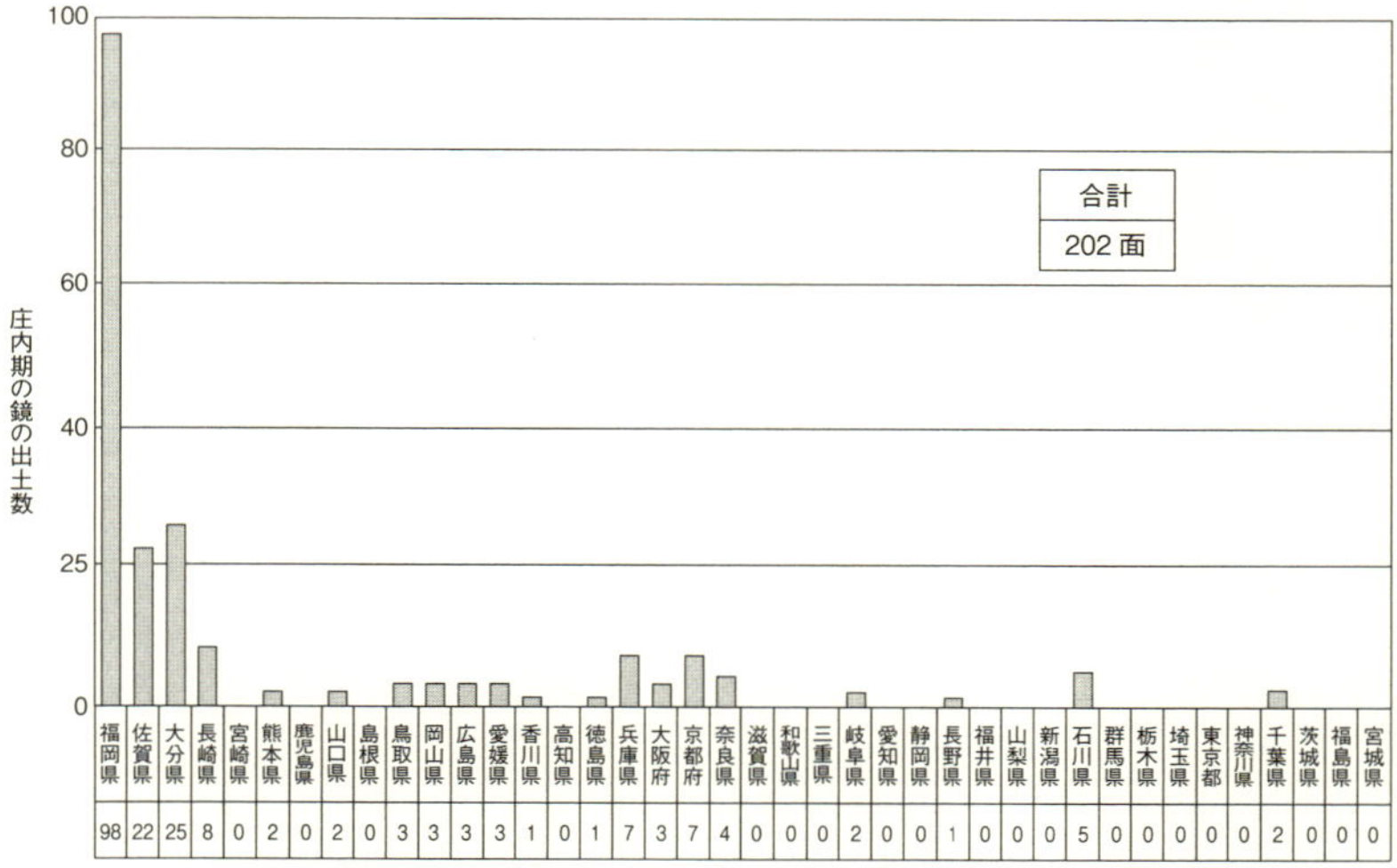

図2　奥野正男氏の資料による県別・庄内期の鏡の出土数

（奥野正男『邪馬台国の鏡』［奥野正男著作集Ⅱ、梓書院、2011年刊］、また、『季刊邪馬台国』105号所載の奥野正男氏の論文参照のこと。）

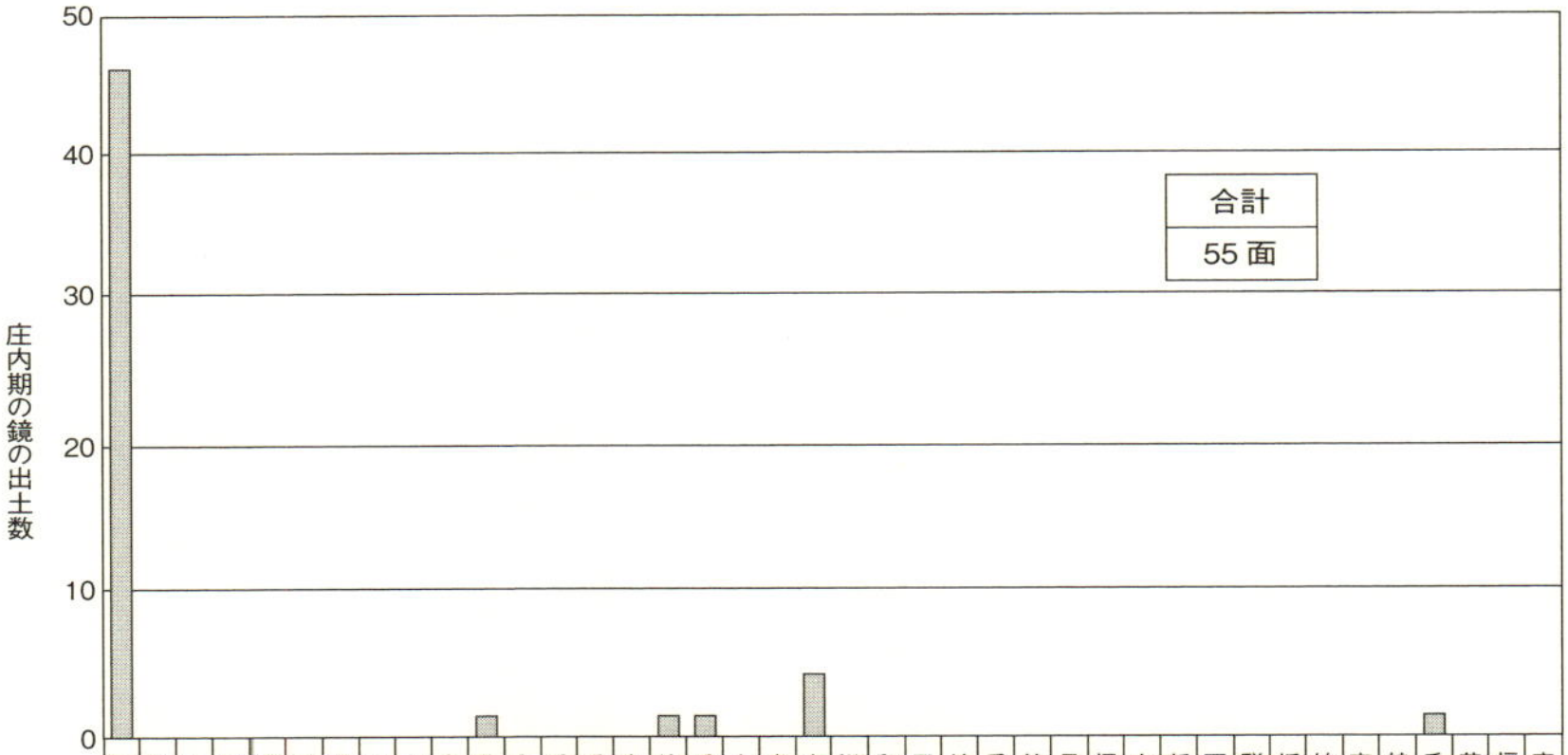

福岡県	佐賀県	大分県	長崎県	宮崎県	熊本県	鹿児島県	山口県	島根県	鳥取県
47	0	0	0	0	0	0	0	0	0

岡山県	広島県	愛媛県	香川県	高知県	徳島県	兵庫県	大阪府	京都府	奈良県
1	0	0	0	0	1	1	0	0	4

滋賀県	和歌山県	三重県	岐阜県	愛知県	静岡県	長野県	福井県	山梨県	新潟県
0	0	0	0	0	0	0	0	0	0

石川県	群馬県	栃木県	埼玉県	東京都	神奈川県	千葉県	茨城県	福島県	宮城県
0	0	0	0	0	0	1	0	0	0

図3　小山田宏一氏の資料による県別・庄内期の鏡の出土数

（「三世紀の鏡と『おおやまと古墳群』」伊達宗泰《だてむねやす》編『古代「おおやまと」を探る』学生社、2000年刊所載。）

奥野正男氏、小山田宏一《こやまだこういち》氏、樋口隆康氏の鏡のデータ

じつは、庄内期のころ出土の鏡については、寺沢薫氏以外に、つぎのような方々も、同様の調査を行なっておられる。

(a)　奥野正男氏（邪馬台国九州説）

(b)　小山田宏一《こやまだこういち》氏（邪馬台国畿内説）

(c)　樋口隆康氏（邪馬台国畿内説）

いま、この(a)(b)(c)の三氏について、原データの紹介ははぶき、各県別の出土数グラフだけを示せば、**図2**、**図3**、**図4**のようになる。

(c)の樋口隆康氏のデータは、鏡の調査総数がすくないので、数字の信頼度が、やや劣る。

図1～**図4**をみれば、つぎのようなことがわかる。

(1)　いずれの図においても、福岡県からの出土数がもっとも多い。

(2)　福岡県と奈良県とを比較してみる。いずれのデータによっても、奈良県からのこの時期の鏡の出土数は、福岡県の1/10以下である。

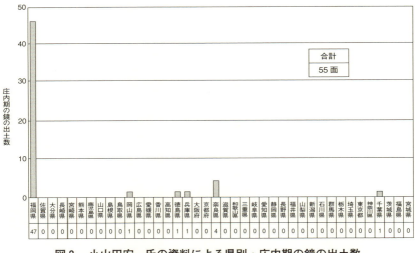

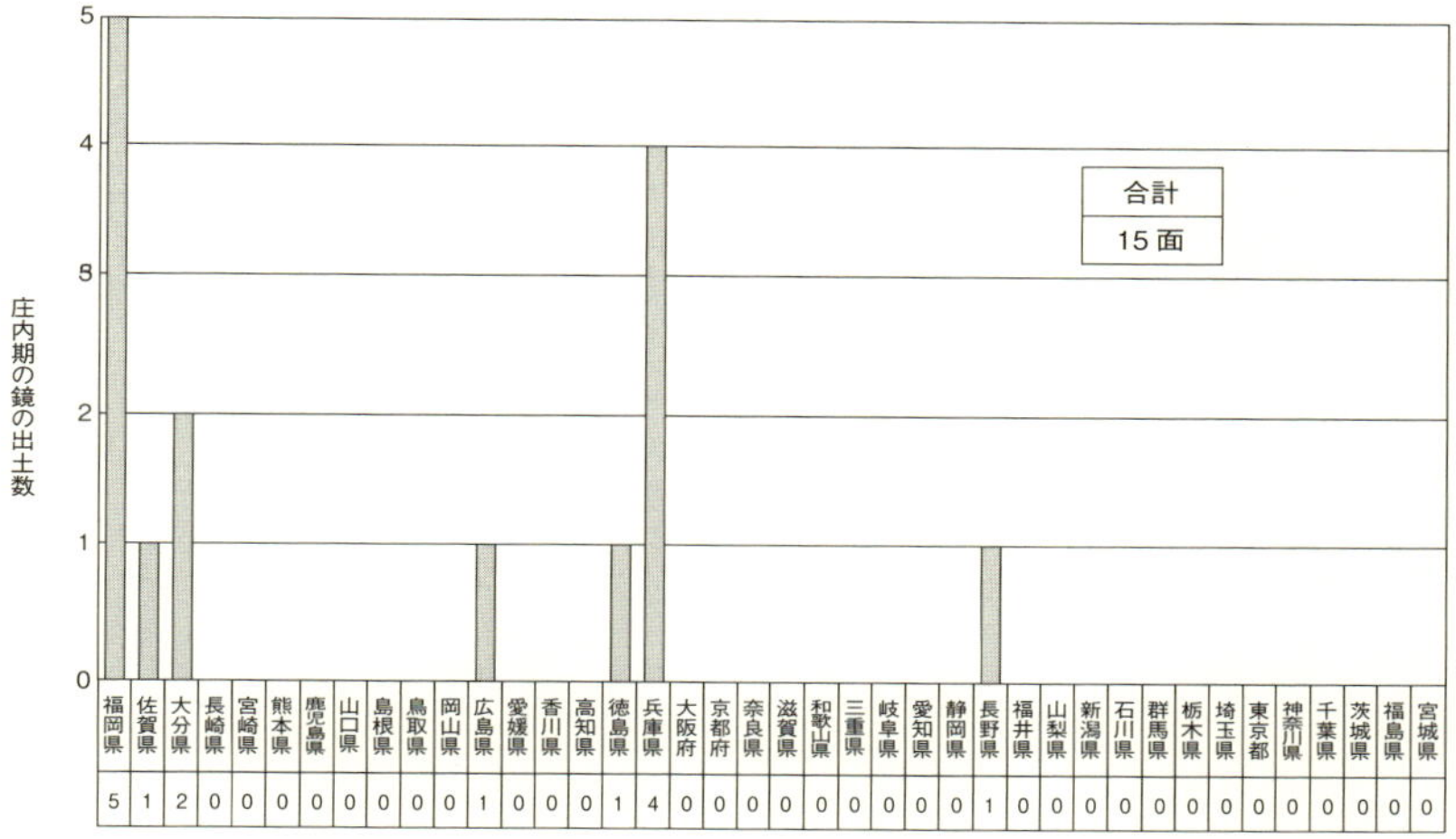

図４　樋口隆康氏の資料による県別・庄内期の鏡の出土数

（王仲殊・樋口隆康・西谷正『三角縁神獣鏡と邪馬台国』［梓書院、1997年刊］所載のデータによる。）

表２　諸氏の鏡データによる福岡県と奈良県の出土数の比

	(A)福岡県	(B)奈良県	(C)　(B)／(A)	図
寺沢薫氏	30面	3面	0.10	**図1**
奥野正男氏	98	4	0.04	**図2**
小山田宏一氏	47	4	0.09	**図3**
樋口隆康氏	5	0	0.00	**図4**

このような共通性がみられることは、このようなデータが、科学に必要な「再現性」（追試験、追調査をしても、同じような結果がえられる性質）をもつことを示しているといえよう。

以下では、福岡県に比しての、奈良県の出土率（**表2**の(C)欄）のもっとも大きな、寺沢薫氏のデータで、話を進めることにしよう。四氏のうち、前ページの**表2**の(C)の値のもっとも大きなデータで話を進める。つまり、**表2**のデータが、全体的にみて、「邪馬台国＝福岡県所在説」に有利なようにみえるものが多いので、「邪馬台国＝福岡県所在説」にとってもっとも不利になるようなデータで話を進めるということである。

モデルの構成

以下の、話のすじを簡単にするため、まず、邪馬台国は、福岡県か奈良県の、どちらかにあったものとして話をすすめる。

ベイズ統計学を適用するにあたり、私、安本は、はじめ適用のためのモデルの形を三つほど考えた。その三つを、松原望氏に、見ていただいた。三つのモデル案のうち、松原氏が、妥当と判断されたものは、つぎのようなものであった。

この「モデル」にしたがうとき、鏡のデータによるばあい、邪馬台国が、福岡にある確率は〇・九一となる。

「十中八、九以上」の確からしさで、邪馬台国は、福岡にあったといえそうである。

この「モデル」についての検討は、あとの、「邪馬台国問題にベイズ統計学を適用するためのモデル詳論」で、ややくわしく行なうとして、とりあえず先にすすむ。

邪馬台国問題にベイズ統計学を適用するためのモデル

『魏志倭人伝』に記されている事物の出土数の多いところが、その多さに比例して、邪馬台国の可能性が大きいという素朴な発想にたつ。その「可能性の大きさ」は、「確率」におきかえられうると考える。

(i)　福岡県からは、奈良県の10倍（＝30/３、以下この値をλ《ラムダ》と書く［ここで、ギリシア文字がでてきて数学になれない読者はちょっとびっくりされるかもしれない。この分野では、確率と確率との比、つまり、確率を確率で割ったものを、λであらわすことが多い］）鏡が出土している。つまり、鏡のみを考えれば、福岡県に邪馬台国があった可能性が、奈良県に邪馬台国があった可能性よりも、10倍大きい（確率が10倍）。

(ii)　ベイズの定理の基本式は、事前確率を所与のものとすれば、λのみの関数として表現できる。

つぎに記号を説明したうえ、そのことを記す。

P……確率（可能性の大きさ）、０から１までのあいだの値をとる。

$H_{福岡}$……邪馬台国が福岡県にあるとする説。（Hは hypothesis《ハイポシシス》［仮説］の頭文字）。

$H_{奈良}$……邪馬台国が奈良県にあるとする説。

$P(H_{福岡}|鏡)$……邪馬台国には、鏡が存在するという条件のもとで、邪馬台国が、福岡県にある確率。

$P(H_{福岡})$……邪馬台国が福岡県にあるとする説が成立する事前

確率。奈良県説と、とりあえず互角とみて、$P(H_{福岡})=0.5$とする。

$P(H_{奈良})$……邪馬台国が奈良県にあるとする説が成立する事前確率。とりあえず、$P(H_{奈良})=0.5$。

$P(鏡|H_{福岡})$……福岡県において鏡が存在する確率。

$P(鏡|H_{奈良})$……奈良県において鏡が存在する確率。

すると、$P(H_{福岡})=P(H_{奈良})=0.5$であるから、

$$P(H_{福岡}|鏡)$$

$$=\frac{P(H_{福岡})\cdot P(鏡|H_{福岡})}{P(H_{福岡})\cdot P(鏡|H_{福岡})+P(H_{奈良})\cdot P(鏡|H_{奈良})}$$

$(P(H_{福岡})=P(H_{奈良})=0.5$とすれば、$)$

$$=\frac{0.5}{0.5+0.5\cdot\dfrac{P(鏡|H_{奈良})}{P(鏡|H_{福岡})}}$$

$$=\frac{1}{1+\dfrac{P(鏡|H_{奈良})}{P(鏡|H_{福岡})}}$$

$$=\frac{1}{1+\dfrac{1}{\lambda}}=\frac{1}{1+\dfrac{3}{30}}=0.91$$

この最後の式は、λのみの関数になっている。

鉄の鏃《やじり》

『魏志倭人伝』に、倭人は「鉄の鏃《やじり》」を用いると記されている。

「鉄の鏃」について、「鏡」のばあいと同じようなグラフを作れば、**図5**のようになる。

図5をみれば、福岡県と奈良県との鉄の鏃の出土数は、つぎのようになっている。

福岡県……三九八個

奈良県……　四個

（$\lambda_{鉄鏃}=398/4=99.5$）

実に百倍近い差がみとめられる。

これについては、「邪馬台国畿内説」の立場にたつ考古学者、大塚初重氏も、その著『邪馬台国をとらえなおす』（講談社現代新書、二〇一二年刊）のなかで、つぎのようにのべておられる。

「『季刊邪馬台国』（梓書院）責任編集者の安本美典氏など、九州説をとる先生方が主張されているように、九州では奈良県の約百倍の鉄鏃《てつぞく》が出土し、鉄刀、鉄剣、鉄鉾、刀子《とうす》も同様の分布の特色を示しているという事実がある。」

つまり、事実として「邪馬台国畿内説」の方といえども、あるていどみとめざるをえないことがらといえよう。

前の段階では、「鏡」のデータにもとづき、「鏡が存在するという条件のもとで、邪馬台国が福岡にあるとする説の成立する確率」をもとめて、〇・九一という値をえた。こんどは、その確率〇・九一を事前確率として用い、いわゆる「ベイズ更新」を行なう。

ここで「ベイズ更新」というのは、前の段階でえられた事後確率を、つぎの段階では、事前確率として用

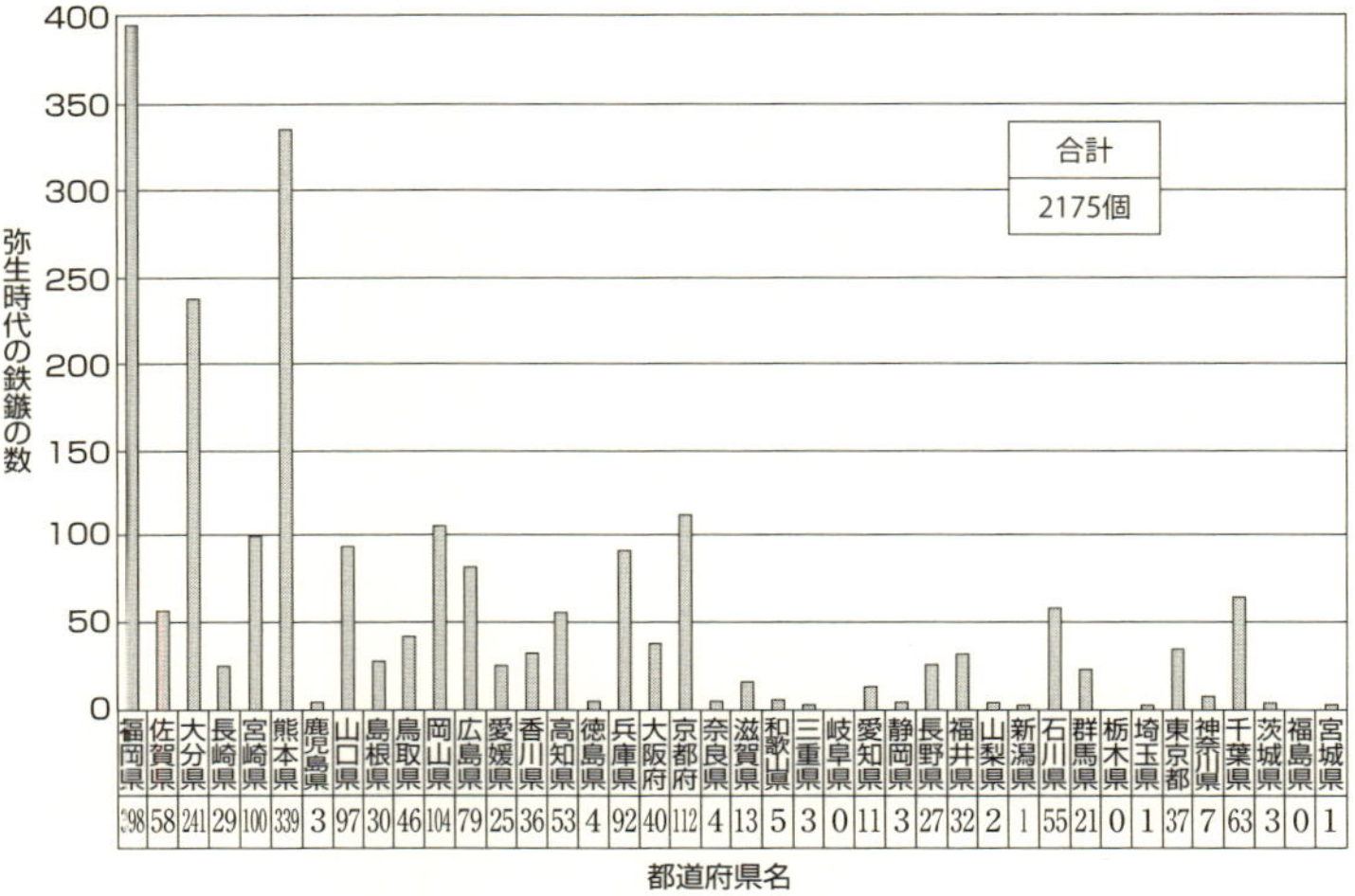

図５　県別　弥生時代の鉄鏃の数

（もとのデータは、川越哲志編『弥生時代鉄器総覧』［広島大学文学部考古学研究室、2000年刊］による。）

い、確率を漸近的《ぜんきんてき》に更新していく手つづきをいう。

じっさいに行なってみると、

$$P(H_{福岡} \mid 鉄鏃) = \frac{0.91}{0.91 + P(H_{奈良}) \cdot \dfrac{1}{\lambda_{鉄鏃}}} = \frac{0.91}{0.91 + 0.09 \cdot \dfrac{4}{398}}$$

（$P(H_{奈良}) = 1 - P(H_{福岡}) = 1 - 0.91 = 0.09$として）

$= 0.999$

つまり、ここまでの手つづきで、ふつうの科学の基準では、邪馬台国はほぼ確実に、福岡県にあったということになる。その判断が、誤りである確率は、千分の一以下となる。

もうこのあたりで、そろそろベイズ更新による逐次確率比検定は、うちきってもよさそうである。ベイズ更新をうちきらず、つづけたばあいの結果は、あとの82ページの**表8**、**図21**に示されている。

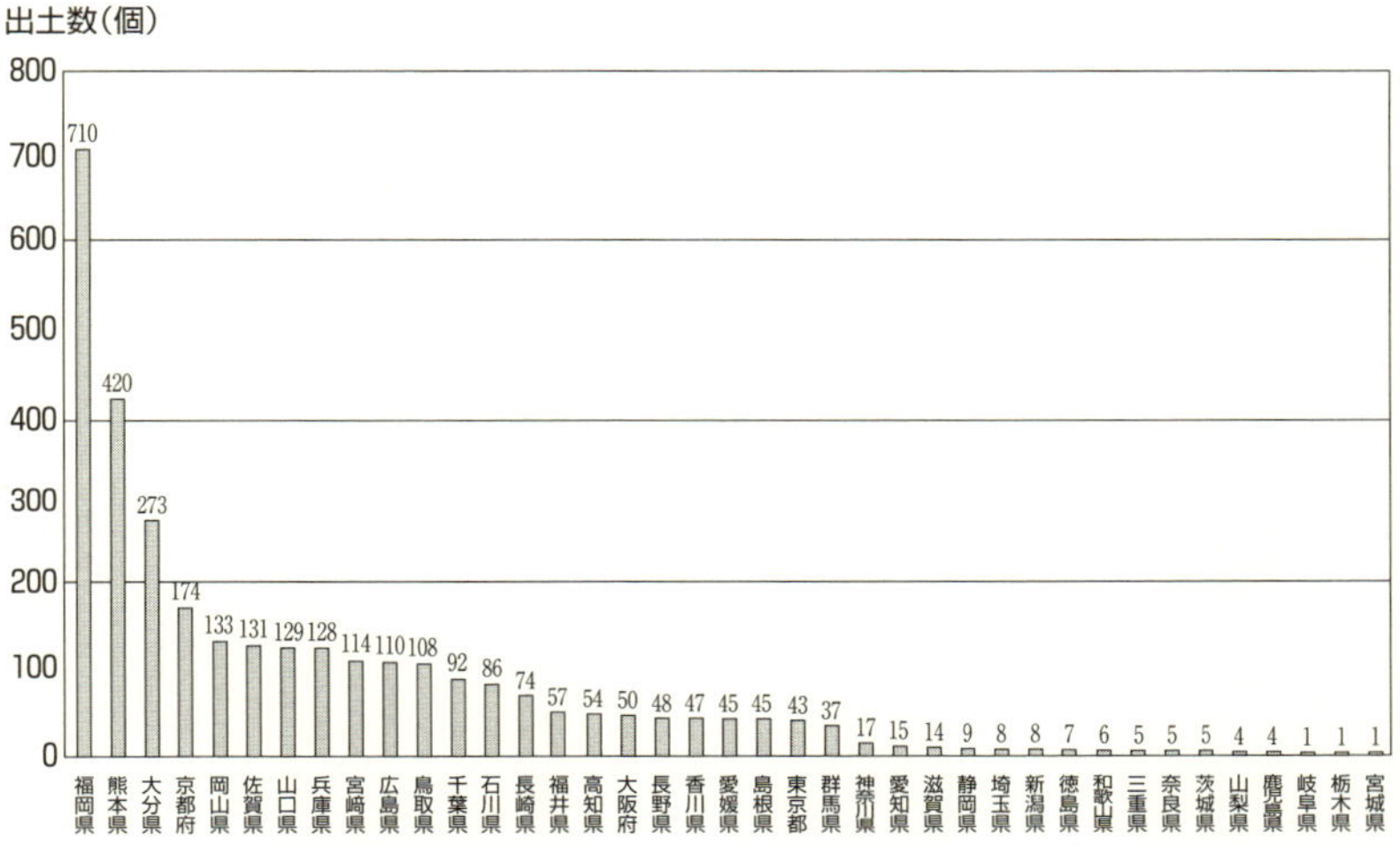

図６　県別　弥生時代鉄器出土数一覧

出典：千田稔著『邪馬台国』（青春出版社、2010年刊）『弥生時代鉄器総覧』川越哲志編（六一書房）をもとに作成

福岡県と奈良県との比較をつづけたばあいの結果だけを記せば、邪馬台国が福岡県にあった確率は、ほぼ1となり、奈良県にあった確率は、ほぼ0（一万回に一回以下）となる。

なお、邪馬台国畿内説の立場にたつ奈良県立図書情報館館長の千田稔氏は、その著『邪馬台国』（青春出版社、二〇一〇年刊）のなかで、「鉄器」について、**図6**のような図を示しておられる。

福岡県の鉄器出土数……七一〇

奈良県の鉄器出土数……　五

（$\lambda_{鉄器}=710/5=142$）

図6のデータの出典は、私が「鉄鏃」についての調査を行なったものと同じものである。広島大学の教授であった故川越哲志編の『弥生時代鉄器総覧』によっている。

ほぼ同じものを調査すれば、ほぼ同じ傾向がえられている。データの「再現性」は保証されるようである。

STAP《スタップ》細胞問題では、あれほど求められて、ついに得られなかった「再現性」が、ここでは、保証されている。

「邪馬台国問題にベイズ統計学を適用するためのモデル詳論」

さて、ここで、すこし、方法論の検討をしておこう。

さきに「邪馬台国問題にベイズ統計学を適用するためのモデル」を示した。私は、さらに「詳論」を作成し、松原望氏に、長時間にわたり、ほぼ逐条的に検討していただいた。

まことに、感謝にたえない。

つぎに、その検討をふまえた「詳論」を示す。

話のすじのみを追いたい方、数学的議論を好まない方は、この「詳論」はとばして先にすすんでいただきたい。すでに、モデルの大要は記しているのであるから。

邪馬台国問題にベイズ統計学を適用するためのモデル詳論

基本モデル

(1) 『魏志倭人伝』に、倭国に存在すると書かれている事物（鏡、鉄の鏃、勾玉……など）が、多く出土する地域（都道府県など）ほど、邪馬台国の存在する地である「可能性」が大きいと考える。出土が、0に近いほど、邪馬台国の存在する「可能性」は、小さいと考える。

(2) 前項(1)でのべた「可能性」の大小は、「確率」ということばで表現できるものとする。

ただし、この「確率」には、つぎのような問題がある。

「確率」を求めるさいは、分子・分母を定めなければならない。前項(1)でのべた「可能性（確率）」では、分子・分母をどうとるかが、定式化されていない。分子については、出土頻度をとるにしても、分母になにをとるかについては、さまざまなものが考えられる。

これについては、次項「『最小公倍数データ』と『確率比成立データ』」で、すこしくわしく議論する。

(3) 以下のように考えるのは、比較的無理がなく、賛同のえられやすい設定であろう。「ある遺物（たとえば鏡）がＡ県からは、Ｂ県の10倍出土したならば、その遺物（鏡）の情報にもとづくかぎり、Ａ県に邪馬台国があった『可能性（確率）』は、Ｂ県に邪馬台国があった『可能性（確率）』よりも、一応10倍大きいとして話をすすめることが許される。」

つまり、確率と確率との比（確率比［尤度比《ゆうどひ》］）を考えて話を進めるのである。確率それじたいは、さしあたって定められなくても、確率比は、（たとえば、福岡県は奈良県の10倍という形で、）定められるとして話を進めるのである。確率そのものよりも、確率比が与えられたものとして、議論を進めるのである。例をあげてみよう。

あるサイコロを何回か投げて、１の目が50回、２の目が5回でたとする。すると、つぎのように思うだろう。

「このサイコロは、出かたにひどいかたよりがある。１の目が、２の目の10倍出やすい。１の目の出る確率が、2の目の出る確率の10倍に近いようだ。」全部で何回なげたのかわからない。つまり正確な確率は、求められない。しかし、１の目の出る確率は、2の目の出る確率の10倍に近いらしいことはうかがえる。確率はわからなくても、確率比は求められる。

ベイズ統計学において、確率比（尤度比）を用いて議論を進めることのあることは、松原望著『ベイズ統計学概説』（培風館、2010年刊）の185ページ「ベイズ更新と逐次仮説検定」の章にみえる。

各都道府県での出土頻度（出土数）を、$x_{\text{福岡}}$、$x_{\text{奈良}}$…のように表記する。各都道府県での出土確率を、$p_{\text{福岡}}$、$p_{\text{奈良}}$のように表記する。出土確率$p_{\text{福岡}}$、$p_{\text{奈良}}$をどのように考えるべきかは、次項「『最小公倍数データ』と『確率比成立データ』」で議論する。

たとえば、事物（鏡）のばあい、

$$\lambda_{\text{鏡}}=\frac{x_{\text{福岡}}}{x_{\text{奈良}}}=\frac{p_{\text{福岡}}}{p_{\text{奈良}}}=10$$

と考える。

(4)　事前確率を所与のものとすれば、ベイズの定理の基本式は、λのみの関数として表現できる。たとえば、「鏡」のばあいは、つぎのようになる。

すなわち、

$$\lambda_{\text{鏡}}=\frac{\mathrm{P}(\text{鏡}\mid \mathrm{H}_{\text{福岡}})}{\mathrm{P}(\text{鏡}\mid \mathrm{H}_{\text{奈良}})}=\frac{x_{\text{福岡}}}{x_{\text{奈良}}}(=10)$$

$$P(H_{福岡} \mid 鏡) = \frac{P(H_{福岡}) \cdot P(鏡 \mid H_{福岡})}{P(H_{福岡}) \cdot P(鏡 \mid H_{福岡}) + P(H_{奈良}) \cdot P(鏡 \mid H_{奈良})}$$

$$= \frac{1}{1 + \dfrac{P(H_{奈良})}{P(H_{福岡})} \cdot \dfrac{1}{\lambda_{鏡}}}$$

(5)　たとえば、鏡のデータによって得られた結果（事後確率）$P(H_{福岡} \mid 鏡)$ を、つぎのステップの鉄鏃データでの計算のさいの事前確率比 $\dfrac{P(H_{奈良})}{P(H_{福岡})}$ にもちい、鉄鏃のデータの $\lambda_{鉄鏃}$ にもとづき、事後確率を求める。このようにして、ベイズ更新を行なっていく。

(6)　このような逐次確率比（尤度比）検定を行なうとき、検定のうちきりには、つぎの２つの方法が考えられる。

(a)　たとえば、邪馬台国が福岡県にある確率が0.99、奈良県である確率が0.01になったとき、逐次確率比検定をうちきる。

(b)　手もとにあるすべての項目（鏡、鉄鏃、勾玉、絹……）のデータを用いきったとき、邪馬台国が福岡県である確率はいくらになるか、奈良県である確率はいくらになるかを求める。

(7)　以上のようなベイズ流の逐次確率比検定は、フィッシャー流の検定とは、以下のような点が異なる。

(a)　福岡県であるか、奈良県であるか、対立仮説を考えて確率計算を行なう。このような問題設定は、「邪馬台国問題」の問題の本質にそうものであろう。

(b)　かりに最終結果が、邪馬台国が福岡県である確率が80％、奈良県である確率が20％になったとしても、それなりの確率評価を行なうことができる。

「最小公倍数データ」と「確率比成立データ」

松原望氏の『よくわかる最新ベイズ統計の基本の仕組み』に、つぎのような事例がのっている。以下、この事例のようなモデルを、「つぼ型モデル」と呼ぶことにする。

紅白の玉で「ベイズの定理」の計算練習

【例】３個のつぼ E_1、E_2、E_3 があり、その中に赤の玉、白の玉がそれぞれ

3：1、1：1、1：2

の割合で入っている。実験として、ランダムに指定されたつぼの中から玉が勝手に１個とり出され、どのつぼからとり出されたかは告げられず、玉の色だけを告げられたものとする。いま、玉の色が赤であると告げられたとき、その玉が、それぞれ E_1、E_2、E_3 からとり出されたものである事後確率を求める。

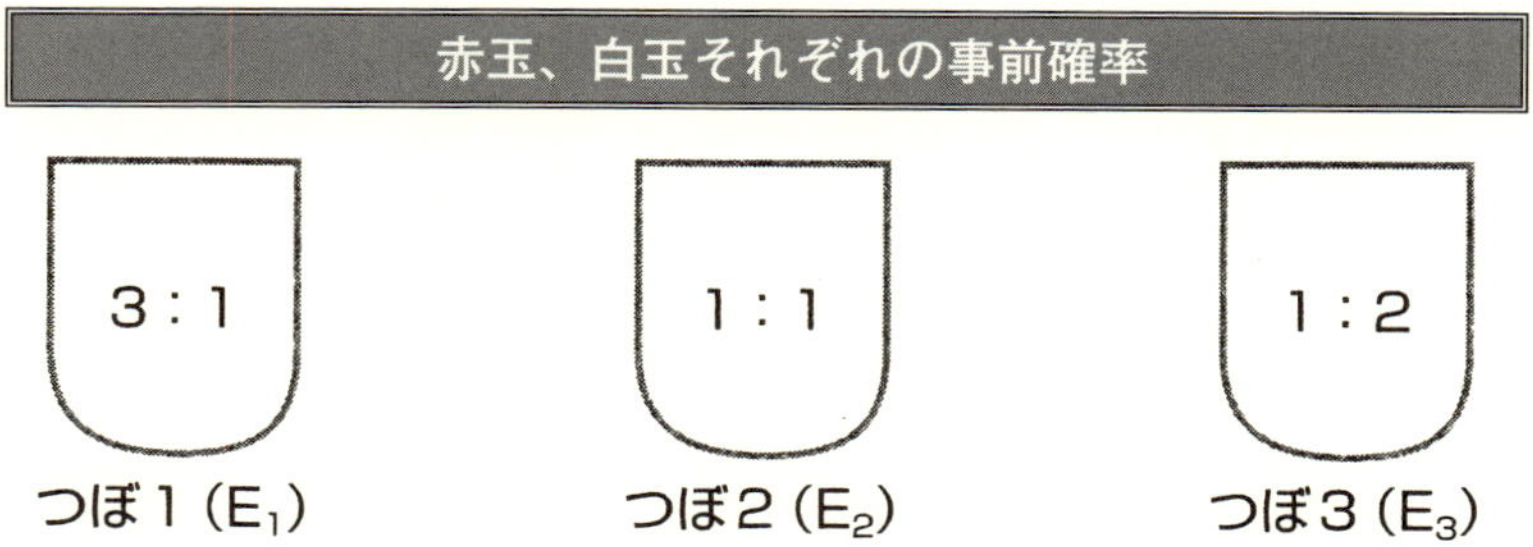

そこで、R＝{赤の玉がとり出される} とすると、Rの確率は赤の玉がどのEから起こったかによっていて

$P(R|E_1)=3/4$、$P(R|E_2)=1/2$、$P(R|E_3)=1/3$

である。ここでP（○｜×）は、×のとき○となる確率をあらわす。

次に、はじめにどのつぼが指定されるか知らないが、どのつぼも同

等で特に差を付けられず、事前確率

$$P(E_1)=P(E_2)=P(E_3)=1/3$$

をおく。定理からつぼE_1からのものである事後確率は

$$P(E_1 \mid R)=\frac{(1/3)\ (3/4)}{(1/3)(3/4)+(1/3)(1/2)+(1/3)(1/3)}=\frac{9}{19}$$

となる。9/19＝0.45で0.5より少し小さい。E_1からは、半分ちょっと足りない位確かである。

さらに、練習として、同様にして

$$P(E_2 \mid R)=6/19、P(E_3 \mid R)4/19$$

となる。念のため加えて1.0となることを確認しておこう。

問題を「玉の色が白である…」と変えると、W＝{白の玉がとり出される}としてみると、

$$P(E_1 \mid W)=3/17、P(E_2 \mid W)=6/17、P(E_2 \mid W)=8/17$$

これまでの計算結果をまとめてながめてみよう。実験前と実検後（事前確率の事後確率）の比較で符号の数は増加、減少の程度と表す。赤の玉はE_1の証拠に、白の玉はE_3の証拠となっていることがわかる。

それぞれのつぼの2種類の確率

つぼ	実験前の確率
E_1	0.33
E_2	0.33
E_3	0.33

実験後の条件付確率	
赤の玉	白の玉
0.47（＋＋）	0.18（－－）
0.32（－）	0.35（＋）
0.21（－－）	0.47（＋＋）

いま、上の松原氏のあげられた事例のデータを、表の形にまとめれば、**表3**のようになる。

表 3　赤玉と白玉の比の表

つぼ	データ		計	確率
	赤玉	白玉		
E_1	3	1	4	$\frac{3}{4}$ (P [R｜E_1])
E_2	1	1	2	$\frac{1}{2}$ (P [R｜E_2])
E_3	1	2	3	$\frac{1}{3}$ (P [R｜E_2])

表 3 の最右欄の「確率」の欄の、確率の分母の最小公倍数12を用いた形にまとめなおせば、**表 4** のようになる。以下では、確率は、すべて整数による分数とする。

表 4 においてつぼ E_1、E_2、E_3 の赤玉の値を、縦の合計 S（=19）で割った値が、それぞれベイズの公式で求めた事後確率と一致する。

表 4　表 3 の「確率」欄を、分母の最小公倍数で統一

つぼ	データ		横計(T)（最小公倍数）
	赤玉	白玉	
E_1	9(赤 E_1)	3	12
E_2	6(赤 E_2)	6	12
E_3	4(赤 E_3)	8	12
縦計(S)	19(赤 S)	17	36

すなわち、つぎのとおりである。

$$P(E_1 \mid R) = 9/19 = 赤 E_1 / 赤 S$$
$$P(E_2 \mid R) = 6/19 = 赤 E_2 / 赤 S$$
$$P(E_3 \mid R) = 4/19 = 赤 E_3 / 赤 S$$

いま、**表 4** のように横計が最小公倍数で統一された赤玉の数、赤 E_1、赤 E_2、赤 E_3 の「9、6、4」のようなデータをまとめて「最小公倍数データ」とよぶことにする。

（「最小公倍数データ」は、話をわかりやすくするため便宜上につけたよび方である。「最小公倍数」でなくても、「最小公倍数の任意の整数倍」、つまり、「公倍数データ」であってもよい。要は、**表４**のつぼ E_1、E_2、E_3 のそれぞれの赤玉と白玉との内部比を、**表３**のようにたもちながら**表４**の横計（T）の欄が、全て同じになるものであればよい。横計（T）を、12ではなく、すべて１にしたばあいは、**表４**を横にみたばあいの、赤玉、白玉の確率を与えることになる。）

もし、最初に、赤玉の「最小公倍数データ」が与えられたとすれば、確率の形にするとき、分母に何をもってきてもよい。すなわち、分母に横計のＴの12をもってきても、縦計のＳの19をもってきても、それ以外の任意の定数Ｋをもってきても、ベイズの公式にいれるとき $P(E_1 \mid R)$、$P(E_2 \mid R)$、$P(E_3 \mid R)$ は、つねに一定となる。

$P(E_1 \mid R)$ を例にとれば、つぎのとおりである。

$$P(E_1 \mid R)=\frac{(1/3)(9/12)}{(1/3)(9/12)+(1/3)(6/12)+(1/3)(4/12)}=\frac{9}{19}$$

$$P(E_1 \mid R)=\frac{(1/3)(9/19)}{(1/3)(9/19)+(1/3)(6/19)+(1/3)(4/19)}=\frac{9}{19}$$

$$P(E_1 \mid R)=\frac{(1/3)(9/K)}{(1/3)(9/K)+(1/3)(6/K)+(1/3)(4/K)}=\frac{9}{19}$$

このようなことになるのはなぜか。

それは、**表４**の「最小公倍数データ」が、「確率比」が意味をもつようなデータだからである。たとえば、

$$\frac{E_1\text{のつぼの赤玉である確率}}{E_2\text{のつぼの赤玉である確率}}=\frac{9/12}{6/12}=\frac{\text{赤}E_1}{\text{赤}E_2}=\frac{9}{6}$$

すなわち、**表４**の赤 E_1、赤 E_2、赤 E_3 のような「最小公倍数デー

タ」では、「データ比」がそのまま「確率比」となる。

ここで、前項でのべた例のばあいの出土数 $x_{\text{A県}}$ と $x_{\text{b県}}$ との比が、出土確率 $p_{\text{A県}}$ と $p_{\text{B県}}$ の比に等しくなっているから、一般に、K は任意の定数として、

$$\frac{x_{\text{A県}}}{x_{\text{B県}}}=\frac{x_{\text{A県}}/\mathrm{K}}{x_{\text{B県}}/\mathrm{K}}=\frac{p_{\text{A県}}}{p_{\text{B県}}}$$

このように、データ比が確率比となるようなデータを、「確率比成立データ」とよぶことにする。

表 4 のデータのような「最小公倍数データ」は、「確率比成立データ」の部分集合をなす。

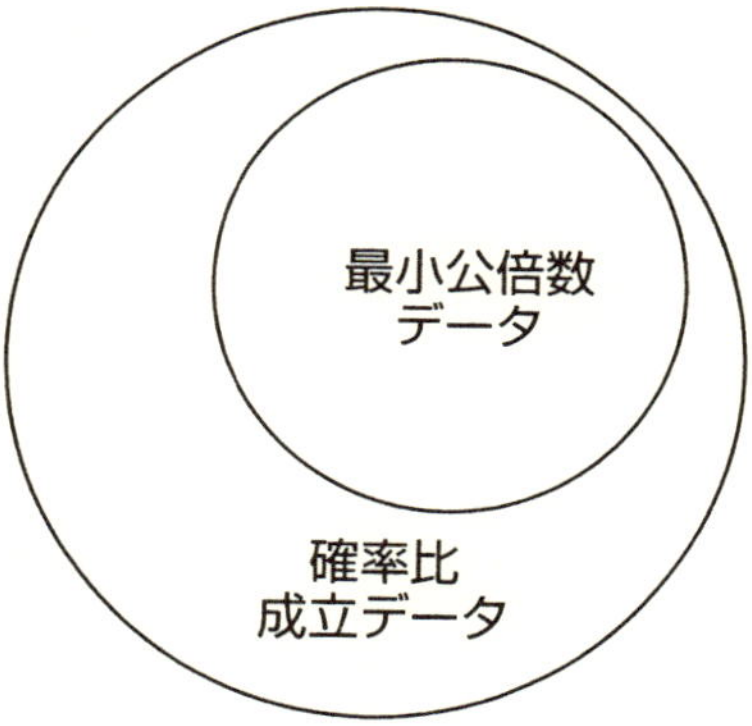

確率比成立データ⊃最小公倍数データ

ここで重要なことは、「確率比成立データ」において確率を考えるばあい、そのデータの分母に任意の値 K を与えても、ベイズの公式で求めた事後確率は変わらないということである。

したがって、ある個人が説明の便宜上都合がよいと思う任意のものを分母にえらんで確率を定めることができる。確率の分母を厳密に定めることは、必要ではない。

〔参考文献〕

松原望『入門ベイズ統計』(東京図書、2008年刊)
松原望『ベイズ統計概説』(培風館、2010年刊)
松原望『よくわかるベイズ統計の基本と仕組み』(秀和システム、2010年刊)

2　用いるデータの検討

この節のはじめに

この節では、邪馬台国問題について、ベイズ統計学を用いるためのデータのすべてについて検討する。検討するのは、『魏志倭人伝』に記載のある事物で、考古学的な出土をみているもののすべてである。

「ベイズ更新」を行なうためには、前の段階で用いたデータと、つぎの段階で用いるデータとは、たがいに独立でなければならない。

たとえば、すでに示した**図5**の「鉄の鏃」のデータと、**図6**に示した「鉄器出土数」のデータとは、たがいに独立とはいえない。「鉄器出土数」のなかには、その一部として「鉄の鏃」の出土数も含まれているからである。

このばあいは、つぎの三つの理由により、「鉄の鏃」データをつかえば、十分であろう。

(1)　出土率からみて、「鉄の鏃」データを用いたばあいのほうが、「鉄器出土数」データを用いたばあいよりも、「邪馬台国＝奈良県所在説」にとって有利となる。いまのばあい、全体的データからみて、「奈良県説」は「福岡県説」よりも不利なのであるから、奈良県説に有利なほうのデータを用いる。

(2)　「鉄器出土数」データでは、一本の鉄の剣も、一個の鉄の鏃も、同じ一つの出土数としてとりあつかわれているはずである。しかし、この二つは、重量からいえば、大きな違いがある。また、「鉄器出土数」データでは、鉄の大きなかたまりや、鉄器の小さな破片などを、どのようにとりあつかったか、かならずしもはっきりしない。一本の刀が、二つに折れて出土したばあい、それは、出土数として一つな

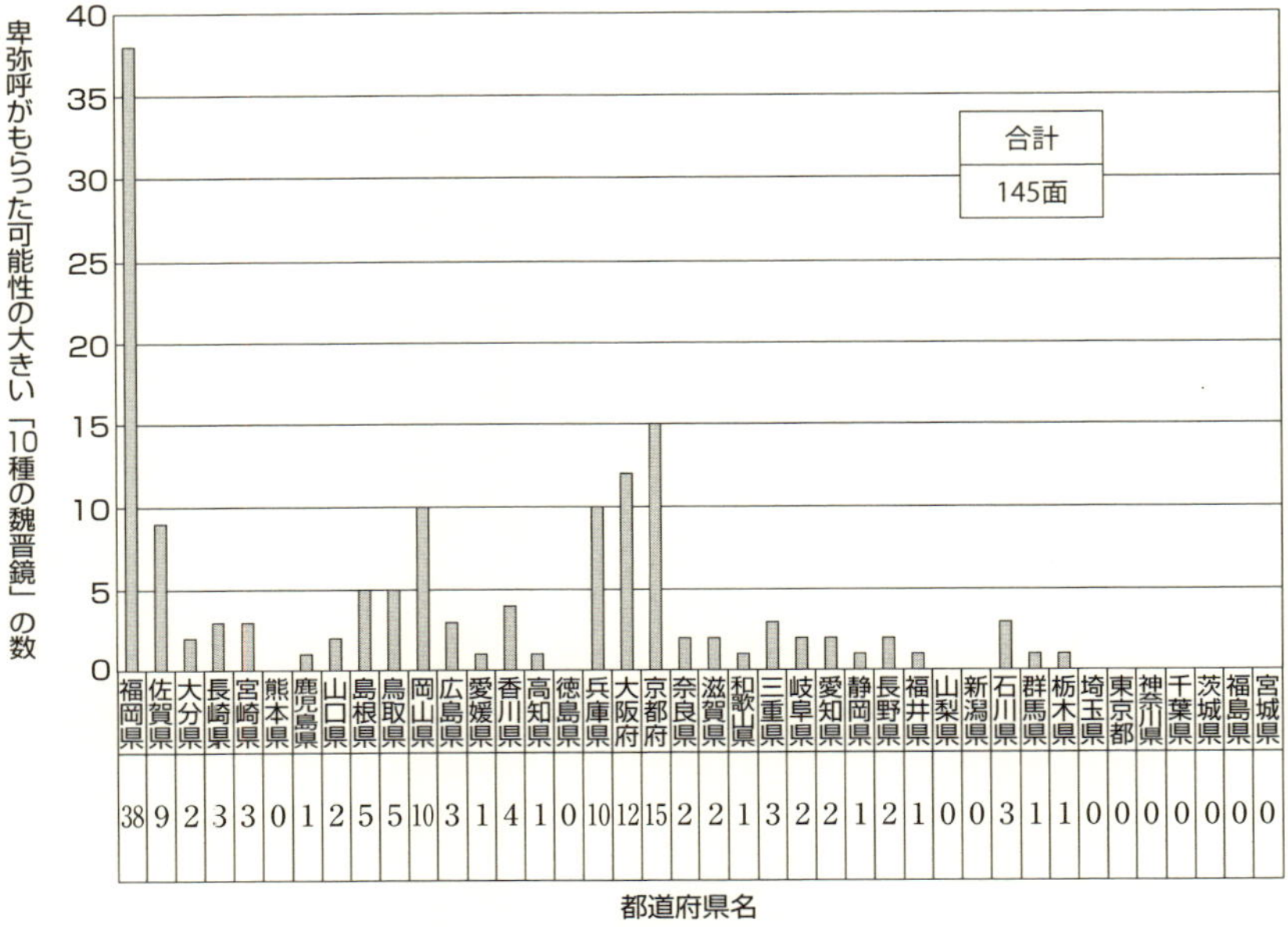

図7　県別　卑弥呼がもらった可能性の大きい「10種の魏晋鏡」の数
（もとのデータは、『季刊邪馬台国』71号〔特集「新説・これが卑弥呼の鏡だ‼」、梓書院、2000年刊〕、および拙著『「邪馬台国畿内説」徹底批判』〔勉誠出版、2008年刊〕による。）

のか、二つなのか。また一本の刀が二つに折れたものかどうか、正確に弁別がつくのか、……などの問題がある。これに対し、「鉄の鏃」は、弁別基準が、比較的はっきりしているとみられる。

(3)「鉄の鏃」データを用いても、「鉄器出土数」データを用いても、ベイズの統計学を用いた最終結果にはさして変わりがない。

以上のべてきたような種類の問題があるので、以下では、データをいくつかのグループにわけて検討する。

1　鏡類データ

「鏡類データ」としては、すでに示した寺沢薫氏のデータにもとづく**図1**のものを用いれば十分であろう。

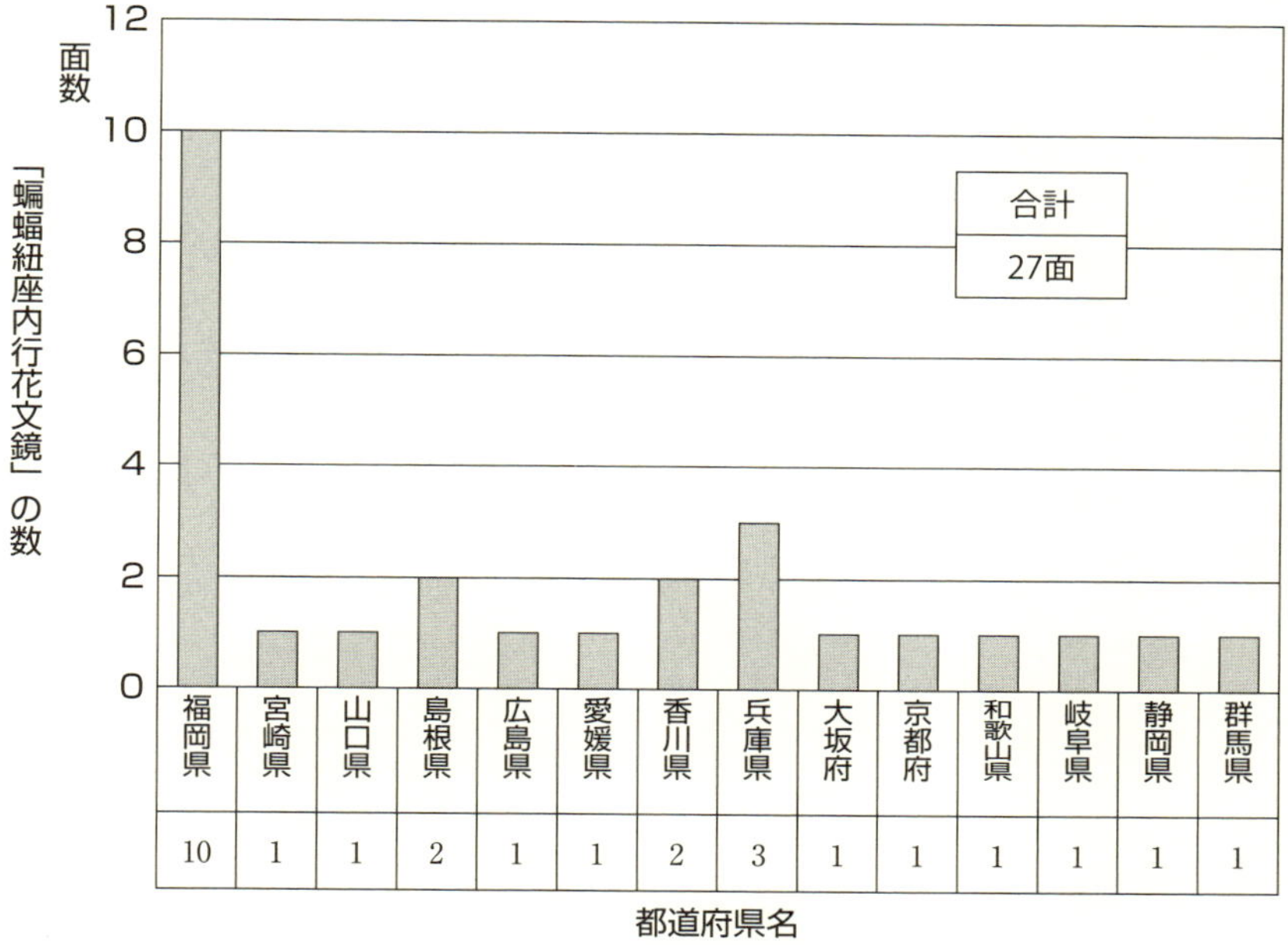

図8　県別　蝙蝠《こうもり》鈕《ちゅう》座《ざ》内行花文鏡の数

（もとのデータは、拙著『日本誕生記』２［PHP研究所、1993年刊］、および、拙著『「邪馬台国畿内説」徹底批判』［勉誠出版、2008年刊］による。）

それは、以下にのべるような理由にもとづく。

「鏡類データ」としては、たとえば、つぎのようなものが考えられる。

(1)　卑弥呼がもらった可能性の大きい「10種の魏晋鏡」の数（図7）

(2)　蝙蝠《こうもり》鈕《ちゅう》座《ざ》内行《ないこう》花文鏡《かもんきょう》（図8）

(3)　「長宜子孫名内行花文鏡」のうち、ほぼ邪馬台国時代ごろの遺跡から出土したもの（図9）

(4)　小形仿製鏡（図10）

このうち、まず、(1)は、出土数も多く、データとしてふさわしいものである。しかし、このデータを用いると、寺沢薫氏のデータを用いたばあいにくらべ、「邪馬台国奈良県所在説」にとって不利となる。

(2)の「蝙蝠鈕座内行花文鏡」は、(1)の「卑弥呼がもらった可能性の大きい

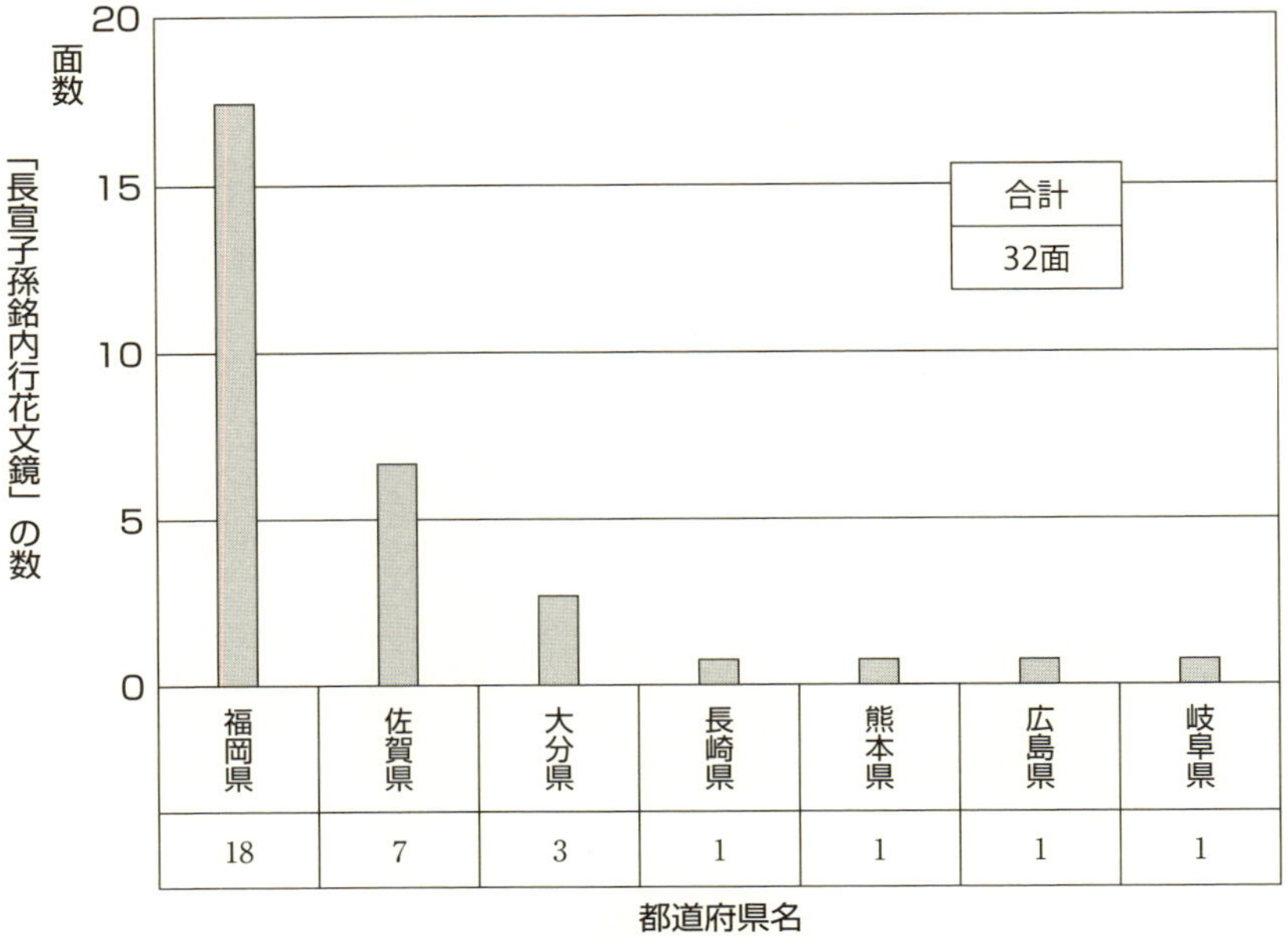

図9　県別「長宜子孫名内行花文鏡」（ほぼ邪馬台国時代とみられるもの）の数
（もとのデータは、拙著『日本誕生記』2〔PHP研究所、1993年刊〕、および、拙著『「邪馬台国畿内説」徹底批判』〔勉誠出版、2008年刊〕による。）

『10種の魏晋鏡』」の一部をなす。かつ、出土数がややすくない。

(3)の「長宜子孫名内行花文鏡」も、やや出土数がすくない。

さらに、以下にのべるような問題がある。

(2)の「蝙蝠鈕座内行花文鏡」や「長宜子孫名内行花文鏡」は、出土数が全体的にすくないため、奈良県からの出土数が、0《ゼロ》である。

したがって、(2)や(3)のデータを、ベイズの公式にあてはめると、「福岡県」か「奈良県」かの問いかけでは、「福岡県である確率が1、奈良県である確率が0《ゼロ》」になってしまう。

以後、ベイズ更新をしても、この結果は変わらない。

(4)の「小形仿製鏡」は、大略、邪馬台国時代に行なわれたとみられる鏡で

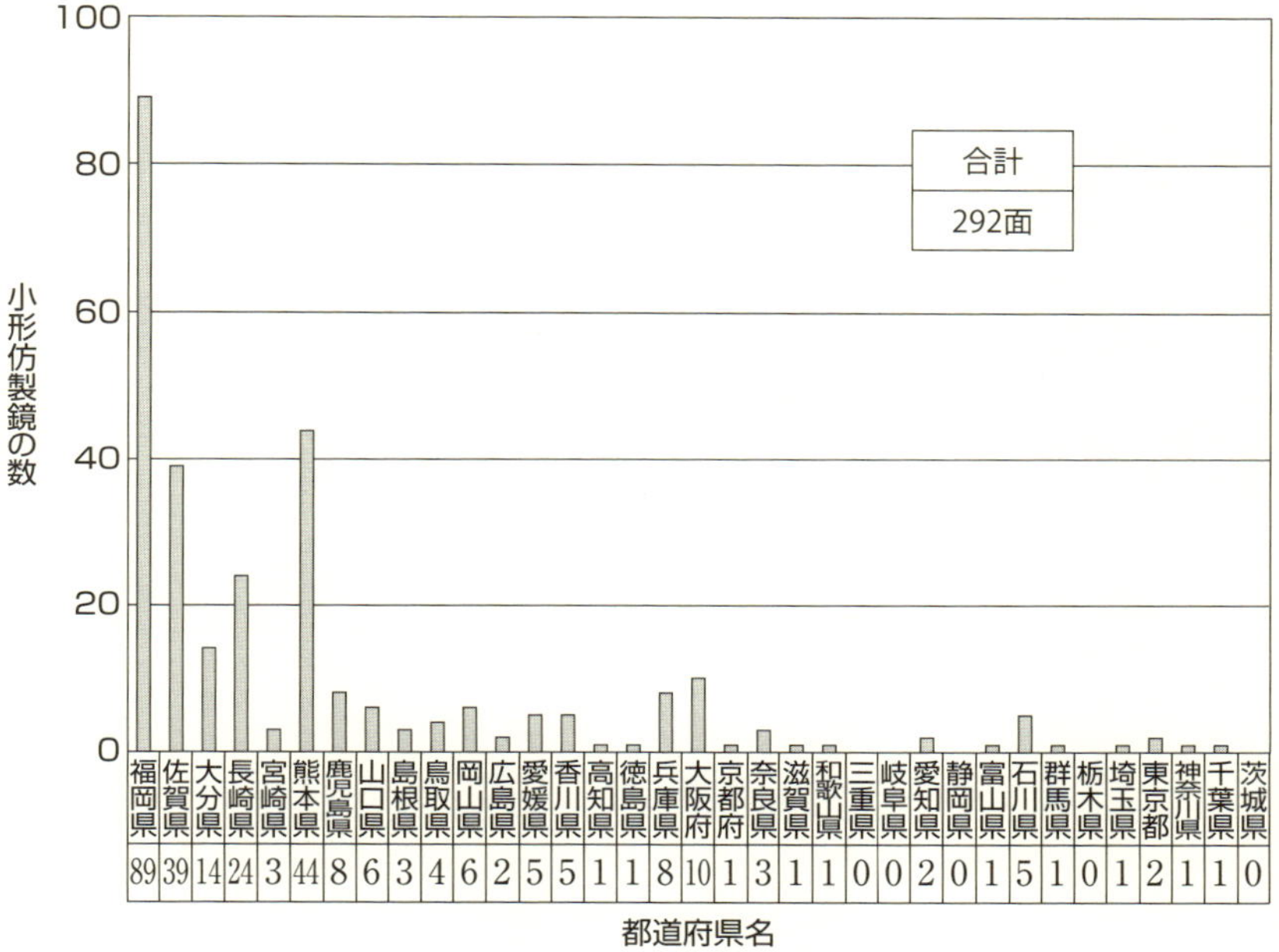

図10　県別　小形仿製鏡の数

（もとのデータは、田尻義了《たじりよしのり》著『弥生時代の青銅器生産体制』（九州大学出版会、2012年刊）による。なお、田尻義了「弥生時代小形仿製鏡の集成」［『季刊邪馬台国』106号、2010年刊］参照。）

ある。

出土数も多い。

しかし、この鏡は、わが国で作られた鏡である。魏から与えられた鏡ではない。

かつ、この「小形仿製鏡」のデータを用いると、寺沢薫氏のデータを用いたばあいに比べ、「邪馬台国奈良県所在説」にとって不利となる。

「小形仿製鏡」の出土数は多い。かつ、寺沢薫氏の鏡データと同じような分布状況を示している。この二つのデータは、あいまって、当時のわが国における鏡の全体的分布状況を示すものといえよう。

なお、⑴の「10種の魏晋鏡」のなかに、「位至三公鏡」とよばれる鏡がある。「位至三公鏡」は、この時代前後の鏡全体の年代判定のための

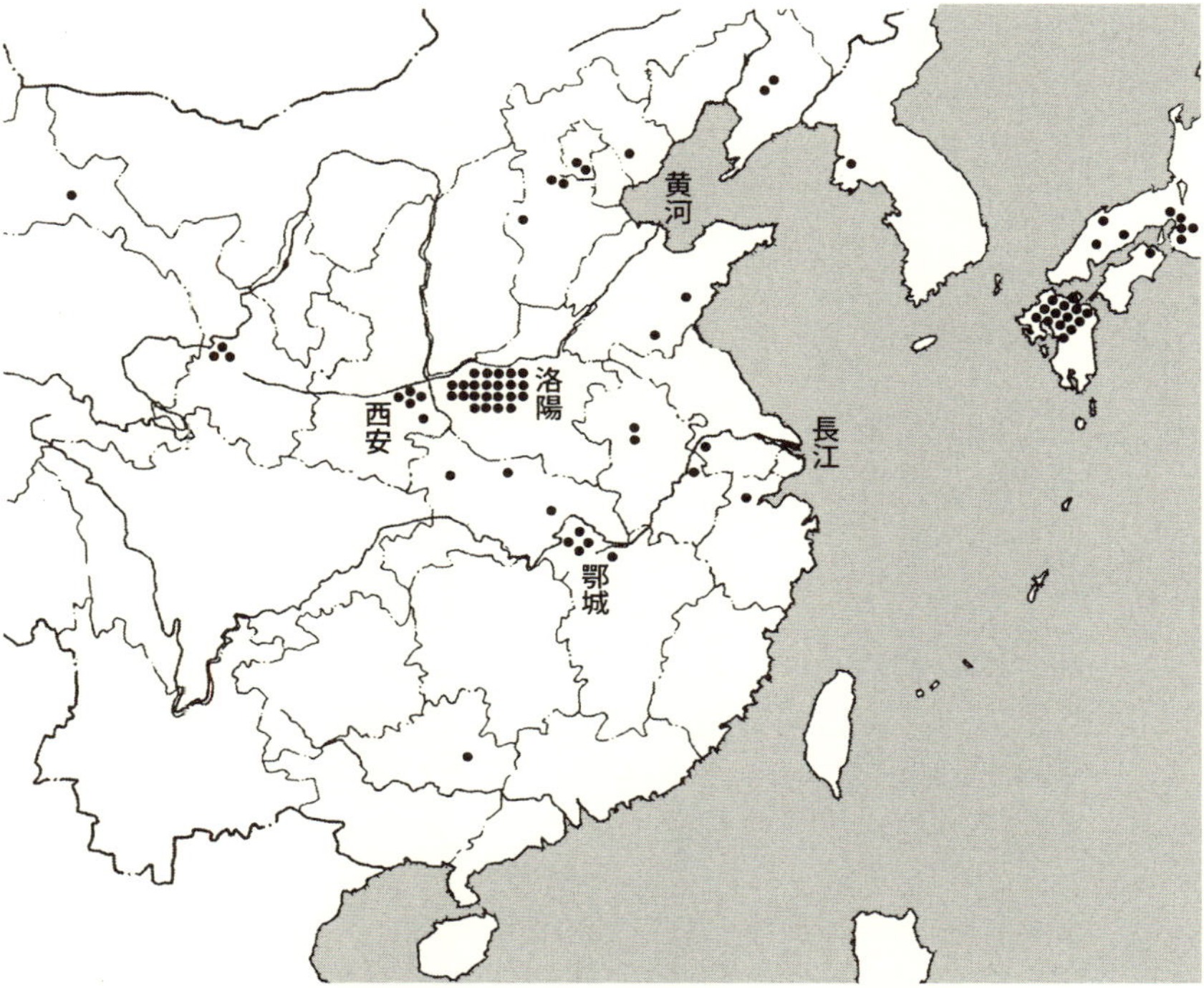

地図1　「位至三公鏡」の中国および日本での分布状況

鍵を与える。

「位至三公鏡」は、中国では、おもに、三世紀後半の西晋時代（二六五〜三一六）の遺跡から、洛陽を中心に出土する。

たとえば、「洛陽晋墓」といわれる遺跡からは、二十四面の鏡が出土しているが、そのうちの三分の一の八面は「位至三公鏡」である。そして、「洛陽晋墓」からは、大康八年（西暦二八七年）、元康九年（二九五年）、永寧二年（三〇二年）の三つの墓誌が出土している。いずれも、西暦三〇〇年前後である。

そして、「位至三公鏡」は、わが国では、北九州を中心に分布する。奈良県からは、確実な出土例がない（**地図1**参照）。

このことは、西暦三〇〇年前後まで、

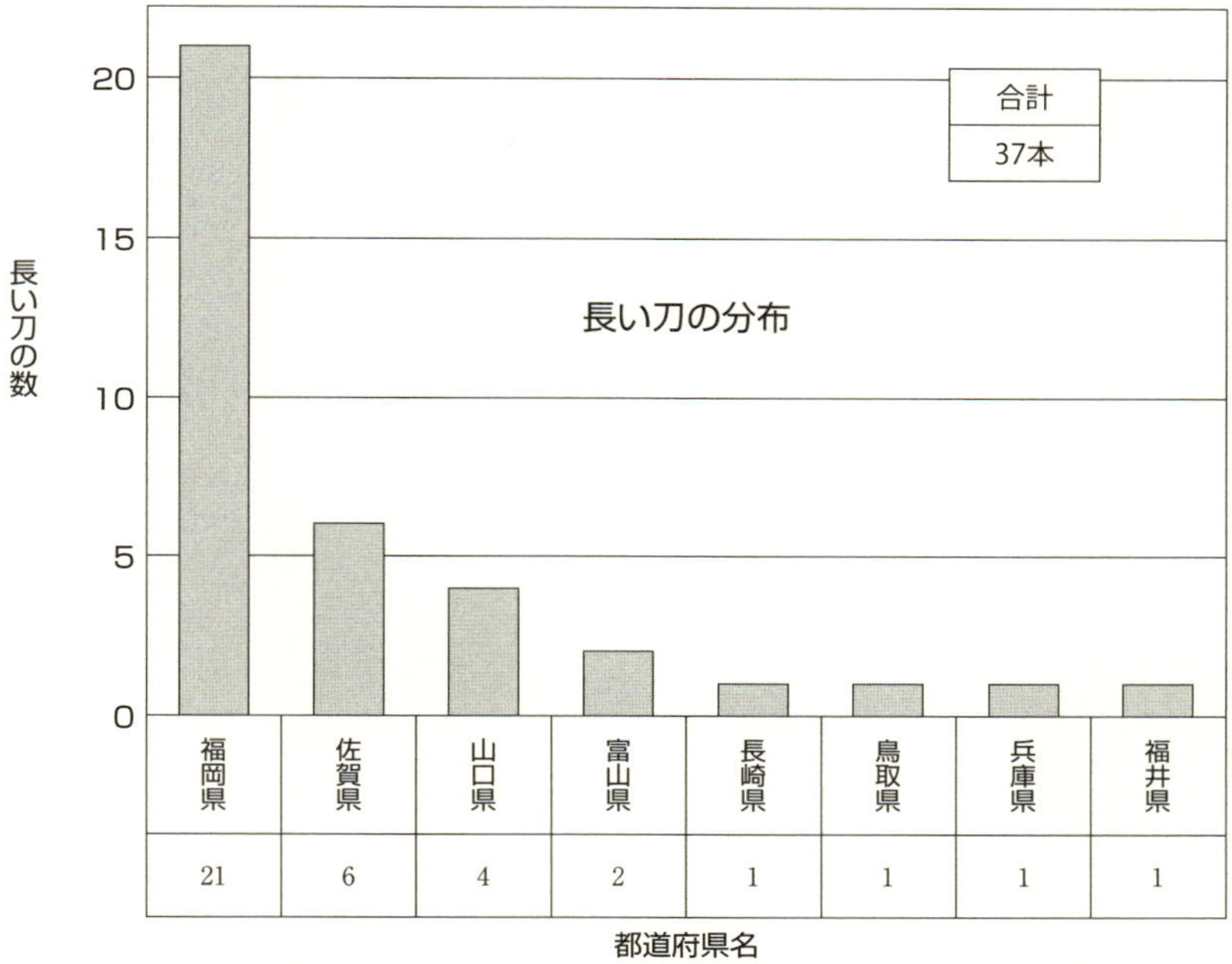

図11　県別「素環頭鉄刀」（弥生時代〜古墳時代前期）出土数
（あるていど、「五尺刀」に対応するような長い刀。もとのデータは、今尾文昭著『古墳文化の成立と社会』［青木書店、2009年刊］の326ページのデータ［**図12**参照］、および、香芝市二上山博物館編『邪馬台国時代の丹波・丹後・但馬と大和』［香芝市二上山博物館、2007年刊］による。）

中国の洛陽系の鏡は、わが国では、北九州を中心に分布していることを示している（これについてくわしくは、このシリーズの拙著『古代年代論が解く邪馬台国の謎』（勉誠出版、二〇一三年刊）の166ページ以下参照）。

2 鉄類データ

『魏志倭人伝』には、鉄器に関する記述に、つぎのようなものがある。

(1)「鉄の鏃」（44ページの**図5**参照）

(2)「兵（器）には、矛を用いる」（兵器に用いるとすれば、祭祀用の幅の広い銅矛などではなく、鉄の矛か。）

(3)「五尺刀二口をたまう」

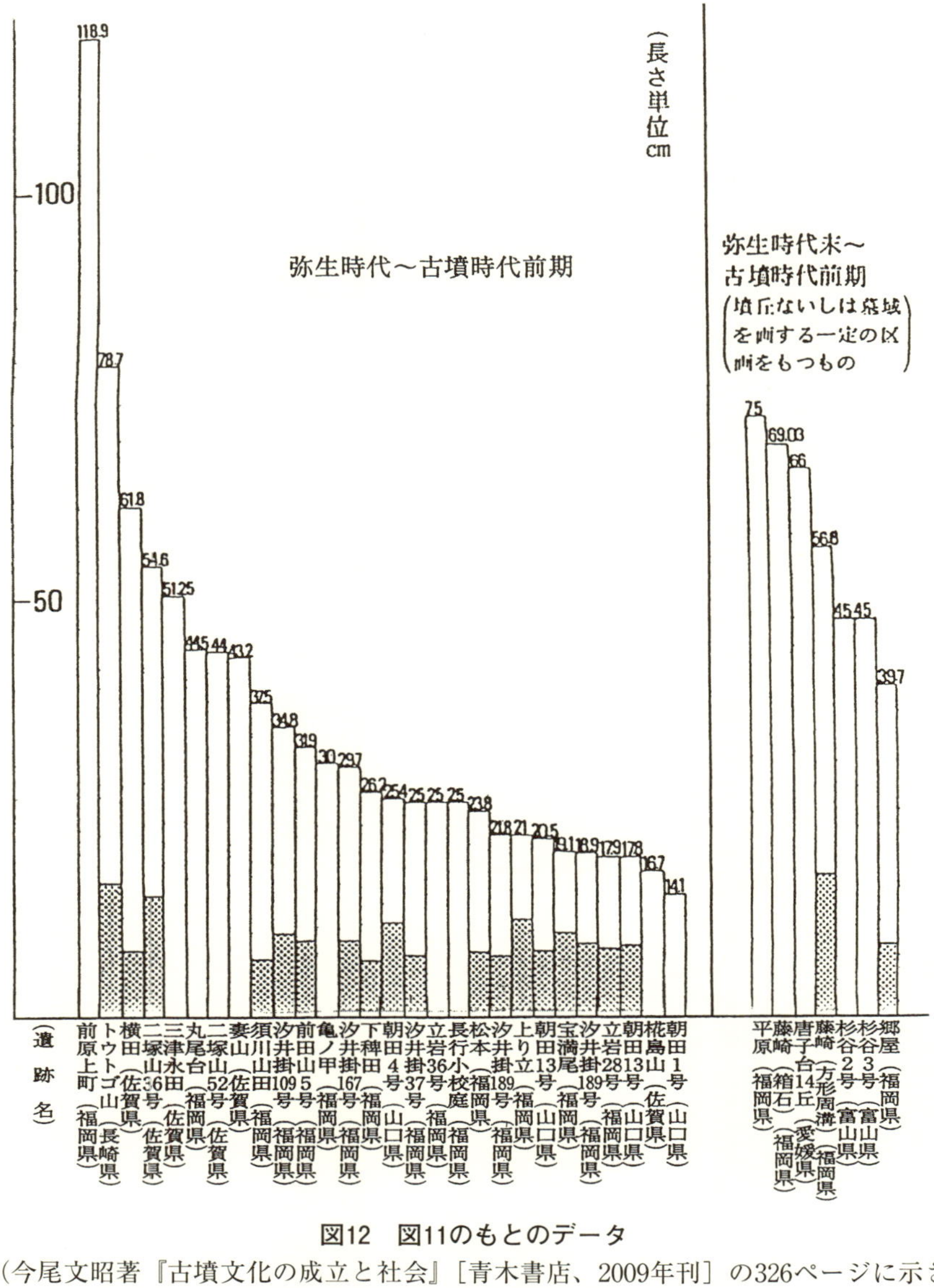

図12　図11のもとのデータ

（今尾文昭著『古墳文化の成立と社会』［青木書店、2009年刊］の326ページに示されているデータ。ただし、図の一番下の県名は安本がおぎなった。）

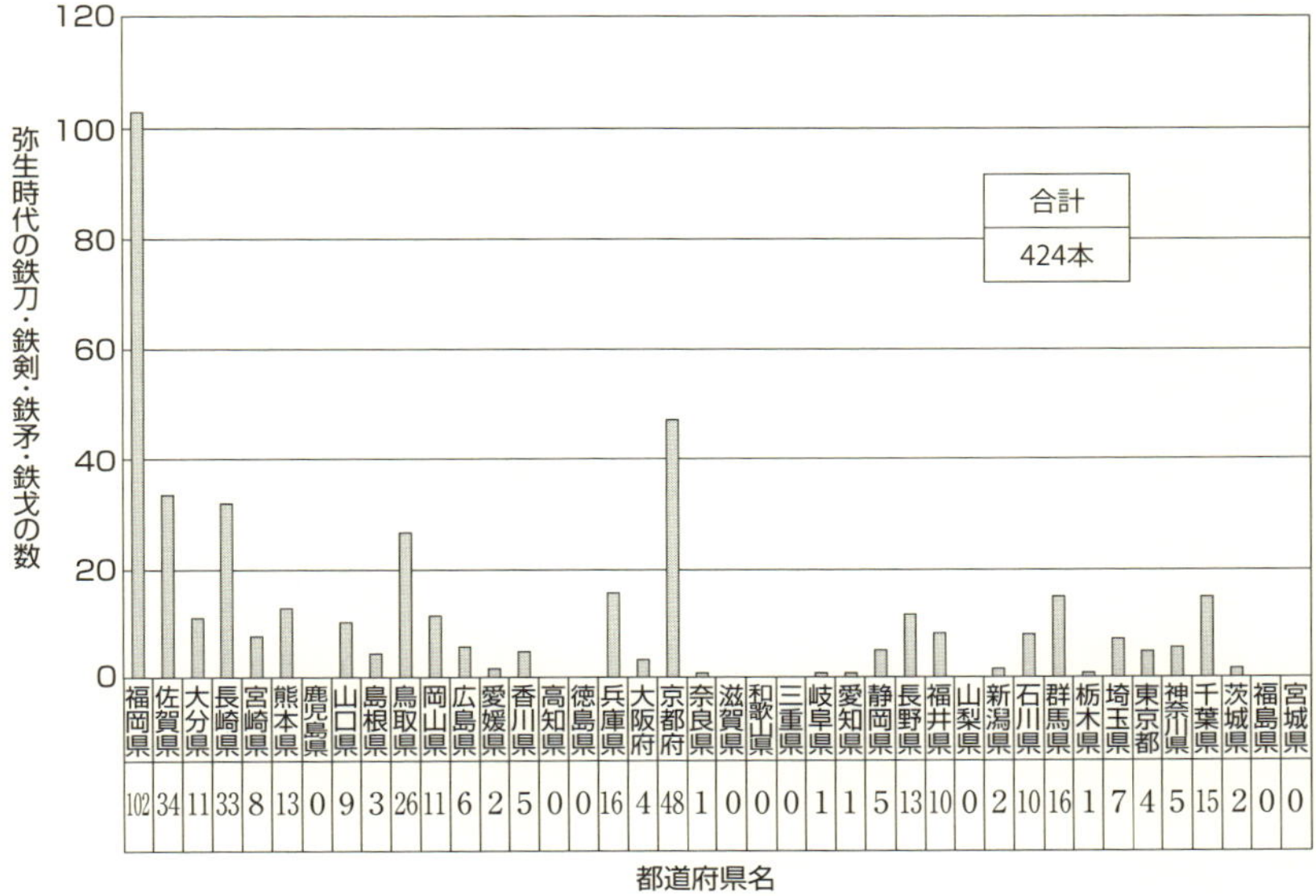

福岡県	佐賀県	大分県	長崎県	宮崎県	熊本県	鹿児島県	山口県	島根県	鳥取県
102	34	11	33	8	13	0	9	3	26

岡山県	広島県	愛媛県	香川県	高知県	徳島県	兵庫県	大阪府	京都府	奈良県
11	6	2	5	0	0	16	4	48	1

滋賀県	和歌山県	三重県	岐阜県	愛知県	静岡県	長野県	福井県	山梨県	新潟県
0	0	0	1	1	5	13	10	0	2

石川県	群馬県	栃木県	埼玉県	東京都	神奈川県	千葉県	茨城県	福島県	宮城県
10	16	1	7	4	5	15	2	0	0

図13　県別　弥生時代の鉄刀・鉄剣・鉄矛・鉄戈の数
（もとのデータは、川越哲志編『弥生時代鉄器総覧』［広島大学文学部考古学研究室、2000年刊］による。）

（五尺刀は、長さ一二〇センチほどの長い刀である。銅の長い刀は折れやすいから、五尺刀は、ほぼ鉄の刀とみられる。（**図11**、**図12**）

(4)「刀をたまわった」（これも、鉄の刀か。**図13**）

これらのうち、「鉄」素材のものと明記されているのは(1)だけである。

これらに関係した考古学的出土データとしては、**図11**～**図13**のようなものがある。

これらのうち、(1)の「鉄の鏃」については、すでに議論した。

(2)の「矛」をとりあげる。これは、「鉄の矛」と明記されているわけではない。

ただ、邪馬台国時代の矛が、「鉄の矛」であることについては、すでに何人かの研究者がのべている。

たとえば、考古学者、佐原真は、大阪文化財センターの考古学者、坪《つぼ》井《い》清足《きよたり》氏などとの討論のなかでのべている。

「佐原―邪馬台国の時代には、矛はもう鉄矛ですね。

坪井―鉄になっていると思います。

佐原―鉄矛に違いないと思います。」（『邪馬台国が見える！』日本放送出版協会刊）

また、考古学者の、奥野正男氏ものべている。

「弥生後期の実用の矛はすでに青銅製から鉄製に変わっており、このほか鉄剣・鉄戈なども用いられていた。

鉄矛の総出土数は（甕棺などから出土したものを含めて）十六本で、すべて九州北部から出ている。」（邪馬台国はやっぱりここだった』毎日新聞社刊）

広島大学の川越哲志の編集した『弥生時代鉄器総覧』（広島大学文学部考古学研究室、二〇〇〇年刊）によるとき、福岡県と奈良県の、弥生時代の「鉄の矛」の出土状況は、**表5**のようになっている。

奈良県からの出土数は0《ゼロ》なので、これを用いると、ベイズ更新のさい、以後、福岡県の確率1、奈良県の確率0《ゼロ》になってしまう。

中国文献や、考古学では、「矛《ほこ》」と「戈《か》」とは区別される（「コラムⅡ」参照）。しかし、『古事記』『日本書紀』などをみると、「矛」と「戈」との区別が、必ずしも明確ではない。

伊邪那岐命《いざなぎのみこと》・伊邪那美命《いざなみのみこと》が、天《あま》の浮橋《うきはし》に立ってさしおろした「アメノヌボコ」は、『古事記』では、「天沼矛」、『日本書紀』の本文では、「天瓊矛」と表記されているのに、『日本書紀』の第一の「一書《あるふみ》」では、「天瓊戈」と表記されている。

神話のなかに出てくる「ヤチホコの神」は、『古事記』では、「八千矛神」と表記されているのに、『日本

表５　おもに『魏志倭人伝』に記されている遺物の、福岡県と奈良県の出土状況の比較

<table>
<tr><th></th><th colspan="2">県
諸遺物</th><th>福岡県</th><th>奈良県</th></tr>
<tr><td rowspan="15">『魏志倭人伝』に記載されているものに関係する遺物（大略西暦三〇〇年以前、弥生時代の遺物）</td><td colspan="2">弥生時代の鉄鏃</td><td>398個</td><td>４個</td></tr>
<tr><td colspan="2">鉄　　刀</td><td>17本</td><td>０本</td></tr>
<tr><td colspan="2">素環頭大刀・素環頭鉄剣</td><td>16本</td><td>０本</td></tr>
<tr><td colspan="2">鉄　　剣</td><td>46本</td><td>１本</td></tr>
<tr><td colspan="2">鉄　　矛</td><td>７本</td><td>０本</td></tr>
<tr><td colspan="2">鉄　　戈</td><td>16本</td><td>０本</td></tr>
<tr><td colspan="2">素環頭刀子・刀子</td><td>210個</td><td>０個</td></tr>
<tr><td colspan="2">邪馬台国時代に近いころの銅矛・銅戈
（広形銅矛・中広形銅矛・中広形銅戈）</td><td>203本</td><td>０本</td></tr>
<tr><td colspan="2">絹製品出土地</td><td>15地点</td><td>２地点</td></tr>
<tr><td colspan="2">10種の魏晋鏡</td><td>38面</td><td>２面</td></tr>
<tr><td rowspan="4">庄内期出土の鏡</td><td>寺沢薫氏のデータによる</td><td>30面</td><td>３面</td></tr>
<tr><td>奥野正男氏のデータによる</td><td>98面</td><td>４面</td></tr>
<tr><td>小山田《こやまだ》宏一氏のデータによる</td><td>47面</td><td>４面</td></tr>
<tr><td>樋口隆康氏のデータによる</td><td>５面</td><td>０面</td></tr>
<tr><td colspan="2">ガラス製勾玉・翡翠製勾玉</td><td>29個</td><td>３個</td></tr>
<tr><td rowspan="4">古墳時代の遺物（大略西暦三〇〇年以後）</td><td colspan="2">三画縁神獣鏡</td><td>56面</td><td>120面</td></tr>
<tr><td colspan="2">画文帯神獣鏡</td><td>４面</td><td>26面</td></tr>
<tr><td colspan="2">前方後円墳（80m 以上）</td><td>23基</td><td>88基</td></tr>
<tr><td colspan="2">前方後円墳（100m 以上）</td><td>６基</td><td>72基</td></tr>
</table>

コラムⅡ　「矛」と「戈」

「矛」は両刃《もろは》の剣型の穂に、長い柄をつけた武器。金属の穂の下部に、中空の袋部がついており、そこに柄の木をさしこむ。

「戈《か》」では、鳶口《とびぐち》のように、穂と直角に近い形で柄をとりつける。「戈」では茎《なかご》を、柄の木にさしこんで装着する。

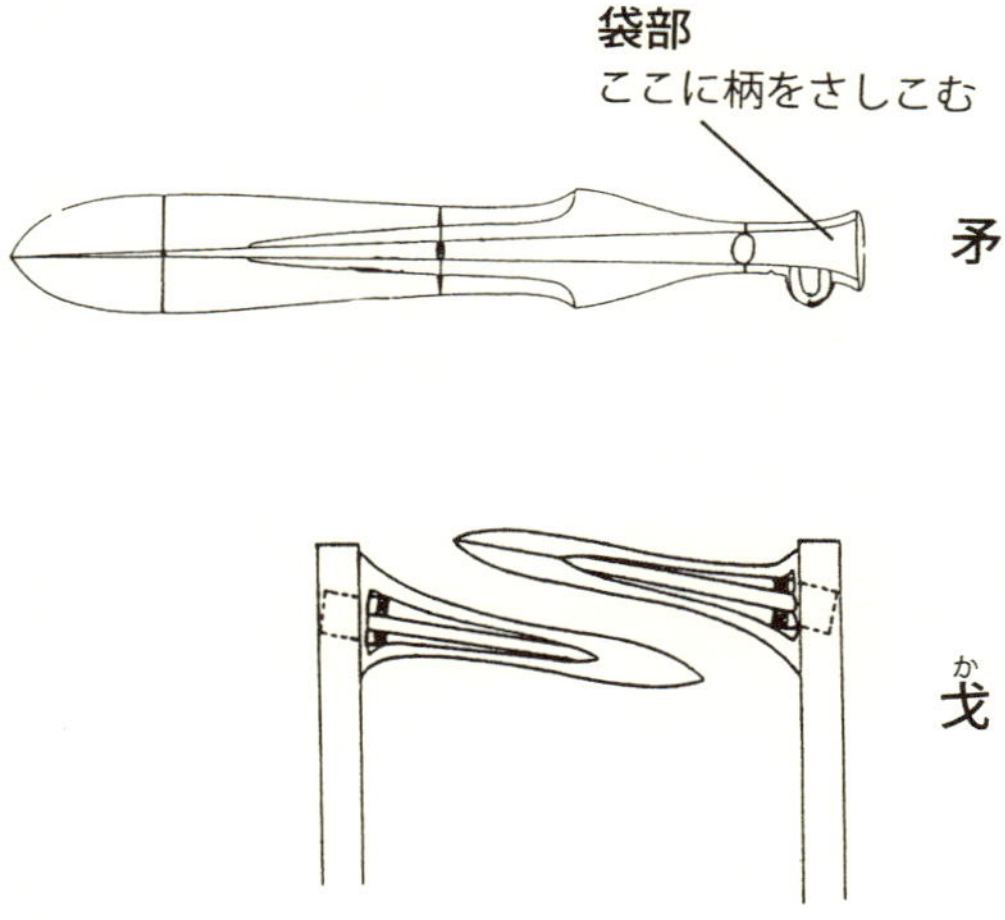

書紀』では「八千戈神」と記されている。

『日本書紀』の編者は、中国の古典に通暁していたとみられるが、その『日本書紀』の編者が、「矛」と「戈」とを、明確には区別していない。古代人は、現代の考古学者のようには、「矛」と「戈」とを区別していなかった可能性が大きい（『季刊邪馬台国』36号所載、三上喜孝「『古事記』『日本書紀』の中の矛・剣・刀記事について」参照）。

かりに「戈」を「矛」の仲間にいれたとしても、以上のべた結論には、変わりがない。

「戈」は、**表5**にみられるように、福岡県からは、十六本出土しており、奈良県からの出土は０《ゼロ》本である。

この値を用いて、ベイズ更新を行なうと、以後「福岡県に邪馬台国が所在した確率」は１となり、「奈良県に邪馬台国が所在した確率」は、０となってしまう。

さらに『魏志倭人伝』にみえる矛を、かりに、鉄の矛ではなく、銅の矛や戈としても、結論に変わりがない。**表5**にみられるように、そのころの銅矛、銅戈は、福岡県からは二百本以上出土しているのに、奈良県からの出土は、０《ゼロ》だからである。

⑶の「長い刀」をとりあげる。

これも**図11**にみられるように、奈良県からの出土が０である。これを用いると、ベイズ更新したさい、それ以後、福岡県の確率は１、奈良県の確率は０になってしまう。

⑷は、たんに「刀」とされているものである。

これを、「鉄の刀」とみたばあいは、どうなるか。

図13をみれば、「鉄の鏃」データの分布と、ほとんど変わりがない。「鉄類データ」については、「鉄の鏃」データを用いれば、十分であることがうかがわれよう。

図13のデータを、**図5**の鉄の鏃についてのデータとは独立のデータとして用いることも十分考えられる。

しかし、**図13**のデータを用いれば、「邪馬台国福岡県所在説」の確率がますます大きくなり、「邪馬台国奈良県所在説」の確率が、ますます小さくなるだけである。

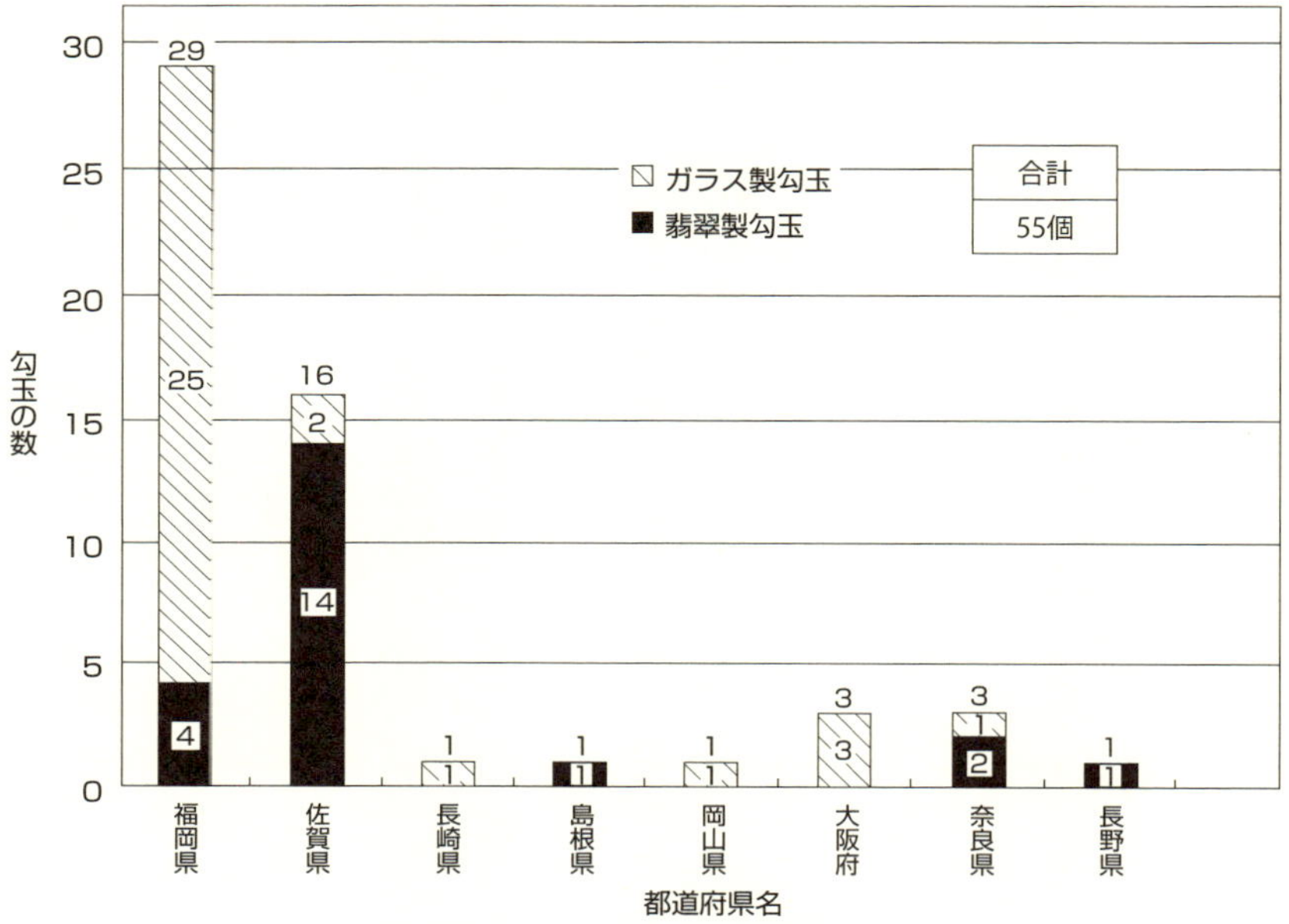

図14　県別　ガラス製勾玉・翡翠製勾玉出土数
（もとのデータは、拙著『「邪馬台国畿内説」徹底批判』［勉誠出版、2008年刊］による。）

3　勾玉類データ

『魏志倭人伝』は記している。

「孔青大句珠《こうせいだいこうしゅ》（はなはだ青い大きな勾玉《まがたま》）二枚、異文の雑錦二十匹を貢《みつ》ぐ。」

「句」は、「勾」の本字である。L型《かぎ》にまがったものを意味するから、勾玉《まがたま》を意味するものとみてよい。勾玉は、倭国から魏へもたらされたのである。

勾玉の出土件数は、**図14**のとおりである。

勾玉類データを用いても、邪馬台国が福岡にあるという確率は、大きくなるだけである。

4　絹類データ

『魏志倭人伝』は、記している。

「蚕桑《さんそう》（養蚕の桑）をうえ、緝績《しゅうせき》

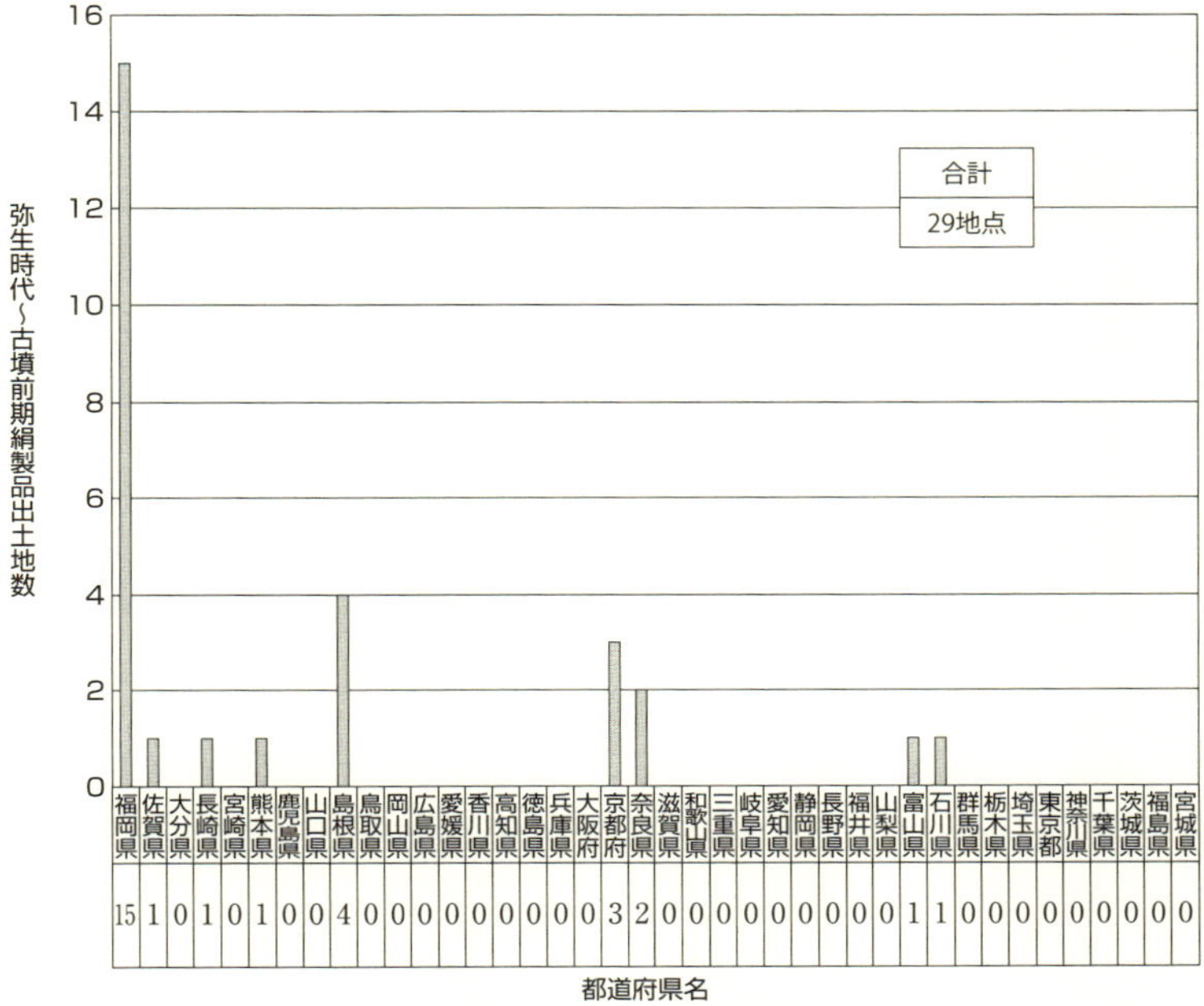

福岡県	佐賀県	大分県	長崎県	宮崎県	熊本県	鹿児島県	山口県	島根県	鳥取県	岡山県	広島県	愛媛県	香川県	高知県	徳島県	兵庫県	大阪府	京都府	奈良県	滋賀県	和歌山県	三重県	岐阜県	愛知県	静岡県	長野県	福井県	山梨県	富山県	石川県	群馬県	栃木県	埼玉県	東京都	神奈川県	千葉県	茨城県	福島県	宮城県
15	1	0	1	0	1	0	0	4	0	0	0	0	0	0	0	0	0	3	2	0	0	0	0	0	0	0	0	0	1	1	0	0	0	0	0	0	0	0	0

図15　県別　弥生時代～古墳時代前期絹製品出土地数
（もとのデータは、拙著『「邪馬台国畿内説」徹底批判』［勉誠出版、2008年刊］による。）

（つむぐこと）し、細紵縑《さいちょけん》（きぬ）緜《めん》を出す。」
「倭錦《わきん》・絳青縑《こうせいけん》（赤青色の絹布）を上献した。」
「異文雑錦《いもんざっきん》（異国のもようのある絹おりもの）二十匹を（朝）貢した。」

絹製品の出土地の数は、**図15**のとおりである。

このデータを用いても、邪馬台国が福岡にあるという確率は、大きくなるだけである。

『朝日新聞』の記者、柏原精一《かしわばらせいいち》氏は、その著『邪馬台国物産帳』（河出書房新社、一九九三年刊）のなかで、京都工芸繊維大学名誉教授の布目順郎《ぬのめじゅんろう》の研究などを紹介したうえで、つぎのようにのべている。

「ここで、弥生時代から古墳時代

前期までの絹を出土した遺跡の分布図を見てみよう。邪馬台国があった弥生時代後期までの絹は、すべて九州の遺跡からの出土である。近畿地方をはじめとした本州で絹が認められるのは、古墳時代に入ってからのことだ。

ほぼ同じ時代に日本に入ったとみられる稲作文化が、あっという間に東北地方の最北端まで広がったのとは、あまりの違いである。ヤマグワの分布は別に九州に限らないから、気候的な制約は考えにくい。

布目さんは次のような見解をもっている。

『中国がそうしたように、養蚕は九州の門外不出の技術だった。少なくともカイコが導入されてから数百年間は九州が日本の絹文化を独占していたのではないか』

倭人伝のいうとおりなら、邪馬台国はまさしく絹の国。出土品から見ても、少なくとも当時の九州にはかなり高度化した養蚕文化が存在したことには疑いがない。

『発掘調査の進んでいる本州、とくに近畿地方で今後、質的にも量的にも九州を上回るほどの弥生時代の絹が出土することは考えにくい』

そうした立場に立つなら、『絹からみた邪馬台国の所在地推定』の結論は自明ということになるだろう。」

京都大学の出身者は、伝統的に「邪馬台国＝畿内説」をとる人が多いといわれる。

しかし、ここに名のみえる柏原精一氏も、布目順郎も、京都大学の出身者である。

ただ、柏原精一氏も、布目順郎も、理科系の学部の出身者である。

ものごとを、データに即してリアルにみる理科系の方の判断は、京都大学の出身の考古学者とは、また別ということであろうか。

5　卜占類データ

『魏志倭人伝』には、つぎのように記されている。

「骨をやいて卜し、もって吉凶をうらなう。先ず卜《ぼく》するところを告げる。その辞は、(中国の)令亀の法のごとく。火坼《かたく》(火の熱のために生ずるさけめ)をみて、(前兆)をうらなう。」

弥生時代の遺跡からは、鹿の肩甲骨に焼痕のあるものなど、卜占遺物が見いだされている。

卜占遺跡の数は、神奈川県立博物館の神沢勇一氏によれば、九州地区(対馬・壱岐)三遺跡、近畿地区(大阪府)三遺跡などである(拙著『邪馬台国ハンドブック』[講談社、一九八七年刊]参照)。

これは、奈良県、福岡県からの出土例がないので、奈良県と福岡県との比較には用いることができない。

3　比較の対象をひろげてみる

全国の都道府県を対象にすれば……

ここまでは、話をわかりやすくするために、「福岡県か奈良県か」という形で、候補地を限定して、話をすすめてきた。

つぎに、全国の都道府県を対象にし、「どの都道府県に邪馬台国が所在した可能性(確率)が、どのていど大きいか」という形で、探求をすすめてみよう。

まず、つぎのような手つづきで、候補となる都道府県を、ふるいにかけて、しぼった。

(1)　データは、「鏡」「鉄鏃」「勾玉」「絹」の四つの出土数、出土地数をもとにする。

表6　福岡県・佐賀県・長崎県・奈良県にしぼったばあいのベイズ更新

No.		鏡	鉄鏃	勾玉	絹
1	福岡	30 (0.667)	398 (0.948)	29 (0.974)	15 (0.998)
2	佐賀	10 (0.222)	58 (0.046)	16 (0.026)	1 (0.002)
3	長崎	2 (0.044)	29 (0.005)	1 (0.000)	1 (0.000)
4	奈良	3 (0.067)	4 (0.001)	3 (0.000)	2 (0.000)
計		45	489	49	19

(2)　すると、「絹」の出土地は、福岡県、佐賀県、長崎県、熊本県、島根県、京都府、奈良県、富山県、石川県の九府県にかぎられ、他の都道府県からは、これまでのところ、まったく出土していない。ベイズ更新を行なうさい、出土数が0《ゼロ》、つまり、出土確率が0《ゼロ》であるとすると、そのデータを用いた以後、その都道府県に邪馬台国が所在した確率（事後確率）は、つねに0《ゼロ》となってしまう。

したがって、候補地は、さきの九府県にしぼられる。

(3)　(2)のふるいでのこった九府県のうち、熊本県、京都府、富山県、石川県の四県からは「ガラス製勾玉・翡翠製勾玉」が出土していない。そこで、この四県を候補からのぞく。すると、候補地は、福岡県、佐賀県、長崎県、島根県、奈良県の五県にしぼられる。

(4)　さらに、寺沢薫氏の資料による庄内期の鏡のデータでは、島根県からの鏡の出土数は、0《ゼロ》となっている。そこで、さらにこれをのぞくと、候補地は、福岡県、佐賀県、長崎県、奈良県の四県にしぼられる。

残った四県のうち、三県までが北九州の県であることが、注意をひく。

これら四県の「鏡」「鉄鏃」「勾玉」「絹」の出土数をまとめれば、**表6**のようになる。

表6には、また順次ベイズ更新を行なったさいの確率の変化が、カッコ内に記されている。

(1)　福岡県は、「鏡」→「鉄鏃」→「勾玉」→「絹」とベイズ更新を行なうたびに確率が大きくなる。最終的には、

福岡県に邪馬台国が所在したとみられる確率は、〇・九九八に達する。この〇・九九八という数字は、日本の全都道府県の『魏志倭人伝』記載関係の全考古学的出土データを総合して、ただ一つの代表的数字にまとめあげた統計学的結論といいうるものである。

(2)　長崎県と奈良県は、しだいに確率が減少し、勾玉データの段階で、確率はほぼ0《ゼロ》となる。

(3)　佐賀県は、最終確率は〇・〇〇二（千分の二）で、ごくごくわずかに可能性が残される。

以上の結果は、なお、多くの検討を必要とすると思われる。しかし、

『魏志倭人伝』に記されているもので、遺跡・遺物として残りうるものを、総合的に検討するばあい、福岡県は、奈良県にくらべ、圧倒的に確率が大きくなる。

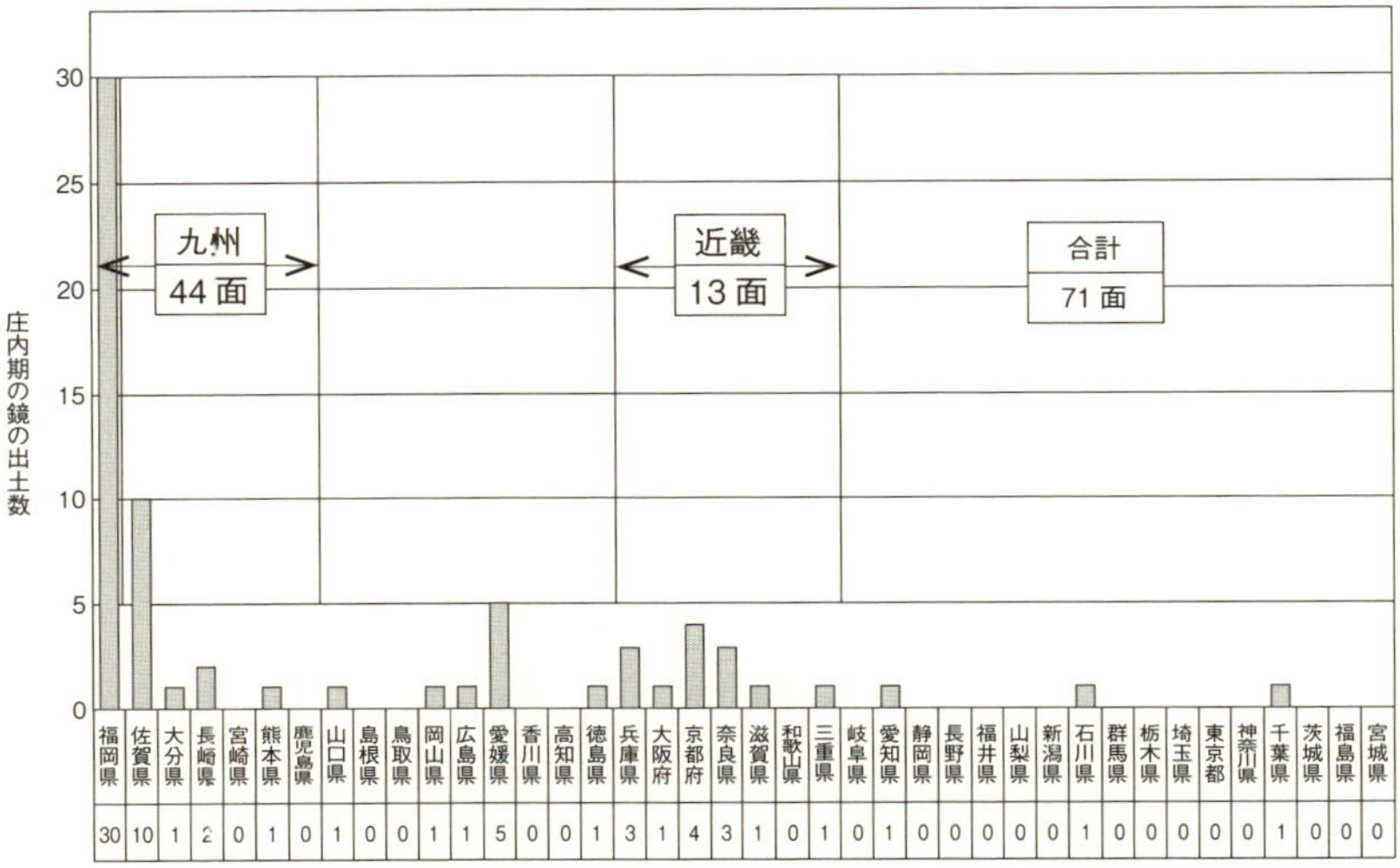

図16　寺沢薫氏の資料による県別・庄内期の鏡の出土数

この事実を無視してはならないであろう。邪馬台国論争への強い警鐘が、ここからきこえてくるようである。

「九州説」と「近畿説」との比較

以上のような議論には、つぎのような異論をもつ方もおられるかもしれない。

「たまたま、ある県の、ある遺物・遺跡の出土数・出土地数が0《ゼロ》であるからといって、候補地からのぞくのはおかしい。その県の他の遺跡・遺物は、大きいばあいも、あるのではないか。」

そこで、出現頻度を大きくするために、地域をひろげ、「九州が近畿か」という形で比較してみよう。

たとえば、すでに示した**図1**の寺沢薫氏の「鏡」についてのデータのばあい、上の**図16**のようになる。すなわち、

(1)「九州」は福岡県、佐賀県、大分県、長崎県、宮崎県、熊本県、鹿児島県の七県がまとめられて、「鏡」の総面数は、四十四面となる。

表7　ベイズ更新による邪馬台国が九州である確率の上昇

	(A)九州	(B)近畿	(C)((A)+(B))計	(D)((A)／(B))λ	(E)ベイズ更新による九州である確率	(F)ベイズ更新による近畿である確率
鏡	44面	13面	57面	3.38	0.772	0.228
鉄鏃	1168個	269個	1437個	4.34	0.936	0.064
勾玉	46個	6個	52個	7.67	0.991	0.009
絹	18地点	5地点	23地点	3.60	0.997	0.003
(鉄刀・鉄剣鉄矛・鉄戈)	(102本)	(1本)	(103本)	(102)	(0.99997)	(0.00003)

(2)「近畿」は、兵庫県、大阪府、京都府、奈良県、滋賀県、和歌山県、三重県の七府県がまとめられて、「鏡」の総面数は、十三面となる。

このようなデータに、ベイズ統計学を適用し、ベイズ更新を行なえば、**表7**のようになる。

結果は、これまでみてきたところと、さして変わらないようにみえる。

「鏡」「鉄鏃」「勾玉」「絹」の四項目を比較した段階で、「九州である確率は、九九・七％、近畿である確率は〇・三％（千回に三回以下）」となる。

以上のようにみてくると、「邪馬台国＝畿内説」は、『魏志倭人伝』に記されている事物の出土状況を、リアルにみて成立しているのではないようにみえる。大きな建物がでてくれば、「卑弥呼の宮殿か」といって騒ぐような宣伝のくりかえしによって成立しているのではないか。

ベイズ統計学は、諸情報を総合し、それをただ一つの数字にまとめてくれるところに、その強力な効用がある。

『魏志倭人伝』の記載と関係のあるもので、考古学的に確実に邪馬台国時代のものといえる遺跡・遺物は、奈良県からは、ほとんど

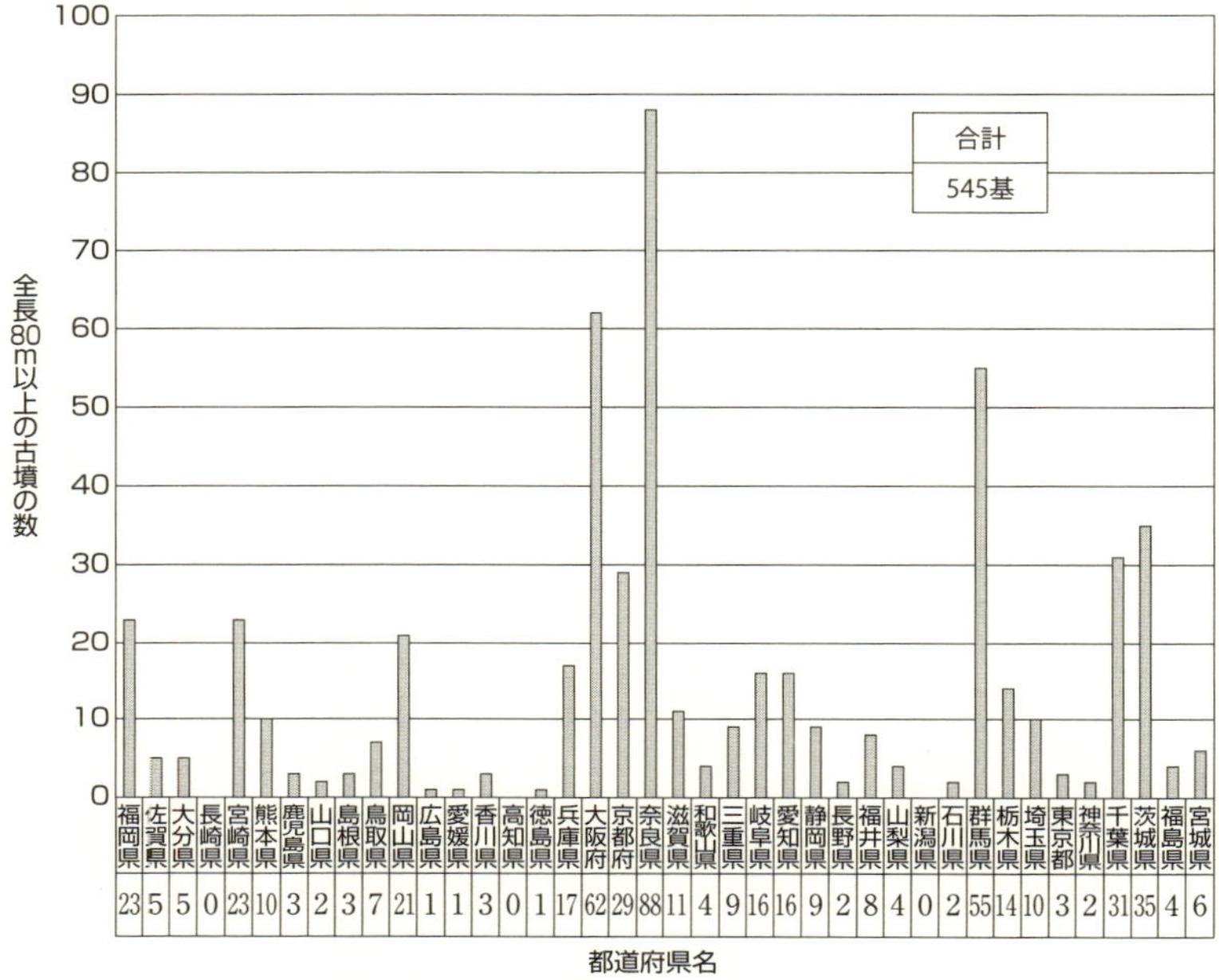

図17　県別　巨大前方後円墳（全長 80m 以上）の数

（もとのデータは、「前方後円墳のデータベース」［『季刊邪馬台国』77号、2002年刊］による。）

出土していないとみられる。

邪馬台国時代の奈良県は、邪馬台国文化の辺境であったとみられる。

「畿内説」の方々は、奈良県ののちの時代の遺跡・遺物の年代を古くもちあげる努力をさかんにし、それをマスコミ発表することをくりかえしているけれども、いずれも、きわめて不確実なものか、または、誤まった解釈にもとづくものとみられる。

4　古墳時代の遺跡・遺物

布留式土器の時代の遺跡・遺物

以上で『魏志倭人伝』に記載のみえるもので、ほぼその時代のものとみられる遺跡・遺物などが出土していて、しかも、統計的に検討できるものは、すべて検討したはずである。

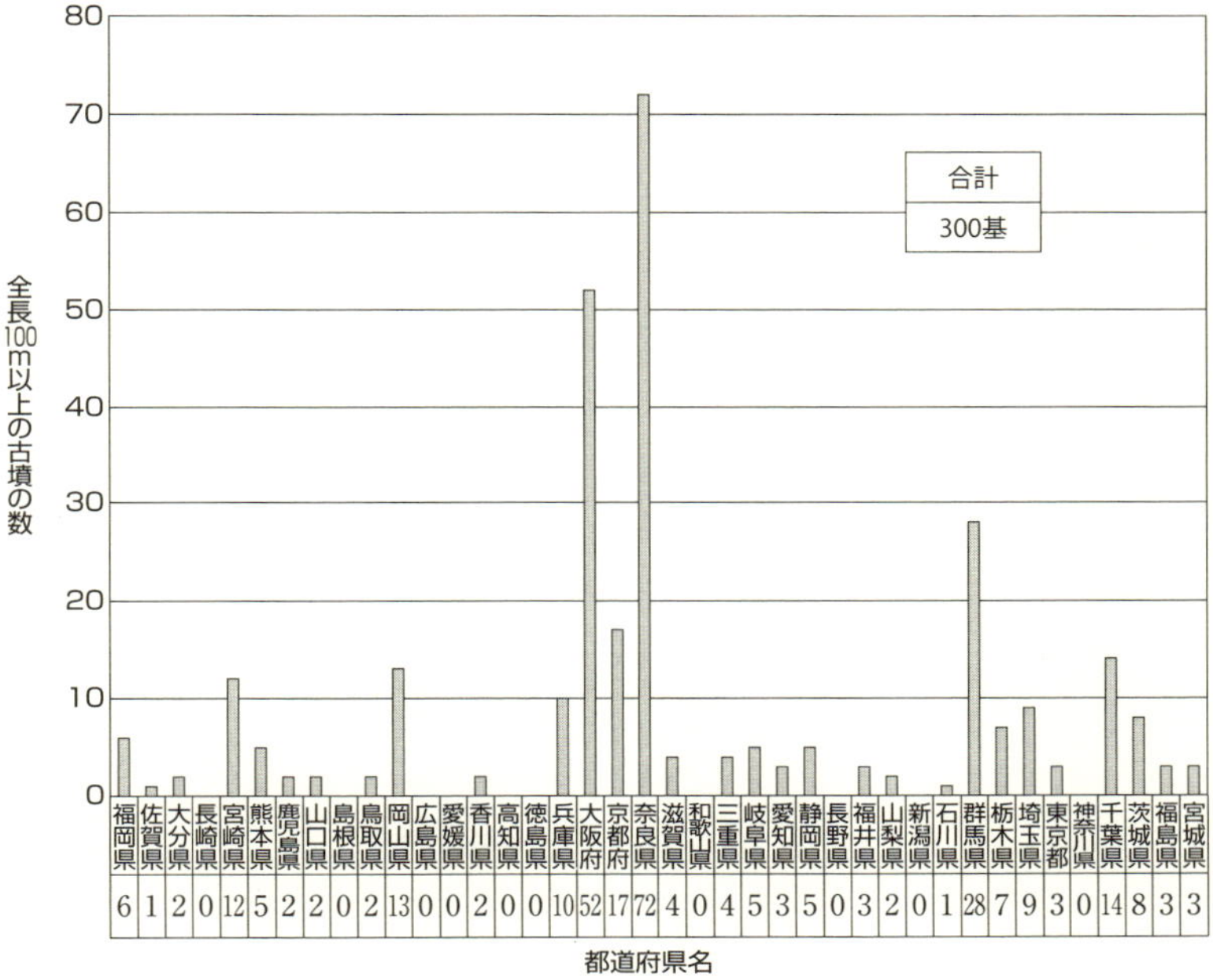

図18　県別　巨大前方後円墳（全長 100m 以上）の数

（もとのデータは、「前方後円墳のデータベース」［『季刊邪馬台国』77号、2002年刊］による。）

ところで、庄内式土器の時代のつぎの、布留式土器の時代、古墳時代になると、多くの遺跡・遺物が、奈良県を中心に分布するようになる。**図17〜図20**のとおりである。

　奈良県などの畿内を中心に分布するものには、**図17〜図20**にあげたもの以外に、出土数が多すぎて統計をとることがむずかしいが、竪穴式石室、碧《へき》玉《ぎょく》製品、円筒埴輪《えんとうはにわ》などがあげられる。

「邪馬台国＝畿内説」をとる方のなかには、古墳の発生年代をくりあげ、前期古墳を、卑弥呼の時代に近づける説をとる人がいる。

　しかし、応神天皇陵古墳や、仁徳天皇陵古墳などの古墳が、五世紀に築造されたものであることは、動かない。たとえば、埼玉県の稲荷山古墳などは、出土した鉄剣の銘から、第二十一代雄

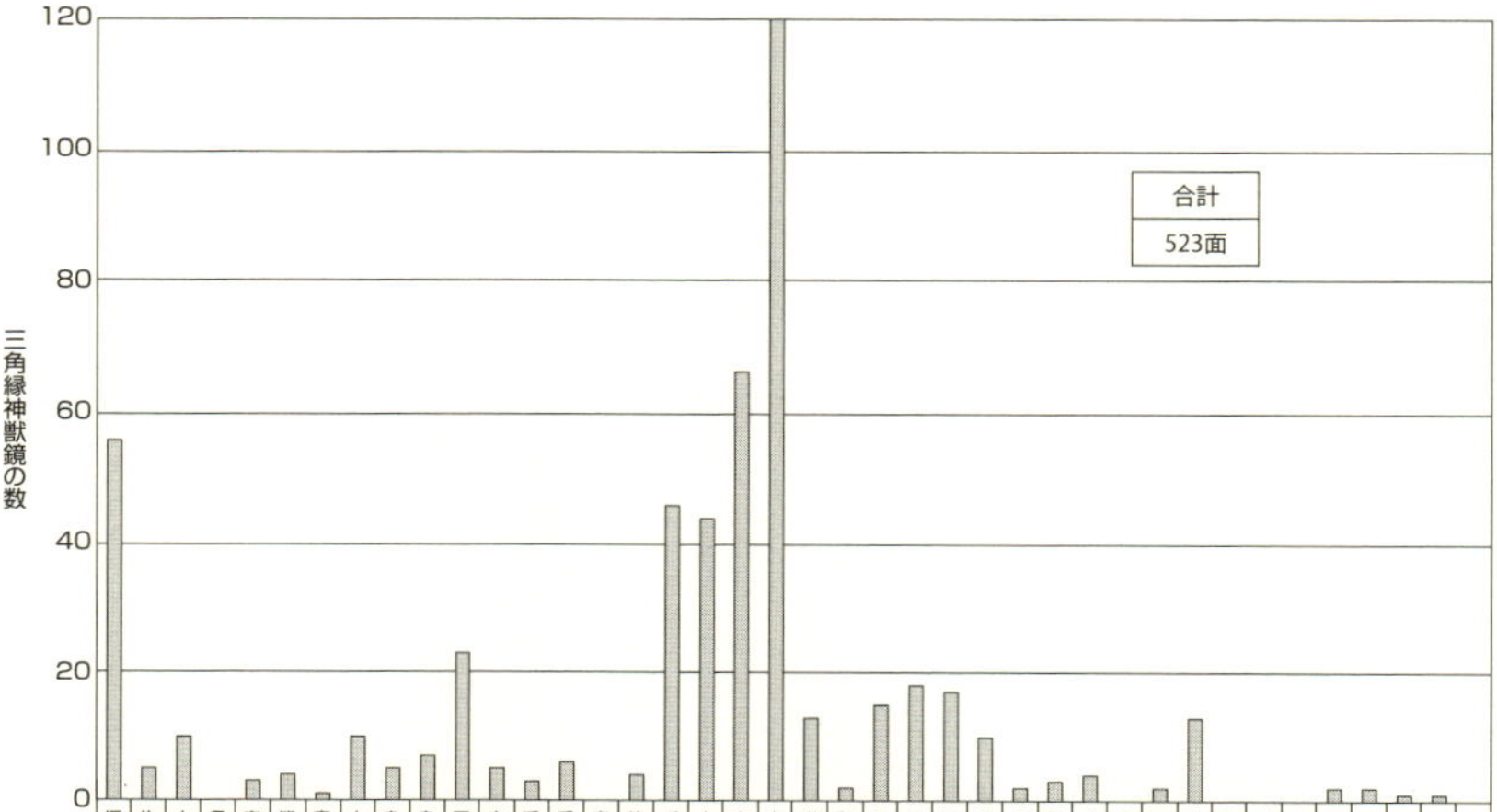

福岡県	佐賀県	大分県	長崎県	宮崎県	熊本県	鹿児島県	山口県	島根県	鳥取県	岡山県	広島県	愛媛県	香川県	高知県	徳島県	兵庫県	大阪府	京都府	奈良県
56	5	10	0	3	4	1	10	5	7	23	5	3	6	0	4	46	44	66	120

滋賀県	和歌山県	三重県	岐阜県	愛知県	静岡県	長野県	福井県	山梨県	新潟県	石川県	群馬県	栃木県	埼玉県	東京都	神奈川県	千葉県	茨城県	福島県	宮城県
13	2	15	18	17	10	2	3	4	0	2	13	0	0	0	2	2	1	1	0

図19　県別　三角縁神獣鏡の数

（もとのデータは、下垣仁志著『三角縁神獣鏡研究事典』［吉川弘文館、2010年刊］による。）

略天皇時代前後の築造であることがうかがわれる。五世紀末ごろの築造とみられる。古代の天皇の平均在位年数は十年ほどで、第二十一代雄略天皇から、五、六代さかのぼる応神天皇や仁徳天皇の時代は、五世紀のなかにおさまるとみるべきである。

もし、前期の前方後円墳をすべて三世紀の卑弥呼の時代に近づけたりしたら、四世紀の古墳は、存在しないことになってしまう。

それに、前期の前方後円墳の多くを、三世紀にもちあげると、前方後円墳の時代は、また、「竪穴式石槨（石室）」の時代でもあるので、『魏志倭人伝』に記されている「（倭人の墓制の、）棺あって槨なし」と抵触《ていしょく》してしまう。

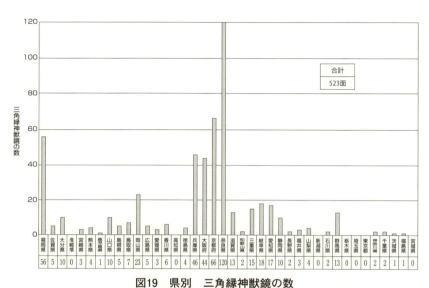

前期の大部分の前方後円墳の築造年代は、四世紀とみるべきである。

また、この本の「第１章」でとりあげた「鏡」や「鉄の鏃」などは、「邪馬台国＝畿内説」の方といえども、ほぼ、邪馬台国時代のも

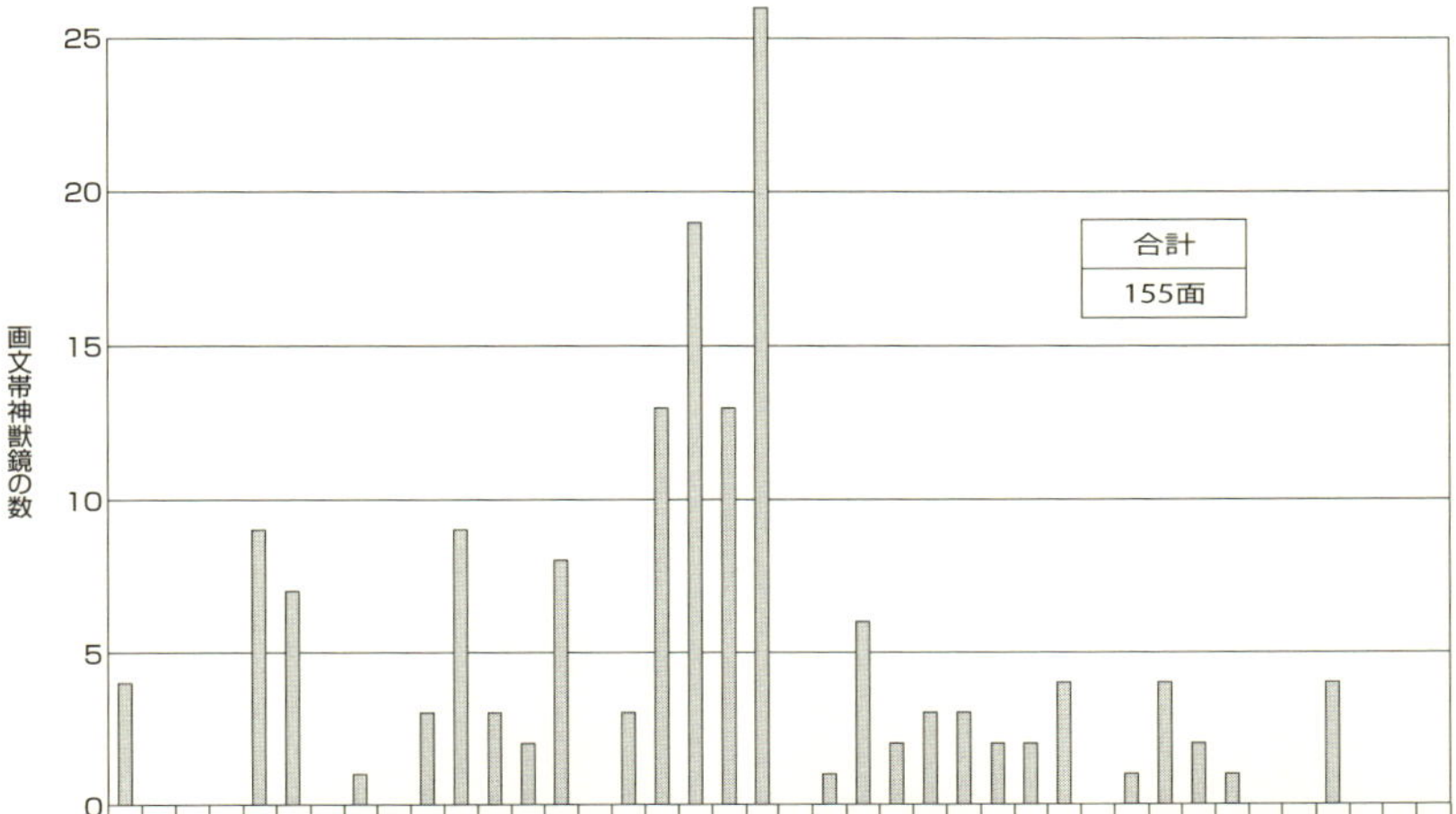

福岡県	佐賀県	大分県	長崎県	宮崎県	熊本県	鹿児島県	山口県	島根県	鳥取県	岡山県	広島県	愛媛県	香川県	高知県	徳島県	兵庫県	大阪府	京都府	奈良県
4	0	0	0	9	7	0	1	0	3	9	3	2	8	0	3	13	19	13	26

滋賀県	和歌山県	三重県	岐阜県	愛知県	静岡県	長野県	福井県	山梨県	新潟県	石川県	群馬県	栃木県	埼玉県	東京都	神奈川県	千葉県	茨城県	福島県	宮城県
0	1	6	2	3	3	2	2	4	0	1	4	2	1	0	0	4	0	0	0

図20　県別　画文帯神獣鏡の数

(拙著『大崩壊「邪馬台国畿内説」』[勉誠出版、2012年刊] に示したデータによる。)

画文帯神獣鏡は、中国では、浙江省や、鄂城ふきんなど、おもに、長江（揚子江）流域から出土している。呉系の鏡である。

わが国の画文帯神獣鏡の圧倒的多数は、古墳時代の遺跡から出土している。

のとみとめるものであった。

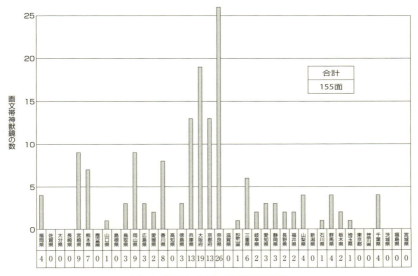

これに対し、たとえば、「三角縁神獣鏡」を「卑弥呼の鏡」とみる見解などは、九州説の立場の方、畿内説の立場の方をとわず、考古学者のあいだでも、そうとうな異論がある。森浩一、奥野正男、石野博信、河上邦彦、原口正三、菅谷文則などの諸氏が、「三角縁神獣鏡」を、「卑弥呼の鏡」とみることへの異論をのべておられる。「三角縁神獣鏡」は、かんじんの中国からは、一面も出土しない鏡なのであるから、このような異論が出るのは、無理もない。

また「三角縁神獣鏡」の出土した古墳などで、確実に、三世紀の遺跡と主張できるものはない。「三角縁神獣鏡」を、「卑弥呼の鏡」とみる説では、「鏡は、卑弥呼の時代のものであるが、埋納されたのは、のちの時代である」などの論法によっている。

邪馬台国について論ずるならば、ほぼ確実に、邪馬台国時代の遺跡から出土したものについて論ずるのが、すじであろう。

諸データの示すところは明らかであるのに、それを無視して議論するようであってはならない。

確率比は掛け算で、結果にきいてくる

いま、福岡県と奈良県とだけをとりあげて比較するばあいについて考えてみる。

λ_{I}、λ_{II}、λ_{III}、λ_{IV}は、つぎのような値を示すものとする。

λ_{I}……鏡において、福岡県は、奈良県の何倍出土しているか。

λ_{II}……鉄鏃において、福岡県は、奈良県の何倍出土しているか。

λ_{III}……勾玉において、福岡県は、奈良県何倍出土しているか。

λ_{IV}……絹において、福岡県は、奈良県の何倍出土しているか。

すると、鏡、鉄鏃、勾玉、絹の四つのデータを考えあわせるとき、邪馬台国が、福岡県にあった確率は、つぎのようになる。

$$P(H_{\text{福岡}} \mid \text{鏡・鉄鏃・勾玉・絹}) = \frac{1}{1+\dfrac{1}{\lambda_{\mathrm{I}}\cdot\lambda_{\mathrm{II}}\cdot\lambda_{\mathrm{III}}\cdot\lambda_{\mathrm{IV}}}} = \frac{\lambda_{\mathrm{I}}\cdot\lambda_{\mathrm{II}}\cdot\lambda_{\mathrm{III}}\cdot\lambda_{\mathrm{IV}}}{1+\lambda_{\mathrm{I}}\cdot\lambda_{\mathrm{II}}\cdot\lambda_{\mathrm{III}}\cdot\lambda_{\mathrm{IV}}}$$

邪馬台国が、奈良県にあった確率は、つぎのようになる。

$$P(H_{奈良} \mid 鏡・鉄鏃・勾玉・絹) = 1 - \frac{1}{1 + \dfrac{1}{\lambda_{\mathrm{I}} \cdot \lambda_{\mathrm{II}} \cdot \lambda_{\mathrm{III}} \cdot \lambda_{\mathrm{IV}}}} = \frac{1}{1 + \lambda_{\mathrm{I}} \cdot \lambda_{\mathrm{II}} \cdot \lambda_{\mathrm{III}} \cdot \lambda_{\mathrm{IV}}}$$

したがって、鏡、鉄鏃・勾玉・絹のデータを、どのデータからはじめても、この四つのデータをすべて使うかぎり、最終結果には、変わりがない。

また、計算手つづきとしては、λ_{I}、λ_{II}、λ_{III}、λ_{IV}の積をさきに求めておいたほうが楽である。

確率比（λ）は、足し算ではなく、掛け算で、結果にきいてくる。

そのため、福岡県にくらべて、確率比の小さい奈良県に、邪馬台国のあった確率は、ベイズ更新を行なうたびに、急速に０《ゼロ》に近づいていく。

ベイズ更新の様子を示せば、**表8**、**図21**のようになる。

鏡なら鏡、鉄鏃なら鉄鏃というように、別々にわけてデータをみると、邪馬台国が奈良県にあった可能性（確率）も残されているようにみえる。しかし、二つのデータ、三つのデータと、データを組みあわせると、奈良県である可能性は、急速に小さくなる。

図21のばあい、ベイズ更新を行なうにつれて、福岡県である確率が上昇するが、その曲線の形は、福岡県の確率の上昇としてとらえるよりも、奈良県の確率の減少としてとらえるほうが、つかみやすい。

いま、話を単純化するために、奈良県にあった確率の、つぎの式、

表 8　福岡県と奈良県の比較によるベイズ更新

No.	データ	(A)福岡県（確率のベイズ更新値）	(B)奈良県（確率のベイズ更新値）	(C)λ = ((A) / (B))	(D)λ_{I}, …, $\lambda_{\mathrm{I}} \cdot \lambda_{\mathrm{II}} \cdot \lambda_{\mathrm{III}} \cdot \lambda_{\mathrm{IV}}$
I	鏡	30 (0.9091)	3 (0.0909)	10.00 (λ_{I})	10.00 (λ_{I})
II	鉄鏃	398 (0.9990)	4 (0.0010)	99.50 (λ_{II})	995.00 ($\lambda_{\mathrm{I}} \cdot \lambda_{\mathrm{II}}$)
III	勾玉	29 (0.9999)	3 (0.0001)	9.667 (λ_{III})	9618.33 ($\lambda_{\mathrm{I}} \cdot \lambda_{\mathrm{II}} \cdot \lambda_{\mathrm{III}}$)
IV	絹	15 (1.0000)	2 (0.0000)	7.500 (λ_{IV})	72137.50 ($\lambda_{\mathrm{I}} \cdot \lambda_{\mathrm{II}} \cdot \lambda_{\mathrm{III}} \cdot \lambda_{\mathrm{IV}}$)

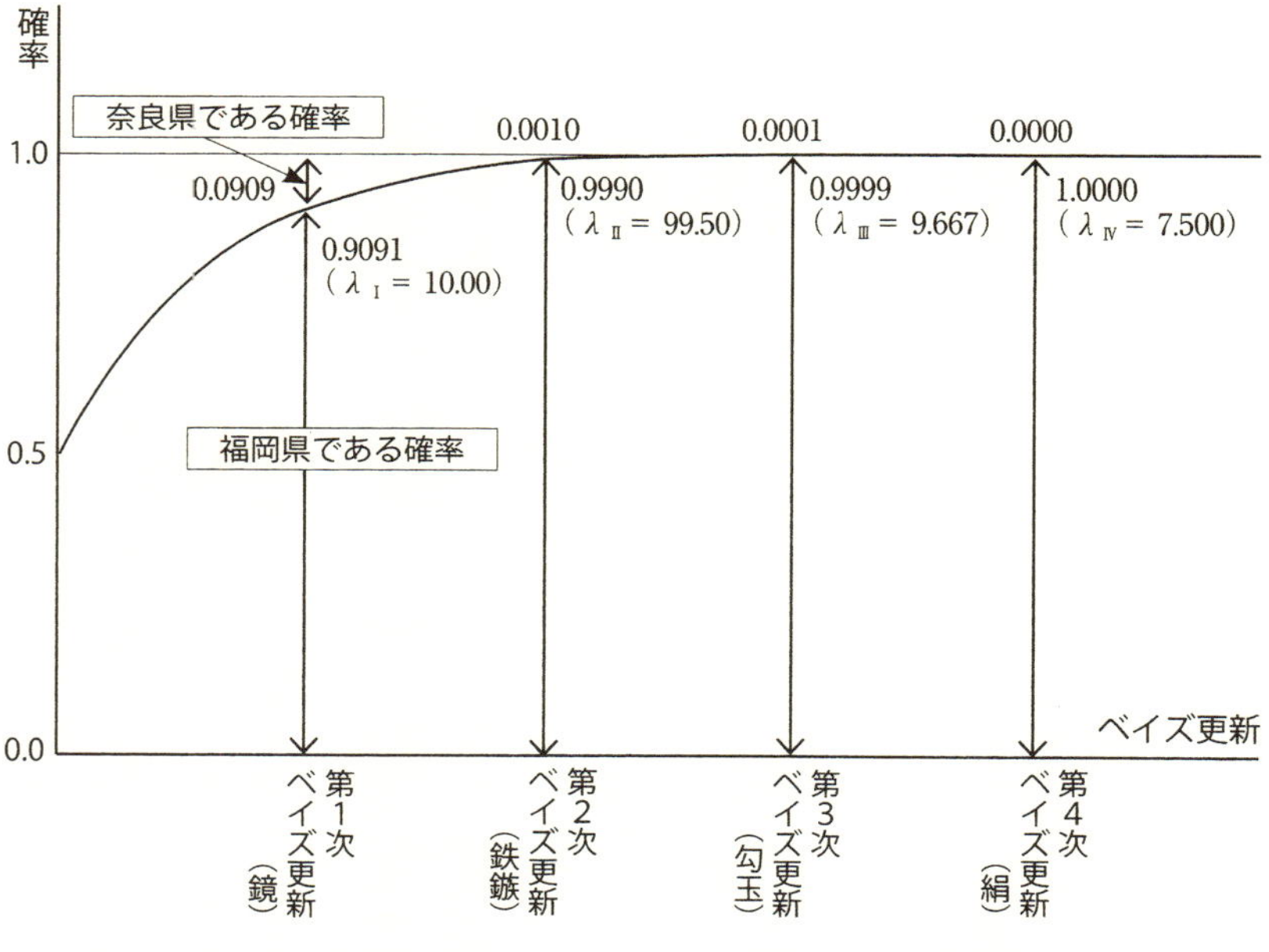

図21　ベイズ更新をすると、奈良県である確率が急速に小さくなる

$$P(H_{奈良}|鏡・鉄鏃・勾玉・絹)=\frac{1}{1+\lambda_{\mathrm{I}}\cdot\lambda_{\mathrm{II}}\cdot\lambda_{\mathrm{III}}\cdot\lambda_{\mathrm{IV}}}$$

において、$\lambda_{\mathrm{I}}=\lambda_{\mathrm{II}}=\lambda_{\mathrm{III}}=\lambda_{\mathrm{IV}}$のばあいを考えてみよう。つまり、鏡、鉄鏃、勾玉、絹のすべてにおいて、福岡県の出土数、あるいは、出土率が、奈良県の出土数、あるいは出土率の、たとえば10倍（$\lambda_{\mathrm{I}}=\lambda_{\mathrm{II}}=\lambda_{\mathrm{III}}=\lambda_{\mathrm{IV}}=10$）であるようなばあいを考えてみよう。すると、さきの式は、ベイズ更新の、更新の回数をnとすれば、

$$P(H_{奈良}|鏡・鉄鏃・勾玉・絹)=\frac{1}{1+\lambda^{n}}=\left(\frac{1}{1+10^{n}}\right)$$

となる。この式において、nがあるていど大きくなれば、λ^{n}の大きさにくらべて、1は無視できるようになるから、（$1\ll\lambda^{n}$［$=10^{n}$］）、$P(H_{奈良}|鏡・鉄鏃・勾玉・絹)$は、近似的につぎのようになる。

$$P(H_{奈良}|鏡・鉄鏃・勾玉・絹)\fallingdotseq\frac{1}{\lambda^{n}}=\left(\frac{1}{10^{n}}\right)$$

つまり、$P(H_{奈良}|鏡・鉄鏃・勾玉・絹)$という確率は、ベイズ更新とともに、等比数列的に（指数曲線的に）減少する。

$\lambda=10$であれば、ベイズ更新を一回行なうごとに、奈良県である確率は、ほぼ$1/10$になる。

ある遺物の出土数において、福岡県が奈良県の10倍であれば、邪馬台国が奈良県にあった確率は、福岡県

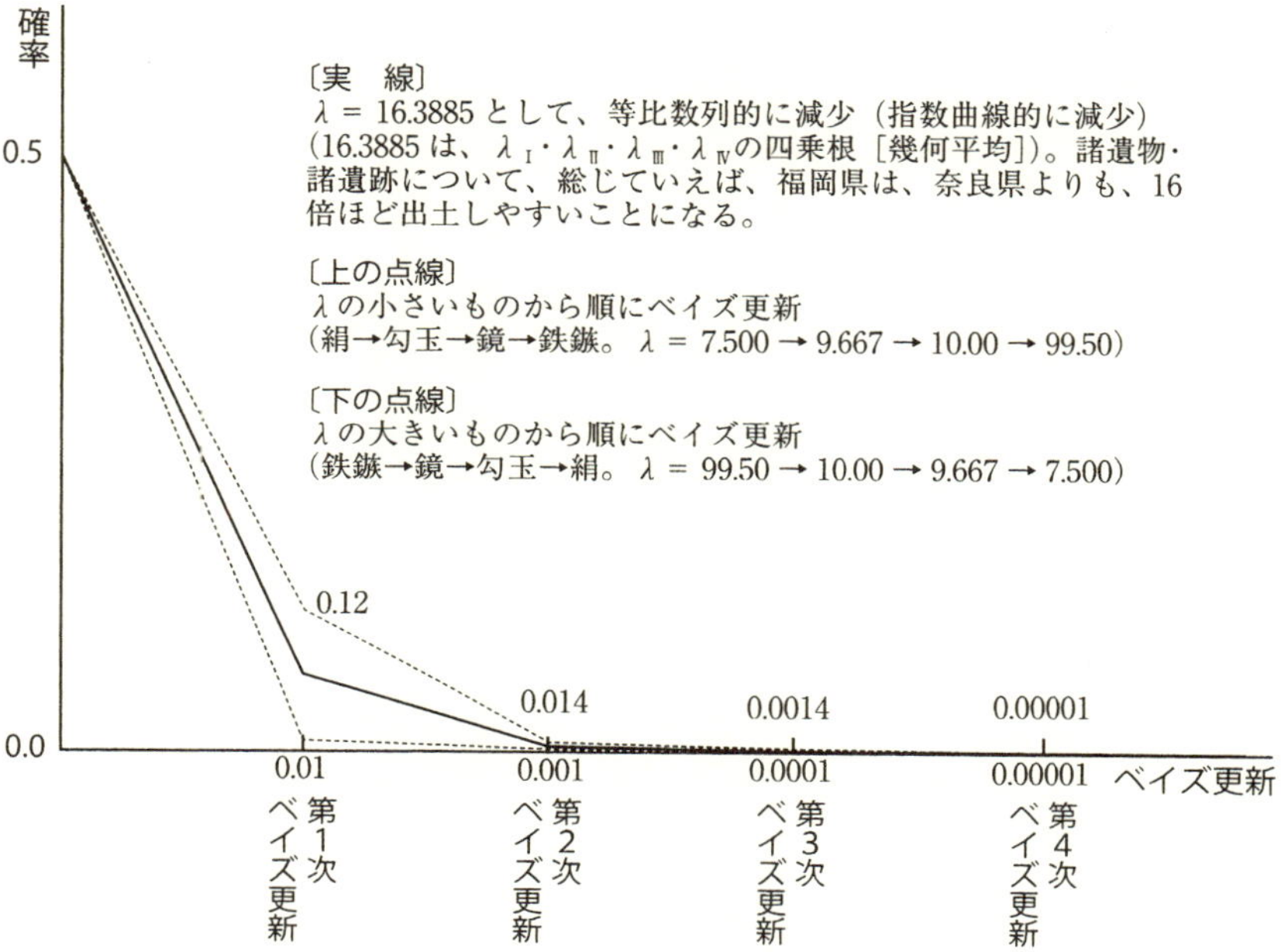

図22　ベイズ更新により、奈良県である確率が、0《ゼロ》に近づく様子

の$\frac{1}{10}$になる。それを二回かさねれば、$\frac{1}{100}$になる。

鏡だけなら、あるいは、鉄鏃だけなら、たとえば、福岡県から奈良県の10倍出土することは、偶然でもおきるかもしれない。

しかし、鏡も鉄鏃も、ともに福岡県から奈良県の10倍出土するということになると、奈良県である確率は、$\frac{1}{100}$（$\frac{1}{10}\times\frac{1}{10}$）ていどの確率となり、偶然では、ぐっとおきにくいことになる。

煙の粒子のくぐりぬけるフィルターがあるとする。10個の粒子のうちの1個がくぐりぬけることのできるフィルターを、2つくぐりぬける割合は、100個のうちの1個となる。20個のうちの1個ではない。

λ_{I}、λ_{II}、λ_{III}、λ_{IV}が等しくなくても、確率は、そのλの大きさに、逆比例して小さくなる。

じっさいのデータにもとづいて、そのよ

うな様子をグラフに示せば、**図22**のようになる。

福岡県である確率は、１から奈良県である確率を引いた形で増大していく。

フィッシャー流の考え方とベイズ流の考え方

統計学の考え方には大きくいって、つぎの二つの考え方があるといえよう。

(1)　フィッシャー流の考え方

(2)　ベイズ流の考え方

この二つの考え方は、やや乱暴にいえば、つぎのようにいうことができよう。

［Ａ］　**フィッシャー流の考え方**　この考え方では、ある「仮説」の成立する確率が$1/100$以下、または、$5/100$以下であれば、その「仮説」はすてる「約束」にする。この「約束」をもうけることによって、議論の客観性をたもつ。「仮説」をすてることができなかったばあいは、「その仮説をすてることはできない」とだけいう。その「仮説」が、積極的に支持されたことをいうわけではない。

たとえば、「タバコを吸う人も、吸わない人も、肺ガンにかかる率は変りがない」という「仮説」をもうける。実際に調査をし、一定の手つづきで確率計算をし、「仮説」の成立する確率が$1/100$以下であるとする。そのばあいは、もとの「仮説」をすてることができる。このようにして、「タバコを吸う人と、吸わない人とでは、肺ガンにかかる率は、異なっている」（タバコを吸う人のほうが、肺ガンにかかる率が高い）という積極的結論などをみちびきだす。

［Ｂ］　**ベイズ流の考え方**　いま、Ａ、Ｂ二つの「仮説」があるとする。ベイズ流の考え方では、「仮説Ａ」の成立する確率、「仮説Ｂ」の成立する確率などを計算する。

そして、たとえば、「明日、雨の降る確率は60％」などのような言い方をする。

邪馬台国が「奈良県にあったとする「仮説」と「福岡県にあったとする仮説」とを比較して、奈良県にあった確率が、1/100（一パーセント）以下であるばあい、仮説「奈良県説」がすてられることになることは、フィッシャー流の考え方をとっても、ベイズ流の考えたをとっても、同じことになる。ただ、対立する仮説「福岡県説」が、99/100（九九パーセント）以上の確率で支持されることになるところが、フィッシャー流の考え方と異なる。フィッシャー流の考え方も、ベイズ流の考え方も、ともに、議論の客観性をたもつための方法である。

以上のようにみてくると、「邪馬台国問題」は、フィッシャー流の統計学よりも、ベイズ流の統計学にむいている問題である。

この章のおわりに

ふつうの科学においては、たとえば、1％以下の危険率で棄却されるような仮説は、すてられる。他の仮説が追求される。

しかし、古代史の分野では、そもそも、そのような基準をうけいれる土壌がない。

とくに、考古学関係の方は、一発なにかが出土すれば、すべてがひっくりかえることもありうるのであるから、という前提にたって発言しておられるばあいがあるようにみえる。この立場にたてば、なんでもありうるのであるから、「可能性の大きさ」など考える必要がないことになる。しかし、この立場にたてば、思いつきでも、『魏志倭人伝』の記述にあっていなくてもよいことになってしまう。

このような考え方は、邪馬台国さがしのためには、効率の悪い方法といえよう。邪馬台国の可能性の低いところに、発掘のための公費を多くそそぎこみ、可能性の高いところをなおざりにしてしまうことになるからである。

邪馬台国の可能性（確率）の高いところを重点的に発掘しなくては。

アンパイアのいない試合、ストライクとボールを、客観的に判断する人のいない試合では、おたがいが、自分の勝ちだけを声高《こわだか》に主張することとなる。どちらが、声が大きいか、ということになる。一見はなやかな邪馬台国論争は、いま、そのような宣伝合戦になっている。

統計学や確率論は、多くの学問分野に、客観的な判定基準を提供してくれるようになってきている。

それをうけいれる土壌をつくらなければ、邪馬台国問題は、永遠に解決しない。

考古学において、正確に発掘を行ない、遺跡・遺物を、正確に記述することは、きわめて大事なことである。京大を中心として、発掘の技術は精緻化した。

しかし、発掘された量が、現在、すでに厖大な量に達している。

正確に発掘し、正確に記述する技術と、その記述された事実やデータを整理し、何かを正確に推論する技術とは、同じものではない。むしろ、別種のものである。

厖大な情報を、いかに客観的に処理して、過去を復元するか。邪馬台国をいかにたずねるか。それが、重要な課題として、浮かびあがってきている。

いま、各種の情報処理の技術は、急速な発展をとげている。

ベイズ統計学は、そのような技術の一つである。

この章では、ベイズ統計学を用い、邪馬台国を復元するための道をさぐった。

邪馬台国問題の解決に関心をもつ方々が、ここに提示した方法や問題を、無視して通りすぎることのないようにと願う。本論が、さまざまな検討をうけることができ、将来への発展の道がひらかれることを期待する。

第2章　纒向《まきむく》＝虚構の邪馬台国

●マスコミ宣伝があって、証明がない●

蜃気楼

（図は『角川漢和中辞典』による。文字は安本の書き入れ。）

奈良県の纒向に、卑弥呼の宮殿があった、などとする説は、蜃気楼を見ているのではないか。

たとえ、権威のある公的機関の発表でも、根拠を、よくたしかめてから報道してほしい。

考古学の分野では、センセーショナリズムを意図し、かつ、権威主義の傾向があるため、あまりにも根拠のない、かつ、一方に偏した発表や報道がめだつ。

この章では、例として『朝日新聞』塚本和人記者の一連の記事を、検証してみる。

1　小保方晴子氏事件と科学と邪馬台国

「纒向＝邪馬台国説」を検討する

私の編集している『季刊邪馬台国』121号（二〇一四年）の「編集後記」で、編集部の白石洋子さんが、STAP細胞のことにふれている。いわく、

「STAP細胞存在の疑惑問題が連日のようにマスコミで報道されているが、記者会見が行なわれた時には、この万能細胞はノーベル賞に値する世紀の大発見であり、医療界の救世細胞だなどと最大限の賛辞を並べ立てて大騒ぎをしていたのは、同じようにマスコミであった。これより少し前には、現代のベートーベンとも囃《はや》された男が、実際には全聾ではないどころか、作曲そのものがすべてゴーストライターの手によるものであったということが明るみに出たが、この騒動もまたマスコミが大きく関与していたようだ。

一連の件で真っ先に思い出すのは、十四年前に毎日新聞のスクープによって発覚した旧石器捏造事件である。日本考古学界最大のスキャンダルとされ、本誌でも幾度か取り上げたので記憶に新しいのでないだろうか。日本の前期・中期旧石器時代の遺物や遺跡だとされていたものが、全て捏造だったと発覚した事件である。」

そしていま、「纒向《まきむく》＝邪馬台国の地」などの畿内説に、ここに紹介されているような諸事件を重ねあわせる人々が、ふえてきているようにみえる。

「纒向＝邪馬台国説」などには、ほんとうに、「エビデンス（科学的証拠）」が、提出されているのか。

奈良県の纒向の地から、卑弥呼の宮殿らしいものが発見されたとか、纒向古墳群のなかの箸墓古墳は、卑弥呼の墓らしいとか、奈良県を中心に分布する「三角縁神獣鏡」は、卑弥呼が魏の皇帝から与えられた鏡なのではないか、というような記事が、しばしば、新聞の紙面をにぎわしている。

ほんとうであろうか。

邪馬台国論争は、『魏志倭人伝』の記述に端を発する。

『魏志倭人伝』の記述を尊重したばあい、「纒向＝邪馬台国説」がなりたつ余地などは、ほんとうに存在するのか。

「第1章」で述べたことを、今一度まとめれば、つぎのようになる。

邪馬台国が、福岡県にあった確率九九・八％
邪馬台国が、佐賀県にあった確率〇・二％（千回に二回）
邪馬台国が、奈良県にあった確率〇・〇％

この結果は、ふつうの統計学の基準、科学の基準では、邪馬台国は、奈良県にあったとする仮説は、棄却すべきであることを示している。「邪馬台国が奈良県にあった」とする仮説は、十分な安全さですてることができる。

これは、「邪馬台国が福岡県にあったこと」の、「エビデンス（証拠）」になりうる。

邪馬台国は、奈良県には存在しないのに、卑弥呼の宮殿や、墓が、奈良県の纒向にあったりすることが、ありえようか？

「邪馬台国＝畿内説」は、なにか、夢でもみているのではないか。

蜃気楼《しんきろう》ということばがある。蜃気楼の「蜃」の字は、「大きなハマグリ」のことである。古代の人々は、大ハマグリが吐き出す息によって、空中に楼台などがあらわれると考えたのである。司馬遷の『史記』に、「蜃気は、楼台を象《かたど》る」とある。そのため、蜃気楼のことを「貝《かい》やぐら」ともいう。

卑弥呼の宮殿、卑弥呼の墓などというのは、蜃気楼ではないのか。

旧石器捏造発覚のまえに見ていた「七〇万年まえ、六〇万年まえの石器の発見」というのと同じ種類の、楽しい夢をみているのではないか？

この章では、この問題を、とりあげよう。

それにしても、『魏志倭人伝』には卑弥呼の居処について、「宮室・楼観《ろうかん》（楼台、たかどの）、城柵《じょうさく》、おごそかに設け、……」と記している。纒向からは、大きな建物あとはでていても、楼観や城柵のあとが出ていないのは、どうしたことか。（九州の吉野ケ里遺跡では、これらのものも出ている。）たとえ、奈良県で発見の卑弥呼の宮殿が蜃気楼であるにしても、そこには、「楼台」の姿がみえない。

情報考古学会などをのぞく旧考古学の分野では、判断にあたって客観的な基準をもうけず、その世界での多数意見という漠然とした雰囲気によって、判断をきめることが、常態化している。

その世界のなかでは、周囲の雰囲気を気にし、おかしいと思っても、あえて発言をしない。そこでは、蜃気楼のような話にも、それを疑うリアリズムは成立しない。

このような状況では、旧石器捏造事件のようなことは、くりかえしおきうる。

そこでは、どんなに小さな確率でも、可能性があるかぎり、ある仮説を捨てることはできないというような発想に立つ。

考古学では、いつ、なにが、どこからでてくるかわからない。

一発逆転は、いつもありうるわけであるから、そこの世界に住む人々がいだいていた仮説は、捨てるわけにはいかないというわけである。

かくて、「証明」はなおざりに、マスコミ宣伝は、熱心にということになる。およそ不自然な仮説が、まかり通る事態となる。

STAP細胞の論文事件のさい、その論文に示されている写真などの資料についての疑問点を、もっとも早く指摘したのは、マスコミでも、学界でもなかった。インターネットであった。

インターネットは、いまや、衆知を集める道具となりつつある。

STAP細胞以上に、「纒向＝邪馬台国」は、存在のリアリティをもっているとは思えない。

「序章」で紹介した『文藝春秋』の文章のなかで、松原望教授は、のべている。

「統計学者が、『鉄の鏃』の各県別出土データを見ると、もう邪馬台国についての結論は出ています。」

「私たちは、確率的な考え方で、日常生活をしています。たとえば、雨が降る確率が『〇・〇五％未満』なのに、長靴を履き、雨合羽を持って外出する人はいません。」

探索問題において、確率分布地図をみながら、可能性がほとんど0《ゼロ》のセルの地域に、やたらに潜水夫《ダイバー》をもぐらせる。

ある人がたずねる。

「どうして、可能性0《ゼロ》の水域を優先して、ダイバーをもぐらせるのですか。可能性の大きいところを優先してもぐらせるべきではないのですか。」

これに対して、つぎのような答えが返ってきたらどうであろう。

「いやあ、潜水夫をやとってしまいましたからね。予算も、とってしまいましたしね。潜水夫たちの生活のことも考えなければならないのです。」

邪馬台国問題も、どうも、これに近い状態になってきているようにみえる。

邪馬台国の場所を求めるという本来の目的は、どこかに行っている。

理化学研究所（以下、理研）が、STAP細胞についてのはなやかな発表を急いだのも、予算獲得の問題も関係していたともいわれる。

しかし、このような方法は、公共の予算の無駄づかいになる。結局は、理研の評判を落とすことになる。

考古学でも、同じようなことが起きつつあるようにみえる。

事情をよく知らない人は、マスコミ報道される結論だけを見て、考古学の分野でも、他の分野と同じような科学的な手つづきがとられているのであろうと思ってしまう。

しかし、この本で、以下にややくわしくのべるように、実は、そうではない。

そこでは、現代科学に共通な、基本的な手つづきがとられていない。

「邪馬台国＝畿内説」の人々は、どんなに成立の可能性の小さい仮説でも、「完全に」否定されないかぎり、支持し、宣伝する価値があると思いこんでいる。

そのため、いたるところに、事実との撞着、相互矛盾、『魏志倭人伝』の記事の無視などがおきている。

この章では、まず、纒向遺跡について検討する。

マスコミによる「宣伝」よりも、まず「証明」を‼

小保方氏の事件は、「科学」について、深く考えるための材料を提供している。

小保方晴子氏は、ＳＴＡＰ細胞を発見したと発表した。しかし、その後の検証実験では、ＳＴＡＰ細胞の存在を確認できなかった。

しかし、ガリレオ・ガリレイの実験も、当時の物理学者たちからは、再現性がないとみられていた。

『背信の科学者たち』（ウィリアム・ブロード・ニコラス・ウェイド共著、ブルーバックス、講談社、二〇〇六年刊）という本がある。この本のなかに、つぎのような文がある。

「ガリレイは、真理を決定するものは実験であってアリストテレスの著作物ではないと主張したことによって、近代の科学的方法の創始者とあがめられている。しかし、一七世紀イタリアの物理学者の同僚たちは、彼の実験結果は再現不可能だったので、彼の実験の信頼性には疑いを抱いていた。」

小保方氏は、博士論文に用いた不適切な写真を、故意か誤ってか『ネイチャー』誌発表の論文にのせたことによって批判された。

しかし、『背信の科学者たち』には、つぎのような文章がある。

「ニュートンは、重力の法則を公式化した天才だが、研究の予言性を実際以上に見せかけようとして、彼の畢生の大作『プリンキピア』の中で不適切な偽りのデータ援用した。」

小保方氏は、みずからの論文中の写真に、結果をよりよく見せるための画像の切りはりをし、修正を加えたことによっても批判されている。

しかし、『背信の科学者たち』のなかに、つぎのような例がのべられている。

「メンデルは遺伝学を基礎づけたオーストリアの修道士である。彼が発表したエンドウに関する論文に見られる統計は事実としてはあまりにもできすぎたものであった。」

つまり、そこに示されているデータは、メンデルが抱いていた理論に、統計学的にみて、偶然とはいえないほど合致しすぎているのである。

メンデルの示した結果が、見事にみえたからこそ、メンデルの業績は評価された。メンデルがデータに手を加えなかったならば、注目をひかず、遺伝学の進歩は、かなり遅れたかもしれない。

メンデルは、都合のよいデータだけをえらび、都合の悪いデータをすてる、つまり、チェリーピッキングをしているようにみえる。それが、意図的だったのか、無意識であったのかは、現在ではわからない。

科学的な経歴をもたない無名の神父が、ある真実をみたのは、神の恩寵であろう。とすれば、それを世間に伝えるために、多少の手心を加えるのは、神から許されると考えたのかもしれない。

手を加えても、手を加えなくても、中心となる結論には変りがないばあい、見ばえがよくなるようにあていど、「ブラッシュアップ」をするのは許されないことなのか？　それは、でてこないはずの結果を出してみせるような「フレイムアップ（でっちあげ）」とは異なるのではないか。

『背信の科学者たち』には、つぎのような文章もある。

「ドルトンは、一九世紀の偉大な化学者で、化学結合の法則を発見し、種々の原子の存在を証明した人物だが、今日の化学者でも再現不可能なほどに美しい実験結果を発表した。」

「種々の原子の存在証明」と「ＳＴＡＰ細胞の存在証明」。「存在証明」という点で、小保方氏のばあいと似ている。

小保方氏は、また、他の文献から、文章をとってきたコピペ（コピーしてペースト（ノリ）ではる）疑惑によっても、批判をうけている。

しかし、『背信の科学者たち』のなかに、つぎのような文章がある。

「プトレマイオスは、〝古代の最も偉大な天文学者〟として知られている。しかし、彼の観測の大部分は夜間にエジプトの海岸で行われたのではなく、白昼、アレクサンドリアの大図書館で行われた。彼は図書館でギリシャの天文学者の研究を盗用し、自分の研究だと主張した。」

小保方氏の二回目の記者会見について、「毅然としていた」「凛としていた」「オーラを感じた」という見解と、「太い」「虚言癖の人」「うまく批判をかわした」という意見とがあった。

ここは、小保方氏に好意的にみてみよう。

科学者には、みずからの仮説を信じて、粘り強く実験や調査を続ける能力が必要である。

ガリレイは、「それでも地球は動いている。」といったという。小保方氏が、「それでもSTAP細胞は存在している。」というのは、科学者としては、当然の姿勢ではないのか？

みずからが見たSTAP細胞を守るために、全世界を敵にしてでも、戦うのは、本当の科学者の姿ではないのか。

このようにみてくると、今回のSTAP細胞に関する一連の事件は、科学史上でしばしば起きてきたことを、集約的に示している。

私などは、ほんの二、三枚の依頼原稿では、念には念をいれて、間違いのないようにしあげようとする。天下の、いや世界の代表的科学誌『ネイチャー』に、うっかりミスで、博士論文での写真をいれる、などというのは、ちょっとあまりにも、という感じはする。

科学の世界で、夢をもつのはよい。

仮説をもって、対象にいどむことも必要である。

「地球はそれでも動く」と考えるのも、「STAP細胞は、それでも存在する」と考えるのも、「纏向の地に邪馬台国があった」と考えるのも、「仮説」としては、当然ゆるされる。

「纒向の地＝邪馬台国説」は、「ＳＴＡＰ細胞存在説」と同程度に、あるいは、それ以上に、アラをもっている。その指南は、すでになされている。その検討をぬきにして、マスコミ宣伝を優先しては、ならないと思う。

小保方晴子氏の二回目の記者会見は、ほとんど吊しあげにも近い雰囲気のなかで、二時間半にわたりみずからがありありと見たＳＴＡＰ細胞のために、精一杯きちんと戦ったようにもみえた。

「纒向＝邪馬台国説」は、長時間の公開討論に、耐えたことがあるのか。

小保方事件の本質を考えてみよう。

本質的な点は、「ＳＴＡＰ細胞が存在するか否か」にある。

一段階ずつ、厳密にチェックしながら、小保方氏の示すレシピにしたがい、追試をして、ＳＴＡＰ細胞が存在するか否か、を確かめることである。それこそが核心であり、先決問題であった。

そして、検証実験では、ＳＴＡＰ細胞を再現できなかった。

ＳＴＡＰ細胞が存在していたならば、小保方論文や、小保方氏個人にみられるもろもろの欠点などに関係なく、小保方氏を評価すべきである。それは、ノーベル賞に値するかもしれない。

マスコミの激変する評価に左右されるな。事態を、冷静にみよう。

ＳＴＡＰ細胞が存在していなかったならば、小保方氏は、「思いこみ」によって、存在していないものを見たということになる。それは、科学史上ありふれたことである。

それだけの話である。科学は、多くの研究者たちの、血と汗と涙の泥沼の中で、発見のよろこびという太陽のわずかな光をうけて咲く、白い大きな蓮の花である。花は、咲かないかもしれない。それでも、追試をしてみる価値のあるばあいがある。たとえ、その存在の可能性は小さいとしても、また、追試のために費用がかかるにしても、追試する価値のあるばあいがある。

ＳＴＡＰ細胞が存在したばあいのリターンは、追試の費用にくらべ、はるかに大きいと考えられる。小保方晴子氏は、ともかくも、新しい分野に挑戦したのである。騒ぎすぎて、新しい分野への挑戦の芽をつぶしてはならない。新しい芽をつぶすようでは、科学は、進歩しない。

小保方晴子氏の事件と似ているシェーンの事件

ただ、事件の経過をみれば、ＳＴＡＰ細胞の存在が確められる可能性は、かなり低かった。よく似た事件は、科学史上、しばしばおきている。

小保方晴子氏のおこした事件が、過去におきた事件のなかでは、アメリカの名門、ベル研究所でおきたドイツ人物理学者、ヤン・ヘンドリック・シェーンの超伝導に関する論文捏造事件に、かなりよく似ている。

シェーンは、多くの有力な共同研究者と連名で科学の世界で超一流のジャーナル『ネイチャー』誌に七つの論文を、『サイエンス』誌に九つの論文を発表するなどした。（小保方晴子氏の論文も、『ネイチャー』誌に発表されたものであった。）

シェーンは、ノーベル賞の有力候補ともされた。

そして、小保方氏のばあいと、シェーンのばあいとでは、つぎのような似たところがある。

(1) シェーンは、紳士であった。控えめで、人柄がよく、誠実で、正直で、知識がとても豊富で、研究熱心な人とみられていた。小保方晴子氏も淑女で、問題に誠実に対応し、研究熱心な人とみられていた。不正のあるなしと、人柄とは、無関係といってよい。

(2) シェーンの論文捏造については、村松秀著『論文捏造』（中公新書ラクレ、中央公論新社、二〇〇六年刊）

にくわしい。小保方事件のおきるまえに刊行されたこの本のなかで、シェーンの研究は、「コロンブスの卵」であったと記されている。「まさか、というアイデアを本当に実行に移し、それを成就させてしまった」ものであった。小保方氏の研究も、また、「コロンブスの卵」といわれた。

(3)　ともに、他の人によっては、再現することができなかった。

(4)　示されているデータは、きれい過ぎた。

(5)　研究テーマに時代性があり、世の中にアピールするものであった。

(6)　問題点が公表されると、シェーンは、「グラフをしっかり確認することをせずに間違ったものを混同して提出してしまった。これは自分の単純な間違いだった」と弁解した。小保方晴子氏が行なったのと、まったく同じ弁明である。

(7)　最後まで、「自分のミスだった、意図を持ってやったことではない、間違いがあっただけだ」と主張した。

(8)　シェーンの発言「自分はいくつかのミスを犯したことはわかっている。2度目のチャンスが自分にも与えられることを願っている。」これも、小保方氏の弁明と同じである。

(9)　シェーンは、データの手なおしは、「そのほうが見栄えがするから」という理由で行なった。これも、小保方氏の弁明と同じである。

(10)　シェーンも、小保方氏も、みずからの夢と現実とを混同し、夢みたものを、現実の世界で見えてしまう傾向があるのではないか。だから、基本的には、みずからは誤っていなかった、ということになるのではないか。

不正行為を行なう人たちは、みずからが不正行為を行なっているという意識にとぼしいことがしばしばある。そのために、不正行為をくりかえす傾向がある。

ＳＴＡＰ細胞のばあい、ともかくも、追試の方法が、明示されていた。

私が、「纒向＝邪馬台国説」は、小保方晴子説以下だと思うのは、そこでは、「宣伝」だけがあって、「証明」が示されていないことである。そのため、追試・検証のしようがない。一見証明のような形をとっているものも、容易に反証のあげられるものばかりである。

「纒向＝邪馬台国説」にとって必要なことは、いま、その説にかけられている「思いこみ」ではないか、という疑惑をはらすことである。

その説が成立するという「エビデンス（科学的な証拠）」を示すことである。

問題は、マスコミ宣伝に熱心なだけで、「エビデンス」が示されていないことにある。

このマスコミ宣伝を熱心に行なうという戦略は、ほんとうに、成功しているのか？

マスコミの事大主義的傾向

「纒向＝邪馬台国説」は、現代科学の基準をもってすれば、確実に捨てられる範疇の「仮説」に属する。すくなくとも、その「仮説」を採択すべき積極的根拠は、なんら存在していない。

したがって、「邪馬台国奈良県所在説」を証明することこそが先決問題である。「邪馬台国奈良県所在説」を否定する証拠に対する明確な反証が必要である。

ところが、奈良県を中心とする公的機関は、そのような「エビデンス（科学的証拠）」を示すことをしていない。すこしでも有利にみえた点を、もっぱら公費によって、マスコミ宣伝活動などをするほうに力をそそいでいる。

最近は、官僚批判の声が、あちこちであがっている時代である。社会の動きを硬直化させているのは、官僚なのではないか、と。

公費をつかっての「宣伝」よりも、まず、きちんとした「証明」をしてほしい。宣伝に先ばしると理研と似たようなことにならないか。

「纒向＝邪馬台国説」についての公的機関の発表は、旧石器捏造事件のときに、公的機関などがとった行動や、理研が、ＳＴＡＰ細胞についての最初の発表のさいにとった行動によく似ている。

そこに研究費、助成金獲得の意図が、すけてみえるところも共通している。

旧石器捏造事件のばあいは、なんらの組織に属さない竹岡俊樹氏によって、もっとも明確に反証が示された。ＳＴＡＰ細胞のばあいは、インターネットで、まず不審点が指摘された。かくて、公的機関や大組織が、億の単位の費用を使って行なった研究の宣伝活動、広報活動が瓦解して行くのである。

理研のばあいは、いまや、小保方晴子氏一人に責任をおわせようとしている。

奈良県の公的機関は、「赤信号みんなで渡ればこわくない」「マスコミを味方につければおしきれる」と、もっぱら宣伝活動に力をそそぐ形になっている。

そしていま、マスコミの報道は、二重基準になっている。

ＳＴＡＰ細胞のばあいは、小保方晴子氏個人を、ほとんど、吊しあげのような形で報じている。

これに対し、ＳＴＡＰ細胞以上に、アラのめだつ「纒向＝邪馬台国説」については、ほとんど公的機関べったりのスポークスマン的報道になっている。

これでは、小保方晴子氏は、個人であるからいじめられ、公的機関などは、公的機関という権威をもつがゆえに批判をうけないという図式になってしまわないか。マスコミの事大主義的傾向がうかがえる。

マスコミの批判精神は、どこにいったのか？

しかし、この種の宣伝活動は、ほんとうに有効なのであろうか。

薬効のない薬を宣伝によって売ることは、無意味である。そればかりか、社会的に有害である。

科学にとってほんとうに必要なのは、「証明」である。「宣伝」ではない。

このようなとき、私は、あえて、憎まれっ子役をとろうと思う。おだやかな、なれあい主義に、異をとなえようと思う。おだやかにのべても、事は改善されない。

マスコミ報道と古代史に関心をもつ人たちとの意識のズレ

現代は、「ビッグデータ」の時代である。新聞やテレビに対し、インターネットなどが、しだいに力をたくわえてきている。

パソコンに含まれている莫大な情報を、それなりに、「ビッグデータ」として処理すれば、さまざまな傾向や動向を知ることができる。

私は、毎年四月に、簡単な定点調査を行なっている。古代史の分野の、全体的な動向を見るためである。

パソコンにより、日本古代史関係の研究者などの名前が、インターネットに何回ぐらいあらわれるか、その検索数をしらべている。これも、一種のビッグデータを処理した統計的調査といえる。

表9は、今年二〇一四年四月に調査したものである。

表10は、二〇一三年のもの、**表11**は、二〇一二年のものである。

さらに、**表12**、**表13**、**表14**は、物故者について、同様の表をつくったものである。

これは、毀誉褒貶《きよほうへん》はともかく、研究者たちが、インターネット上で、どのていど議論や検討の対象になっているのか、その度合いを、一応は示すものといえよう。

これらの表をみると、いろいろなことに気がつく。

(1)　年を追うにつれて、検索件数が、全体的に減少してきている。古代史についての関心が、全体的に薄くなってきているのであろうか。かつて、古代史がブームといわれたころがあった。

(2)　**表9**をみると、第二〇位までをとるばあい、そのうちにはいる考古学者は、春成秀爾氏と西川寿勝氏との二人だけである。新聞、テレビなどでは、古代史といえば、考古学関係のものがさかんにとりあげられる。そちらのほうが主のようにみえる。しかし、古代史に関心をもつ人たちが、議論、検討の対象としているのは、むしろ、文献的なものなどである。邪馬台国畿内説を説く人たちのばあいでも、マスコミによく名のみえる考古学者の大塚初重氏、石野博信氏などよりも、文献学者の上田正昭氏、直木孝次郎氏などが上位にきている。

マスコミでのとりあつかいと、インターネットでうかがわれる一般の古代史ファンの関心とのあいだには、ズレが生じているようにみえる。

ここから、考古学の分野の中での世論と、一般の古代史愛好家などの間での世論とのあいだには、ズレが生じていることがうかがえる。

考古学関係の人のなかには、「考古学的には、これが正しいのです」といういい方をする人がすくなくない。しかし、それは、古代史に関心をもつ他の分野の人たちの認識と、そのままつながっているわけではない。ズレがある。

旧石器捏造事件については、「学界はついにカルト宗教と化す」(辻本武氏。『季刊邪馬台国』116号、二〇一三年)などのような、痛烈な批判もみられた。

表10　現存研究者の検索件数
（2013年４月３日調べ。グーグルによる）

No.	研究者氏名	検索数
1	渡部　昇一	855000件
2	井沢　元彦	575000
3	梅原　　猛	554000
4	安本　美典	525000
5	武光　　誠	246000
6	関　　祐二	216000
7	谷川　健一	184000
8	上田　正昭	178000
9	森　　浩一	127000
10	春成　秀爾	118000
11	古田　武彦	77400
12	村井　康彦	75700
13	直木孝次郎	57000
14	吉村　武彦	54600
15	千田　　稔	49900
16	坂元　義種	44200
17	西川　寿勝	42100
18	足立　倫行	40400
19	渡邉　義浩	38800
20	大和　岩雄	38300
21	田中　　卓	35300
22	遠山美都男	33300
23	西谷　　正	31000
24	大塚　初重	30700
25	白石太一郎	30500
26	大庭　　脩	23100
27	樋口　隆康	22900
28	石野　博信	22700
29	山尾　幸久	16500
30	新井　　宏	14800
31	高島　忠平	14800
32	寺沢　　薫	12500
33	水野　正好	12300
34	関　　和彦	11000
35	菅谷　文則	10200

表９　現存研究者の検索件数
（2014年４月９日調べ。グーグルによる）

No.	研究者氏名	検索数
1	渡部　昇一	521000件
2	井沢　元彦	360000
3	安本　美典	327000
4	梅原　　猛	326000
5	三浦　佑之	314000
6	瀧音　能之	109000
7	関　　裕二	90300
8	春成　秀爾	86800
9	武光　　誠	80000
10	上田　正昭	67600
11	古田　武彦	46900
12	前田　晴人	42900
13	足立　倫行	36300
14	直木孝次郎	34400
15	西川　寿勝	32100
16	田中　　卓	30900
17	村井　康彦	27300
18	千田　　稔	26700
19	渡邉　義浩	26300
20	坂元　義種	24500
21	遠山美都男	22900
22	西谷　　正	21500
23	大塚　初重	20900
24	白石太一郎	20400
25	石野　博信	20200
26	吉村　武彦	18100
27	大和　岩雄	18000
28	新井　　宏	12500
29	和田　　萃	12500
30	樋口　隆康	11800
31	山尾　幸久	11600
32	水野　正好	10300

表12　物故研究者の検索件数
（2014年４月９日調べ。グーグルによる）

No	研究者氏名	検索数
1	松本　清聴	590000件
2	本居　宣長	364000
3	新井　白石	179000
4	和辻　哲郎	162000
5	那珂　通世	149000
6	佐伯　有清	135000
7	森　　浩一	127000
8	高木　彬光	122000
9	谷川　健一	92400
10	原田　大六	86900
11	内藤　湖南	85900
12	津田左右吉	64200
13	和田　　清	56500
14	江上　波夫	42800
15	松下　見林	37100
16	榎　　一雄	32600
17	井上　光貞	31700
18	藤間　生大	30000
19	大林　太良	27900
20	喜田　貞吉	26200
21	佐原　　真	24200
22	宮崎　康平	22700
23	笠井　新也	21300
24	白鳥　庫吉	20700
25	梅原　末治	19100
26	水野　　祐	18900
27	和歌森太郎	18000
28	門脇　禎二	17200
29	小林　行雄	14900
30	鳥越憲三郎	12400
31	大庭　　脩	10500

表11　現存研究者の検索件数
（2012年４月５日調べ。グーグルによる）

No.	研究者氏名	検索数
1	渡部　昇一	1410000件
2	井沢　元彦	1400000
3	梅原　　猛	820000
4	武光　　誠	608000
5	安本　美典	517000
6	関　　祐二	455000
7	上田　正昭	307000
8	谷川　健一	292000
9	森　　浩一	242000
10	古田　武彦	125000
11	春成　秀爾	124000
12	吉村　武彦	110000
13	千田　　稔	82600
14	直木孝次郎	79600
15	樋口　隆康	73900
16	大塚　初重	70200
17	西川　寿勝	62700
18	白石太一郎	57500
19	足立　倫行	51000
20	石野　博信	45400
21	西谷　　正	41900
22	遠山美都男	40900
23	大和　岩雄	38100
24	坂元　義種	34300
25	田中　　卓	34000
26	新井　　宏	29600
27	山尾　幸久	28200
28	大庭　　脩	26600
29	都出比呂志	21800
30	菅谷　文則	16800
31	高島　忠平	15700
32	水野　正好	15200
33	関　　和彦	12400
34	岡村　秀典	12000
35	寺沢　　薫	10100

表14　物故研究者の検索件数
（2012年４月５日調べ。グーグルによる）

No.	研究者氏名	検索数
1	松本　清張	4380000件
2	本居　宣長	406000
3	高木　彬光	297000
4	和辻　哲郎	284000
5	新井　白石	203000
6	佐伯　有清	190000
7	那珂　通世	150000
8	大林　太良	141000
9	和田　　清	115000
10	内藤　湖南	111000
11	佐原　　真	101000
12	津田左右吉	98000
13	江上　波夫	84900
14	原田　大六	82200
15	井上　光貞	72200
16	門脇　禎二	64900
17	松下　見林	51500
18	宮崎　康平	51400
19	藤間　生大	40300
20	水野　　祐	40000
21	笠井　新也	35300
22	榎　　一雄	28900
23	白鳥　庫吉	26600
24	和歌森太郎	22800
25	喜田　貞吉	22000
26	小林　行雄	20100
27	岸　　俊男	16400
28	田辺　昭三	11300
29	三品　彰英	11200

表13　物故研究者の検索件数
（2013年４月３日調べ。グーグルによる）

No.	研究者氏名	検索数
1	松本　清張	2500000件
2	本居　宣長	419000
3	大林　太良	272000
4	和辻　哲郎	260000
5	新井　白石	247000
6	那珂　通世	243000
7	高木　彬光	200000
8	佐伯　有清	195000
9	原田　大六	132000
10	内藤　湖南	107000
11	和田　　清	98500
12	津田左右吉	85200
13	江上　波夫	68500
14	井上　光貞	57700
15	松下　見林	52800
16	佐原　　真	50700
17	門脇　禎二	47100
18	水野　　祐	45800
19	笠井　新也	43000
20	藤間　生大	42200
21	宮崎　康平	41000
22	白鳥　庫吉	28400
23	喜田　貞吉	27100
24	和歌森太郎	23000
25	小林　行雄	20000
26	三品　彰英	13500
27	榎　　一雄	13300
28	岸　　俊男	12000

表９～**表14**には、１万件以上の検索数のあった人が示されている。
検索数の調査にあたっては、つぎの手つづきによった。
(1)「安倍晋三」と「安倍晋太郎」のような違いをはっきりさせるため、“安倍晋三”のように、前後にダブルクォーテーションマーク（引用符）をつけて検索をした。
(2)「原田実」氏、「坂本太郎」氏のばあい、同名の他の著名人と区別ができないので、ここにのせていない。
(3) 初動ミスをさけるために、検索した最初の画面（１ページ目）の下部にある「次へ」の欄の10（ページ）を押したあとにでてくる検索数を調べた。たとえば、小保方晴子、だけで検索すると、検索数は、1360万件となった。しかし、上記の手続にしたがい、“小保方晴子”と、前後にダブルクォーテーションマークをつけ、10ページ目でしらべると、248万件となった。

「カルト」は、ふつう、少人数の狂信的宗教集団をいう。しかし、大きな宗団がカルト化することもある。そのことは、第二次世界大戦中の日本や、ナチズム支配下のドイツをみればわかる。カルト的集団には、高い学歴を持った人たちなども巻きこまれて行く。

「考古学的には、これが正しいのです。」というような、考古学至上主義的な見解には、よほどの注意を必要とする。

第一に、他の立場にたち、たとえば、「統計学的には、これが正しいのです」というような、別の結論が提示されたときに、そのような相対する見解をまとめて、正しい結論をみちびく方法、共通の言語が、旧考古学では、提示されていない。

第二に、たとえば、統計学的方法によるばあいは、考古学的データや考古学者の見解にも注意がはらわれている。これに対し旧考古学の方々が、「考古学的には、これが正しいのです。」というばあい、他の方法やほかの結論には、注意をはらっていないばあいが多い。無視するばあいが多い。

これでは、考古学が、「ムラ化」する危険性、カルト化する危険性が残る。

2　纒向遺跡出土の大型建物は、邪馬台国の施設なのか？

マスコミ批判について

マスコミ批判は、むずかしいところがある。

マスコミは、何百万部という部数をもっている。部数によって権威が生ずる。社会に対する影響力が大きい。

新聞はよく、「国家権力からの抑圧を恐れているような社会は、革新的な精神を殺す」「タブーの存在が自由な発想を抑える」などの記事をのせる（たとえば、『朝日新聞』二〇一四年五月十四日［水］朝刊、15面など）。

しかし、マスコミ自体が権威化して、事実にもとづいていない記事、一方にいちじるしく偏している記事であっても、それに対しては、遠慮をしてものをいわない人が多い。

新聞などでは、よく、「表現の自由」ということが主張される。しかし、邪馬台国問題などで、ふつうの研究者には、新聞記者に比して、何十万分の一しか、「表現の自由」は、与えられていない。

そのため、上からの目線で、ものをいう記者も、すくなくない。もちろん、いろいろな意味で、立派な記者も多い。

ある新聞社（朝日新聞社ではない）のある記事が、あまりにもひどすぎると思って、その記事を執筆した記者に、直接電話をしてみたことがあった。すると、つぎのように言われてしまった。

「私は、先生よりも、勉強していると思いますので。」

「わが身をつねって、人の痛さを知れ」ということばがある。

記者は、言論界の王様なのかもしれない。人を、つねることは多いが、つねられることはすくない。そのためつねられたときの痛さに気がつかない。

ふつうの研究者は、マスコミに対して腰がひけている。研究者同士の批判にみられるような、はげしい言葉でのマスコミ批判を行なわない。

そのため、ときどき、自分たちは、研究者の上に存在する特別な存在で、特別に表現の権利が与えられていると思いこむ度しがたいマスコミ人を生むことになる。

また、たえずマスコミ人の顔色をうかがう研究者や研究機関を生ずる。すると、マスコミは、そのような研究者や研究機関の見解ばかりをとりあげがちとなる。ここから、記事などの傾向に、偏《かたよ》りを生ずる。

このようにして、しばしば、マスコミを利用し、マスコミを防波堤とする研究者があらわれ、大規模な不正行為が誕生することとなる。

小保方氏のばあいは、組織の援護を失なった個人という形なので、ほとんど吊しあげのような形の会見となった。質問する記者たちは、それが、科学や社会の進歩のために必要なことなのだと思っている。だれも、小保方氏「いじめ」をしているとは思っていない。

新聞記者のばあいは、新聞社という組織を背景にもっている。そのため、小保方氏と同じていどの疑問点、あるいは、不正確さをもつ記事を書いても、小保方氏のような目にはあわない。

しかし、これは、不公平ではないか。

やはり、科学や社会の進歩のためには、新聞記事についての批判も、必要なのではないか。私などのように、定年退職者で、みずからが傷つく以外に、失うものがない、あるいは、利害関係をもたない人間が、ときには、はっきりともをいうことも必要なことであろう。

纒向遺跡の建物についての記事

『朝日新聞』の二〇一四年の二月七日の朝刊に、つぎのような記事がのっている。

この記事についている傍線は、安本が付した。それは、疑問点や、あとで、検討を行なう予定の個所である。

☆『朝日新聞』二〇一四年二月七日（金）朝刊の記事

奈良・纒向遺跡　新たに建物跡

邪馬台国の中枢施設？

女王・卑弥呼《ひみこ》が治めた邪馬台国の有力候補地とされる奈良県桜井市の纒向《まきむく》遺跡（国史跡、３世紀初め～４世紀初め）で、２００９年に確認された３世紀前半（弥生時代末～古墳時代初め）の大型建物跡の東側から、建物跡１棟が見つかった。市教委が６日に発表した。大型建物跡などの建物跡と同じ東西の同一線上に中心軸が並ぶことから同時期の建物とみられ、専門家は「この時代では異例の広さ。邪馬台国の中枢施設との見解が強まる」と指摘している。

遺跡では09年、３世紀前半としては国内最大規模の大型建物跡（南北19・２メートル、東西12・４メートル）が見つかり、その西側の小中規模の建物跡２棟と東西の同一線上に並んで配置されていたことがわかった。

今回確認された建物跡は、この大型建物跡の36・５メート

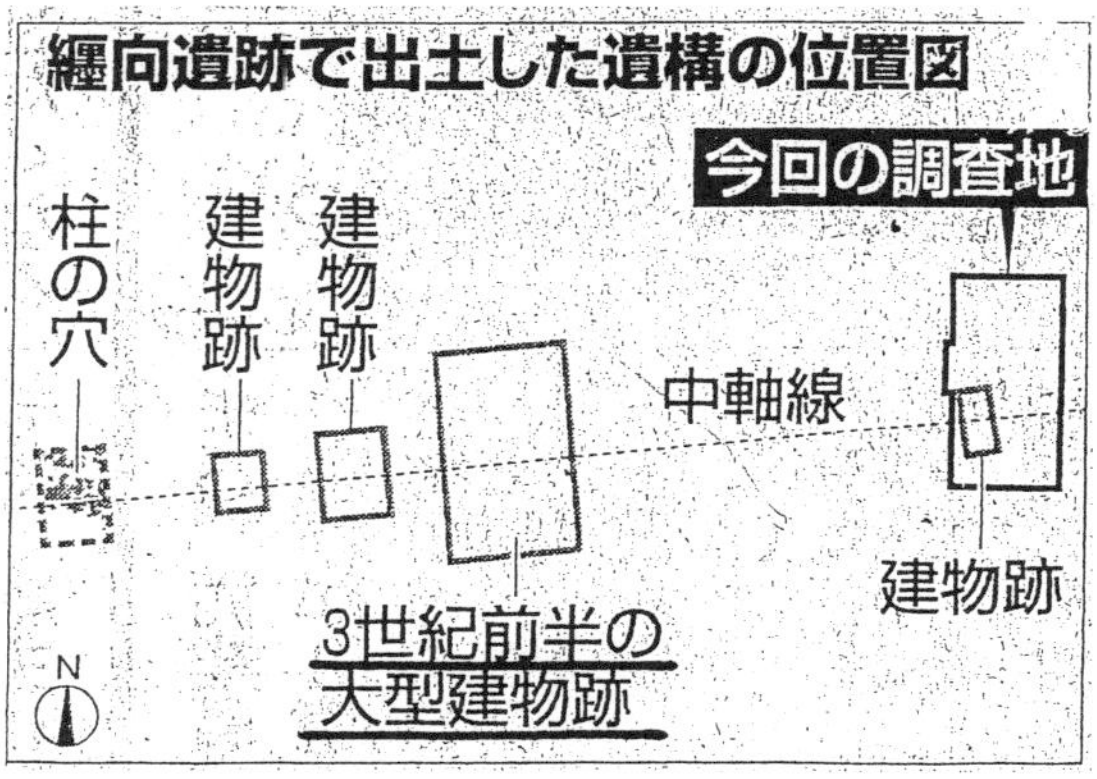

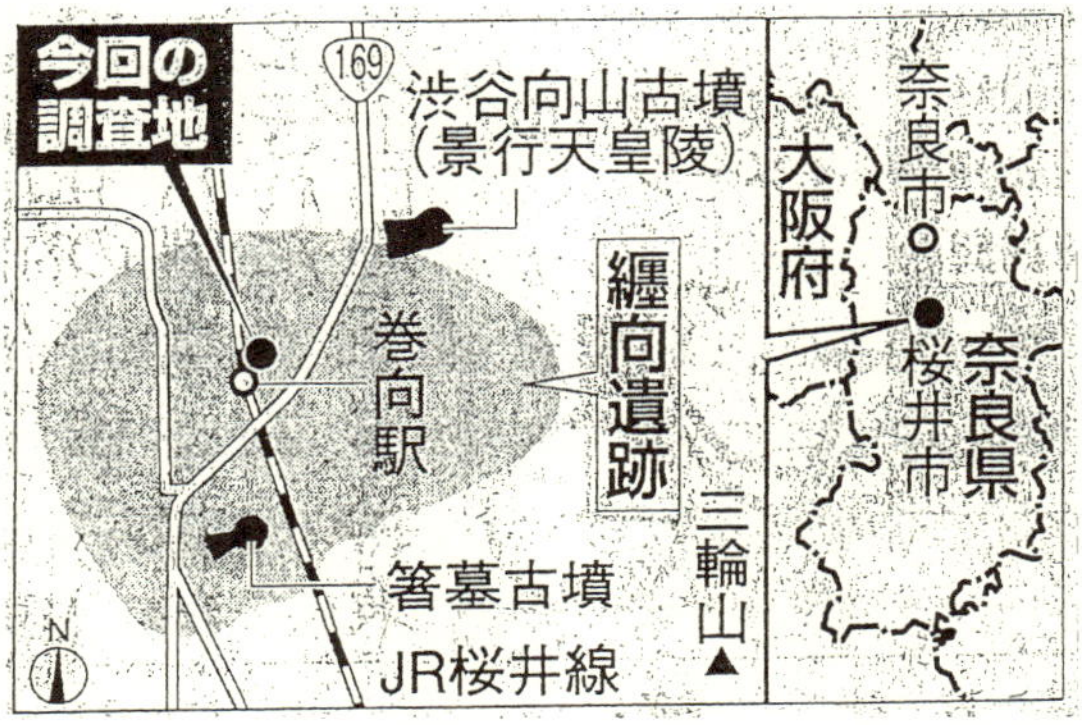

ル東側で見つかった。方形の柱穴が10個（一辺40～60センチ）見つかり、東西3・4メートル、南北6・7メートルの規模だったとみられる。

石野博信・兵庫県立考古博物館長（考古学）は「東西１５０メートルの長方形区画の真ん中を貫くように、規格性を持って並ぶ建物群がほぼ確認できた。3世紀ではとんでもない規模の大きさだ」と指摘。

「中国の史書『魏志倭人伝《ぎしわじんでん》』に登場する卑弥呼と後継者の台与《とよ》の2人の女王時代の居館域だった可能性が強まったのではないか」と話す。現地説明会は9日午前10時～午後3時、ＪＲ巻向駅近くの現場周辺で。問い合わせは市纒向学研究センター（０７４４・45・０５９０）へ。

（塚本和人）

『魏志倭人伝』の記事とあっていない

まず、これは、報道に値する内容をもっているのか、という問題がある。

というのは、この纒向遺跡の建物は、『魏志倭人伝』に記されている卑弥呼の「居処」「宮室」についての記事と合っていないからである。

邪馬台国の所在地論争は、あくまで、『魏志倭人伝』を出発点とするものである。『魏志倭人伝』に則して議論されなければならない。

『魏志倭人伝』には、卑弥呼の「居処」について、つぎのように述べられている。

「宮室・楼観《ろうかん》（たかどの）、城柵《じょうさく》をおごそかに設け、つねに人がいて、兵（器）をもち守備している。」

そして、『魏志倭人伝』では、倭人の武器について、つぎのように記されている。

「兵（器）には、矛《ほこ》を用いる。」

「竹の箭《や》は、鉄の鏃《やじり》、あるいは、骨の鏃（のもの）である。」

たとえば、北九州の吉野ケ里遺跡では、防衛用の城柵も、楼観のあとらしいものも発見されている。

吉野ケ里遺跡ばあい外濠は、築造当時、幅十メートル、深さ四・五メートルていどであったであろうといわれている。濠の断面はV字形をしている。濠は、軍事的性格をもっていたとみられる。また、洪水を防いだり、灌漑の便をはかる治水の目的もあわせもっていたであろうといわれている。

深さ四メートルの濠の外に、掘り土を盛りあげ、材木で柵《さく》をその上に設置すると、落差は、六メートル以上となる。

この柵が、『魏志倭人伝』の記事の、「城柵」にあたるかといわれている。

吉野ケ里遺跡の発掘当時、邪馬台国畿内説をとる考古学者の佐原真は、およそ、つぎのような意見をのべている。

「もともと中国の『城』は、日本語の城、英語のカースル（castle）ではなく、日本語の囲い、英語のウォール（wall）である。しかも、古くは、それを土をつんで造った。だからこそ『土で成る』という字になっているとか。

『城《きず》く』という動詞もある。濠を掘る。弥生の村では、その土を、濠の内側ではなく、外側に掘りあげて土の囲いを盛りあげた。『土塁《どるい》』ともよんでいる。これは中国流では、『城』でよい。」（『月刊Asahi』

一九八九年六月号。）

吉野ケ里遺跡の実物を見（あるいは、写真を見）、佐原真の説明をきけば、『魏志倭人伝』のいう「城柵」とは、なるほどそういうものであったのかと、なっとくできるように思える。「柵」なのであるから、英語のカースルではないのであろう。

『魏志倭人伝』に記されている「楼観」のあとか、といわれている物見やぐらを思わせる建物跡がある。これは、門舎であるとする見解もある。

この建物跡について、当時、大阪外国語大学の森博達《もりひろみち》助教授は、つぎのようにのべている。

「『楼観』は、本来宮門の左右に築かれる一対の高台《たかどの》を指す。『後漢書』の〈単超伝〉や〈梁冀《りょうき》伝〉の用例から壮麗な高台であることがわかる。『楼櫓』のような単なる物見やぐらではない。吉野ケ里から高さ一〇メートル以上と思われる『物見やぐら』の遺構が発掘された。内濠の東側では出入口を挟んで左右に築かれている。楼櫓ではなく楼観に近いものと考えるべきである。」（『プレジデント』一九八九年七月号。）

『魏志倭人伝』の記述は、宮室が内部にあり、環濠と土塁と、土塁の上の柵とがあり、物見やぐら風のたかどのなどがあって、そこで兵士が監視し、守衛しているというイメージの、吉野ケ里の状況などと、よく重なりあっているように思える。

吉野ケ里遺跡からは『魏志倭人伝』に記されている「鉄の鏃」や、絹や、鏡（後漢式鏡）や、勾玉などが出土している。

纒向の地の柵は、防衛用のものではない。区画用のものである（この点も、桜井市の教育委員会の橋本輝彦氏に、お電話してたしかめた。）

纒向遺跡のばあい、楼観についての報告もない。

川越哲志《かわごえてつし》編の『弥生時代鉄器総覧』（広島大学文学部考古学研究室、二〇〇〇年刊）によるとき、福岡県からの「鉄の鏃」の出土数は、三九八個になるが、奈良県からの出土数は、わずか四個である。圧倒的な差がある。北九州からは、「鉄の矛」が、すくなくとも七本は出土しているが、奈良県からは出土例がない。

また、やはり邪馬台国畿内説の立場をとる大阪大学の考古学者、都出比呂志《つでひろし》氏は、つぎのような見解をのべている。

「私は、邪馬台国の中心が将来発見されるとしたら、それは環濠集落ではないと考える。吉野ケ里のような環濠集落は、畿内では二世紀末から三世紀初めまでに消滅している。北部九州や北陸では三世紀の半ばぐらいまで。その後は、王様だけが環濠の中に民衆と隔離して住む豪族居館が出現する。『魏志倭人伝』に出てくる卑弥呼の姿は、王様だけがいる居館の世界だ。」（『弥生の環濠集落と戦争」『吉野ケ里・藤ノ木・邪馬台国』読売新聞社、一九八九年七月二十二日刊。）

都出比呂志氏の述べていることを整理してみよう。

(1) 環濠集落は、畿内では、二世紀から三世紀初めまでに消滅している。つまり、纒向遺跡の建物は、環濠集落時代のものではない。

(2) 北部九州では、三世紀半ばぐらいまで環濠集落はある。つまり、卑弥呼の時代まで、環濠集落はある。

(3) 邪馬台国の中心は、王様だけが、環濠の中に住む居館である。

ところで、やはり「邪馬台国畿内説」をとる考古学者の寺沢薫氏（桜井市纒向学研究センター所長）は、論文「環濠集落の系譜」（『古代学研究』146号、一九九九年）のなかで、つぎのようにのべる（傍線、および［ ］内の注は、安本が付した）。

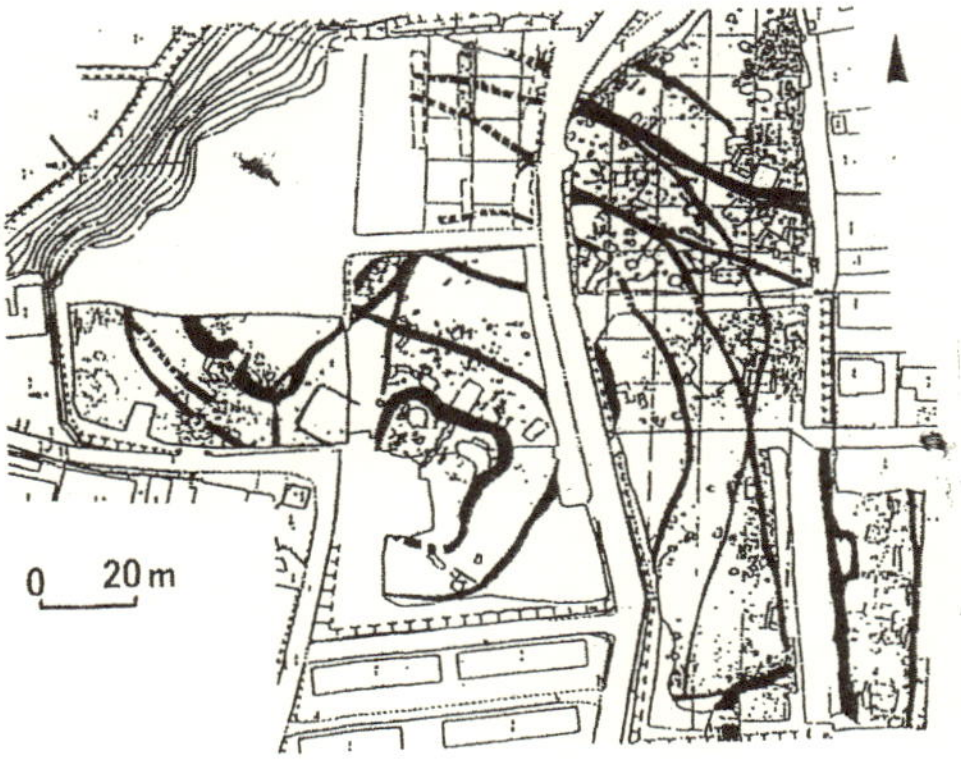

佐賀県・松原遺跡

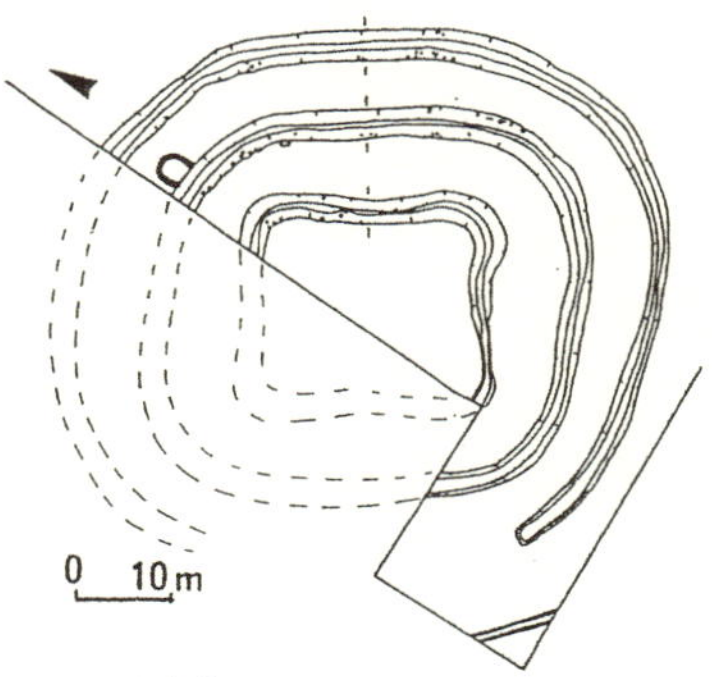

福岡県・生葉《いくは》遺跡

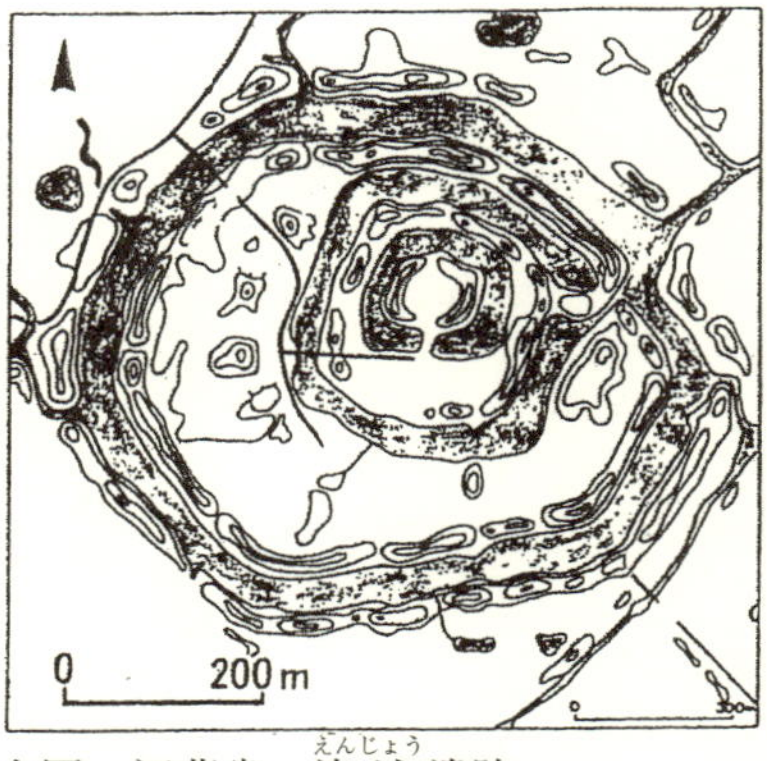

中国・江蘇省・淹城《えんじょう》遺跡

図23　東アジアの多重水濠居城

（寺沢薫氏の論文に示されている６つの図のうちの３つ）

「興味深いことに、福岡県吉井町［二〇〇五年に合併して「うきは市」となる］生葉《いくは》遺跡、佐賀県中原町［現、三養基《みやき》郡みやき町］原古賀遺跡、熊本県西合志町《にしごうしまち》［二〇〇六年に合志市となる］石立遺跡で発掘された3～4世紀の首長居館はいずれも隅円方形プランを基調とし、三重の濠をもつ点で淹城《えんじょう》［中国・江蘇省］にきわめて似ている。もちろん規模は約20分の1と比較にならないほど小さいが、内・中・外区の比率も類似している。とくに最近発掘調査の進む佐賀県東背振村《ひがしせぶり》［現、神埼《かんざき》郡吉野ケ里町《よしのがりちょう》］松原遺跡は一辺25mほどの四隅突出気味の隅円方形の居館風環濠を中心に円系の環濠が5～6重もめぐっている。時期的な検討が未了だが、古墳時代初頭には埋められたと考えられる。最近の調査では一回り大きい中心部をもつ同様の環濠が切り合って検出されている（東背振村1998）。こうした特徴的な環濠プランがいずれも有明海《ありあけかい》沿岸地域にのみ集中していることは注目すべきことである。」

寺沢薫氏の論文の文章のなかに、「居館風環濠」とある。

都出比呂志氏のいう「王様だけが、環濠の中に住む居館」という記述と一致するものといえよう。

そして、それは、

(1)「古墳時代初頭には埋められたと考えられる」。つまり、卑弥呼の時代には存在した。

(2) 九州の有明海《ありあけかい》沿岸地域にのみ集中している。つまり、畿内からは、発見されていない。ただし、寺沢薫氏があげられている福岡県うきは市の「生葉《いくは》遺跡」は、筑後川をかなりさかのぼったところにある。有明海沿岸というよりは、むしろ北九州内陸部である。朝倉市（旧甘木市）の南である。また、佐賀県みやき町の原古賀遺跡も、吉野ケ里町の松原遺跡も、筑後川をややさかのぼったところにある。

以上のように、『魏志倭人伝』の記述の卑弥呼の居処・宮室を、環濠集落のものとみても、「王様だけが、環濠の中に住む居館」とみても、それにあてはまるものが、北九州には存在している。奈良県の纒向遺跡には存在していない。

これは、「邪馬台国九州説」の人の見解をまとめたものではない。「邪馬台国畿内説」の方々ののべているところをまとめると、そうなるのである。

なぜ、それで、纒向遺跡の建物が、「邪馬台国の中枢施設とする見方が強まる」とする見解が紹介されたり、奈良県の纒向遺跡と女王・卑弥呼が結びつけられたりすることになるのか。

邪馬台国畿内説を説く方々は、そのおかれている立場から見解をのべていることもある。

新聞は、そのような見解をストレートに全国版にのせるのでなく、公平な立場からの検証が必要ではないか。

邪馬台国畿内説の実体は、この種のものである。『魏志倭人伝』の記述や、データとあっていない。そして、相互に矛盾するものが、つぎつぎと、打ちあげ花火のように大々的に発表・報道されている。すこし、ひどすぎないか。それは、しばしば、新聞の全国版にのっている。新聞記者には、発表者の見解が、『魏志倭人伝』の記事などと合っているかどうか、相互に矛盾していないかを検証する力が必要とされるのではないか。

そうでなければ、誤った知識を、世に広めることになる。かえって、混乱をひきおこすこととなる。

地域の発表者の見解は、すくなくとも、小保方晴子氏の見解と、同じていどの基準で、検討される必要がある。そうでなければ、小保方氏が、かわいそうである。

おじさんたちの意見は、麗々しく報道され、若い女性の意見は、欠点があげつらわれることになる。

そこには、男女差別というよりも、むしろ、権威主義の影を感じる。

社会的に権威のある人たちの見解は、少々問題があっても、フリーパスとなる。

ひとたび、社会的権威を失なったと思われる人の見解については、重箱のすみまでつつく。発表者の肩書だけをみて、データをみないようでは困る。

科学と関係している問題である。公平にとりあつかってほしい。

現在、邪馬台国については、畿内、北九州などが候補にあがっている。

卑弥呼の居処・宮室については、どこから、『魏志倭人伝』の記述に、もっとも近いものが出土しているのかが、公平に検討・紹介されなければならないはずである。

纒向出土の建物のどこが、『魏志倭人伝』の記述に、どのように合致しているのか、具体的に検討・検証して示されなければならない。それは、たとえば、北九州出土のものよりも、どのような点で長所をもつのかが、示されなければならない。しかし、そのような検討はすっぽりと抜けている。なにもない。あるのは、マスコミ宣伝だけである。

宮室の大きさなどは、『魏志倭人伝』のどこにも、記されていない。たんに、大きな建物ならば、北九州からも、他の地からも出土している（さきの塚本氏の記事の大型建物の東西12・4メートルというのは、復元長である。確認されている長さは、6・2メートル以上）。

福岡県西区の弥生時代の吉武高木《よしたけたかぎ》遺跡からは、十四メートル四方の大型建物跡が確認されている。確認面積では、纒向遺跡の大型建物よりも大きい。

吉野ケ里遺跡からは、約一二・五メートル四方の、ほぼ正方形の高床式の大型建物が出土している。これも、確認面積では纒向遺跡の大型建物よりも大きい。佐賀県鳥栖《とす》市柚比本村《ゆびほんむら》遺跡出土の大型建物も、吉野ケ里遺跡の大型建物の面積を、すこしこえるものである。

さらにいえば、縄文時代の青森県の三内丸山《さんないまるやま》遺跡《いせき》では、長辺三十二メートル、短辺九メートルの、纒向遺跡の大型建物よりも、はるかに大きな竪穴住居跡が出土している。

『魏志倭人伝』に記されていないものをとりあげて、想像をふくらませるよりも、記されている事実を、一つ一つチェックする必要がある。そのような作業は、なにもなされていない。およそ、非科学的である。

とにかくセンセーショナリズムをねらって、マスコミ発表・報道を行なうので、事実のおさえ方がおよそいいかげんである。内実がない。

各地域の公的機関に属する研究者のばあい、地域おこしも、その職務のなかにはいっている。

そのような地域発の見解を、特別の検討もなく、新聞が、全国版で、くりかえし報じてよいものか。

一度、二度ならば、地域発の情報としてうけとることができる。しかし、同じようなことが何度も重なると、地域の宣伝になってしまう。

宣伝優先の地域発の情報に、そのままのるのでは、公平に、奈良県の出土物を、他の地域の出土物とくらべるという「科学」や「学問」のあり方が、おしつぶされてしまう。

大きなバイアスを生ずることとなる。

「科学」や「学問」としてみたばあい、小保方氏の水準にも達していない、ということになる。

この種の報道の既視感《デシャ・ヴュ》

この種の報道には、既視感《デシャ・ヴュ》がある。

そう、旧石器捏造事件のときの報道である。

そこでは、つぎのような見解がみられた。しかし、「反省しましょう」というかけ声だけがあって、一向に改善されない。

『立花隆、「旧石器ねつ造事件」を追う』（朝日新聞社、二〇〇一年刊）のなかで、東京大学の考古学者、安斎《あんざい》正人《まさひと》氏は、つぎのようにのべている。

「（旧石器を捏造した）藤村さんだけじゃなくて彼ら全体がジャーナリズムのほうに向いていましたよ。（藤村氏をサポートした）鎌田さん自身言っているとおり、取り上げてくれないと調査費が出ない。どれだけ広報活動するかっていうことが大事。ですから発掘したとき、学術誌に載せるよりも、メディアにいち早く出す。しかもそのメディアが、一面で書いてくれるように。」

同じ本のなかで、国士舘大学の大沼克彦氏は、つぎのようにのべる。

「今日まで、旧石器研究者が相互批判を通した歴史研究という学問追求の態度を捨て、自説を溺愛し、自説を世間に説得させるためには手段を選ばずという態度に陥ってきた側面がある。この点に関連して、私はマスコミのあり方にも異議を唱えたい。今日のマスコミ報道には、研究者の意図的な報告を十分な吟味もせずに無批判的にセンセーショナルに取り上げる傾向がある。視聴率主義に起因するのだろうが、きわめて危険な傾向である。」（傍線は、安本）

これらは朝日新聞から出ている出版物にのっている見解であることが、興味をひく。官と学、生活のため、地域おこしのための情報もはいっていることに留意せよ。

人類学者で、国立科学博物館人類研究部長（東京大学大学院理学系生物科学専攻教授併任）の馬場悠男《ばばひさお》氏も、『検証・日本の前期旧石器』春成秀爾編、学生社、二〇〇一年刊）のなかでのべている。

「経験から見ると、国内外を問わず、何カ所もの自然堆積層から、同じ調査隊が、連続して前・中期旧石器を発掘することは、確率的にほとんどあり得ない（何兆分の一か？）ことは常識である。だからこそ、私は、東北旧石器文化研究所の発掘に関しては、石器自体に対する疑問や出土状況に対する疑問を別にして、この点だけでも捏造と判断できると確信していたので、以前から、関係者の一部には忠告し、拙著『ホモ・サピエンスはどこから来たか』にも『物証』に重大な疑義があると指摘し、前・中期旧石器発見に関するコメントを求められるたびに、マスコミの多くにもその旨の意見を言ってきた。

しかし、残念ながら、誰もまともに採り上げようとしなかった。とくに、マスコミ関係者の、商売の邪魔をしてもらっては困るという態度には重大な責任がある。」

論文の形で発表し、根拠が、しっかり学界などで検討されるまえに、マスコミ発表をくりかえし、既成事実をつくってしまおうとするところも、旧石器捏造事件のばあいと同じである。

失敗しても、なんの反省もしないのであるから、同じ種類の失敗が、くりかえされるのは当然である。かくて、個人でも組織でも、失敗をする個人や組織は、誤りをくりかえす傾向が生じる。とっている方法が正しくないことを、意識していないからである。

大型建物の年代

つぎに纒向遺跡の大型建物は、いつごろのものなのか、その年代を考えてみよう。

さきの『朝日新聞』の塚本和人記者の記事は、くりかえし記す。

「3世紀前半の大型建物跡」

「3世紀前半としては国内最大規模の大型建物跡」

「3世紀ではとんでもない規模の大きさだ」

ここでは、「3世紀前半」であることが、証明ずみの事実であるかのように記されている。

この「3世紀前半」という年代は、確証をもっているのか。むしろ、四世紀の建物なのではないか？
纒向遺跡跡からは、たとえば、年代を記した土器などは、出土していない。
確実な根拠がないため、たとえば、布留0式とされている箸墓古墳の築造年代でも、考古学者によって、次のように、およそ百年ぐらいの幅で異なる。

四世紀の中ごろ（西暦三五〇年前後）
…関川尚功《せきがわひさよし》氏（元奈良県立橿原考古学研究所員）

三世紀のおわりごろ（西暦二七〇年～三〇〇年ごろ）
…寺沢薫氏（桜井市立纒向学研究センター所長）

三世紀の中ごろ（西暦二五〇年前後）
…白石太一郎氏（大阪府立近つ飛鳥博物館長）

纒向学研究センター所長の寺沢薫氏は、土器の編年を、西暦の実年代にあてはめることの難しさについて、箸墓古墳の「布留0式期」（布留0式という型式の土器の行なわれた時期）に関連して、つぎのようにのべる。

「それでは、この『布留0式』という時期は実年代上いつ頃と考えたらよいだろうか。正直なところ、現在考古学の相対年代（土器の様式や形式）を実年代におきかえる作業は至難の技である。ほとんど正確な数値を期待することは、現状では不可能といってもよい」（寺沢薫「箸中山古墳〔箸墓〕」、石野博信編『大和・纒向遺跡』学生社、二〇〇五年刊所載）

考古学者、白石太一郎氏も、のべている。

「相対年代（どの土器が古くて、どの土器が新しいかの比較年代）の枠組に絶対年度（西暦年数に換算できるような年代）を与えるのは、非常に難しく、考古学の方法だけでは決定できない。文献史料の助けを借りたりして総合的に考えていかなければいけないわけで、今後も我々に与えられた材料を総動員して、最も合理的な年代観を想定していかなければいけないし、新しい資料が出てくればどんどん修正されていくわけです。」（上田正昭・大塚初重監修、金井塚良一編『稲荷山古墳の鉄剣を見直す』〔学生社、二〇〇一年刊〕）

国立歴史民俗博物館の館長であった考古学者で、亡くなった佐原真は述べている。

「弥生時代の暦年代に関する鍵は北九州がにぎっている。北九州地方の中国・朝鮮関連遺物・遺跡によって暦年代をきめるのが常道である。」（『銅鐸と武器形青銅器』『三世紀の考古学』中巻、学生社、一九八一年刊）

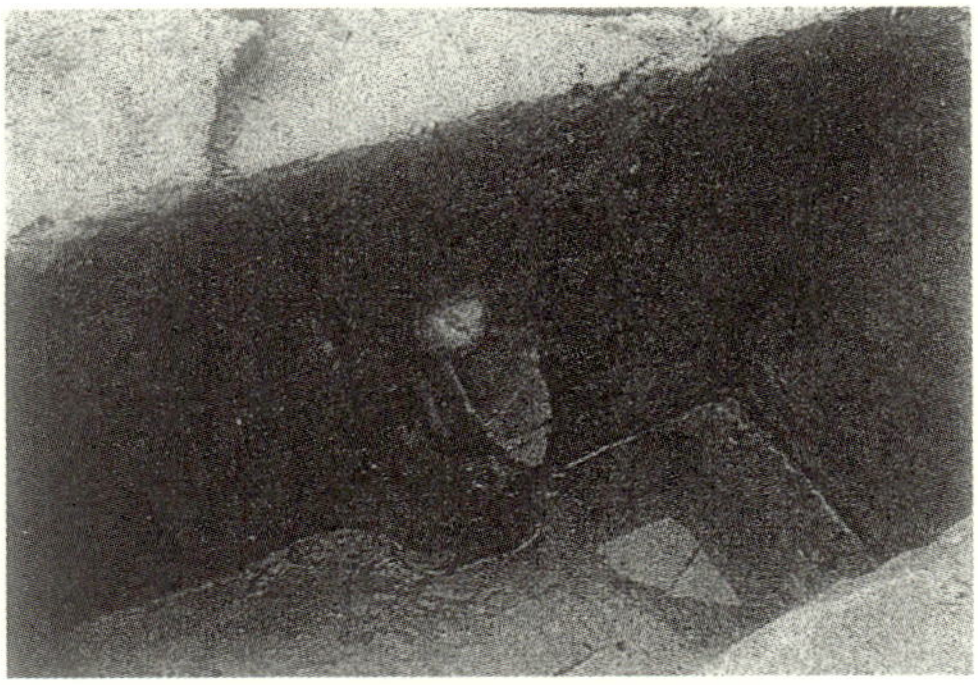

写真1　柱穴に収められた土器

ここに名のみえる寺沢薫氏、白石太一郎氏、佐原真は、いずれも、「邪馬台国＝畿内説」の立場にたつ考古学者である。

ここでは、大型建物よりも時代の下るとみられる箸墓古墳についてさえ、「考古学の方法だけでは」不可能であることがのべられている。

それよりも時代がさかのぼるとみられる纒向遺跡の大型建物の年代について、「3世紀前半」などという年代は、定めうるのか？

大型建物の年代については、桜井市教育委員会文化財課係長の考古学者、橋本輝彦氏が、つぎのようにのべている（橋本輝彦・白石太一郎・坂井秀弥共著『邪馬台国からヤマト王権へ』〔ナカニシ出版、二〇一四年刊〕所載、橋本輝彦氏執筆の第1章「纒向遺跡の発掘調査」）。ただし、傍線は、安本。

「この柱が抜き取られた穴の中からは写25（**写真1**）のように、土器を納めたものが何か所かで見つかっていまして、これらの土器の年代から、建物が三世紀の中頃ぐらい、考古学では庄内3式期と呼んでいますが、その頃に建物が無くなり、柱が抜きとられて廃絶したということがわかっています。

ちなみに、建物が建てられた年代というのは、実はまだはっきりと確認できていません。今回の調査地周辺では建物を建てるに際して大規模な造成工事が行われているということがわかっていますが、造成土の中から出てくる土器の検討では先ほど名前が出ました庄内式の中でも古い方、庄内の1式とか2式とか、3式で建物は無くなりますので、どこかそのあたり、三世紀前半段階でも前の方の段階で建てられているのだろうというところまでは想定しているのですが、それ以上細かくはまだ現場でも押さえきれていないという状況です。

「これらの建物はちょうど女王卑弥呼《ひみこ》が生きていたころと同じ時代のものだということで、建物Dでは卑弥呼が寝ていたのではないか（笑）という声が多いのですが、現場の考古学的状況からはここに卑弥呼がいたとする積極的な根拠は、何もありません。ただ、纒向遺跡が持つ特質や建物の時期・規模などを勘案すると、纒向遺跡はいわゆる邪馬台国の時代、卑弥呼の時代と一致する時期のものであり、かつ他に比するものが無いという点においては、その有力な候補にはなるだろうと思っています。」

橋本　実は少し前までは、私も箸墓古墳は卑弥呼の墓ではないとハッキリと考えておりまして、今も基本的には変わっていません。先ほど白石先生が楽屋でおっしゃられていました。「困ったことに纒向掘っている橋本君とか、ずっと研究している石野さん、寺澤さんが、箸墓古墳は卑弥呼の墓じゃないと言っているんだよね。」って……（笑）。

ただ、建物群を掘ってからはちょっと考えがうまくまとまっておりません。仮定の話になってきますが、今回調査しました大型建物群が、三世紀の中頃、庄内3式期に廃絶するということであれば、年代的な可能性としては卑弥呼が、あそこにいた可能性というのは出てくるであろうと思います。この考えが許されるのであれば、私はこの建物が廃絶するときが、卑弥呼という人が亡くなったときと考えていいと思っています。そうなると庄内3式期に卑弥呼が亡くなり、居館が廃絶、布留0式期の古相に箸墓古墳の築造がスタートするというのは、白石先生のおっしゃるように卑弥呼の墓だというストーリーで考えれば、居館と墳墓、土器の型式的には両者の時期が比較的接近し、一見、説明がつきやすいようにも思えます。」

「これからもう少し調査と検討を進めながら時間をかけて、今は卑弥呼の墓じゃないと言っている立場ですので(笑)、はっきりとした考えをまとめたいと思っております。」

橋本氏は、慎重なもののいい方をされる方である。しかし、纒向遺跡などを顕揚《けんよう》しなければならない立場にあることも、考慮する必要がある。

橋本輝彦氏は、さきの文章のなかでのべている。

「三世紀の中頃ぐらい、考古学では庄内3式期と呼んでいますが、……」

「三世紀の中頃、庄内3式期に廃絶する……」

この年代観について検討してみよう。

橋本輝彦氏のさきの文章中にみえる「庄内3式期」とか、「布留0式期」などの土器の年代は、寺沢薫氏が提案された用語である。

そこで、以下では、寺沢薫氏の用語を用いて検討する。

さて、寺沢薫氏によれば、「ホケノ山古墳」は、庄内3式期に築造されたものである。

表15　放射性炭素年代測定および暦年校正の結果

測定番号	δ^{13}C (‰)	暦年較正用年代 (yrBP±1σ)	^{14}C 年代 (yrBP±1σ)	^{14}C 年代を暦年代に較正した年代範囲	
				1σ暦年代範囲	2σ暦年代範囲
試料 No.：1 PLD-9319	−25.41±0.14	1710±20	1710±20	260AD(17.0%280AD) 320AD(51.2%)390AD	250AD(95.4%)400AD
試料 No.：2 PLD-9320	−26.01±0.14	1691±20	1690±20	335AD(68.2%)400AD	250AD(13.9%)300AD 320AD(81.5%)420AD

ホケノ山古墳については、くわしい報告書『ホケノ山古墳の研究』（奈良県立橿原考古学研究所編集、二〇〇八年刊）がでている。

そこには、ホケノ山古墳から出土した「およそ12年輪」の二つの小枝について、炭素14年代測定法によって年代を求めた結果がのっている。

その結果は、**表15**、および、**図24**、**図25**に示されているようなものである。

表15、および、**図24**、**図25**は、原報告書にあるものを、そのままコピーして示したものである。

表15において、「1σ《シグマ》暦年代範囲」のところに、下線《アンダーライン》が引いてある。これも、原報告書のままである。

これは、つまり、庄内3式期のホケノ山古墳の推定年代の可能性の大きいのは、三世紀ではなく、四世紀であることを示している。**図24**、**図25**をみても、その状況は、うかがわれる。

いま、**図24**、**図25**のうえに、方眼紙をあて、ホケノ山古墳出土の二本の小枝が、西暦三〇〇年以後のものである確率（黒い山の面積）を求めれば、**図26**、**図27**のようになる。

これによれば、これらの小枝試料が、西暦三〇〇年以後、つまり、四世紀のものである確率は、それぞれ、六八・二パーセント、および、八四・三パーセントとなる。

つまり、三世紀のものである確率よりも、四世紀のものである確率のほうが、

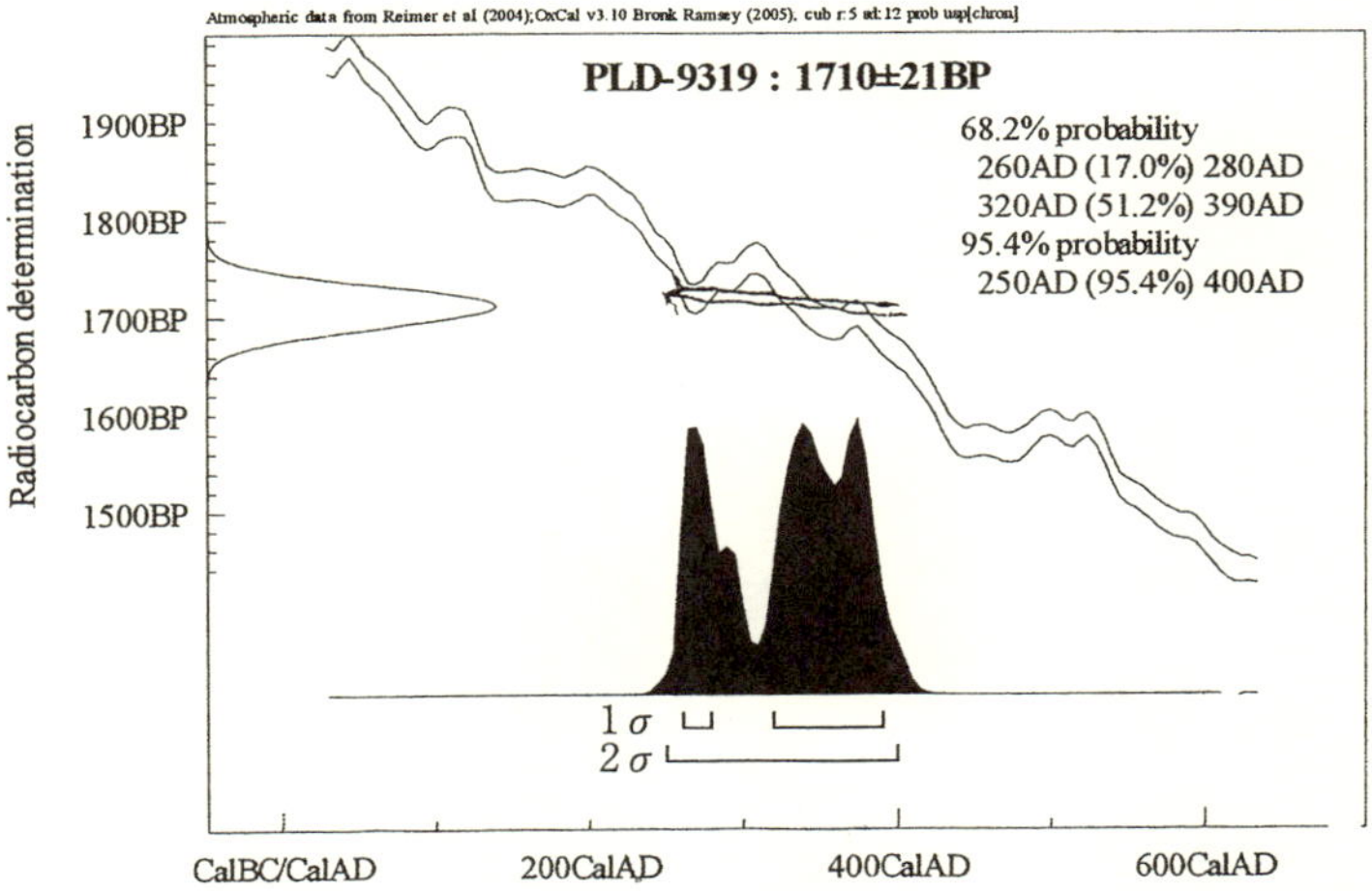

図24　ホケノ山古墳出土の小枝試料の推定西暦年分布(1)

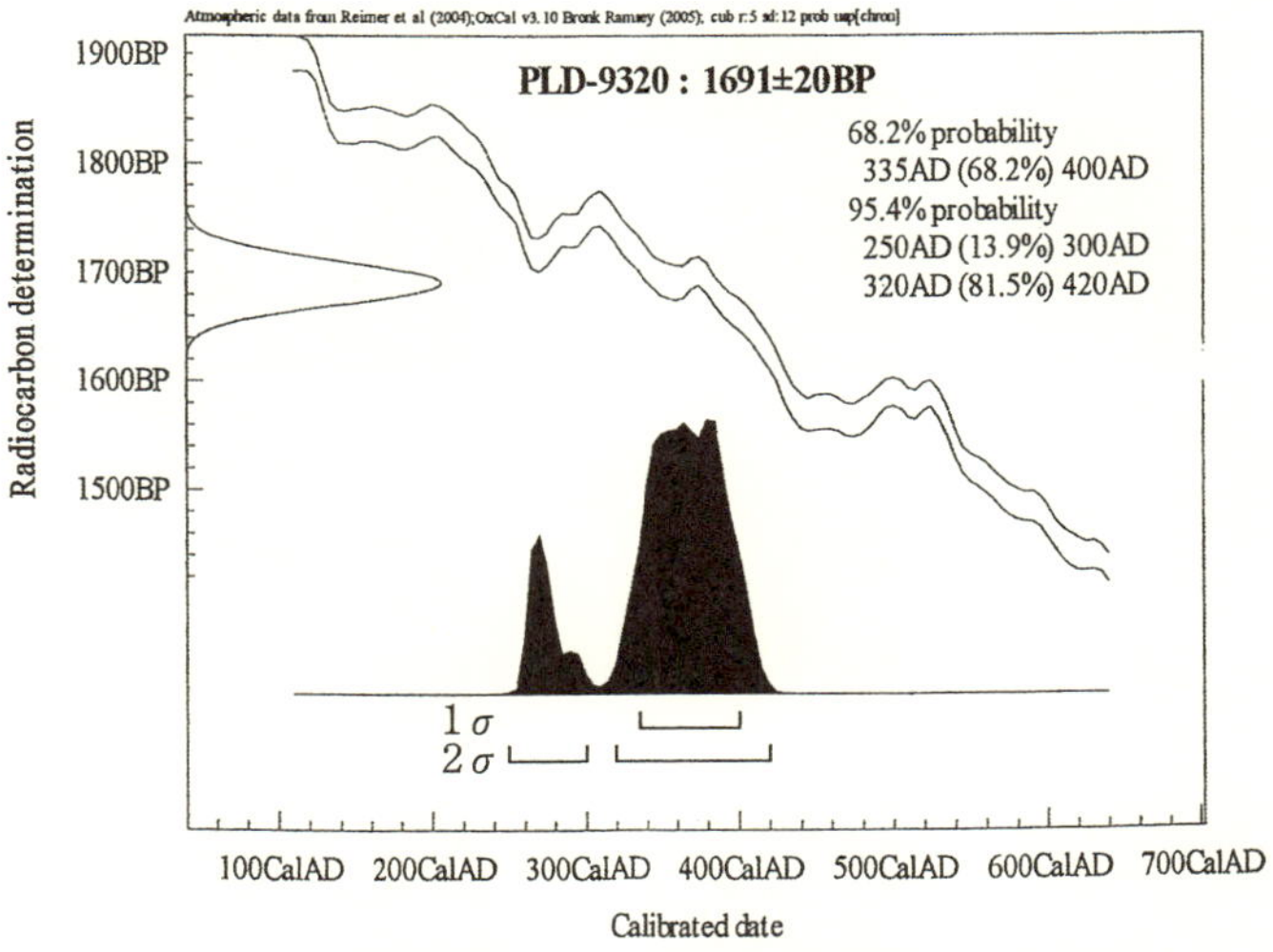

図25　ホケノ山古墳出土の小枝試料の推定西暦年分布(2)

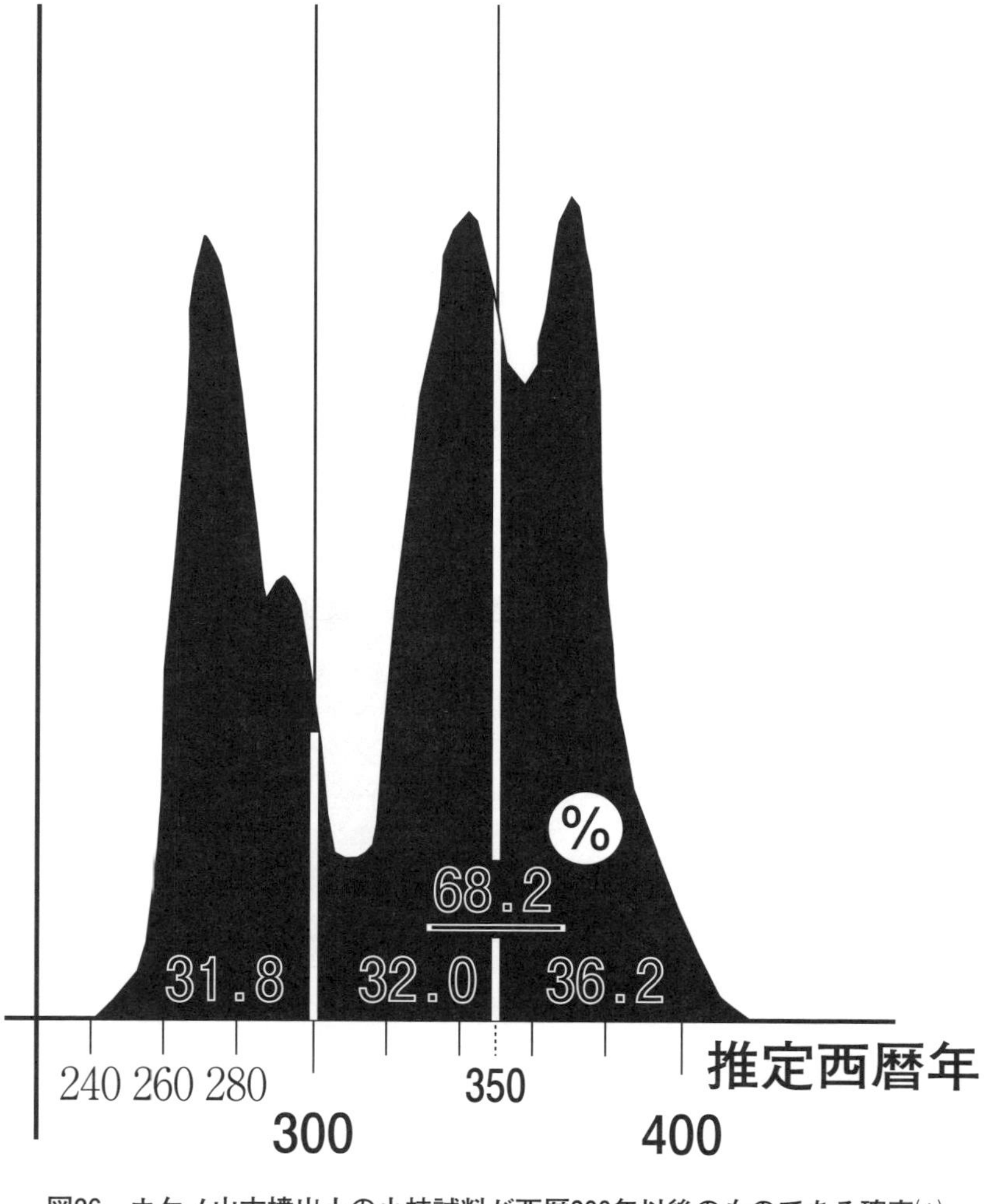

図26　ホケノ山古墳出土の小枝試料が西暦300年以後のものである確率(1)

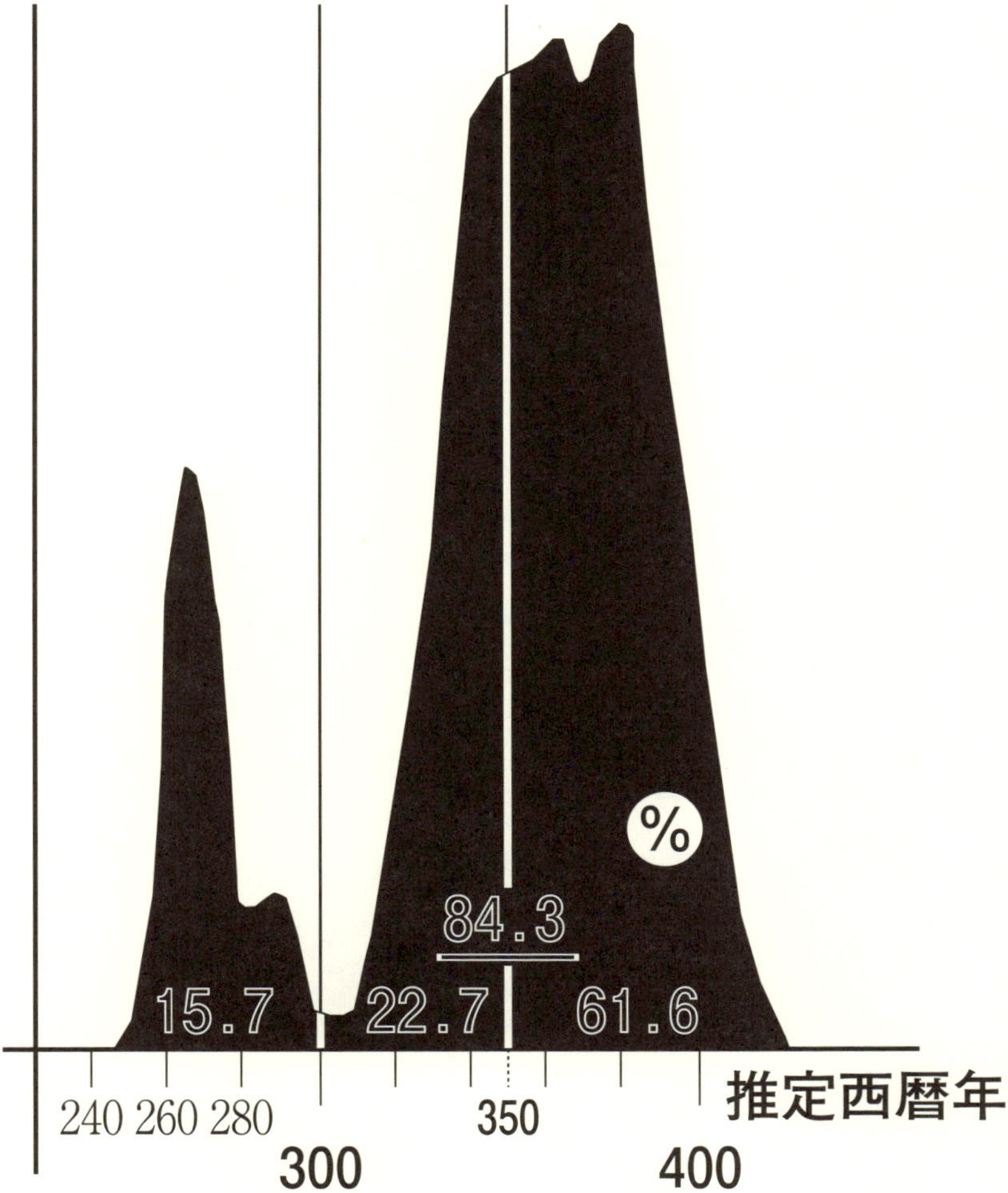

図27　ホケノ山古墳出土の小枝試料が西暦300年以後のものである確率(2)

二倍以上大きい。**図27**では、五倍以上大きくなっている。

$$\left(\frac{84.3}{15.7}=5.37\right)$$

四世紀の中では、四世紀の前半であるよりも、四世紀の後半である確率のほうが、大きくなっている。

これは、「三世紀の中ごろ、庄内3式期」という橋本氏の発言と、百年、あるいは、百年以上くいちがっている。

この点についての橋本氏の説明はない。

「明日、雨である確率は、70パーセント」というのと同じぐらいの確からしさで、「庄内3式期が、四世紀のものである確率は、約70パーセント」といえるデータが存在するのである。

考古学の分野では、考古学者の大塚初重氏がのべておられるような、つぎの基本的な原則がある。

> **「考古学本来の基本的な常識では、その遺跡から出土した資料の中で、もっとも新しい時代相を示す特徴を以てその遺跡の年代を示すとするのです。」（『古墳と被葬者の謎にせまる』〔祥伝社、二〇一二年刊〕）**

この原則をもってすれば、ホケノ山古墳から出土した資料の中で、もっとも新しい時代相、すなわち年代を示すのは、すでに紹介した二本の、年輪十二年ほどの小枝である。

そして、この二本の小枝については、原報告書の『ホケノ山古墳の研究』に、「小枝については古木効果の影響が低いと考えられるため有効であろうと考えられる」と記されている。

つまり、試料として用いられるのにふさわしいということである。

そして、この二本の小枝の示すところは、**図26**、**図27**の示すように、四世紀で、しかも、四世紀の後半の確率が大きいということである。

この事実を、サポートするようなデータは、ほかにも、いくつもあげられる。

サポートするデータ第一―箸墓古墳の年代―

寺沢薫氏の土器編年によれば、庄内３式期のつぎの時期の土器型式は、「布留０《ゼロ》式期古相」である。

纒向古墳群に属する箸墓古墳は、布留０式期古相のものとされている。また、同じく纒向古墳群に属する東田大塚古墳《ひがいだおおつか》も、布留０式期古相のものとされている。

そして、箸墓古墳からは、三個の桃核（桃の種の固い部分）が出土している。東田大塚古墳からは、一個の桃核が出土している。

これらの、合計四個の桃核は、箸墓古墳、および、東田大塚古墳から出土した資料の中で、もっとも新しい時代相を示している。

そして、これらの桃核の炭素14年代測定法による測定値は、ホケノ山古墳出土の小枝試料の年代測定値に近い年代を示している。

いま、ホケノ山古墳出土の二つ小枝試料、箸墓古墳出土の三つの桃核試料、東田大塚古墳出土の一つの桃核試料の合計六つのデータを用い、これらの西暦推定年代の分布を示せば、**図28**のようになる。

年代分布を描くための計算は、数理考古学者の新井宏氏にしていただいた。

表16　炭素14年代測定法による推定西暦年代が、ある特定の年であることを示す確率

西暦	1704年 ±10年 確率(%)	西暦	1704年 ±10年 確率(%)
200	0.00	330	0.04
205	0.00	335	0.19
210	0.00	340	2.05
215	0.00	345	3.64
220	0.00	350	4.09
225	0.00	355	4.56
230	0.00	360	6.37
235	0.00	365	5.03
240	0.00	370	4.80
245	0.00	375	5.50
250	0.00	380	4.80
255	0.01	385	7.10
260	0.46	390	7.81
265	2.78	395	5.50
270	3.86	400	4.80
275	3.86	405	2.59
280	3.20	410	6.76
285	0.89	415	4.80
290	0.12	420	4.09
295	0.05	425	0.14
300	0.02	430	0.02
305	0.01	435	0.00
310	0.01	440	0.00
315	0.02	445	0.00
320	0.02	450	0.00
325	0.01	合計	100.0

たとえば、西暦260年の確率が、0.46（%）とあるのは、西暦257.5年から262.5年までのあいだと推定される確率が0.46（%）であることを意味する。

新井宏氏に計算していただいた結果の表も、**表16**に示す。

図28について、ホケノ山古墳のばあいの**図26**、**図27**のばあいと同じような図を描けば、**図29**のようになる。

図29をみればわかるように、これらの三つの古墳の築造の時期が、西暦三〇〇年以後である確率は、八五・二パーセントとなる。西暦三五〇年以後である確率でさえ、七六・七パーセントとなる。**図29**は、ホケノ山古墳だけの結果の**図26**、**図27**と、はなはだ整合的である。

これらは、すべて、四世紀のものである確率が大きい。

なお、箸墓古墳についての年代測定データは、『箸墓古墳周辺の調査』（奈良県橿原考古学研究所、二〇〇二年刊）による。

この報告書、『箸墓古墳周辺の調査』のなかで、寺沢薫氏は、箸墓古墳出土の「桃核」について、「明らか

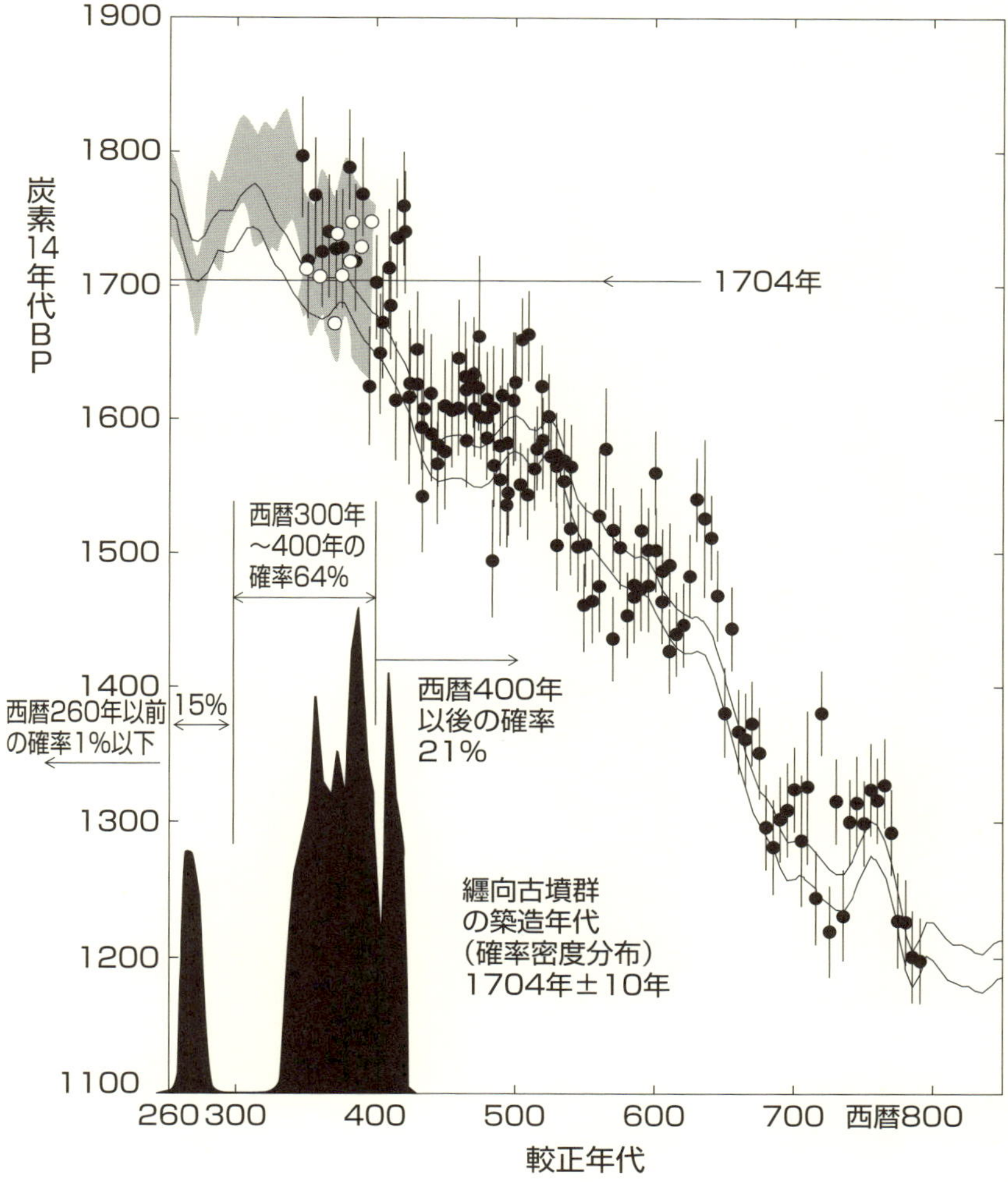

図28　箸墓古墳の桃核試料の推定西暦年分布

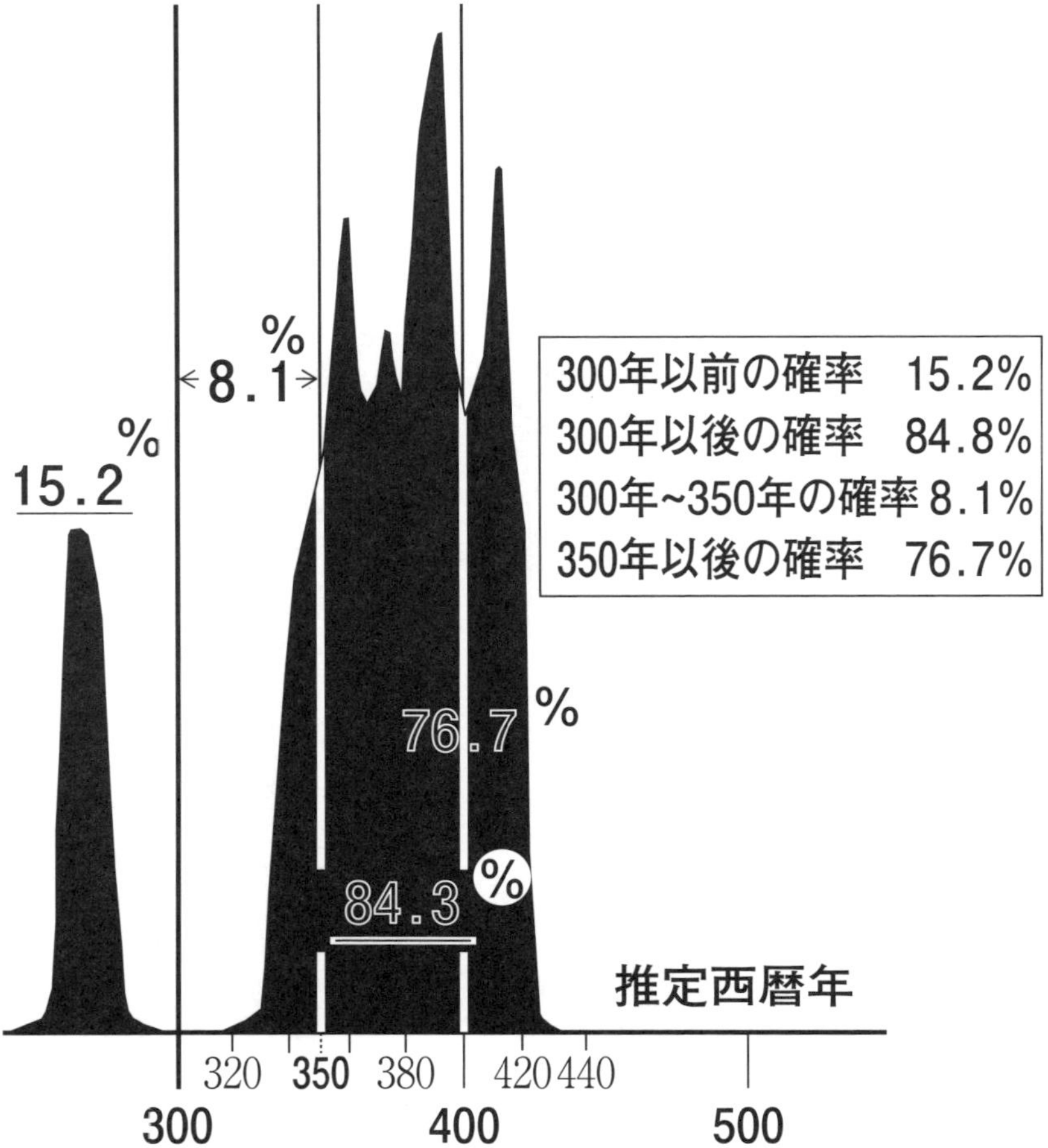

図29　箸墓古墳の桃核試料が、西暦300年以後のものである確率

に布留0式古相の土器群とPrimaryな状況で共存したと判断された桃核」と記しておられる。あとから、なにかの事情で、まぎれこんだりしたものではない、ということである。

また、桃核試料については、名古屋大学年代測定総合研究センターの中村俊夫教授が、「クルミの殻」について、「クルミの殻はかなり丈夫で汚染しにくいので、年代測定が実施しやすい試料である。」（日本文化財科学学会第26回大会特別講演資料）とのべておられることが、参考になるであろう。

そして、纒向遺跡を発掘し、奈良県立橿原考古学研究所の所員で、纒向遺跡を発掘し、大部の報告書『纒向』を執筆された関川尚功《ひさよし》氏は、つぎのようにのべている。

箸墓古墳とホケノ山古墳とほぼ同時期のもので、布留1式期のものであり、古墳時代前期の前半のもので、四世紀の中ごろ前後の築造とみられる。」（『季刊邪馬台国』102号、二〇〇九年刊）

この関川氏の見解は、炭素14年代測定法の測定結果の年代とも、よく合致している。

関川尚功氏の見解などを、もっと尊重すべきである。塚本和人記者は、一方的な見解ばかりを取材するのではなく、関川氏の見解なども取材し、どちらの見解が、データなどによく合致しているか、などをよく検討すべきである。そうでなければ、旧石器捏造事件のさいに、事がはっきりする以前に、その捏造を指摘していた竹岡俊樹氏の、事前には、ほとんどだれも耳をかたむけてくれなかったという深いなげきが、何度でもくりかえされることになる。そして、「なんでこんなことになったのか、今後は気をつけましょう」、というマスコミ人の反省の弁を、何度もきかされることになる。

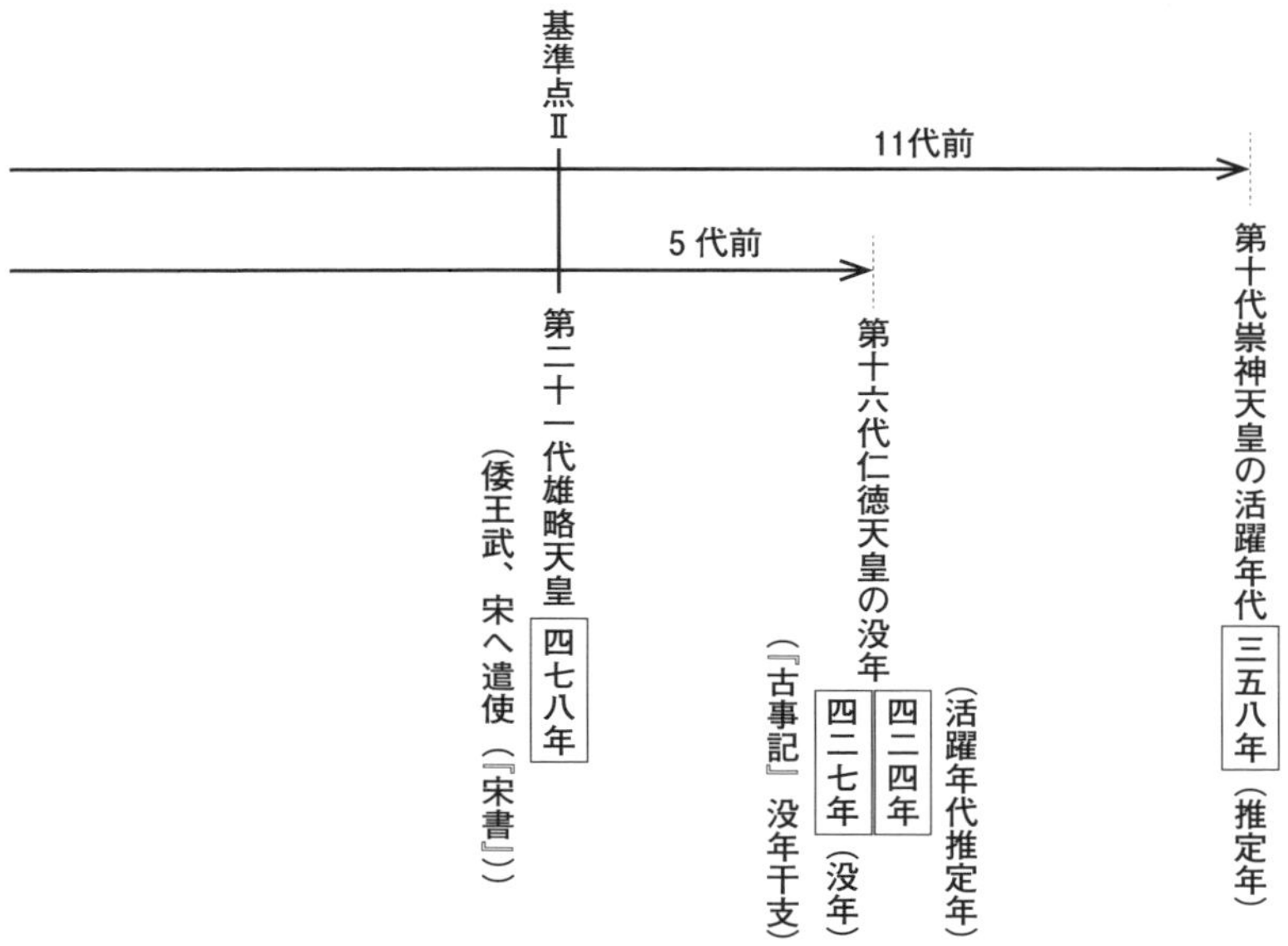

サポートするデータ第二―統計的年代論―

以上のべてきたことは、統計的年代論の結果とも、よく一致している。

いま、たとえば、**図30**に示したように、二つの基準点をとる。

「基準点Ⅰ」は、第五十代桓武天皇の活躍年代である。この活躍年代として、桓武天皇が平安遷都を行なった七九四年をとる。

「基準点Ⅱ」は、第二十一代雄略天皇の活躍年代である。この活躍年代として、雄略天皇とみられる倭王武が、中国の宋に使をつかわした年四七八年をとる。この年代は、『古事記』『日本書紀』の記す雄略天皇の活躍年代や、埼玉県の稲荷山古墳出土の鉄剣銘に記されている四七一年とも、大略合致する。（なお、**「基準点Ⅱ」**としては、歴史的に年代の確実な第三十一代用明天皇の活躍の年五八六年をとっても、以下の推論の結果には、変わりがない。）

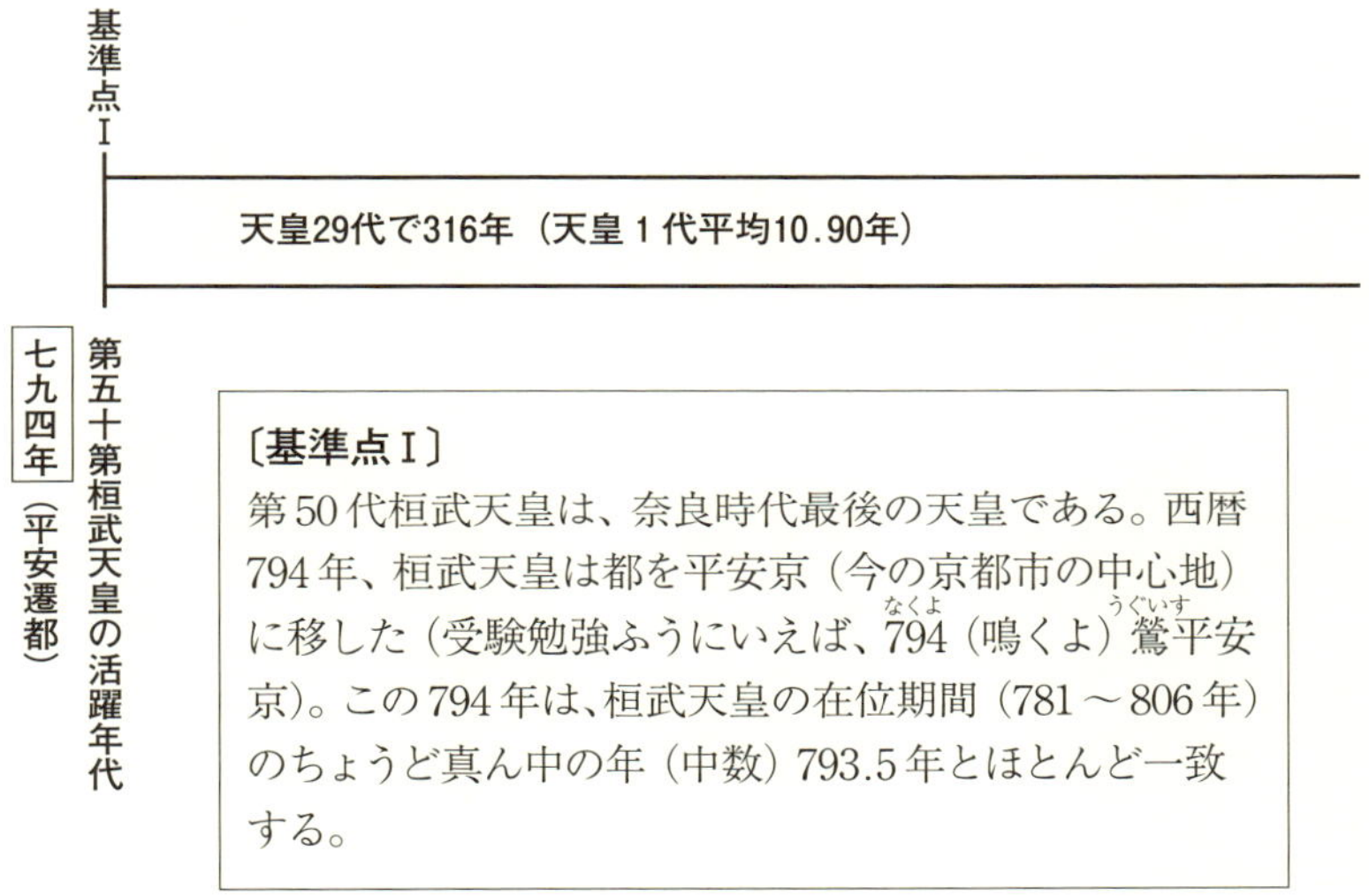
基準点Ⅰ
天皇29代で316年（天皇１代平均10.90年）
第五十第桓武天皇の活躍年代
七九四年
（平安遷都）
〔基準点Ⅰ〕
第50代桓武天皇は、奈良時代最後の天皇である。西暦794年、桓武天皇は都を平安京（今の京都市の中心地）に移した（受験勉強ふうにいえば、794《なくよ》（鳴くよ）鶯《うぐいす》平安京）。この794年は、桓武天皇の在位期間（781～806年）のちょうど真ん中の年（中数）793.5年とほとんど一致する。

図30　崇神天皇の活躍年代推定図

「基準点Ⅰ」と「基準点Ⅱ」のあいだは、二十九代で三一六年間である。天皇一代の平均在位年数は、一〇・九〇年である。この間は、約三百年以上にわたり、天皇の一代平均在位年数は、約十一年で安定している。

第十代崇神天皇は、第二十一代雄略天皇の十一代まえの天皇である。第二十一代雄略天皇の活躍年代四七八年から、一代一〇・九〇年として、十一代一二〇年さかのぼれば、第十代崇神天皇の活躍年代は、西暦三五八年ごろとなる。

『日本書紀』によれば、崇神天皇の時代に、倭迹迹日百襲姫《やまとととひももそひめ》の墓として、箸墓をつくったという。

この三五八年という推定年代は、すでにのべた炭素14年代測定法の結果や、箸墓の築造は、四世紀中ごろ前後とする関川尚功氏の見解と、よく一致している。

なお、統計的年代論では、誤差の幅をつけて、年代の推定を行なうことも可能である。

そのさいの推定の誤差の幅は、炭素14年代測定法による誤差の幅よりも、ずっと小さいといえる。

推定の誤差の幅の大きい炭素14年代測定法で大さわぎして、推定の誤差の幅の小さい統計的年代推定を、無視して通りすぎるのは、まったくおかしい。世の中まちがっている。

なお、ここにのべた統計的年代推定法については、このシリーズの拙著『古代年代論が解く邪馬台国の謎』（勉誠出版、二〇一三年刊）で、くわしく説明している。

サポートするデータ第三―『古事記』『日本書紀』の記述

地図2にみられるように、纒向遺跡の近くには、第十代崇神天皇陵の古墳や、第十二代景行天皇陵の古墳などがある。第十一代垂仁天皇の宮殿の「纒向《まきむく》の珠城《たまき》の宮」、第十二代景行天皇の宮殿の「纒向の日代《ひしろ》の宮」なども、この地にあった。

これらの陵や宮殿や、あるいは、箸墓古墳のことは、『古事記』『日本書紀』に、記載がある。

『古事記』『日本書紀』の記事によるとき、纒向のあたりが、もっとも栄えたようにみえるのは、崇神、垂仁、景行の諸天皇のころである。

そして、これらの天皇は、統計的年代論によるとき、**図30**からうかがえるように、四世紀の後半ごろの人たちである。

二〇一三年になくなった考古学者の森浩一は、つぎのようにのべている。

「僕は纒向遺跡で大型建物の跡が見つかった時、最初に頭に浮んだのは記紀が記録する初期ヤマト政権の三代にわたる大王の宮である。これから検討するのが学問の進め方の常道である。ところが卑弥呼の都説だけで報道し、まずやるべき検討がなおざりになされている。これは桜井市にとっては惜しいこと

地図２　崇神天皇陵古墳・景行天皇陵古墳・纒向諸古墳の位置

である。」(「纒向を探究するさいの心構え」[『大美和』123号、二〇一二年七月刊]、なお、森浩一のこの文章は、『季刊邪馬台国』117号、二〇一三年四月号にも、転載されている。)

サポートするデータ第四―馬具の出土

箸墓古墳を取り巻く周濠の上層から、布留1式期の土器の層位から、馬具である木製の輪鐙《わあぶみ》が出土している。

馬具は、ふつう、四世紀の終わりごろから五世紀のころから出土しはじめる。

西暦四〇〇年前後以後に築造の古墳から出土する。

四世紀型古墳から馬具が出土しているもので、私の知っている唯一の例は、福岡県の「老司古墳《ろうじこふん》」だけである。老司古墳は、『日本古墳大辞典』に、「4世紀代末葉の年代が考えられよう。」とされているものである。

奈良県の古墳で、四世紀型古墳から馬具が出土している例を、私はしらない。

いっぽう、布留0式期、布留1式期などの様式の存続期間について、寺沢薫氏は、『箸墓古墳周辺の調査』(奈良県立橿原考古学研究所、二〇〇二年刊)のなかで、「1様式20～25年として、」というようにのべておられる。

図31、**図32**をご覧いただきたい。

(1) 関川尚功氏のように、箸墓古墳もホケノ山古墳も、布留1式期のものとする立場をとれば、これらの古墳の年代は、四世紀の後半ごろとなる。

(2) かりに、寺沢薫氏の土器編年の立場をとったとしても、ホケノ山古墳の築造年代は、四世紀代の可能

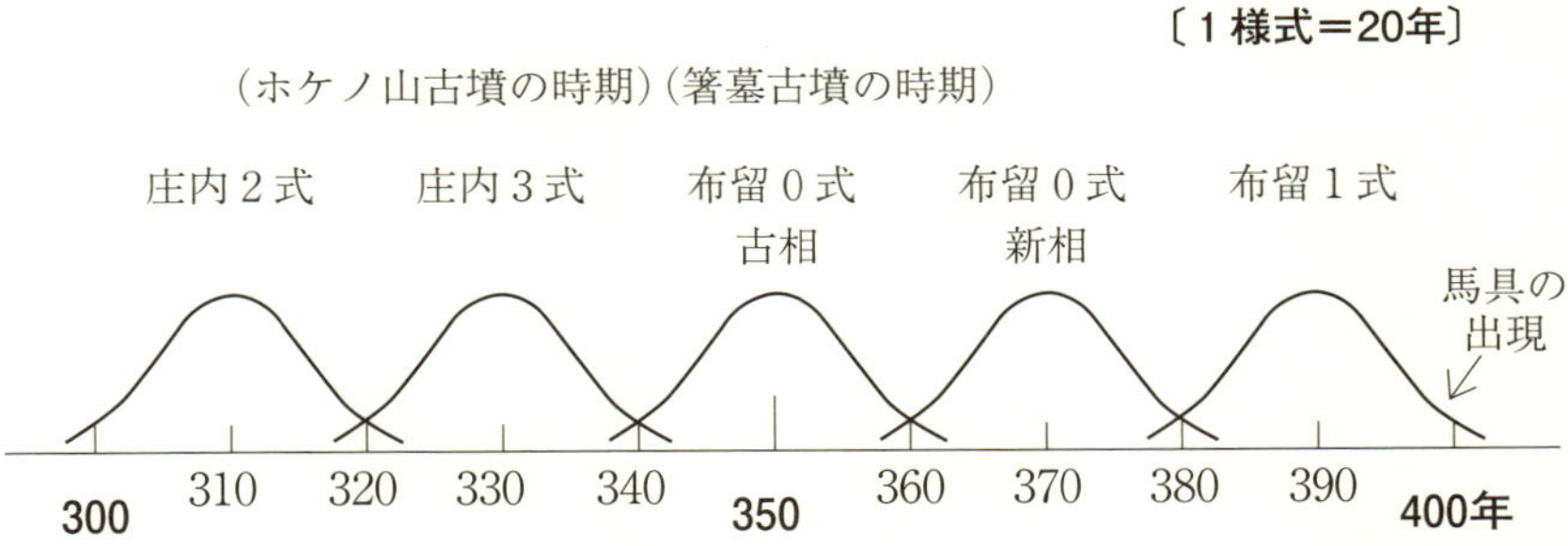

図31　1様式20年とみたばあいの土器様式の年代

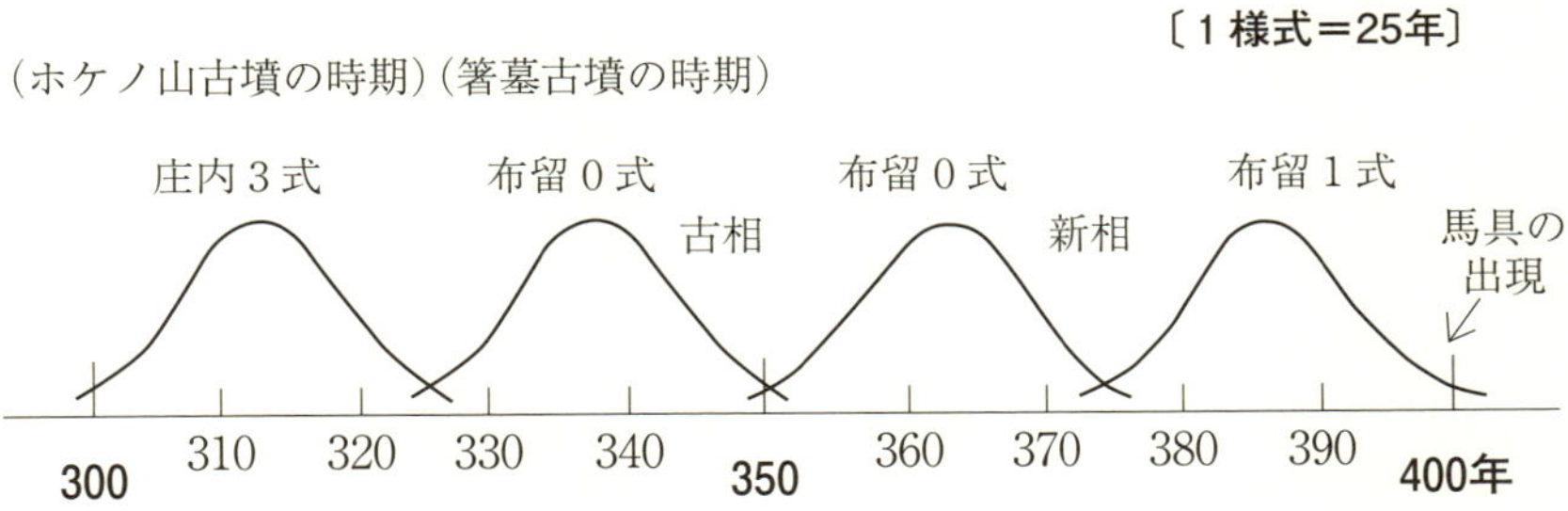

図32　1様式25年とみたばあいの土器様式の年代

性が大きいことになる。橋本輝彦氏ののべるように、「庄内3式期＝3世紀の中頃」の可能性は、むしろ小さくなる。

(3)「布留0式古相〜布留0式新相」の時期を、二様式の存続期間よりも短いとしたり、あるいは、関川尚功氏のように、布留式土器のつぎの須恵器の出現を五世紀のまん中前後とし、布留式の初現を四世紀のまん中前後とすれば、箸墓古墳の年代は、四世紀中ごろ、あるいは、後半にかたむく時期の築造となる。かりに、ホケノ山古墳の築造は、箸墓古墳より古いとしても、それは、四世紀の前半ということになる。

サポートするデータ第五—洛陽晋墓の示す年代

関川尚功氏はのべる。

「布留式土器についても確たる実年代を推定する根拠は直接的にはない。」

「日本の資料による限り、五世紀の後半まで下がらないと年代の基準となる資料はないのである。」（以上、関川尚功「大型前方後円墳の出現は、四世紀である」〔『季刊邪馬台国』42号、一九九〇年刊〕）

いっぽう、すでに紹介したように、考古学者の佐原真は、つぎのようにのべている。

「弥生時代の暦年代に関する鍵は北九州がにぎっている。北九州地方の中国・朝鮮関連遺物・遺跡によって暦年代をきめるのが常道である。」（「銅鐸と武器形青銅器」『三世紀の考古学』中巻、学生社、一九八一年刊）

北九州地方の中国関連遺物・遺跡から、暦年代を考えてみよう。

中国の洛陽から出土した西晋時代の墓に、「洛陽晋墓」とよばれるものがある。

この墓についての報告書「洛陽晋墓の発掘」（原題は、「洛陽晋墓的発掘」。河南省文化局文物工作隊二隊による報告）は、中国の『考古学報』一九五七年第一期に発表されている。

「洛陽晋墓」からは、晋の太康八年（西暦二八七）、元康九年（二九五）、永寧二年（三〇二）の、三つの墓誌が出土している。いずれも、西暦三〇〇年前後である。明確な、実年代を示す

この洛陽晋墓からは、「位至三公鏡」とよばれる鏡が、八面出土している。

「洛陽晋基」から発掘された鏡については、大阪府教育委員会の西川寿勝氏は、『三角縁神獣鏡と卑弥呼の鏡』（学生社、二〇〇〇年刊）のなかで、つぎのようにのべている。

「中国では蝙蝠《こうもり》鈕《ちゅう》座《ざ》連《れん》弧《こ》紋《もん》鏡《きょう》や通称『位至三公《いしさんこう》』鏡とよばれる双頭竜紋鏡《そうとうりゅうもんきょう》の小型鏡が三国時代以降も引き続いて製作され広く分布している。『位至三公』鏡は、魏晋代に都があった洛陽市で発掘された洛陽晋墓五十四基中、主流となっている鏡式である。」

「位至三公鏡」は、「三角縁神獣鏡」などと異なり、中国からも出土するが、わが国からも出土する。そのため、わが国の遺跡・遺物の年代を推定する手がかりになりうる。

わが国から出土する「位至三公鏡」については、つぎのようなことがいえる。

(1) 中国で、魏晋時代に行なわれた「位至三公鏡」は、わが国では、福岡県・佐賀県を中心とする北九州から出土している。奈良県からは、確実な出土例がない。

(2) 「位至三公鏡」よりも、形式的にまえの時代の鏡（「長宜子孫名内行花文鏡」など。そのなかに、魏代の鏡がふくまれているとみられる）も、北九州を中心に分布する。

(3) 九州出土の「位至三公鏡」は、弥生時代の遺跡から出土しているものがあるが、九州以外の遺跡から出土した「位至三公鏡」は、まず、古墳時代の遺跡から出土している。九州以外の地の「位至三公鏡」は、九州方面からもたらされた伝世鏡か、あるいは、踏みかえし鏡であるにしても、九州よりもややのちの時代に埋納された傾向がみてとれる。

(4) これらのことから、魏のあとをうけつぐ西晋の西暦三〇〇年ごろまで、鏡の出土分布の中心は一貫して北九州にあったといえる。

(5) 「位至三公鏡」よりも、形式的にも、出土状況も、あとの時代の「三角縁神獣鏡」などほ、畿内、とくに奈良県を中心に分布する。

(6) 「三角縁神獣鏡」は、確実に三世紀の遺跡からの出土例がない。四世紀の遺跡からの出土例がある。

『魏志倭人伝』には、鏡のことなども記されている。このようなことなどから、『魏志倭人伝』に記されている主要な事物の、考古学的な出土情況が、北九州中心から、畿内中心に変わる年代は、西暦三〇〇年前後まで下るとみられるのである。

「纒向=邪馬台国説」の根拠

では、逆に、「纒向=邪馬台国説」が、説えられている根拠は、何だろうか。

マスコミ宣伝ばかりがはなやかで、その根拠がのべられることはすくない。そのため、「纒向=邪馬台国」を示す根拠を整理・検討しにくいが、根拠として、およそ、つぎのようなものなどがあげられよう。

(1) 『古事記』の没年干支にもとづく笠井新也の年代論。
(2) 炭素14年代測定法・年輪年代法の結果などを、「纒向=邪馬台国説」にとって有利になるように読みとったもの。
(3) 貨泉
(4) 三角縁神獣鏡の編年

『古事記』の没年干支による年代論

まず、『古事記』の没年干支にもとづく笠井新也の年代論をとりあげよう。

笠井新也(一八八四~一九五六)は、大正時代のはじめから、昭和時代のはじめにかけて活躍した人である。笠井新也は、徳島県の脇町中学校(現脇町高校)の国漢地歴の教諭であった。

笠井新也は、『古事記』に記されている何人かの天皇の没年干支をもとにして、年代論を展開した。

この笠井新也の年代論については、拙著の『古代年代論が解く邪馬台国の謎』（勉誠出版、二〇一三年刊）で、ややくわしく検討している。

この『古事記』の没年干支については、東京大学の教授であった古代史家の井上光貞は、『神話から歴史へ』（『日本の歴史1』中央公論社、一九六五年刊）のなかで、つぎのようにのべている。

「この崩年干支（没年干支）のことは、あまり信用できない。古事記のできたころにはすでに、何らかの記録によってできあがっていたものと考えられるが、その書かれた内容をすべて信用することには賛成しかねるからである。崩年干支によってあまりはっきりした数字をだすことは、しばらくあきらめるほうが無難であろう。」

笠井新也の年代論は、考古学的年代論というよりは、文献学的年代論というべきものである。

第二次大戦後、欧米諸国から近代統計学（推計学［推測統計学］によって代表される）が導入される。

文献学的年代論は、そのような近代統計学をとりいれて大きく発展をとげた。

その結果によれば、第十代崇神天皇の時代や、崇神天皇の時代に活躍した人で、箸墓に葬むられたと『日本書紀』に記されている倭迹迹日百襲姫《やまとととひももそひめ》の活躍年代は、すでに、**図30**に関してすこしのべたように、四世紀の中ごろから後半ごろとなる。

笠井新也は、崇神天皇の時代を、卑弥呼の時代にあてはめ、倭迹迹日百襲姫を、卑弥呼にあてはめる。しかし、年代に誤差の幅をつけても、崇神天皇の時代とは重ならない。

笠井新也の「卑弥呼＝倭迹迹日百襲姫説」は、十分な根拠をもって否定できる。

それに、『魏志倭人伝』の記事とも合っていない。

たとえば、『魏志倭人伝』には、卑弥呼の死後「あらためて男王をたてた」と記されている。卑弥呼の時代には、男王がいなかったように記されている。

『日本書紀』によるとき、倭迹迹日百襲姫の時代には男王といえる崇神天皇が存在している。

炭素14年代測定法・年輪年代法について

炭素14年代測定法・年輪年代測定法についても、このシリーズの拙著『卑弥呼の墓・宮殿を捏造するな！』（勉誠出版、二〇一一年刊）などで、ややくわしく検討している。

炭素14年代測定法については、すでに、ホケノ山古墳、箸墓古墳、東田大塚古墳出土物の事例をとりあげた。また、この本で、このあとも、いろいろな形でとりあげる。

貨泉について

貨泉《かせん》（泉は、銭に通じる）は、中国で、後漢のつぎの王莽《おうもう》のたてた新の国の時代に鋳造されたコインである。だいたい、十円玉ぐらいの大きさである。

貨泉が、新の国で、はじめて鋳造されたのは、『漢書』の「食貨志《しょっかし》」によれば、西暦一四年とされている。また、『漢書』の「王莽伝」によれば西暦二〇年とされている。

貨泉は、わが国からも出土する。そこで、貨泉の出土した遺跡を、西暦一四年または西暦二〇年に近いものとし、それを、上の年代とする。そして、下の年代として、須恵器が五世紀ごろに出現するので、それをとる。そして、この上下の年代差を、その間にふくまれる土器の様式数でわる。

大ざっぱにいえば、このようにして、ある様式の土器の年代をきめていこうとする考えがある。

しかし、「貨泉」が、朝鮮半島をとおり、九州をとおり、岡山県をとおり、近畿にくるまでに、どれだけの年月がかかっているかは、正確には、知りようがない。

中国でも、わが国でも、新の王莽の時代からずっとのちの、千年以上ものちの明代や、鎌倉・室町時代の遺跡からも、貨泉は出土しているのである。

たとえば、王莽の時代から二百五十年以上のちの、さきに紹介した洛陽晋墓からも、五十二枚の貨泉が出土している。

考古学者の高倉洋彰氏は、つぎのようにのべ、警鐘をならしている。

「（貨泉によって、）弥生時代とされているもののなかに時期判断に疑わしい例のあることに気付いた。」

「古代末以降中世の遺跡からの出土銭は、遺跡数と出土数の双方ともに、弥生～古墳時代出土のそれよりも多い。」

「貨泉の出土時期に幅があることと、中国そのもので長期に流通していることから、弥生時代の実年代資料としては、ごく一部の資料を除いて使用できないことを意味している。貨泉の活用にあたっては慎重さが求められるのである。」（以上、高倉洋彰「王莽銭の流入と流通」［九州歴史資料館『研究論集』14、一九八九年］）

さらにまずいことに、貨泉は、現在までのところ、大阪府からは出土していても、奈良県からの出土例がしられていない。

そのため、貨泉によって、奈良県出土の土器の年代をきめようとすれば、さまざまな「解釈」を加えなければならない。その分だけ正確さは失なわれる。

なお、貨泉については、拙著『大崩壊「邪馬台国畿内説」』（勉誠出版、二〇一二年刊）のなかで、わが国出土の貨泉の一覧表を示し、ややくわしく論じている。

三角縁神獣鏡の編年による年代推定

大阪府立近つ飛鳥博物館の館長の考古学者、白石太一郎氏はのべる。

「古墳出現の年代を決めるのに、最も有力な決め手になっているのが、こうした出現期の古墳に大量に副葬されている三角縁神獣鏡の年代研究です。」

「出現期古墳から大量に出てくる三角縁神獣鏡の年代研究の進展のおかげで、出現期古墳の中でも古い段階のものは三世紀半ば過ぎまで遡るということは、ほぼ間違いないであろうというふうに考えられるようになってきたわけです。」（以上、『邪馬台国からヤマト王権へ』［ナカニシヤ出版、二〇一四年刊］）

このようなことから、箸墓の年代は、「二五〇年代でも終りのころ」で、「箸墓が、卑弥呼の墓である蓋然性は極めて高い」ということになる。

ほんとうだろうか。

すでにのべたように、その箸墓から出土した三つの桃核の炭素14年代測定法による年代測定値は、四世紀の、それも中ごろ以後のものである確率が高いという結果を示している。

また、三角縁神獣鏡は、中国からは、現在までのところ、一面も出土していない。

中国でも、日本でも出土している「位至三公鏡」などとは、事情が違う。

「位至三公鏡」のばあいは、中国で、年号のはいっている墓誌が出土しているから、だいたいの埋納年代がわかる。

三角縁神獣鏡のばあいは、中国から一面も出土していないから、埋納年代のきめ手がない。

「邪馬台国＝畿内説」の考古学者、石野博信氏は、一九九八年の『歴史と旅』四月号所載の「〝卑弥呼の鏡〟ではない」のなかで、つぎのようにのべている。

「(三角縁神獣鏡は) ヤマト政権が弥生以来の祭式を廃止し、中国鏡をモデルとして、四世紀にヤマトで創作した鏡なのである。」

石野博信氏は、『邪馬台国と安満宮山《あまみややま》古墳』(吉川弘文館、一九九九年刊) のなかでも、つぎのようにのべている。

「墓から出てくる三角縁神獣鏡について土器で年代がわかる例を見ると、四世紀の『布留式土器』と近畿で呼んでいる土器と出てくる例はありますが、その前の、三世紀の土器と一緒に出てくる例は一つもない。それは埋葬年代を示すのであって、製作年代は示さないということはあるでしょうが、それにしても、一つもないのはおかしい。だから新しいんだろう。つくったのは四世紀前半ぐらいだろうと思うんです。」

石野博信氏は、『邪馬台国研究　新たな視点』(朝日新聞社、一九九六年刊) のなかで、つぎにまとめられるような見解ものべておられる。

(1) 京都の椿井大塚山古墳は、土器からすると、どうみても四世紀の中ごろから四世紀後半ぐらいのものではないかと思われる。

(2) 椿井大塚山古墳から、三角縁神獣鏡が三十数面出土している。

(3) 三世紀の三角縁神獣鏡が、だれでも認める形ででてこない。三世紀だと考えた三角縁神獣鏡をもつ古墳は、かなり努力して古くしている方のものである。

(4) 椿井古墳の三角縁神獣鏡と同じ型で作った鏡を、いくつかの古墳で分有するようになるのは、四世紀中葉以降であると考えられる。それは、前方後円墳が、東北から九州まで全国的に広まった段階と一致するのではないか。

石野博信氏はのべる。

「あれ（三角縁神獣鏡）を勉強しなくても卑弥呼のことがわかる。後のことなのだからあれは無視していいと考えればいいのではないかと思っている。」

白石太一郎氏は、『邪馬台国からヤマト王権へ』のなかで、奈良県天理市の黒塚古墳のことにもふれている。この古墳からは、三十三面の三角縁神獣鏡が出土している。

黒塚古墳の発掘を行なったのは、奈良県立の橿原考古学研究所である。

そして、当時、黒塚古墳の発掘の計画者であり、直接の指揮者であった橿原考古学研究所調査研究部長の河上邦彦氏は、「三角縁神獣鏡が『卑弥呼の鏡』などということはありえない」「ヤマト政権が作り出した鏡に違いない」と、『産経新聞』一九九八年一月十六日（金）の記事のなかで、明言しておられる。

三角縁神獣鏡は、「葬式に使った葬具」で「ヤマト政権が、配下の豪族の死にあたって葬具として分け与えたのだろう」という。

白石太一郎氏が、「古墳出現の年代を決めるのに、最も有力な決め手」とする三角縁神獣鏡について、石野博信氏や河上邦彦氏は、決め手などには、ならないことをのべているのである。

中国大陸から一面も出土せず、わが国だけから出土する鏡を、第一段階から第五段階まで類別することなどによって、鏡の年代ばかりでなくそれを埋納した古墳の年代まできめられるものであろうか。たとえば、貨泉が、わが国だけからしか出てこないばあいに、わが国で出土した「貨泉」の文字のみえるコインを、型式によって類別すれば、その貨泉を埋納した遺跡の年代まできめうるであろうか。古い型式の貨泉の出土した遺跡は、古いはずだというように。貨泉をはじめて鋳造した年は、西暦一四年か西暦二〇年であるという記録により、貨泉を埋納した遺跡の年代がそこまでとどくことになるであろうか。

年代の新しい古墳に、古い時代の鏡が埋納されている例は、いくらでもある。鏡をこまかく類別することができたからといって、それによって、古墳の年代まで古くできることにはならない。

白石太一郎氏は、統計学や確率論など、他の分野でも科学としての有効性の確かめられている方法・言語を用いているわけではない。独自に発明した論理によって、「最も有力な決め手」「三世紀半ば過ぎまで遡るということは、ほぼ間違いないであろう」などの言葉を重ねる。このような方法・言語は、他の分野の研究者にも共通に通じうるものではない。同じ分野の、「邪馬台国＝畿内説」の論者にさえ、よく通じていない。たとえば、石野博信氏は、「いっしょにでてくる土器の型式でみると、三角縁神獣鏡の出てくる墓は新しいよ。」という意味のことをのべているのである。

数学は、言語の一種である。推論を行なうのに役立つ。

たとえば、ツルカメ算と旅人算《たびびと》（追いつき算）のような、現実の世界ではまったく異種の問題でも、数学の世界では、方程式を解くという同じ種類の問題としてあつかうことができる。熱力学と情報理論のように、とりあつかう対象が、まったく異なる分野で、同じような数学モデルがあてはまり、「エントロピー」などの、共通用語がもちいられている例もある。

科学の世界で、すでに効果、効用のたしかめられている統計学や確率論の問題としてとりあつかいうるものなどは、なるべくそれらを利用することを考えるべきである。効率のよい科学の軌道《レール》の上にのせるように心がけるべきである。

東京から大阪まで行くのに、新幹線や飛行機や、高速道路を利用しての高速バスなどがあるのであれば、なるべくそれらを用いるべきである。

個人的に発明した独自の新しい方法で、大阪まで行こうとするのは、効果が悪い。推論において、間違いがおきるもとになる。個人的信念が、客観とあわないことになる。

議論において、言葉が通じないこと、異邦人と話しているような感がある。こちらは、相手の言葉を理解しているつもりであるが、こちらの言葉は、相手に通じない。すこしだけでも、こちらの用いている言葉をしらべていただけないものだろうか。

以上のようにみてくると、大型建物が、いつたてられたかの年代の推定の根拠は、はなはだたよりない。新聞発表では、年代などについて、ほとんど確定事実のように報じられている。事情を知らない人たちは、確実な根拠があるのであろうと思ってしまう。しかし、たよりになる根拠は、ほとんどなにもあげられていない。断言だけがある。

確率の形でもよいから、もっときちんとした根拠をあげてほしい。そのうえで、新聞発表にもちこんでほしい。騒ぎにはなっていないが、ＳＴＡＰ細胞の発表に、およばないレベルのようにみえる。

数学、数式を用いることの長所

確率論は、数学として、きちんと基礎づけ、体系づけができている。

西洋史学者の会田雄次は、つぎのようにのべている。

「合理主義的なものの考え方をつきつめると、いっさいを量の変化において考え抜こうという精神です。」（『合理主義』［講談社現代新書、一九六六年刊］）

きちんとした推論を行なおうとするばあいは、歴史学においても、この精神を、とりいれたほうがよい。

そして、対象を記述する言語として、数学、数式を用いることの特徴・長所は、厖大な量の観測値の情報を、きわめて簡単な「法則」「公式（法則を表示した式）」「総合命題」などに、集約して記述できるところにある。

たとえば、厖大な量の天体観測値の情報は、ニュートンの万有引力についてのきわめて簡単な公式 $F=G\frac{m_1 m_2}{r_2}$ にまとめることができる。（ここで、Fは、万有引力の大きさ、m_1とm_2は、二つの物体の質量［乱暴にいえば重さ］、rは二つの物体間の距離、Gは万有引力定数である。）

このようにして、ニュートンの力学は、それまで個別的であった物体や天体の運動に関するデータが、統一的、整合的に理解できるものとなっている。

あるいは、物質の質量とエネルギーは交換可能で、その関係は、アインシュタインによれば、$E=mc^2$というきわめて簡単な公式にまとめることができる。（Eはエネルギー、mは物体の質量、cは光の速度［定数］である。）

それと同じように、『魏志倭人伝』に記載のある事物で、わが国で出土をみている遺物・遺跡の分布状況については、つぎの統計的法則性がなりたつ。

［A］

邪馬台国の遺物・遺跡についての強い法則性（略して、邪馬台国遺物の法則）

『魏志倭人伝』に記載されている事物などに焦点をおくばあい、おもに、邪馬台国時代、三世紀代（寺沢薫氏の用語を用いれば、庄内式土器の時代）の遺物・遺跡は福岡県を中心に分布する。おもに古墳時代、四世紀代（寺沢薫氏の用語を用いれば、布留式土器の時代）の遺物・遺跡は奈良県を中心に分布する。

この二つは、それぞれ十分対比できる豊富で、特徴的な文化的文物をもっている。

「邪馬台国畿内説」を説く考古学者寺沢薫氏が示している鏡のデータの分布でも、この法則にしたがっているのである（「第1章」参照）。

そして、この法則性にもとづき、ベイズの統計学を用いれば、つぎの「総合命題」が成立する。

［B］

邪馬台国の遺物・遺跡についての総合命題（略して、邪馬台国遺物についての総合命題）

邪馬台国が、福岡県にあった確率……九九・八％
邪馬台国が、佐賀県にあった確率……〇・二％
邪馬台国が、奈良県にあった確率……〇・〇％

（ただし、福岡県か、奈良県かという形で問題設定すれば、福岡県にあった確率は、ほぼ一〇〇％となる

〔82ページの表8参照〕

なお、「序章」での『文藝春秋』所載の紹介文のなかでは、この［B］の部分の「邪馬台国が、福岡県にあった確率」が、「九九・九％」になり、「邪馬台国が、佐賀県にあった確率」が、「〇・一％」になっており、すこし異なっている。

これは、『文藝春秋』所載の紹介のばあいは、「鏡」のデータが、寺沢薫氏の旧論文「古墳時代開始期の暦年代と伝世鏡論」（上・下）（『古代学研究』二〇〇五年六月、九月。169号、170号）によっているからである。

その後、寺沢氏は、『弥生時代の年代と交流』（吉川弘文館、二〇一四年刊）を出し、そのなかに示された表で、鏡のデータを追加しておられる。佐賀県で五面、愛媛県で一面、愛知県で一面の追加である。

この本では、寺沢氏の新しい本にのせられているデータにより、計算をやりなおした。そのため、結果の確率が、『文藝春秋』にのせたものと、ごくわずか（千分の一ほど）異なってきている。

一九五九年に、オーストリア出身のイギリスの哲学者、ポパーは英文で、『科学的発見の論理』（邦訳は、全二巻、恒星社厚生閣、一九七一〜一九七二年刊）をあらわした。この本において、ポパーは、つぎのような重要な提言をした。

「科学法則は、（検証可能であるとともに、）反証可能な性質をもつ。」

ここで、ポパーがのべているのは、つぎのようなことを意味している。

たとえば、［A］の **邪馬台国の遺物・遺跡についての強い法則性** のばあい、反証をあげようとするならば、『魏志倭人伝』に記されている事物の遺物・遺跡で、福岡県を中心に分布していないものの事例をあげればよいという形をしている。つまりここに示す「分布という統計的法則性」の「形式」が、反証可能な形をしているということである。

たとえば、先にのべた白石太一郎氏の「三角縁神獣鏡」に関する議論は、「強い断言」はあるが、「反証可能」な形式をしていない。

そこでの「断言」は、多分に、白石氏の「気分」や「信念」をのべたものである。他の「邪馬台国畿内説」の研究者や「邪馬台国九州説」の研究者が、白石氏の説に賛同しなくても、白石氏は、自説を撤回されないであろう。白石氏は、自説を信ずる、ということになり、結局は、「水かけ論」に終る「形式」をしている。

理論体系の信頼性は、整合的に、さまざまのことがらを説明でき、理論による説明のネットワークができ、歴史のばあいであれば、それによって、古代史の姿が、再現できることによって獲得できることとなる。

「邪馬台国畿内説」のばあい、「大型建物は卑弥呼の宮殿」「箸墓古墳は卑弥呼の墓」「三角縁神獣鏡は卑弥呼の鏡」のいずれをみても、あるいは、『魏志倭人伝』の記述とくいちがい、あるいは、データと合わず、「畿内説」の人々の間でも賛同のえられていないものがほとんどである。有効な理論体系、説明体系の構築に、成功しているとは思えない。

くりかえしマスコミ宣伝を行なうには、時期尚早のようにみえる。

もう一度いおう。「宣伝よりも、証明を！」

3　炭素14年代測定法について

「ニュースがわからん！」の記事

塚本和人記者執筆の、別の記事をとりあげよう。

それは、つぎのようなものである。

ただし、傍線は、安本が付した。あとで、検討を行なう予定の個所である。

まず、一般的なことから議論しよう。

ベルの音と肉とは、本来、まったく無関係なものである。

イヌの口に、肉をいれると、ヨダレを出す。つぎに、肉を与えながらベルをならす。これを何回もくりかえすと、ベルの音をきいただけでヨダレを流すようになる。

パブロフの名でしられる「条件反射」である。

「卑弥呼の墓と箸墓古墳」「卑弥呼の宮殿と大型建物」とは、本来、まったく無関係である可能性が大きい。すくなくとも、関係があるという確実な根拠は、あげられていない。すでにみたように、反証も示されている。

しかし、新聞などで、何度も何度も、「卑弥呼の墓」「卑弥呼の宮殿」をくりかえせば、条件反射がおきる。

福岡県の平原遺跡を、卑弥呼の墓とみる見解を、考古学者の高島忠平氏や、奥野正男氏がのべている。出土する鏡などは、中国北方系のもので、鏡の型式が示す年代からみても、卑弥呼の墓にふさわしい。

なぜ、それについては、「卑弥呼の墓という説もある平原遺跡」とくりかえさないのか。

☆『朝日新聞』二〇一三年三月二日（土）朝刊の記事

ニュースがわからん!

箸墓古墳《はしはかこふん》に初めて研究者が入ったな

卑弥呼《ひみこ》の墓という説もあって学会が要望したよ

ホー先生　宮内庁が立ち入り禁止にしていた古墳《こふん》に研究者が初めて入ったそうじゃのう。

A　奈良県桜井市の箸墓《はしはか》古墳だね。邪馬台国《やまたいこく》の女王・卑弥呼《ひみこ》の墓という説もあって、一般の人の関心も高いんだ。中国の歴史書「魏《ぎ》志倭人伝《しわじんでん》」に記された邪馬台国がどこにあったか、近畿説、九州説を中心に論争が続いている。今回は歴史や考古学の学会の要望が認められた。

ホ　なぜ、卑弥呼の墓といわれるんじゃ。

A　全長約280メートルの箸墓古墳は、全国の巨大な前《ぜん》方後円墳《ぽうこうえんふん》の中で一番古そうなんだ。倭人伝には卑弥呼の墓について「径百余歩」と書かれていて、これが箸墓古墳の後円部の直径（約160メートル）に相当するとみる人もいる。古墳のある纒《まき》向遺跡《むくいせき》は全国から人が集まっていた大きな集落遺跡で、「卑弥呼の宮殿では」と騒《さわ》がれた大型の建物跡も見つかっているんだ。

ホ　でも、それだけでは卑弥呼が葬《ほうむ》られたとは言えんのではないか。

A　古墳の周《まわ》りから出土した土器のススや焦げを国立歴史民俗博物館（千葉県佐倉市）が「放射性炭素《たんそ》年代測定法《そくていほう》」で調べた結果、土器は240～260年ごろのもので、古墳が築かれたのもそのころと推定された。250年ごろという卑弥呼の死亡時期に重なる可能性が出てきたんだ。

ホ　ホホウ。

A　測定結果には数十年の誤差《ごさ》があり、年代にもいろいろな見方がある。だから研究者が実際に墳丘《ふんきゅう》で観察することに意義がある。

ホ　それで今回は何か新しい発見はあったのか？

A　墳丘の最下段を歩いただけだけれど、墳丘全体が石に覆《おお》われていた可能性が浮上《ふじょう》したそうだ。造られた時期を探る手がかりにもなる。実は、宮内庁が「〇〇天皇の墓」などとして管理している古墳には、考古学者から見ると、時期がその人の亡くなった年と合わないものもある。今後も立ち入り調査を続けて欲しいね。

（塚本和人）

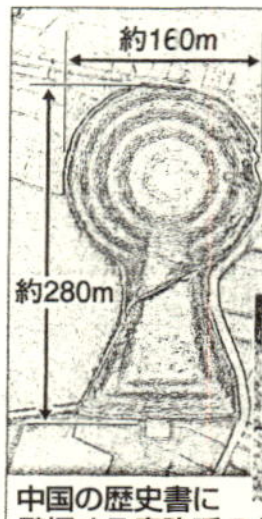

箸墓古墳の素顔

◀航空レーザー測量による箸墓古墳の立体地図＝奈良県立橿原考古学研究所、アジア航測提供

▼箸墓古墳に入る研究者たち

中国の歴史書に登場する卑弥呼の主な記述

2世紀中ごろ～後半	倭《わ》国に大きな争乱。卑弥呼が王に「共立」される
238年（239年説も）	倭の女王卑弥呼が、魏《ぎ》に使者を派遣。新魏倭王の称号と金印を授かる
243年	倭王、再び魏に使者を派遣。奴隷など献上
247年	女王国、狗奴《くな》国との交戦を帯方郡《たいほうぐん》に報告
248年	このころ、卑弥呼死去か。「直径100余歩」の墓に葬られる
266年	卑弥呼の後継者の台与《とよ》が晋に使者を派遣か

The Asahi Shinbun

さきの『朝日新聞』の記事では、根拠がなにも示されていない「卑弥呼の墓」というセットフレーズは、くりかえし記す。そして、『日本書紀』に明確に記され、宮内省作成の『陵墓要覧』にもそのように記されている倭迹迹日百襲姫の墓であるという基本的な事実については、ふれるところがない。

大型建物ならば、纒向遺跡のものよりも大きいといえる建物が、福岡県の吉武高木遺跡からも、佐賀県の吉野ケ里遺跡跡からも、柚比本村《ゆびほんむら》遺跡からも出土している。それらについては、「卑弥呼の宮殿か」とくりかえさないのか。

しかも、『魏志倭人伝』に記されている事物で、考古学的にたしかめられるもの、たとえば、鉄の鏃や、矛や、中国北方洛陽系の鏡や、絹などは、すべて、福岡県のほうが奈良県の何倍も多く出土している。

奈良県のばあいだけ、たしかな根拠もなく、また、反証もあげられているのに、「卑弥呼の墓」「卑弥呼の宮殿」をくりかえすのは、バイアスを生みだす。それとも、一般読者を、洗脳することが目的なのか？

さきの記事では、「径百余歩」が、箸墓古墳の後円部の直径に相当するという見解が紹介されている。

この見解については、「邪馬台国畿内説」の考古学者、寺沢薫氏による批判がある（『箸墓古墳周辺の調査』［奈良県立橿原考古学研究所、二〇〇二年刊］）。

箸墓古墳については、後円部だけを切りはなして考えるべきではなく、前方部も、一体のものとして考えるべきである、と。

寺沢薫氏はのべる。

「箸墓古墳が卑弥呼の墓である可能性は薄いと言わざるをえない。」

「箸墓の後円部こそが『径百歩』の円丘だというのであれば、その直後に前方後円墳に仕立て上げねばならなかった理由を明確に示さねばならぬ。」

「箸墓古墳が布留0式期に前方後円墳として築造を開始、完成している事は間違い無く、長らく唱えられてきた後円部先行説は否定される事とな（った。）」

国立歴史民俗博物館の炭素14年代測定法についての報告

「放射性炭素年代測定法」についての国立歴史民俗博物館の報告についての塚本和人記者の記事は、あまりにも、学界の状況を無視している。インターネットも見ず、週刊誌も読まず、過去の『朝日新聞』の記事を、くりかえしただけの内容である。

国立の機関が発表し、『朝日新聞』の報じているものが、操作されたもの、信用しえないもの、「偽造」（この語の定義については、168ページ参照）された情報であることなど、ふつうの読者は、思いもしないことであろう。ここでは、「科学的な不正行為」が行なわれている。

これについては、塚本和人氏に、『季刊邪馬台国』も送り、拙著も送っているのであるが、まったくお目通しいただけないようである。

これまで、このシリーズの拙著などで述べてきたことのくりかえしになるが、新しい情報も加え、今一度整理してのべておこう。

国立歴史民俗博物館グループ（以下、「歴博研究グループ」と略記する）の炭素14年代測定法の報告なるものは、日本考古学協会の会員であれば、だれでもが発表できる十五分ほどの発表と、それを、『朝日新聞』への事前リークを行なったものにすぎない。そして日本考古学協会での発表のさい大いに紛糾したものである。当時の『毎日新聞』も、「会場からはデータの信頼度に関し、質問が続出した」と報じている（二〇〇九年六月一日付）。

その後、二〇一〇年三月二十七日（土）に、大阪大学で開かれた日本情報考古学会というこの分野の専門の学会での公式のシンポジウムでは、歴博研究グループの発表は、方法も結論も誤りであると、ほとんど全面的に否定されている。また、確実な反証が示されている。このシンポジウムの内容は、日本情報考古学会の機関誌『情報考古学』のVol.16、No.2（二〇一〇年刊）以下に、連載で掲載されている。

事前リーク後の「歴博研究グループの発表」は、二〇〇九年の五月三十一日（日）に、早稲田大学での日本考古学協会の研究発表会で行なわれた。

発表会は紛糾し、発表会の司会者で、日本考古学協会理事の北條芳隆東海大学教授が、そのとき、報道関係者に次のような「異例の呼びかけ」を行なったことを、『毎日新聞』が報じている。

「会場の雰囲気でお察しいただきたいが、（歴博の発表が）考古学協会で共通認識になっているのではありません」（『毎日新聞』六月八日付夕刊）

そして、北條教授はその後、ご自身のヤフーのブログで次のように記している。

「私がなぜ歴博グループによる先日の発表を信用しえないと確信するに至ったのか。その理由を説明することにします。」（二〇〇九年六月二日［火］）

「問題は非常に深刻であることを日本考古学協会ないし考古学研究会の場を通して発表したいと思います。」（六月一日［月］）

「彼らの基本戦略があれだけの批判を受けたにも関わらず、一切の改善がみられないことを意味すると判断せざるをえません。」（六月二日［火］）

「ここにも先に指摘した事柄とは別の意味での操作性が浮かび上がってきます。」（六月九日［火］）

「強い操作性が、ここにも垣間見えるわけです。」（六月六日［土］）

「歴博グループの考案した〈串刺し技法〉は、……かなり独善的な特性をもつものです。」（六月六日〔土〕）

「国民の多大な血税を投入して成り立っている歴《れき》とした国立の機関であるはずです。国費で賄《まかな》われた研究であったはずです。」（六月十日〔水〕）

「今回の歴博グループの発表は、とくに春成秀爾《はるなりひでじ》先生の被葬者云々の主張は聞くに耐えない『戯言』にしか映りません。」（六月二十二日〔月〕）

「〔七月十一日、七月十二日に名古屋大学で行なわれた日本文化財科学学会の第26回大会の〕会場を包む雰囲気は、五月の日本考古学協会における歴博の発表について、もはや駄目だ、との共通認識が急速に広がっていく様子だったとのことです。」（七月十三日〔月〕）

「歴博発表」は信用できない、これは事情をよく知る学者、研究者、考古学者たちの間で広がっている共通認識のようにみえる。

紛糾した研究発表会の状況は、インターネット上に、いくつも残されている。

発表会当日出席された鷲崎弘明《わしざきひろあき》氏も、同日のブログでつぎのように記している。

「本日三十一日、早稲田大学会場にて、第75回日本考古学協会総会の研究発表会が行われ、私（鷲崎氏）も出席しました。国立歴史民俗博物館が二十九日に朝日新聞で発表した『放射性炭素14年代の測定結果によれば、箸墓の築造年代は二四〇〜二六〇年で、卑弥呼の墓』の学界での正式発表です。

一言で言うと、『総スカン』でした。（中略）発表内容も、一月二十五日に千葉県佐倉市の国立歴史民俗博物館で開催された報告会（私も出席）と何ら変らない内容でした。今回発表では、考古学協会事務局が時間の関係で打ち切りを宣言しましたが、最後の締めくくりが象徴的です。『今日の雰囲気から分るように、これで考古学会のコンセンサスがとれたとはとても言えない、むしろ逆である。来られている新聞社にお願いしたい。今回も事前にリークされ朝日新聞の一面で報道された。我々考古学会は旧石器捏造事件の経験を持つ。新聞・報道各社は今日の状況を踏まえて報道してもらいたい』、これが全てを物語っている。」

当日の発表において、「歴博研究グループ」の一つまえに研究発表を行なった考古学者の岡安光彦氏も、歴博の発表に関して、翌六月一日のご自身のブログのなかで、つぎのように記している。

「さて、〔歴博研究グループの〕箸墓の築造年代に関する問題の発表は、例によってＡＭＳの結果をかなり恣意的に使っていて、危うい感じがした。脂肪酸分析の二の舞〔安本註。旧石器捏造事件のさい、捏造発覚以前に、石器から『ナウマン象』の脂肪酸が見出されたとの鑑定結果を発表した学者がいて、その後、その石器が捏造であることが判明し、笑いものになった事例をさす〕にならなければいいけれど。何か決定的なものが出土して物語が崩壊する可能性もある。『出したい結果』が見え見え。もう少し『野心』を押さえたほうがよい。」

岡安光彦氏は、六月六日（土）のブログでもつぎのようにのべる。

「マスコミ主導のＣ14（炭素14）年代はいつ躓く？

大砲発達後の戦闘では、攻撃準備射撃が行われるようになった。敵陣への突撃を開始する前に、雨あられと砲弾を打ち込んで炸裂させ、可能な限り敵を無力化しておく作戦である。

マスコミを使った攻撃準備射撃を常套手段とするのが、歴博Ｃ14年代測定チームである。学界で正式な発表をする前に、まずはマスコミに情報を流す。このため、発表会場には記者や一般の古代史ファンが詰めかけ、異様な雰囲気に包まれる。

考古学協会の質疑応答は5分程度しかないから、十分な議論などできようはずがない。結局は、発表者がその主張を宣言する場になってしまう。そして翌日の新聞には、『科学に導かれた新しい有力な学説！』が記事になって踊るわけだ。

学界で深く議論される前に、ある一つの主張、特定の成果が世の中で一人歩きしだして、定説であるかのように羽ばたき始める。抗《あらが》うのが次第に困難になる。

こういうパターンに覚えがある人は多いだろう。そう、例の旧石器捏造の過程で進んだのと同じパターンだ。あの時も考古学の大戦果が次々に大本営発表され、それにマスコミが乗っかった。『科学』が標榜《ひょうぼう》されるところもそっくりだ。」

「それにしても、マスコミというのは、反省しないものだ。とくに某大新聞がその代表格。デタラメ脂肪酸分析の片棒を担ぎ、赤っ恥を掻いたのはつい最近のことなのに。また、同じパターンで『科学』を御神輿《おみこし》に騒ぎを繰り返している。

反省したふりはするが、本質的な反省はしない。時流にのって、その時々の御神輿《おみこし》を取っ替え引っ替え担ぐのが好き、というのが某大新聞の性《さが》であろうか。本質的に大本営発表が好きなんだよね。」（六月六日［土］）

当日の状況については、以上に紹介したほか、古代山城研究家の向井一雄氏なども詳細な記録をインターネット上に残しておられる。それらについては、このシリーズの拙著『卑弥呼の墓・宮殿を捏造するな！』（勉誠出版、二〇一一年刊）でややくわしく紹介した。

炭素14年代測定法では、用いた試料によって、何百年もの差のある結果がでてくる。要するに、歴博研究グループは、そのことを利用して、あらかじめもっている「出したい結果」を出しているだけなのである。

「箸墓古墳＝卑弥呼の墓説」は、考古学的なデータの分析や、炭素14年代測定法の結果からえられたものではない。「箸墓古墳＝卑弥呼の墓」を所与の前提とする「論点先取」の解釈論である。

「出したい結果」を出して、マスコミ報道にもちこむ。それによって、批判的意見を圧倒しようとする。これは、旧石器捏造事件で多用され、あとで、強く批判されたはずの方法である。

歴博グループの方法は、典型的な「チェリーピッキング」

歴博グループが示している炭素14年代測定法のデータを用いても、箸墓古墳の年代は、西暦三五〇年前後にもっていったほうが、歴博グループの説いているところよりも、全体的には、はるかに収まりがよい（これについては、拙著『「邪馬台国＝畿内説」「箸墓＝卑弥呼の墓説」の虚妄を衝く！』［宝島社新書、二〇〇九年刊］、58ページなどにくわしい）。

さすがに、『毎日新聞』はこの疑問点について、二〇〇九年六月八日付夕刊で、歴博の研究グループの小林謙一氏に問いただしている。ところがこの質問に対する小林氏の回答は、記事では、次のように一言で記されている。


「理論的にはこの布留１式の数値が４世紀の中盤以降に入る可能性があるが、『考古学的にありえない』として退けられた」


小林氏のいうように「考古学的にありえない」は正しいのであろうか。

すでに述べたように、奈良県立橿原考古学研究所の考古学者で、纒向遺跡を発掘された関川尚功氏は、寺沢薫氏が庄内３式のものとするホケノ山古墳や布留０式のものとする箸墓古墳は、いずれも布留１式期のものであるとされ四世紀中ごろのものであることを、三十年来、相当な根拠を挙げて主張している。

要するに、歴博グループののべていることは、炭素14年代測定法による測定データが示している客観的事実そのものにもとづくではない。つごうの悪いデータは、無雑作かつ乱暴にはずし、つごうのよいデータだけをとって、特定のマスコミにリークするという典型的なチェリーピッキングの方法によっている。そして、それが、あたかも、炭素14年代測定法によってえられた客観的事実であるかのように、マスコミに流している。そこには、北条芳隆教授ののべるような「強い操作性」がみられる。これは、科学的な不正行為のうちの、「矛盾するデータの隠蔽《いんぺい》」にあたるものである。アメリカには、「科学における不正行為が行なわれていないかどうかを監視する政府系機関」として、「研究公正局」がある。一九九二年に創設されたものである。アメリカ政府は、「研究過誤に対する政策指針を示している。そこでは、研究者の不正行為は、「捏造（Fabrication）《ファブリイケイション》」「偽造、または、改竄《かいざん》（Falsification）《フォールスフィケイション》」「剽窃《ひょうせつ》、または、盗用（Plagiarism）《プレイジアリズム》」の三つに分類されている。これらは、英語の頭文字をとって、FFPとよばれる。みずからの考えに「有利なデータや材料だけを使い、不利なものを除去する」「矛盾するデータの隠蔽」は、「偽造、または、改竄（Falsification）《フォールスフィケイション》」のうちにはいる。「偽造、または、改竄」は、誤った結論をもたらす。

つごうの悪いデータが、全体の一、二パーセントならば、それを無視するのもあるていどわかる。しかし、箸墓古墳のばあい、136ページの**図29**で示したように、つごうの悪いデータが全体の八〇パーセント以上をしめているのである。ほとんど、無茶苦茶な議論である。それでも、『朝日新聞』をはじめとするマスコミは、それをもちあげる。

理化学研究所の川合真紀・研究担当理事は、「不正・改ざんかどうかは、真実が曲げられたか。」であるという（『朝日新聞』二〇一四年五月九日〔金〕朝刊）。

とすれば、あきらかに関川尚功氏の見解を支持するようなデータを、頭から、大胆かつ乱暴にはずし、み

2009.10.22
週刊文春

朝日新聞がミスリード

奈良　箸墓古墳「卑弥呼の墓」にダマされるな

ジャーナリスト　河﨑貴一

鬼道を祭祀して国を治め、魏に使者を送ったという女王・卑弥呼。その死後つくられた直径百余歩の大きな塚が、奈良県の箸墓古墳だったという国立歴史民俗博物館の大胆な研究発表に、考古学会は上を下への大騒ぎ。はたして邪馬台国の百年論争に決着はつくのか？

「今、考古学会で、旧石器捏造事件以来の異常事態が起きています」

『季刊邪馬台国《やまたいこく》』編集長の安本美典《びてん》氏（元産業能率大学教授）は熱く語り始めた。

「国立歴史民俗博物館が、不確実な年代測定データをもとに、『箸墓《はしはか》古墳の被葬者が、卑弥呼《ひみこ》であった可能性が大きい』と発表したのです。しかも学会での発表より前に、全国紙各紙が、研究の中心である春成秀爾《はるなりひでじ》同館名誉教授の『箸墓古墳が卑弥呼の墓であることは間違いなくなった』というコメントを紹介していました。発表前にリークしたとしか考えられません」

邪馬台国はどこにあったのか。女王・卑弥呼が誰なのか。この日本古代史最大の謎に対し、明治四十三（一九一〇）年、京都帝大の内藤湖南《こなん》教授が邪馬台国「畿内説」を、東京帝大の白鳥庫吉《くらきち》教授が「九州説」を発表。奇しくも来年には論争開始から百年を迎えるが、五月三十一日、国立歴史民俗博物館（以下、歴博）のグループが、奈良県桜井市の箸墓古墳を、築造年代から「卑弥呼の墓である」とほぼ断定したのだ。

それは同時に、邪馬台国の位置をも、箸墓古墳近くの纒向《まきむく》遺跡に特定することになる。新聞やテレビの報道で、「邪馬台国は畿内説で決着がついた」と信じた人も多いだろう。しかしこの仮説には、九州説の学者はもちろん、畿内説の学者すら猛反発しているのだ。

『魏志倭人伝』など中国の史書を総合すると、卑弥呼は一七〇～一八〇年頃の生まれで、神功《じんぐう》皇后や倭姫《やまとひめの》命《みこと》、九州王朝の姫などが候補にあげられてきた。箸墓古墳に祀《まつ》られているのは、宮内庁によれば第七代孝霊天皇の皇女「倭迹迹日百襲《やまとととひももそ》姫命《ひめのみこと》」。第十代崇神天皇の巫女のような役割を果たしたと『日本書紀』に記されており、『魏志倭人伝』の「卑弥呼は鬼道で衆を惑わす」という描写とたしかに似ている。

一方で、箸墓古墳の「前方後円墳形式」は、これまで四世紀以降の古墳時代の築造と考えられてきた。

ところが歴博は、箸墓古墳の築造年代を「二四〇～二六〇年」とこれまでより百年以上早いと発表。この「古墳出現の炭素14年代」という研究では、箸墓古墳の堀や堤から出土した土器に付着した煤《すす》や、炭化した煮こぼれに含まれる炭素14で年代を測定したという。

日本考古学協会の総会は満席で、立ち見も出るほど。前出の安本氏も参加したが、

「示されたデータでは、箸墓古墳の年代は百年以上の幅を持ちうるものでした。はじめに、『箸墓古墳＝卑弥呼の墓』の結論があって、そこにデータを当てはめたとしか思えませんでした」

わずか五分間の質疑応答は紛糾。質問者からデータ

地元ではもう認定？

箸墓古墳

宮内庁管理で発掘はできない

45

写真2　国立歴史民俗博物館グループの「箸墓＝卑弥呼の墓説」についての批判的見解を報ずる『週刊文春』（2009年10月22日号）の記事

ずからがもっている説にあうようなデータだけをとりあげて、それを、学会発表まえに、『朝日新聞』にリークする。

あきらかに、「真実を曲げる」ことになる。不正が行なわれていることになる。

このような点は、すでに、何回も指摘されているにもかかわらず、塚本和人記者は、あいかわらず、歴博研究グループの発表の結果だけをくりかえす。

不正が指摘されても、マスコミも一度報道した以上、面子があって、なかなか認めないため、不正な情報が拡散し、再生産される。

考古学界の雰囲気

日本考古学協会は、考古学の分野では、わが国最大の会員数を誇る学会である。

その日本考古学協会の前会長が、九州大学教授の、田中良之《よしゆき》氏である。

その田中良之氏は、日本考古学協会の現在の会長の西南学院大学教授の高倉洋彰《ひろあき》氏らとともに、『AMS年代と考古学』（学生社、二〇一一年刊）をあらわしておられる。（AMS法［加速器質量分析法］は、炭素14年代測定法の一種。試料中の炭素14の数を、直接測る方法。それまでの方法にくらべ、試料の量も時間も、すくなくて測定できる。）

この本では、人骨および鹿骨をサンプルとして用いれば、歴博研究グループの測定年代よりも、はるかに新しい年代が得られることなどが述べられている。

この本の「あとがき」には、つぎのような文章がある。

「田中の論考は、理化学的な分析によっても国立歴史民俗博物館のチームが唱えるAMS年代をこのままでは使用できないことを明らかにしたもので、考古学の側の問題提起が頑迷固陋《がんめいころう》によるものではないことを示しています。」

「マスコミを利用するという学問的でない最初の土俵が、もっと健全な形で果たされていれば、活用あるいは否定のいずれであっても、この研究はもっと学問の俎上《そじょう》に載ったであろうと思います。」

高倉洋彰氏は、その著『行動する考古学』（中国書店、二〇一四年刊）のなかでも、歴博研究グループのAMS年代測定にふれてのべている。

「学問の世界にマスコミの支持を得るための世論操作をもちこむ姿勢、あるいはもちこんだと疑わせる姿勢は好ましいものでない。」

インターネットで、「国立歴史民俗博物館」「炭素14年代測定法」をキーワードとして検索すれば、そこは、相当数の歴博グループの研究への批判がみられる。

また、二〇〇九年十月二十二日号の『週刊文春』も、歴博グループの研究についての批判記事をのせている。

塚本記者は、さまざまな批判が公表されているにもかかわらず、操作されたデータ、操作された情報にもとづき、いまだに、歴博研究グループに利用されっぱなしの記事を書いている。なんとか、ならないものか。

邪馬台国を探すつもりならば、福岡県には、奈良県の一万倍以上の費用を投入して、やっとバランスがとれるということのようにみえる。それが、客観的事実のさし示しているところではないか?

客観的事実を直視しないことは、厖大な公共財（租税など）の浪費となる。そのことは、認識されているのであろうか。

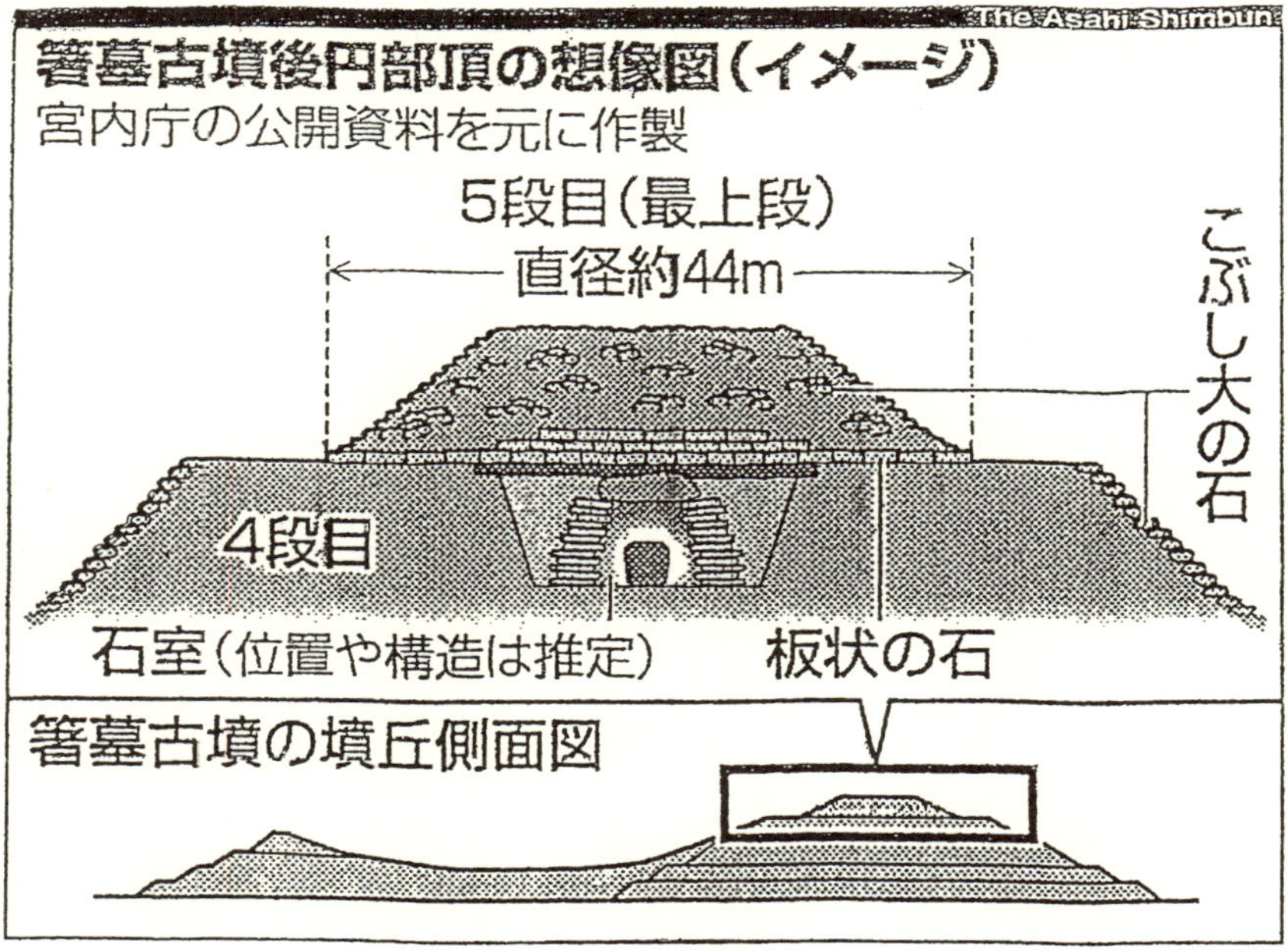

図33　箸墓古墳後円部頂の想像図

箸墓古墳は、「竪穴式石槨」をもっている？

二〇一二年九月十二日（水）夕刊の大阪本社版の『朝日新聞』夕刊に、箸墓古墳についての記事がのっている。やはり、塚本和人記者の執筆になるものである。

その記事のなかに、「宮内庁の公開資料を元に作製」された「箸墓古墳後円部頂の想像図（イメージ）」がのっている。**図33**のようなものである。

古墳の埋納部が、「竪穴式石室」のなかに、棺が納められている形に描かれている。記事のなかにも、「竪穴式石室が盗掘された時に転落した石材だろう」などの文がある。

「竪穴式石室」は考古学者によっては、「竪穴式石槨」ともよばれる。たとえば、岡山大学の教授であった考古学者の近藤義《こんどうよし》郎《ろう》の編集した『前方後円墳集成』（山川出版社刊）では、「竪穴式石室」のことは、すべて、「竪穴式石槨」と記されている。

『魏志倭人伝』は、倭人の葬制を記し、「棺あって槨なし」とある。

箸墓古墳に、「石槨」があったのでは、『魏志倭人伝』に記されている「棺あって槨なし」にあわない。

箸墓古墳は、邪馬台国のものとは、時代または場所、あるいはその双方が異なるようにみえる。しかし、ここでも、「卑弥呼説の古墳」などと記されている。

ああ、どうも、マスコミの人から、お前は勉強がたりないよ、といわれたので、逆に、マスコミの人のほうが、勉強がたりないよ、というような文章を書いてしまった。

それも、朝日新聞以外の人から勉強がたりないよ、といわれたのに、朝日新聞の記事をとりあげてしまった。

それは、『朝日新聞』が、とかく世論をリードしているようにみえるからである。

読者よ。邪馬台国論争とは、所詮《しょせん》、このていどのものである。子どものケンカと変りがない。

ただ、そのなかに、学問とはなにか、科学とはなにか、マスコミ報道はどのようなものか、を考える材料はふくまれている。

第3章　古墳などの年代遡上論は成立しない

●元日本考古学協会会長・大塚初重氏の見解例を検討する●

元日本考古学協会会長・大塚初重氏の見解をのせているムック（徳間書店、2013年７月号）

弥生時代そのものや、古墳の出現期の年代遡上論の根拠に、しばしば炭素14年代測定法や、年輪年代測定法の結果が用いられている。しかし、炭素14年代測定法や年輪年代測定法によるばあい、同一の遺跡から出土した遺物の年代が、試料種によってしばしば大きく異なる。そのことを、十分検討しないまま、年代を論ずるのはナンセンスである。

1　古代年代遡上論批判

この章のはじめに

炭素14年代測定法や、年輪年代測定法によるばあい、試料種のもつつぎのような特徴に留意し、妥当な年代をうるように、つとめなければならない。

ヒノキ……年月の経過に対する耐久力が強い。しばしば再利用される。そのため年代が、数百年の単位で古くでることがある。

コウヤマキ……しばしば、棺材に用いられている。年代が古くでがちである。再利用した木材が用いられているためか。

土器付着炭化物……年代が古くでがちである。おそらくは、炭化物が活性炭のような性質をもち、土壌にふくまれるフミン酸やフルボ酸などの腐植酸を吸着しやすい傾向をもち、汚染《コンタミネーション》をうけがちであるためとみられる。

クルミ・桃核……汚染をうけにくい。同じ遺跡から同時に出土したいくつかのクルミや桃核（桃のタネの固い部分）の測定値の、加重平均値をとれば、比較的妥当な年代を示していることが多い。

このほか、ホケノ山古墳出土の、およそ12年輪の小枝試料なども、妥当な年代を示しているようにみえる。

しばしば、試料種による年代の違いを無視して新聞発表などが行なわれている。強く留意すべきである。

また、しかるべき公的行政機関でマスコミ発表した遺跡の年代なども、このような事実を、検討していないばあいがすくなくない。この点を、とくに留意する必要がある。

炭素14年代測定法や年輪年代測定法など、一見科学的にみえる年代測定法が、みずからの好むほとんど任意の年代をとりだすための道具になっている。科学や学問の本来のあり方とはほど遠い。既存の体制を守り、助成金をうるという邪馬台国ビジネスの道具となっている。

「国立歴史民俗博物館の発表」なるもの

いま、邪馬台国問題に関して、畿内説の立場から、さかんに発言しておられる方に、大塚初重氏がおられる。さながら、畿内説のスポークスマン役をされているようにみえる。

大塚初重氏は、日本考古学界の重鎮である。長く明治大学の教授をつとめ、また、考古学の分野で、日本最大会員数をもつ日本考古学協会の会長もされた。

円満なお人がらと、博物学的な研究姿勢と、人脈とから、『日本古墳大辞典』（東京堂出版刊）、『日本古代遺跡事典』（吉川弘文館刊）など、多くの辞書類の編纂者である。多少とも古代史の研究に足をふみいれた人で、大塚初重氏の業績の恩恵をうけた人は多いはずである。

しかし、人にはそれぞれ、長所・短所がある。大塚氏は、多数意見とみられるものの代弁者の傾向がある。「感じ」「印象論」で大ざっぱに論じられるところがある。根拠をあげての論証などは、あまり得手とはされないのかもしれない。

徳間書店からでているTOWN MOOKで、二〇一三年の七月に、『邪馬台国の正体』というのがでている。MOOK（ムック）はmagazine（雑誌）とbook（本）との合成語である**（写真3参照）**。編集の仕方や体裁が、雑誌と本との中間であるような出版物である。

このような一般向けのムックをとりあげるのは、あまり学術的とはいえないかもしれない。しかしムック

(陽泉社、2013年９月刊)

(KKベストセラーズ、2013年６月刊)

(朝日新聞出版、2013年８月刊)

(宝島社、2014年11月刊)

写真3　つぎつぎと刊行される卑弥呼と邪馬台国関係ムック

みやすい。

では、記事のスペースがかぎられている。そのため、それぞれの筆者の主張が要約されていて、要旨をつか

大塚初重氏は、ムック『卑弥呼の正体』にのせた文章「邪馬台国畿内説の真実」のなかでのべる。

「一方、考古学ではどうなのか。1970年代まで、弥生時代中期と言えば、紀元前100年頃から紀元100年頃のことを指していました。しかし昨今、AMSを使った年代測定法の結果、その年代は見直され、従来よりも約50~100年は溯るのではないかと考えられるようになりました。古墳の出現についても同じことが言えます。典型的な前方後円墳の出現は300年前後とされてきましたが、古墳の出現はもっと溯るのではないかと。」

「国立歴史民俗博物館の発表によれば、箸墓古墳周辺から出土した布留0式土器は240~260年頃のものであると推定されました。これは、『魏志倭人伝』に記された卑弥呼が死去した時代（正始8年、247年頃）に重なるわけです。」

大塚初重氏は、「考古学ではどうなのか」とのべながら、「古墳の出現」が溯るとみられる考古学上の根拠をまったく示していない。

国立歴史民俗博物館グループ（以下、「歴博研究グループ」と略記する）の炭素14年代測定法の発表などをくりかえすのみである。

歴博研究グループの炭素14年代測定法の発表については、「第2章」でも、すでに、あるていど検討した。

この章では、「第2章」とは、すこし別の観点から、いますこしくわしく検討しよう。

大塚初重氏のさきの文章には、かならずしも正確とはいえない個所や、問題点がいくつもある。

大塚初重氏は、「国立歴史民族博物館の発表」と記す（「国立歴史民俗博物館」の誤字とみられる）。「国立歴史

民俗博物館の発表」と記せば、「国立歴史民俗博物館」そのものの、公式発表のようにうけとれる。しかし、そうではない、国立歴史民俗博物館では、国立歴史民俗博物館に属するある「研究グループ」の発表という立場をとっているはずである。

大塚初重氏は、考古学分野の人々に、「歴博研究グループ」路線で行こうと、号令をかけているようにもみえる。しかし、それは科学的根拠をもっているのか。

炭素14年代測定法では、用いた試料によって、何百年もの差のある結果がでてくる。要するに、歴博研究グループは、そのことを利用して、あらかじめもっている「出したい結果」を出しているだけなのである。

「箸墓古墳＝卑弥呼の墓説」が、考古学的なデータの分析からみちびきだされたものではなく、「箸墓古墳＝卑弥呼の墓」を所与の前提とする「論点先取」の解釈論である疑いは、邪馬台国畿内説の考古学者、寺沢薫氏（現、桜井市纒向学研究センター所長）が、すでに、二〇〇二年に、つぎのようにのべている（傍線は、安本）。

「箸墓古墳の暦年代については最近、これを三世紀中葉として、『三国志』「魏書」東夷伝倭人条記載の卑弥呼の墓に比定しようとする意見が多くみられる。具体的な土器編年をもとに考古学的な手法で暦年代を積み上げた結果であれば、大いに議論すべき問題であろうが、ごく一部の研究者を除いてその多くはこうした自己の分析プロセスを全く提示しないか試みた形跡すらない。また、最近の年輪年代や放射性炭素年代をそのまま鵜呑みにして、それによって生じる考古学的な矛盾を全く等閑に付したケースも少なくない。これらの意見は、論理の転倒にとどまらず、考古学研究者としての本務を全く放棄している点で、考古学の存立そのものをも危うくする以外のなにものでもあるまい。

さらに、卑弥呼が魏王朝から二四〇年に拝受した『銅鏡百枚』が三角縁神獣鏡に違いなく、この鏡を初期のうちに副葬したであろう箸墓古墳は卑弥呼の墓と考えてよいとする考えもある。こうした議論は一見、中国鏡の製作年代から導き出された考古学的年代決定によっているかのようには見えるが、実はそれぞれが議論の対象となる幾重もの独断と可能性のうえにたった歴史解釈上の仮説でしかなく、うがった考えをすれば、まず箸墓＝卑弥呼の墓ありきで、箸墓の年代観がこの前提に規定されているのではないかとまで疑いたくなる。」（『箸墓古墳周辺の調査』［奈良県立橿原考古学研究所、二〇〇二年刊］）

寺沢薫氏は、二〇〇二年の時点で、言葉鋭く「考古学の存立そのものをも危うくする以外のなにものでもあるまい。」とのべるが、いっこうにききめがない。（なお、三角縁神獣鏡問題については、私［安本］は拙著『大炎上「三角縁神獣鏡＝魏鏡説」』［勉誠出版、二〇一三年刊］において、ややくわしく検討している。）

考古学の分野のリーダーをもって任ずる大塚初重氏は、「考古学的な矛盾を全く等閑に付したまま」、そして、「自己の分析プロセスを全く提示しない」まま、あいかわらず、「箸墓古墳＝卑弥呼の墓説」をくりかえされる。

「出したい結果」を出して、マスコミ報道にもちこむ。それによって、批判的意見を圧倒しようとする。これは、旧石器捏造事件で多用され、あとで、強く批判されたはずの方法である。

考古学は大塚氏のような発言を放置していて、ほんとうに大丈夫なのか。

池上曽根遺跡の事例

大塚初重氏は、ムック『邪馬台国の正体』のなかでのべる。

「大阪の池上曽根遺跡から発見された祭殿に使われた柱の年輪を分析したところ、紀元前52年に伐採されたことがわかりました。」

しかし、池上曽根遺跡から発見された柱は、ヒノキである。

そして、ヒノキは、年輪年代法によったばあいでも、炭素14年代測定法によったばあいでも、遺跡そのものの構築された年代よりも、はるかに古い年代を、しばしば示すことがしられている。

ヒノキは、年月の経過に対する耐久力がきわめて強い。そのため、再利用がよく行なわれたためである。

宮大工《だいく》で、法隆寺大工の棟梁などをした西岡常一《つねかず》氏は、『日本経済新聞』連載の『私の履歴書』のなかでつぎのようにのべている。

「（法隆寺の）解体修理などではっきりしたことだが、スギなら七百年、八百年、マツなら四、五百年はもつ。しかし千年以上ビクともしないヒノキに勝るものはない。」（一九八九年十一月二十日［月］朝刊）

「（法隆寺の）昭和大修理の当初、金堂や五重塔は、そのかなりの木、いやほとんどを新しくせねばもつまい、というのが大方の予想だった。

結果はまったくちがった。

五重塔のばあい、三割ちょっとのとりかえですんでしまった。それも、軒など直接雨風にさらされた部分がほとんどで、柱などはそのままで十分だった。計測では全体の六五％が減った。予算上はずいぶん助かったのではないか、という話はさておき、金堂にしても焼けていなければ、同じことになっていたろう。塔の心柱の上部などは雷の被害の跡もあり、

―よくぞ今日まで。

の感があった。」（一九八九年十一月二十一日［火］朝刊）

この文で、「柱などはそのままで十分だった」とあるのに注意。

福田さよ子氏は、『ホケノ山古墳　調査概報』（学生社、二〇〇一年刊）のなかで、つぎのようにのべる。

「(ヒノキは、)保存性が高く、強靭で耐朽性・耐湿性に富む。特に心材は腐朽・水湿によく耐える。」

以下に、年代測定のための個々の材質について検討しよう。

ヒノキ(檜・桧)は年代が古くでる

まず、ヒノキをとりあげる(図34)。

(1) 法隆寺の五重の塔の心柱《しんばしら》(中心の柱)は、ヒノキである。年輪年代法による伐採年代は、五九四年ごろである。法隆寺は、七一一年ごろ再建されたとみられているので、およそ百年まえに伐採された木材が用いられていることになる。

「およそ百年」の年代の違いである。

これを、さきに紹介した(180ページ参照)大塚初重氏のつぎの文章と比較してみよう。

「一方、考古学ではどうなのか。1970年代まで、弥生時代中期と言えば、紀元前100年頃から紀元100年頃のことを指していました。しかし昨今、AMSを使った年代測定法の結果、その年代は見直され、従来よりも約50~100年は遡るのではないかと考えられるようになりました。」

ヒノキを試料としたばあい、百年ていど年代が古く出るのであれば、「約50~100年」溯らせる必要はなくなってしまう。

(2) 箸墓古墳のばあい、二つのヒノキ材が、炭素14年代測定法によって測定されている。

二つの測定値同士は、きわめて近い。最終の西暦年数を推定するための途中段階の数字、炭素14年代BPの値で、わずか四〇年しか違わない(**表17参照**)。

表17には、同じ箸墓古墳から出土した遺物のヒノキと桃核(桃のタネの固い部分)の炭素14年代BPを示

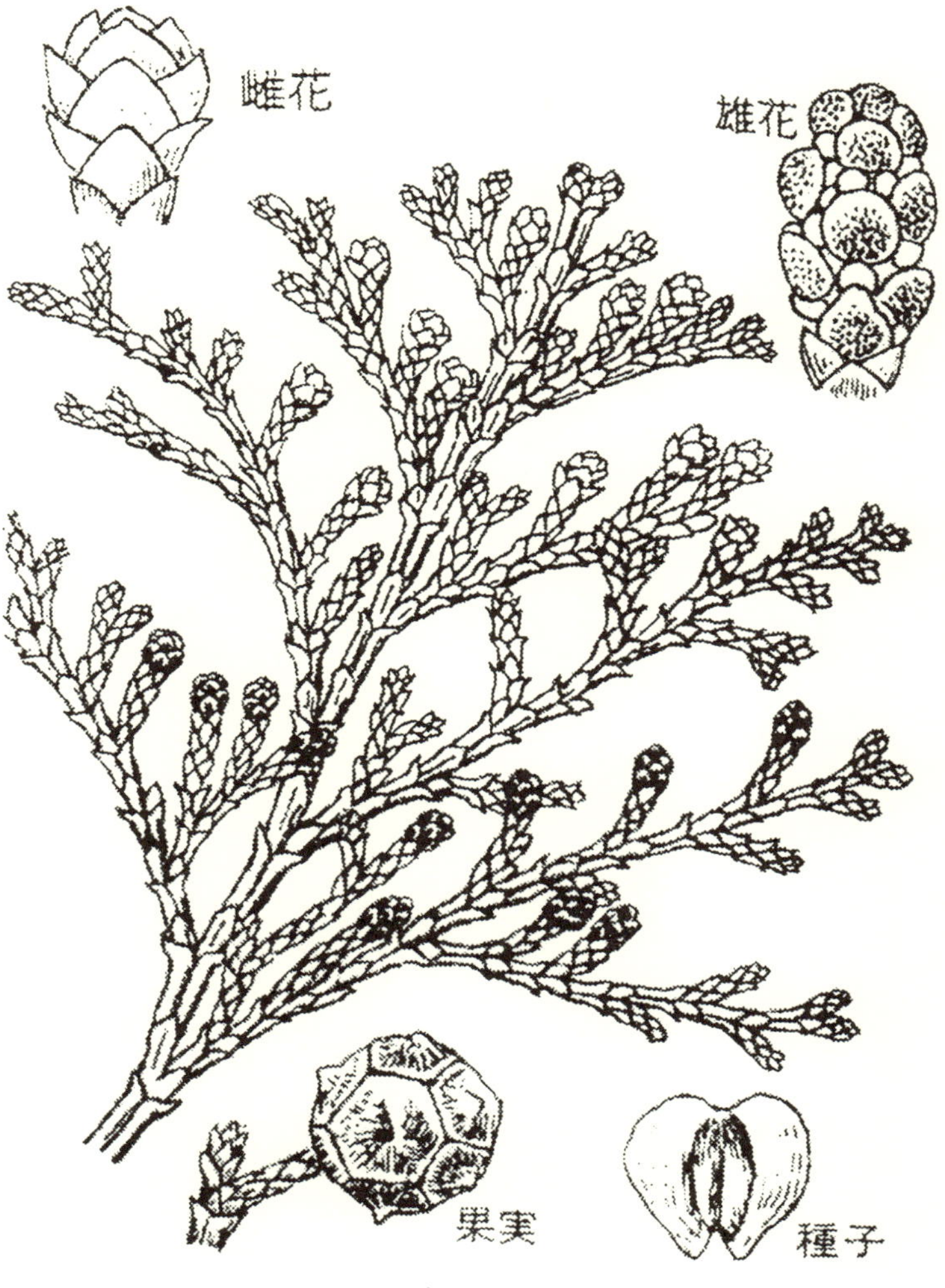

図34　ヒノキ（針葉樹、日本特産）
（『世界大百科事典』［平凡社刊］による）

表17　ヒノキは年代が古くでる・箸墓古墳出土物の炭素14年代測定値(1)

No.	試料種	炭素14年代 BP（補正値）	加重平均	差
1	ヒノキ	2080年±60年	2100年±43年	352年
2	ヒノキ	2120年±60年		
3	桃　核	1620年±80年	1748年±40年	
4	桃　核	1720年±70年		
5	桃　核	1840年±60年		

『箸墓古墳周辺の調査』（奈良県立橿原考古学研究所、2002年刊）のデータにもとづく。

した。加重平均値で、ヒノキは、桃核にくらべ、三五二年、年代が古くでている。さらに、最終推定値である西暦年数換算値でみれば、**表18**に示したように、**じつに、この差は五一五年にひろがる。**五一五年年代が古くでているのである。

その様子を示すのが、**図35**である。

炭素14年代測定値では、まず**図35**の縦軸の炭素14年代BP「BPは、Before Present または、Before Physics［物理年］といわれる値を、途中段階の値としてまず求める。それを**図35**の左下から右下の不規則な波形に下がる較正曲線《こうせいきょくせん》といわれるものによって補正し、横軸上の推定西暦年数に換算する。縦軸の値を横にたどり、較正曲線にぶつかったところで、下にたどる。

図35に示されている較正曲線は、日本産樹木の炭素14年代による較正曲線と、国際較正曲線（IntCal）とがある。この二つは、すこしずれるところがある。わが国の試料で年代を求めるばあいは、日本産樹木による較正曲線を用いたほうがよい。

図35の左上の二つのヒノキのデータをみれば、ヒノキの年代がいかに古くでているかがうかがわれよう。

箸墓古墳の築造年代については、おもに、つぎの三つの説がある。

四世紀の中ごろ（西暦三五〇年前後）

表18　ヒノキは年代が古くでる・箸墓古墳出土物の炭素14年代測定値(2)

No.	試料種	炭素14年代 BP（補正値）	推定された西暦年代	一応の参考としての西暦年代中央値	左欄西暦年代中央値の平均値	左欄の差
1	ヒノキ	2080年±60年（布留０式古相）	BC330年～AD65年	BC197年	BC192年	515年
2	ヒノキ	2120年±60年（布留０式古相）	BC360年～AD15年	BC187年		
3	桃　核	1620年±80年（布留０式古相）	245年～620年	433年	324年	
4	桃　核	1720年±70年（布留１式）	145年～515年	330年		
5	桃　核	1840年±60年（布留０式古相）	65年～350年	208年		

『箸墓古墳周辺の調査』（奈良県立橿原考古学研究所、2002年刊）のデータにもとづく。

…関川《せきがわ》尚功《ひさよし》氏（元・奈良県立橿原考古学研究所）

三世紀のおわりごろ（西暦二七〇～三〇〇年ごろ）

…寺沢薫氏（元・奈良県立橿原考古学研究所所員、現・桜井市纒向学研究センター所長）

三世紀の中ごろ（西暦二五〇年前後）

…白石太一郎氏（大阪府立近つ飛鳥博物館長）

箸墓古墳の築造年代を、西暦紀元前の二世紀などにすることはできない。それは、どのような考古学者もみとめることのできない古い年代である。

それでも、大塚初重氏は、二つのヒノキ材が、炭素14年代測定法によって、比較的安定した数値がえられている、というようなことでその年代をみとめられるのか。

それがみとめられないのであれば、池上曽根遺跡の紀元前五十二年への遡上説も簡単には、みとめるわけにはいかない。

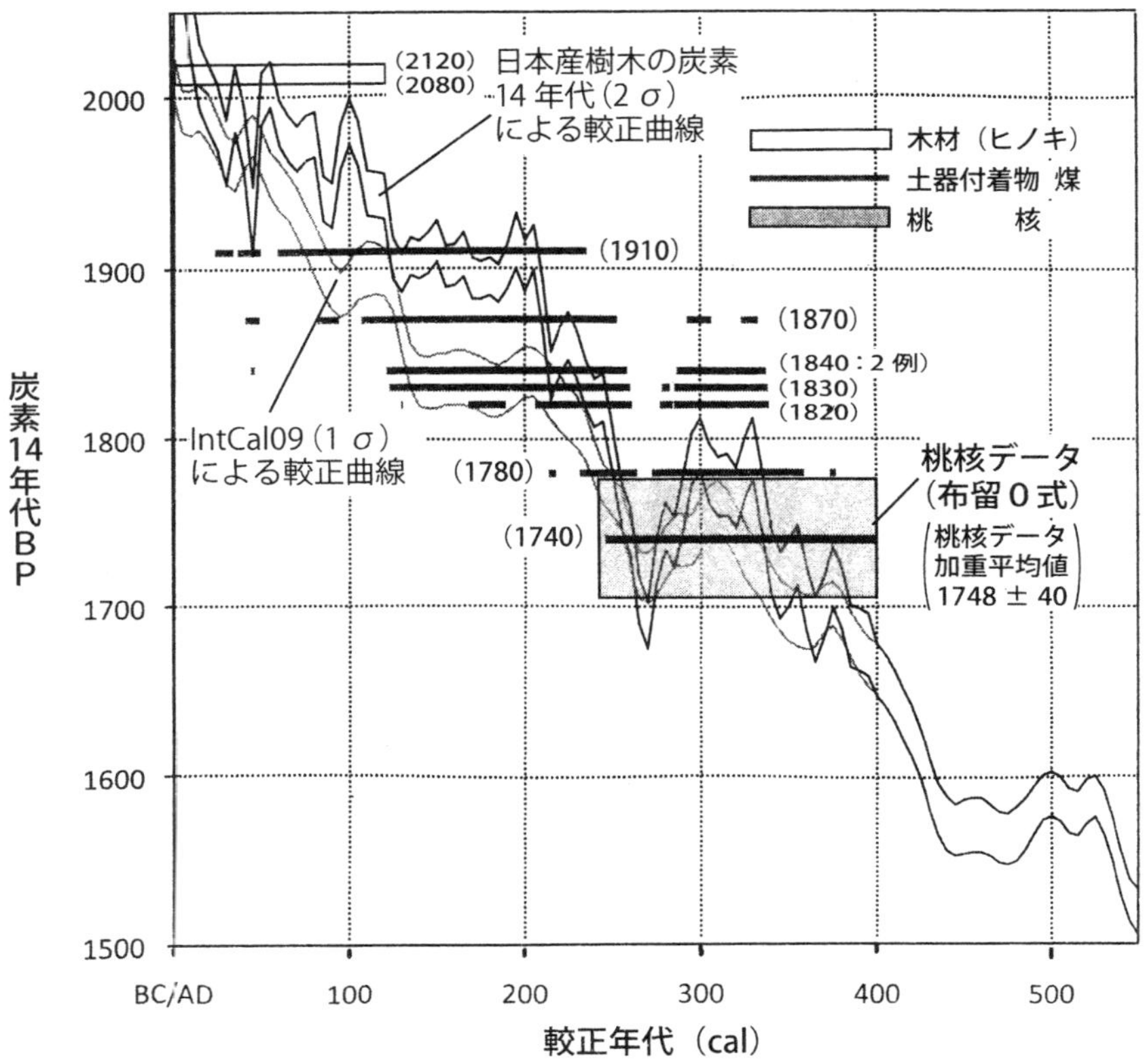

図35　箸墓古墳出土試料による図

（『国立歴史民俗博物館研究報告』第163集、2011年３月刊）にもとづく。ただし、桃核データは安本の書きいれ。

　箸墓古墳築造年代を西暦紀元前二世紀にもって行くのが、メチャクチャだというのなら、池上曽根遺跡の年代を、紀元前五二年へもって行くのもメチャクチャである可能性が生ずる。

　池上曽根遺跡の大形建物の柱材については、邪馬台国畿内説の考古学者、寺沢薫氏もくわしく検討して、「転用説（再利用説）」を、つぎのようにのべている。

　「私は柱材の転用については否定するだけの証拠はないと思う。」（寺沢薫「紀元前五二年の土器はなにか—古年輪年代の解釈をめぐる功罪—」森浩一・松藤和人編『考古学に学ぶ——遺跡と遺物』〔同志社大学考古学シリーズⅦ〕一九九九年刊、所収、参照）。

寺沢薫氏は、その著『王権誕生』（日本の歴史02、講談社、二〇〇〇年刊）の中で、つぎのようにのべている。

「年輪年代学という年代測定の研究分野がある。木材の年輪の生長はその年の気候環境に大きく作用されるから、年輪のパターンの同じ部分を重ね合わせながら過去へ過去へとさかのぼらせていくと、長いバーコード表の帯ができあがる。出土した木材の年輪と同じ年輪パターンをそこに探せば、その木の生えていた年代がわかり、最も外側の年輪が残っていれば、その木を伐採した年と季節までがズバリわかるという優《すぐ》れものだ。しかし、木材はふつう外側を削《けず》り取ったり裁断して使う。古い木材を転用して使うこともよくある。また出土木材の相対年代が決定できない場合は、せっかくの暦年代も考古学には生かされない。こうした条件のよい資料にはなかなかめぐりあうものではない。

たとえば、大阪府和泉市池上曽根遺跡の大形建物の柱穴から見つかったヒノキの柱根は、樹皮を剥《は》いだだけの条件のよい資料で、弥生時代中期末の第Ⅳ—3様式という細かい相対年代までわかった。測定結果は前五二年。マスコミはもとより、慎重を期さねばならない考古学者までがこの測定値にひきずられ始めたが、結局、この建物は三度立て替えられていたことがわかり、測定された柱材は最初のものが転用された可能性がでてきた。つまり、前五二年は建物が最初に建てられた第Ⅳ—1様式にあたる可能性が強まったのである。考古学者が資料の取り扱いを慎重にしなければ、せっかくのデータも正しく生きてはこない。」

寺沢薫氏は、一九九八年に刊行された『最新邪馬台国事情』（白馬社刊）の中でも、問題点を三つにわけて、つぎのようにのべている。

「一つは、私は年輪年代法や日本での研究の蓄積は尊重する。しかし、いかんせん、それをチェックする同業者がいない。自然科学の実験データや操作は互いにチェックし合う者がいないほど危ういことはない。

二つ目は、池上曽根遺跡の『神殿』は三度四度と立て直されていることが、調査で明らかな点だ。柱の直径五〇センチを超える巨大建造物である。伊勢神宮や藤原宮の例を挙げるまでもなく、柱の再利用のない方が珍しい。仮に、こうした神殿が『世々王《よよのおう》』によって建て替えられたとすれば、柱の示す紀元前五二年は、二、三代まえのまさに（土器の）『第Ⅳ様式』の開始年代を示すことになる。それは私たちが求めてきた実年代とほぼ見合う。二ノ畦《にのあぜ》・横枕《よこまくら》遺跡《いせき》の年代も、井戸枠の板材が特に転用を繰り返すことが多いことを考えれば、問題になるまい。池上曽根遺跡の実年代は、材の再利用の可能性を十分に吟味してからでないと、そのままでは使えないことになる。年輪年代の場合は、常にこうした『条件』が必要になってくることを忘れてはならない。遺跡出土の木材の年輪年代は、実際に使われ捨てられた年代よりも必ず古い数値が出るという性質をもっているのだから。」

寺沢氏のこの文の、「遺跡出土の材木の年輪年代は、実際に使われ捨てられた年代よりも必ず古い数値が出るという性質をもっている」という指摘は、重要である。

寺沢氏は、また、さきに紹介した「紀元前五二年の土器はなにか」のなかでのべる。

「こうした大形建物の柱材の転用は藤原宮や伊勢神宮の柱材の平安宮、地方神社への転用例をしめすまでもなく珍しいことではない。」

「大形建物Ⅰの相対年代については柱堀り方内の土器の整理によって第Ⅳ―３様式の建立と考えられ、廃絶は第Ⅳ―４様式とみられている。さらに、先行する前身大形建物の柱堀り方やこれを切ることによって混入したであろう先行土器の存在から、この大形建物は少なくとも三度の建て替えが同じ場所で行なわれていたことが明らかであり、最初の前身建物（大形建物D）は第Ⅳ－1様式にまで溯る可能性がたかい。はたして、前五二年は第Ⅳ－3様式の時期を示すのだろうか。慎重にならざるをえない。」

「転用の可能性が材そのものや出土の状況からも十分想定されるたった数例の資料によって即、弥生時代の実年代の起点とするなどという学問的軽率さそのものに反対なのである。」

「いまある数少ない（年輪年代測定の）データを実年代基準資料として鵜呑《うの》みにすることがいかに危ういものかが理解できるはずである。」

「いままでの出土材木は所属時期や経緯など資料のもつ環境に十分さを欠くものが多く、池上曽根遺跡をはじめとするいくつかの良好とみられる資料も直ちに実年代の定点として使えるものではないことを明らかにした。」

「現時点で、年輪年代測定の成果に一方的に転向、依拠することは考古学者としての責務放棄でしかあるまい。」

数例の自然科学的情報にもとづけばどうなるか。たとえば、箸墓古墳から出土した二つのヒノキ材試料の炭素14年代測定値により、箸墓古墳の築造年代を西暦紀元前一九二年前後にもって行くことさえ可能になる（**表18**）。しかも、このばあい、二つの試料の測定値は、西暦年代中央値で、紀元前一九七年と紀元前一八七年である。およそ二千年まえの年代で、わずか十年しか差がない（**表18**）。高い一致性を示しているのである。しかし、この年代は、あきらかに古すぎる。年輪年代測定の結果も、さまざまな面からの、きちんとしたコントロール調査が必要である。

そうでないと、自然科学的な年代測定値が、あらかじめ自説をもっている人たちの、自説の有力な補強材料として用いられるということがくりかえされることとなる。

この池上曽根遺跡の柱根の年代騒動のさいに、田中琢氏（当時、奈良文化財研究所長）は、「考古学の定説、常識といわれるものが実はいかにあやふやなものか。」と率直にのべておられる。にもかかわらず、なにかでるたびに「これできまりだ」式の発言をくりかえす考古学者、それをあおりたてるマスコミ報道が、あとをたたない。まったく、考古学分野における懲りない面々というほかはない。

考古学者の森浩一が、「自然科学の一例で考古学がカゼをひくようでは情けない」（『毎日新聞』一九九六年四月二十七日［土］）とのべているのは、もっともなことである。

きちんとした統計的データなどのつみかさねによるのではなく、数例の出土ごとに、百年単位で年代が上や下に動き、上よ下よの騒動をくりかえす。このような「学問」には、ちょっとつきあいきれない感じもするのである。

以上のようにみてくれれば、大塚初重氏が、いかに根拠のない発言をくりかえし強調しておられるか、おわかりいただけるであろうか。

しかし、考古学の分野の方々は、大塚初重氏の名声もあり、大塚氏の所説の直接批判という形では表現しない。

大塚初重氏は、考古学暴走の音頭《おんど》をとっているとしか思えない。

アマチュア研究家よりも、レベルが低い

現在では、多数のいわゆるアマチュアが、古代史や考古学に興味を示している。

トップクラスのアマチュアたちの研究水準は、けっして低くない。例をあげておこう。

藪田紘一郎氏という方がいる。

京都大学の法学部をでて、三菱商事の取締役などをされた方である。日本考古学協会の会員ではあるが、その経緯からいえば、古代史研究のアマチュアといってよいであろう。

その藪田紘一郎氏の著書『ヤマト王権の誕生』（彩流社、二〇〇七年刊）に、つぎのようにのべられている。

「光谷（拓実）氏の（年輪年代法についての）発表が正しいとしても、あくまでも伐採年あるいは枯死年しか判らないのである。特に、和泉の池上曽根遺跡の大形建物の柱穴から見つかったヒノキの柱根の年輪年代法による測定結果がBC五二年と発表されたことは、古代史学界・考古学界に大きな衝撃を与え、弥生中期以降の年代の引き上げに大きな影響を与えた。しかし、その後、この建物は三度建て替えられていたことが判明し、測定された柱材は最初の建築に使用されたものが転用された可能性が出てきたのである。また、法隆寺の五重塔の心柱の暦年代は年輪年代法によってAD五九四年と測定された。しかし、『日本書紀』によれば、法隆寺は六七〇年に全焼しており、現在の法隆寺はその後再建されたとする再建論が若草伽藍の発見により考古学的にも確認されている。宮大工の故西岡常一氏も、『また、古代には鉄斧などをはじめ、木材を伐採、加工する道具などは、なお、十分に普及発達していなかった。大きな木材は貴重品であった。そのため、一度伐採された木材が、さまざまな形で利用される。』（一九八九年一一月一〇日　日本経済新聞「私の履歴書」）と述べておられる。また、最初の原木についても、弥生時代中期後半（おそらく後期でも）の近畿地方ではまだ石器が使用されており、巨木を伐採するよりは、自然災害による倒木を利用したと考える方が自然であるとの指摘もある。年輪年代法が特定できるのはあくまでも上限であり、古材の転用が通常であった古代の遺構の年代測定に関しては参考資料としての域を出ないのが現状である。」

大塚初重氏にくらべ、籔田紘一郎氏は、ほとんど無名に近い。しかし、大塚初重氏にくらべ、籔田紘一郎氏のほうが、はるかによくしらべ、よく勉強しており、事態を的確につかんでおられるようにみえる。

トップクラスのアマチュアの研究家たちの水準はけっして低くない。

考古学のリーダー諸氏の学問的レベルは、タコ壺型の学問による強い思い込みの影響をうけており、トップクラスのアマチュアたちにくらべて、はるかに低い。

国やマスコミなども、その実態をもう少し深くよく検討し、しらべたほうがよい。ガランドウで空虚な穴へ、公共の資金を大量にそそぎこむことになってしまう。旧石器捏造事件のようなことが、何度でも、くりかえされることになる。

多くの意見があるばあい、その意見の一つ一つについて根拠をたずね、検討してみる必要がある。

大塚初重氏は、そのような検討をなんらされていない。ただ、みずからの想念にあった見解を強くくりかえされるのみである。この方法では、客観的チェックを受ける道がとざされている。

コウヤマキ（高野槇）は、年代が古くでる

『日本書紀』の「神代上」の第八段「一書第五」に、「柀《まき》は、棺を作るのに用いるように」という素戔嗚《すさのお》尊《みこと》の言葉がみえる。柀《まき》は、槙《まき》のことである。コウヤマキ（図36）をさすか。

『爾雅』（紀元前二世紀ごろの成立。前漢の儒家たちによる古典用語の解説をまとめた辞典）の「釈木」の、晋代の郭璞《かくぼく》による「柀」についての注につぎのようにある。

「もって船と棺の材とすべきである。柱をつくってこれを埋めても腐らない。」

考古学者の斎藤忠は、その著『日本考古学用語辞典』（学生社、二〇〇四年刊）の「高野槙」の項で、つぎのように記す。

「水に対して強く、腐食し難く、古墳時代の木棺にも利用されている。」

福田さよ子氏は、『ホケノ山古墳　調査概報』（奈良県立橿原考古学研究所編。学生社、二〇〇一年刊）のなかで、コウヤマキについて、「耐久性・保存性は中庸であるが、耐湿性が強い。」と記す。

コウヤマキの年代が古く出ているデータを、以下に示す。

(1)　纒向遺跡のホケノ山古墳からの出土物で、コウヤマキの木棺とおよそ12年輪の小枝とについて、炭素14年代測定法によって年代を測定した例がある。

表19に示したものである。

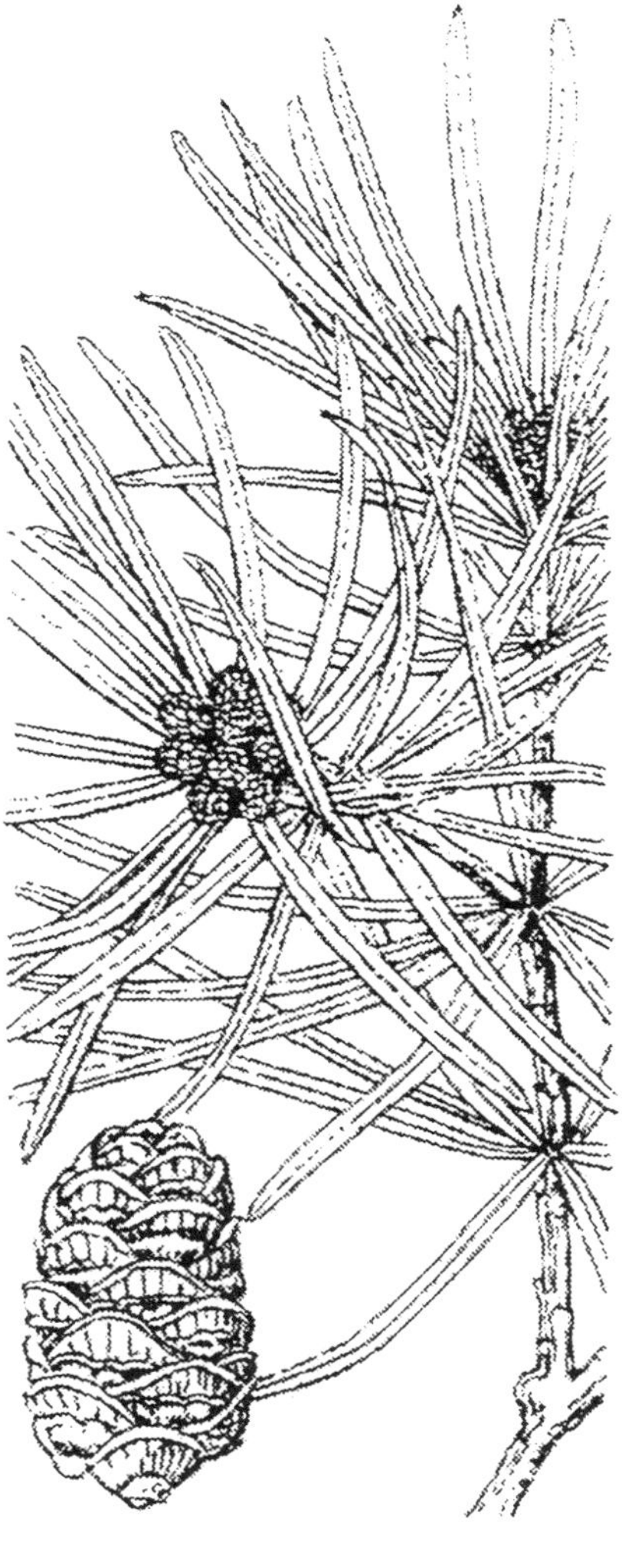

図36　コウヤマキ（針葉樹、日本特産）
（『世界大百科事典』［平凡社刊］による）

表19　コウヤマキはどのていど年代が古く出るか・ホケノ山古墳出土物の炭素14年代測定値

No.	試料種	炭素14年代 BP	加重平均	差
1	コウヤマキ（木棺）	1880年±50年	1880年±32年	179年
2	コウヤマキ（木棺）	1880年±40年		
3	およそ12年輪の小枝	1710年±20年	1701年±15年	
4	およそ12年輪の小枝	1691年±20年		

・No. 1と No. 2は、木棺表面の炭化部分。「もっとも表皮に近い部分と考える」（『ホケノ山古墳　調査概報』［奈良県立橿原考古学研究所編、学生社、2001年刊］）とある。

・No. 3と No. 4については、「最外年輪を含む」とあり、「枯木効果の影響が低いと考えられるため有効であろうと考えられる」とある（『ホケノ山古墳の研究』［奈良県立橿原考古学研究所編集発行、2008年刊］）。

表19のコウヤマキの木棺（二試料）は、木棺表面の炭化部分で、報告書に、「もっとも表皮に近い部分と考える」とされているものである。

また、「およそ12年輪の小枝」（二試料）は、報告書に、「最外年輪を含む」とあり、「古木効果の影響が低いと考えられるため有効であろうと考えられる」とされているものである。

この二種類の試料種においては、加重平均において、一七九年の差がある。

最終の西暦年巣に換算した値では、この差はもっと大きくなるはずである。

このように、コウヤマキ試料のほうが、年代が古くでているのである。

(2)　桜井茶臼山古墳からも、コウヤマキの木棺が出土している。そして、その年代が、炭素14年代測定法により測定されている。

これについては、つぎのような資料がある。

○寺沢薫、坂本稔、東影悠「桜井茶臼山古墳出土木棺の年代測定」（『青陵』第136号［奈良県立橿原考古学研究所、二〇一一年十月五日刊」）

この資料には、つぎのようにのべられている。

「較正曲線 IntCal09 に照合した結果、二七八層あった柱状試料の最外年輪は西暦九〇年前後にあると推定された。」

このばあいも、桜井茶臼山古墳の築造年代を、西暦九〇年前後と考える人は、だれもいないであろう。

桜井茶臼山古墳の築造年代については、つぎのような説がある。

(a)　西暦四世紀とする説。

川西宏幸（筑波大学名誉教授）『古墳時代政治史序説』（塙書房、二〇一一年十月刊）は、桜井茶臼山古墳の築造年代を、三三〇年～三六〇年とする。

大塚初重他編『日本古墳大辞典』（東京堂出版、一九八九年刊）は、「四世紀中葉ごろの築造と考えられる。」と記す（高島徹氏執筆）。

奈良県立橿原考古学研究所の所員であった関川尚功《せきかわひさよし》氏も、「四世紀の中ごろ前後の築造とみられる」とする（『季刊邪馬台国』102号、二〇〇九年刊）。

(b)　西暦三世紀末～四世紀初めとする説。

寺沢薫氏らの説。「桜井茶臼山古墳第７・第８次調査」（『日本考古学』日本考古学協会、二〇一一年十月二十日刊）など。

さきの桜井茶臼山古墳のコウヤマキの木棺の炭素14年代測定値の西暦九〇年前後は、桜井茶臼山古墳の築造年代と考えられる年代よりも、二〇〇年から二五〇年ほど古い。

土器付着炭化物の年代は古くでる

「歴博研究グループ」の炭素14年代測定法による年代論は、おもに、土器付着炭化物によっている。

そして、土器付着炭化物の年代が、古くでがちであることは、このシリーズの拙著『卑弥呼の墓・宮殿を捏造するな！』（勉誠出版、二〇一一年刊）や拙著『「邪馬台国＝畿内説」「箸墓＝卑弥呼の墓説」の虚妄を衝く！』（宝島社、宝島社新書、二〇〇九年刊）などのなかで、くりかえしのべてきたところである。

いま一度、おもな結果をまとめてみれば、**表20**のようになる。

表20は、目にふれるかぎりの報告書類にあたり、同一の遺跡から「土器付着炭化物」と、「クルミ・桃核」の両方が出土し、その両方の炭素14年代測定値が得られているすべてのものをとりだし、表の形にまとめたものである。

この**表20**の七例において、「土器付着炭化物」は、ことごとく、「クルミ・桃核」よりも、古い年代がえられている。

この**表20**には、箸墓古墳もふくまれている。

箸墓古墳のばあい、較正前の炭素14年代ＢＰの段階で、「土器付着炭化物」は、「クルミ・桃核」とくらべ、平均で七十七年古く出ている。

したがって、歴博研究グループのいうように、箸墓古墳の築造年代が、土器付着炭化物によって二四〇年～二六〇年ごろのものであるとかりにいえるとすれば（**図35**にみられるように、土器付着炭化物の測定値は、ばらつきが大きいので、このように、年代をせまく定めることができるかどうか、大いに疑問があるが、）その値を七十七年うしろにずらせば、箸墓古墳の築造年代は、四世紀になってしまうのである（較正をして、推定西暦年数を求めれば、その差は、さらにひろがり、七十七年以上となる）。

表20　土器付着炭化物は、クルミ・桃核などより、年代がどれだけ古くでるか

No.	(A)出土遺跡名	(B)土器付着炭化物炭素14年代BP平均値 x（試料数）	(C)クルミ・桃核炭素14年代BP平均値 y（試料数）	(B)−(C)（(B)のBP年代と(C)のBP年代との差）	(C)の試料種	出　典
①	奈良県桜井市上之庄《かみのしょう》遺跡 ４次流路SD1001	1773±13(2)	1710±15(1)	63年	モモ	『国立歴史民俗博物館研究報告』第163集（国立歴史民俗博物館振興会、2011年刊）
②	奈良県桜井市東田大塚《ひがいだおおつか》古墳	1820±18(3)	1730±30(1)	90年	桃核	『桜井市平成18年度国庫補助による発掘調査報告書』（桜井市教育委員会文化財課、2008年刊）
③	奈良県桜井市矢塚古墳	1820±30(1)	1795±22(2)	25年	桃核	西本豊弘『弥生農耕の起源と東アジア』（国立歴史民俗博物館、2009年刊）
④	**奈良県桜井市箸墓古墳**	**1825±13(8)**	**1748±40(3)**	**77年**	**桃核**	**『箸墓古墳周辺の調査』（奈良県橿原考古学研究所、2002年刊）**
⑤	北海道江別市《えべつし》対雁《ついしかり》遺跡	2906±21(4)	2403±13(17)	503年	オニグルミ	西田茂「再び年代測定値への疑問」（『考古学研究』、第51巻、第１号。通巻201号。2004年６月刊）
⑥	北海道久遠郡《くどうぐん》生渕《なまふち》遺跡	3135±40(1)	2674±19(4)	461年	炭化クルミ	『北檜山町生渕２遺跡』（(財)北海道埋蔵文化財センター調査報告書、第214集。2005年３月刊）
⑦	青森県上北郡《かみきたぐん》東道ノ上遺跡	5505±35(1)	4910±30(1)	595年	オニグルミ	宮田佳樹「遺跡にみられる海洋リザーバー効果」（『弥生農耕のはじまりとその年代』［「新弥生時代のはじまり」第４巻、雄山閣、2009年刊］）

・(B)(C)欄の平均値は、測定による重みをつけた加重平均。

・試料数の合計は、(B)の土器付着炭化物が20例、(C)のクルミ・桃核が29例。７遺跡、合計49例のデータ。

・④の箸墓古墳出土の「桃核」については、『箸墓古墳周辺の調査』に、「明らかに布留０式古相の土器群とPrimaryな状況で共存したと判断された桃核」とある。

数理考古学者の新井宏氏によれば、「（土器付着炭化物は、年代が、）古く出ているか否か」の問題を卒業して、「なぜ古く出るのか」の問題に関心が集中する段階であるという。

土器付着炭化物の年代が古くでる理由としては、炭化物が活性炭（吸着性の強い炭素質の物質。脱臭剤など、吸着剤として用いられる）のような性質をもち、土壌に含まれている腐植酸（フミン酸やフルボ酸など）を吸着しやすい性質をもつことによっておきる汚染《コンタミネーション》にもとづくことが、強く疑われている（新井宏「土器付着炭化物―古く出ている現状とその要因について―」〔『季刊邪馬台国』105号、二〇一〇年刊〕）。

名古屋大学年代測定総合研究センターの中村俊夫教授は、「クルミの殻」について、「クルミの殻はかなり丈夫で汚染しにくいので、年代測定が実施しやすい試料である。」とのべておられる（日本文化財科学学会第26回大会特別講演資料）。

大塚氏の所説内部におけるこのような矛盾は等閑に付してよいのであろうか。

考古学では、大塚初重氏が、つぎのようにのべておられるような基本的な原則がある。

「考古学本来の基本的な常識では、その遺跡から出土した資料の中で、もっとも新しい時代相を示す特徴を以てその遺跡の年代を示すとするのです。」（『古墳と被葬者の謎にせまる』〔祥伝社、二〇一二年刊〕）

この常識をもってすれば、箸墓古墳の築造年代は、もっとも新しい年代を示す桃の核によって定められることになる。その年代は、おもに、四世紀ということになる。

クルミ・桃核は、妥当な年代を示すことが多い

「第2章」の163ページで紹介した、日本情報考古学会は、当時、統計学者で同志社大学教授の村上征勝《むらかみまさかつ》氏（もと、文部省統計数理研究所・総合研究大学院大学教授）が会長であった。この学会では、理系の人の発表や、コンピュータによる考古学的データ処理などの発表も多く行なわれている。炭素14年代測定法などの検討には、もっともふさわしい学会といえる。

「歴博研究グループ」の箸墓古墳についての炭素14年代測定法は、おもに「土器付着炭化物」を、試料として用いている。すでにのべたように、ここに、大きな問題がある。同じ箸墓古墳出土の試料でも、桃核（桃の種の固い部分）では、八十年ていどは、年代が新しく出ている。桃核試料を用いれば、箸墓古墳の築造年代の推定値は、おもに四世紀ということになる。

「第2章」で紹介したように、二〇一〇年三月二十七日（土）に、大阪大学で日本情報考古学会のシンポジウムが、開かれている。

「炭素14年代と箸墓古墳の諸問題」というテーマでのこのシンポジウムで、名古屋大学年代測定総合研究センターの中村俊夫教授はのべている。

「炭素14年代を測定する対象によって、信頼度という点においてだいぶ違うことがあります。本日は、かなり土器付着炭化物の年代測定が叩かれておりましたけれど、確かにおっしゃるように年代測定してみると、試料によっては、例えば北海道産の土器付着炭化物試料は確実に実際の年代よりも古くなる傾向にあります。」

「最適な試料は陸産植物ですね。しかも単年生《たんねんせい》のもの（ある特定の一年に生じたもの）。」

「例えば今日、私が十点測って誤差の範囲内で非常によく一致するという話をしましたけれど、あれは

オニグルミ（野生のクルミ）です。（中略）ああいった保存の良い試料については心配なく測れる。」

「それに対して、土器付着炭化物というものは、何を煮炊きして出来たものかよく分かりません。例えば、海産物起源のものですと、海の炭素リザーバーの影響が出てきまして、先ほど言いましたように、古い年代が得られる可能性が非常に高くなる。」

「試料の処理の仕方ですが、試料の化学洗浄処理をすると、土器付着炭化物が溶けて無くなってしまうので、少しお手柔らかにしようという風に手加減してやると、例えば試料に後から付着混入したものが十分に排除し切れないという問題が起こり得ます。そんな訳で、^{14}C年代を測定を依頼される方も、あるいは提出された年代を自分の理論に利用される研究者も、年代値を使われる際には、それがどんな試料を基に出た年代値であるのか、それが信頼できるのかどうか、自分の希望したぴったりの年代値が出てきたからといって、それに飛びつくことなく、冷静に判断して頂ければと希望します。」（以上、『情報考古学』Vol.18、No.1・2、二〇一二年刊による。）

この大阪大学での情報考古学のシンポジウムでは、箸墓古墳の出土物の炭素14年代測定値について、重要な指摘が行なわれているとみられる。

また、**表20**をみるとき、つぎのようなことも注目される。

> **表20の②の東田大塚古墳と、④の箸墓古墳とは、ともに纒向古墳群に属する古墳である。そして、ともに、土器年代では、布留0式古相とされる時期に築造されたと考えられるものである。**
>
> **そして、二つの古墳は、炭素14年代測定値（BP）において、土器付着炭化物の値も、桃核のばあいも、かなり近い値を示している。土器付着炭化物の年代が、桃核の年代よりも古くなるていども、九十**

年と七十七年とで、かなり近い。
このことは、箸墓古墳の年代は、四世紀のものとする判断を、さらにサポートするものといえるであろう。

さらに、国立歴史民俗博物館34研究員の、宮田佳樹氏は『弥生農耕のはじまりとその年代』（『新弥生時代のはじまり』第４巻。雄山閣、二〇〇九年刊）のなかに、「遺物にみられる海洋リザーバー効果」という文章を発表している。

この文章において、国立歴史民俗博物館の宮田佳樹氏でさえ、オニグルミ（野生のクルミ）を基準にして、アサリ、シジミ、スズキなどの海産物の年代が、どのていど古くでるかを、測っているのである。

ホケノ山古墳のおよそ12年輪の小枝試料は、妥当な年代を示しているようにみえる

以上のべてきたもののほかに、すでに、**表19**や、130・131ページの**図26・図27**に示したように、ホケノ山古墳出土の「およそ12年輪の小枝」の炭素14年代測定値も、妥当な年代を示しているようにみえる。この二つの小枝試料は、原報告書『ホケノ山古墳の研究』（奈良県立橿原考古学研究所編集発行、二〇〇八年刊）に、「最外年輪を含む」とあり、「古木効果の影響が低いと考えられるため有効であろうと考えられる」と記されている。

つまり、たとえば、樹齢何百年もの大木も中心部だけの年代を測定したために年代が古くでるとか、木材の再利用のために年代が古くでるとかいうことは、なかったであろうということである。

そして、このおよそ12年輪の小枝試料によれば、ホケノ山古墳の築造年代は主として四世紀となる。

三角縁神獣鏡について

『邪馬台国の正体』のなかで、大塚初重氏は、また、三角縁神獣鏡について、つぎのように記す。

「邪馬台国を特定する上で論点となるのが銅鏡です。『魏志倭人伝』に書かれた、卑弥呼に贈った百面の鏡がどのようなものであったのか？　後漢鏡であれば九州、三角縁神獣鏡であれば畿内が有力です。」

「三角縁神獣鏡は百面を超えるほど出土していて、畿内だけでなく関東、東北、東海、九州地方からも出土しています。中国製ならば、中国からも出てきてもいいはずですが、1枚も出土していません。鋳型も出てこないんです。ということは、三角縁神獣鏡は国産の可能性が高いというわけです。そうなるとさまざまな疑問が浮かびあがってくるわけです。なぜ、日本で作ったのに魏の年号が入っているのかと。森浩一氏の論では、中国から鏡工人がやってきて作ったのではないかとおっしゃっています。箸墓古墳よりも前の時代と言われるホケノ山古墳では、庄内式土器や画文帯神獣鏡が出土しています。」

ここで大塚初重氏は、三角縁神獣鏡を、中国製とする説に疑問をのべる。

この点は、私も賛成である。三角縁神獣鏡は、国産の可能性が高いと思う（拙著『大炎上「三角縁神獣鏡＝魏鏡説」』［勉誠出版、二〇一三年刊］参照）。

ただ、ここに引用した大塚初重氏の文章からは、さまざまな問題が生ずる。

(1)　大塚初重氏は、ここで「箸墓古墳よりも前の時代と言われるホケノ山古墳」と記す。ところが、すでに**表19**や、**図26・図27**であるていど紹介しているところであるが、報告書『ホケノ山古墳の研究』によれば、ＡＭＳを使った炭素14年代測定法によるとき、「およそ12年輪の小枝」試料は、四世紀を中心とする年代を示している。

これでは、ホケノ山古墳よりもあとの箸墓古墳の年代を、同じくＡＭＳを使った炭素14年代測定法によって「240年〜260年」と紹介している大塚初重氏の見解と、矛盾してしまうではないか。

(2)　画文帯神獣鏡と三角縁神獣鏡とは、しばしば、同じ古墳から共伴出土している。

画文帯神獣鏡と三角縁神獣鏡の原料も、銅にふくまれる鉛の同位体比でみるかぎり、さして変わらない。

とすれば、「卑弥呼に贈った百面の鏡」としては、画文帯神獣鏡や三角縁神獣鏡のような、中国の長江流域の南方系、呉系の神獣鏡ではなく、中国北方系の後漢鏡である長宜子孫銘内行花文鏡などを考えざるをえなくなるのではないか。そのような鏡は、北九州を中心に分布する。大塚初重氏の文章によれば、「後漢鏡であれば九州」ということになる。ところが、大塚初重氏は、畿内説をとっておられるのである。

以上、要するに、大塚初重氏は、さまざまな情報をつまみ食いしているだけであって、なんら首尾一貫した見解をのべていない。

あちらを立てれば、こちらが立たないような見解を熱心にのべているとしか思えない。たてつけの悪い障子やふすまを無理やりやたらに動かしていると、家がつぶれてしまうのではないか。

これで、まとまりのある古代史像が、えがけるはずがない。

構造のある知識をもたらさない。なんの体系もなしていない。つまり、歴史になっていない。

『季刊邪馬台国』118号で、東京大学名誉教授の松原望氏は、フランスの数学者、科学哲学者のアンリ・ポワンカレのつぎのことばを引用している。

「事実を用いて科学を築くのは、石を用いて家を築くようなものである。しかし、山積の石が家でないのと同様、事実の寄せ集めが科学というわけではない」

ここまでのまとめ

さきに記したように、大塚初重氏は、「考古学では……」とのべながら、遡上論の考古学的根拠をまったくのべていない。

これは、のべていないのではない。のべることができないのである、とみられる。

その理由を以下にのべよう。

考古学では、土器の相対編年（どの型式の土器が古く、どの型式の土器が新しいか）が、年代を考えるばあいの基本的なモノサシとなる。

ところが、とくに奈良県のばあい、年号を記した土器などが出土しているわけではない。西暦年数に、直接換算しうるような情報をもつ土器が存在しているわけではない。

寺沢薫氏は、土器の編年を、西暦の実年代にあてはめることの難しさについて、箸墓古墳の「布留0式期」（布留0式という型式の土器の行なわれた時期）に関連して、つぎのようにのべる。

「それでは、この『布留0式』という時期は実年代上いつ頃と考えたらよいだろうか。正直なところ、現在考古学の相対年代（土器の様式や型式）を実年代におきかえる作業は至難の技である。ほとんど正確な数値を期待することは、現状では不可能といってもよい」（寺沢薫「箸中山古墳〔箸墓〕」、石野博信編『大和・纒向遺跡』学生社、二〇〇五年刊所収）

白石太一郎氏も、ほぼ同じことを、つぎのようにのべる。

「相対年代の枠組に絶対年度を与えるのは、非常に難しく、考古学の方法だけでは決定できない。文献史料の助けを借りたりして総合的に考えていかなければいけないわけで、今後も我々に与えられた材料を総動員して、最も合理的な年代観を想定していかなければいけないし、新しい資料が出てくればどんどん修正されていくわけです。」（上田正昭、大塚初重監修、金井塚良一編『稲荷山古墳の鉄剣を見直す』〔学生社、二〇〇一年刊〕）

参考までに、国立歴史民俗博物館の館長であった考古学者で、亡くなった佐原真氏は述べている。

「弥生時代の暦年代に関する鍵は北九州がにぎっている。北九州地方の中国・朝鮮関連遺物・遺跡によって暦年代をきめるのが常道である。」（「銅鐸と武器形青銅器」『三世紀の考古学』中巻、学生社、一九八一年刊）

このような理由があるため、大塚初重氏のように「考古学では……」といいながら、結局、炭素14年代測定法や年輪年代法にたよることになる。

しかし、大塚初重氏の炭素14年代測定法や年輪年代法についての発言は、基礎的な検討などを、まったく行なっていない。そのため、ほとんど、任意の年代をえらぶことができるものである。

つまり、年代遡上論はなんの根拠ももっていないということである。

すでに紹介したように、大塚初重氏はいう。「考古学本来の基本的な常識では、その遺跡から出土した資料の中で、もっとも新しい時代相を示す特徴を以てその遺跡の年代を示すとするのです。」それなら、箸墓古墳の年代は桃核で、ホケノ山古墳の年代は「およそ12年輪の小枝」できめられることになる。いずれも、四世紀を中心とする年代を考えなければならないとなる。

大塚初重氏は、ほとんど矛盾だらけの議論をしている。

遡上論者は、邪馬台国は畿内であるという前提で体制《システム》をつくり、それにあるようにデータを解釈し、それをマスコミ宣伝しているにすぎない。

意識的か、無意識的であるかは別にして、体制《システム》のために、不利な情報はすべて排除し、結果的に、世間を瞞着またはミスリードしようとしているにすぎない。もし、たんに、不勉強であるとすれば、その責任は重い。旧石器捏造事件などから、ほんとうに、なにも学ばなかったのであろうか?

2 遡上論の考古学リーダー諸氏についていくのは、あぶない

旧考古学のリーダー諸氏の炭素14年代測定法や年輪年代法利用のレベルは、驚くほど低い

田中角栄氏の「列島改造論」以来の公共事業ブームの「行政大発掘時代」には、膨大な金が、考古学の分野に流れこんだ。

文化庁文化財主任調査官であった岡村道雄氏はのべている。

「開発に伴って最低限遺跡の発掘記録をとるために使われている予算は平成一一(一九九九)年度で約一一〇〇億円です。」(岡村道雄、山田晃弘、赤坂憲雄(司会)「事件が問いかけるもの—前・中期旧石器考古学の現在」[『東北学』Vol. 4、二〇〇一年刊])

そのようなこともあり、考古学者の発言の機会がふえた。

新聞社の文化部や学芸部なども、考古学を専攻した記者を採用していることが多い。

そのため、邪馬台国問題など、全体的な視野から把握されなければならない日本古代史の報道が、とかく、考古学のリーダー諸氏の意見の代弁・発表にかたむきがちになっている。

そして、「マスコミ発表したものが勝ち」という傾向が、この分野では強く形成されるようになった。

なんら証明されていないことや、学会でよく検討されていないことが、すぐに、マスコミ発表される。そして、それを日本考古学協会の会長をされたような方が、さかんにもちあげる。こんないいかげんな学問分

野、科学分野が、他に存在するのであろうか。ほかの学問分野、科学分野では、ものごとを、もっときちんと議論している。

考古学的な発掘技術や記録の方法の精密化と、そのようにして得られたデータを用い、古代史の全体像を推理・構築していく技術の高度化とは、異質のものである。

かつて、考古学的遺物の精密な記録の高度化をなしとげた人に、京都大学の梅原末治がいた。考古学の分野の大権威者であった。梅原末治が、そのような精密な記録法によって、伝橿原市出土、大和鳥屋《とりや》千塚《せんづか》出土などとして、古代の勾玉として紹介したものの八割以上が、現代技法によって作られたものであるとして、ガラス工芸の専門家の由水常雄《よしみずつねお》氏から、徹底的な批判をあびたことがある（『芸術新潮』一九七二年一月号、『週刊新潮』一九七二年一月二十三日号、由水常雄著『火の贈り物』［せりか書房、一九七七年刊］）。鉛ガラスでなく、ソーダガラスであること、ビール瓶を溶かして作られた独特の色をしているもののあることなどが指摘されている。梅原末治が、ガラスの「釧《くしろ》（古代の腕飾り、腕輪）」としたものは、たぶん明治時代の蚊帳《かや》の吊り輪であろうという。

このばあいも、考古学の分野からは、梅原末治を直接批判する人はあらわれず、他の分野から批判する人があらわれていることに留意すべきである。すこし視点をかえれば簡単にみえることが、みえなくなるのである。

このようなことなども思いおこすべきである。考古学上の多くの失敗から学ぶべきである。

日本考古学協会の会長をされたような方でも、炭素14年代測定法や年輪年代法の結果などの利用法のレベルは、徹底的に、ちょっと考えられないほど低い。

そこでは、みずからはなんらの分析を加えることもない。批判のあることなどを考慮することもない。ただ、マスコミ発表のあったもので、自説にあったものをくりかえし強調するのみである。

年代遡上論の考古学リーダー諸氏の所説の基本的方法は、出したい結果を出し、信じたいものを信ずるという素朴な方法である。

正しいのか正しくないのかを検証する作業や方法が完全にぬけている。

いかにして、みずからたちが抱いた先入観や思いこみにあった結果だけを、多くの結果のなかから、チェリーピッキングするか。それをいかに、マスコミの場での発表に持ちこむか。そこにエネルギーの重点がおかれる。そして、いったんマスコミ発表されたならば、そのことを極力くりかえし強調する。

それは、公平に、客観的に、科学的に、古代史像を構築しようとするものではない。

遡上論のリーダー諸氏たちの、マスコミ発表などは、心して読み、検討すべきである。

考古学の分野の「権威」や、マスコミの「権威」などに圧倒されてはならない。王様はハダカなのである。

そこでは、きちんとした学問的分析や検討は行なわれていない。その水準は、他の学問分野にくらべ、おどろくほど低い。

その根拠のないこと、森口尚史《もりぐちひさし》氏の、iPS細胞による世界初の臨床応用をしたとのマスコミ発表などと、基本的に同種のものである。

ただ、森口尚史氏と違うところは、「赤信号、みなで渡ればこわくない。」ということだけである。しかし、旧石器捏造事件では、みなで渡って失敗した。

第二次世界大戦も、一億一心、火の玉になって、みなで大東亜共栄圏への橋をわたろうとしたけれど、その橋は、もろくも崩れおちた。

みなで渡ればこわくはないかもしれないが、みなが事故にあう危険性も大きい。点滅している信号は、しっかりと見る必要がある。

この程度の薄弱な根拠により、古代の年代はくりあげられている。そして、「邪馬台国畿内説」なるものが説かれる。

畿内説の考古学のリーダー諸氏の発言には、しばしば「邪馬台国畿内説にあらざるものは、考古学者にあらず」的な響きがある。平家と同じような運命をたどらなければよいが……。

もの言えば、唇寒しであってはならない

ムック『邪馬台国の正体』所載の、「邪馬台国畿内説の真実」のはじめのほうで、大塚初重氏はのべている。

「現代の考古学者の中では、森浩一氏のような邪馬台国東遷説を唱えるような方もいらっしゃいますが、ほとんどが畿内説をとっています。」

この文は、どうなんだろう?

私のように、考古学界と、あるていど距離をとっている人間はよい。しかし、考古学界のなかにいて九州説をとっている人たちには、「あなたは、この分野では少数派ですよ。」と告げているようなことにならないか。

じっさいには、関西外国語大学教授の佐古和枝《さこかずえ》氏、三重大学教授の小澤毅氏、奈良県桜井市教育委員会文化財課の課長をされた清水真一氏など、関西在住、または関西と関係のある考古学者でも、邪馬台国九州説をとっておられる方々はおられる。

すでに、それなりに地位にある方はよい。しかし、若い考古学者で九州説の立場の人々は、大塚氏のよう

な発言に、圧力をうけることにならないか。異論を差し挟みにくくならないか。

旧石器捏造事件などでも、少数意見にマスコミなどを通じて、圧力をかけつづけた。そのような大政翼賛主義が、大きな失敗をひきおこした。

学問や科学の世界では、もの言えば、唇寒しであってはならないと思う。

以上、のべてきたように、大塚初重氏の見解は、かならずしも、考古学者の多数意見のうえにのっているようにもみえない。まして、古代史分野の多数意見にそっているようにもみえない。

また、大塚初重氏は、他の考古学者の著書・論文でさえ、仔細に検討しておられるようにはみえない。

マスコミ上で形成された実体と根拠のない、蜃気楼のような「多数意見のようにみえるもの」の上にのっているだけのようにみえる。

若い考古学者は、このような考古学のリーダー諸氏の方法や発言に、ついていってはいけない。世の中は、もののわからない人ばかりではない。このような方法にしたがうならば、考古学はやがて、かならず世間の信用をうしなう。

祥伝社からでている大塚初重著『古墳と被葬者の謎にせまる』の出版社の宣伝文に、「考古学界の第一人者」とある。社会的には、たしかにそのとおりなのであろう。しかし、「日本考古学会の第一人者」が、この文章で紹介したていどの議論しかできないとすれば、ほかは、推《お》して知るべしということになる。

なぜ、失敗はくりかえされるのか

宝くじを買うばあいに、百回のうち九十九回まであたる宝くじを買わずに、百回のうち一回以下しかあたらない宝くじを買いつづける人はいないであろう。確率を考えずに、もし、そのようなことをつづければ、容易に破産してしまう。

ベイズ統計学が示す結果などを無視し「畿内説」を買いつづけるのは、そのような行動なのである。ベイズ統計学は、特殊な方法ではない。簡便で、使い勝手のよい確率計算法であるといえる。

ふつうの科学の基準では、百回に一回以下の確率でしか成立しないような仮説はすてられる。そして、より可能性の大きい仮説を採択して、まえに進む。

ところが、考古学の畿内説のリーダー諸氏の論理では、そうではない。どのように小さな確率でも、起きうる可能性はあるのであるから、という話になる。「0《ゼロ》でない確率を買う宝くじ」のような話である。

将棋で、王様が詰《つ》んでいても、将棋にまけない方法がある。まけを認めず、「この将棋は、俺が勝ったのだ」と、マスコミ大発表を、くりかえす方法である。

これは、けっして戦争にまけない方法である。

かつて、日本国もこの方法をとった。戦いにまけてもまけても、「勝った」「勝った」と、大本営発表をくりかえした。

邪馬台国論争についても、同じである。

大塚初重氏は、私がこの文章でデータとともに示した炭素14年代測定法や、年輪年代法についての疑問に、データを示し、具体的に答えていただきたい。

そのような方法を重ねていくことによってのみ、邪馬台国問題の真の解決はえられる。

事実を無視したマスコミ宣伝によって、邪馬台国問題の解決がえられることはない。

考古学の分野では、マスコミや、就職や、処遇などを通じて、少数意見をおしつぶす、という同調圧力が強いようである。

これでは、自由に発言や発表ができない。

藤村新一旧石器が捏造物であることを指摘していた竹岡俊樹氏は、『季刊邪馬台国』118号でのべている。

［**捏造発覚前の状況**］

「全国から集まり、発掘現場と石器を観察した約300人の研究者たちは、全く異論を差し挟まなかった。」

［**捏造発覚後の状況**］

「10年たっても学問も体質も全く変わらない。」

竹岡俊樹氏の深いため息は、むなしく空にのぼるだけなのか。

『季刊邪馬台国』116号で、辻本武氏はのべている。

「竹岡はその頃の自分を取り巻く状況について、『数年前からいろいろ言ってきても、だれも相手にしなかった……ある研究者に「竹岡さんと一緒にやるとみんなに嫌われる」と返事を頂いた』と発言している。当時の彼はなかなか賛同を得られずに孤立したのであった。」

考古学の分野で、空前の圧倒的業績をあげた竹岡俊樹氏などが、その後、考古学の分野で、どのような賞賛と処遇をうけたか。それによって、考古学界の体質を知ることができる。

国民栄誉賞をうけてもよいほどの業績のように思えるが、考古学の分野の浜田青陵賞の候補になったという話すらきかない。

発掘などを行ない、報告書などをまとめると、費用がかかる。

公的な資金・開発業者からの金などが、考古学の分野に流れこむ。すると、組織ができる。各地に博物館ができる。組織の原理にしたがわなければ、生活ができなくなる。

旧石器捏造事件の藤村新一氏なども、つぎつぎと業績をあげなければ、生活ができないこともあって、無理をしたようにみえる。

以上のようにみてくると、考古学のリーダー諸氏の活発な動きは、日本考古学の分野や、日本古代史の分野において、学問や科学の進展や、真実の解明をさまたげる重荷となってきているのではないか。このような思考法にもとづく「学問」に、多額の公的資金をつぎこむことは、納税者の一人として、抗議の声をあげてもよい状況になっているのではないか。

科学も、学問も、それだけで孤立してしまうと、みずからの科学性を喪失してくるものである。

長く権威の座にあって、腐敗しないものはすくない。まして、狭いムラ社会での権威はなおさらである。

『失敗の本質―日本軍の組織論的研究』(中公文庫、中央公論社、一九九一年刊)という本がある。

大東亜戦争における日本軍の失敗を、社会科学的に分析したものであって、現在も読まれつづけている大ベストセラーである。

そのなかに、つぎのようなことがのべられている。参考になるのではないか。
(1)　ノモンハンでの失敗は、ほとんど学習されることがなかったこと。(旧石器捏造事件での失敗は、学習されたか。)
(2)　教条的戦法の墨守。失敗した戦法、戦術、戦略を分析し、その改善策を探求し、それを組織の他の分野へも伝播していくことは、驚くほど実行されなかったこと。(結果として、国民に多大の損失と、迷惑をかけることになる。しかし、その責任感が、いちじるしくとぼしい。)
(3)　事実よりも、自分の頭のなかだけで描いた状況を前提に情報を軽視し、戦略的合理性を確保できなかったこと。
(4)　日露戦争の戦訓で太平洋戦争を戦ったこと。状況が変化しているにもかかわらず、「前動続行」を繰り返すこと。（科学は、証明が基本であるにもかかわらず、考古学では、日本軍が突撃玉砕作戦に固執したように、マスコミ宣伝作戦に固執している。よくしらべずに、責任ある立場の人が、誤った情報をくりかえし発している。）

(5) 虚構の情報を再三報じたこと。

(6) 敵情の捜索、観測を十分に行なわずに実施した攻撃。

(7) 戦果の非現実的な過大評価。

(8) 観念的な自軍の精強度に対する過信。（突っつけば穴だらけであること。）

(9) 情報に関して、その受容や解釈に独善性のみられること。

(10) 科学的思考が、組織の思考のクセとして共有されるまでには至っていなかったこと。科学的検討に欠けることが大で、物事を科学的・客観的に見るという基本的な姿勢が決定的に欠けていたこと。

(11) 一定の原理や論理に基づくというよりは、多分に情緒や空気が支配する傾向。

(12) 組織のなかで、合理的な議論が通用しなかったこと。

(13) 人間関係を過度に重視する情緒主義。「彼等（陸海軍人）は思索せず、読書せず、上級者となるに従って反駁する人もなく、批判を受ける機会もなく、式場の御神体となり、権威の偶像となって温室のうちに保護される。」

(14) 進化は創造的なものであって、単なる適応的なものではないこと。

(15) イノベーション（革新）は、異質なヒト、情報、偶然を取り込むところに始まる。官僚制組織は、異端・偶然の要素を排除する。

(16) 急激な構造的変化への適応がむずかしい。

日本軍の失敗と、考古学の失敗とは、あまりにも共通点が多いのではないか。

「歴史に学ばないものに、未来はない。」……どこかで聞いたようなことばである。

鈴木《すずき》博毅《ひろき》著『「超」入門 失敗の本質』

ベストセラー『失敗の本質』は、名著であった。そのため、『失敗の本質』という著書じたいを分析・考察する本が、つぎつぎと刊行された。

鈴木《すずき》博毅《ひろき》著『「超」入門 失敗の本質』（ダイヤモンド社、二〇一二年刊）も、そのような本の一つである。

旧陸軍のおかした失敗と、現在の考古学の何人かのリーダー諸氏がおかしている失敗とが、その本質において、あまりにも共通点がある。『「超」入門失敗の本質』からも、参考となると思われる部分を紹介しておこう。

(1)　アメリカ軍では、実戦で結果を出した少数の優秀なものに重要な仕事を集中させて、成果を極大化した。成果を挙げない人物は、降格される。（旧石器捏造事件で結果を出した竹岡俊樹氏などが、考古学の世界で、その後、正当な評価・待遇をうけているようには、とても見えない。この学界の、この体質は、社会的な批難をうけるに値する。この処遇は、考古学界の恥部として、しだいに傷口をひろげて行く可能性がある。）

「優れた人材」を、適切な場所に配置することは、戦場の勝敗に直結する最重要要素である。

日本軍では、ノモンハン事件で、多数の日本兵を犠牲にした辻政信参謀が、中央に返り咲いている。無謀極まりないインパール作戦を主導、実施し、将兵十万のうち半数をうしなった牟田口《むだぐち》廉也《れんや》中将は、のちに、陸軍予科士官学校の校長に任命される始末である。

日本軍では、作戦戦果の客観的評価よりも、やる気や、リーダーの意図が評価された。「無謀・無能でも、勇壮で、大言壮語し、やる気を見せるならば、罪に問わない」というメッセージを関係者全員に発信するならば、組織的に、無責任な失敗者が続出するのは、当然である。その結果、無謀・無責任極まりない参戦立案をする人物が増えて行き、合理的思考をする人物が減っていった。アメリカ軍は、実戦で優れた成果を出したものを昇進させて勝ち、日本軍上層部は、上司の意向を汲んだ者のみを要職につけたことで負けた。

(2)「上」は、自分が信じたいことを、補強してくれる事実だけをみる。「上」の考えていることが一番正しいという硬直的な権威主義は、直面する問題への突破・解決力を大きく損なう誤った思想である。「上から下へ」という日本軍の一方通行型のリーダーシップは、組織に内在していた優れた才能やチャンス、ほとんど活かすことなく敗北を重ねていった。

(3)超人的な猛訓練・練磨で、すばらしい強みを発揮するが、大きなブレイク・スルー(突破)を生みだすことはむずかしい。(零戦《ぜろせん》の戦果を支えた「パイロットの優れた技能」など。)アメリカ軍は、「達人を不要とするシステム」で、日本軍に対抗した。

(4)創造ではなく、既存のルールに習熟することばかりを目指す日本人の気質。革新が苦手で、練磨が得意である。自分たちでルールをつくり出すことができない。私たちの文化と組織意識のなかには、イノベーションの芽を潰してしまう要素がある。

(5)日本軍は、大局観に欠け、部分のみに固執する傾向があった。一点の正論のみで、問題全体に疑問を持たせず染め抜いてしまう。作戦実施の可否に対して、本来極めて小さな正当性しかないこと(残りの九九%は、別の要因で決断されるべき)を利用して、問題への疑問を封殺し、結論を押し切ってしまう。「何が正しくて間違いであるか」を論じる基準がなく、一点の議論を突破口とすると、関係の薄い全体像まで同じ結論だと認識させられる。（これは、考古学のリーダー諸氏が、なにか出土すると、学界での検討をうけるまえに、とにかくマスコミ発表にもちこみ、結論を押し切ろうとする姿勢をしばしばとるのと通じるところがある。「下」も、それにならおうとする。かくて、「かすったら畿内説」「風が吹けば邪馬台国」といわれるようになる。断片的なマスコミ発表だけでは、統一的説明体系になりえない。歴史の流れがつかめない。）

日本軍は、どこかの戦場で「大勝利」をすれば、国家間の戦争の勝敗も決まると考えて行動した。（これは、考古学の方が、一発なにか出てくれば、全体が決まると考えて行動する。一遺物、一遺跡の宣伝で事がきまると考えて、全体の文脈を考えず、確実な情報ではなくても、とにかくマスコミ発表にもちこむ傾向とつながる。）

(6)　日本軍内では、主要な作戦計画、実施の段階で発生していく「空気」に、その場の議論が支配され、合理的な判断ではなく、「空気」が示した結論に対して、反駁できない状態が、繰り返されてきた。「空気」が存在し、厳しい現実から目をそむけるメンタリティがある。

(7)　本来わかっていた正しい情報であっても、都合の悪い情報は、封殺して無視する。希望的観測に、心理的に依存していく。

「空気」から、「こうあってほしい」という幻想が、共有されることとなる。

かくて、「集団的浅慮」の状態におちいる。「最良の結果」を目指すのではなく、すでに存在している結果を守ることが目標となる。

第4章　箸墓古墳が、卑弥呼の墓ではありえない八つの理由

●この古墳は、四世紀築造の古墳だ●

箸墓古墳《はしはか》

新聞などでは、「卑弥呼の宮殿」「卑弥呼の鏡」「卑弥呼の墓」などといった表現をよくする。

このうち、纒向の地の「卑弥呼の宮殿」なるものについては、「第2章」で検討した。

「卑弥呼の鏡」については、このシリーズの拙著『大炎上「三角縁神獣鏡＝魏鏡説」』（勉誠出版、二〇一三年刊）でややくわしく、検討した。

纒向遺跡の箸墓古墳が、「卑弥呼の墓」だとする説についても、この本の「第2章」「第3章」でのべ、また、このシリーズの拙著『卑弥呼の墓・宮殿を捏造するな！』（勉誠出版、二〇一一年刊）で検討した。

この章では、「箸墓古墳」「卑弥呼の墓」問題を、いま一度とりあげる。

これまでにのべてきたことの要点をまとめ、また、新しい資料を紹介する。

この章のはじめに

奈良県桜井市の纒向遺跡の箸墓古墳が、卑弥呼の墓だ、とする説がある。

これは「邪馬台国＝畿内説」を成立させるために箸墓古墳の築造年代を古くくりあげ、卑弥呼の時代に、重ねあわせようとするものである。

しかし、箸墓古墳は、四世紀築造の古墳で、卑弥呼の墓などではありえない。以下、その理由を、八項目にわけて、まとめておこう。

第１の理由　天皇一代在位年数約十年説で四世紀

『日本書紀』は、第十代崇神天皇の時代に、箸墓古墳が築造されたとし、その築造の様子を、ややくわしく記している。

崇神天皇のころは、大略歴史時代にはいっているようにみえる。

古代において、奈良時代など、歴史的に確実な天皇の一代平均在位年数は、約十一年ほどであった（139ページの**図30**参照）。

この数値をもとに、第十代崇神天皇の活躍年代を推定すれば、すでに、139ページで説明したように、崇神天皇の活躍年代は、三五八年ごろとなる。

『日本書紀』は、箸墓古墳は、第七代孝霊天皇の皇女で、第十代崇神天皇の時代に活躍した倭迹迹日百襲《やまとととひももそ》姫《ひめ》の命《みこと》の墓で、その墓は、崇神天皇の時代にきずかれたと記す。

考古学者の石野博信氏は、『日本古代遺跡事典』（吉川弘文館、一九九五年刊）の「箸墓古墳」の項で、つぎのように記す。

「箸墓古墳は倭迹迹日百襲姫命《やまとととひももそひめのみこと》の大市《おおいち》墓に比定されており、宮内庁が管理している。同墓について『日本書紀』崇神天皇10年9月の条には『日《ひる》は人が作り、夜《よる》は神が作った。大坂山から人々が並んで手送りで石を運んだ』という古墳築造説話が記録されている。箸墓古墳の葺石は黒雲母花崗岩と斑糲岩《はんれいがん》で近くの初瀬川から採取されたらしいが、石室材はカンラン石輝石玄武岩で大阪府柏原市国分の芝山産と推定され、伝承と一致する。」

この文章において、「伝承と一致する」というのは、『日本書紀』の記述と一致するという意味である。『日本書紀』の「大坂山から石を運んだ」という記述が、石室材の岩石学的な分析の結果とも一致しているというのである。

崇神天皇の時代にきずかれたとすれば、箸墓古墳の築造年代は、四世紀の中ごろと考えるべきである。

第2の理由　炭素14年代測定法でも、箸墓古墳の年代は四世紀

炭素14年代測定法によるばあい、測定試料として、なにを用いるかによって得られる年代が、大きく異なる。

すでに「第2章」「第3章」でのべたように、箸墓古墳の出土物のばあいでも、「ヒノキ」のような木材で測定すれば、西暦紀元前二世紀ごろの年代がえられ、「土器付着炭化物」で測定すれば、二世紀〜四世紀ごろの年代がえられ、「桃の核」（桃の種の固い部分）で測定すれば、四世紀を主とする年代がえられる。

測定試料として、なにを用いるかによって、五百年以上の年代差を生ずるのである。

考古学では、考古学者の大塚初重氏が、つぎのようにのべておられるような基本的な原則がある。

「考古学本来の基本的な常識では、その遺跡から出土した資料の中で、もっとも新しい時代相を示す特徴を以てその遺跡の年代を示すとするのです。」（『古墳と被葬者の謎にせまる』［祥伝社、二〇一二年刊］）

この常識をもってすれば、箸墓古墳の築造年代は、もっとも新しい年代を示す桃の核によって定められることになりそれは、おもに、四世紀ということになる。

第3の理由　ホケノ山古墳出土の試料によるばあい、歴博研究グループの仮説は、1％以下の危険率で棄却できる

纏向《まきむく》古墳群のなかの、ホケノ山古墳の築造年代は、箸墓古墳の築造年代よりも古いとみる見解が多い。考古学者の寺沢薫氏の年代論によれば、ホケノ山古墳は、庄内３式期のもので、箸墓古墳は、そのあとの、布留０式期のものである。

二〇〇八年に、『ホケノ山古墳の研究』（奈良県立橿原考古学研究所編集・発行）が、刊行されている。『ホケノ山古墳の研究』によれば、ホケノ山古墳出土の、「古木効果」がはいらないよう慎重にえらばれた十二年輪の小枝二つの、炭素14年代測定法による測定値は、四世紀を主とする年代を示している。

箸墓古墳よりも、築造年代が古いという意見の多いホケノ山古墳の推定年代値が四世紀では、ホケノ山古墳よりも、土器編年で、一型式新しいとみられる箸墓古墳の築造年代は、一型式二〇年～三〇年とみて、とうぜん四世紀以後となる。

歴博研究グループは、**図37**、**図38**に示すように、庄内３式の年代を、二一〇年以前にもっていっている。

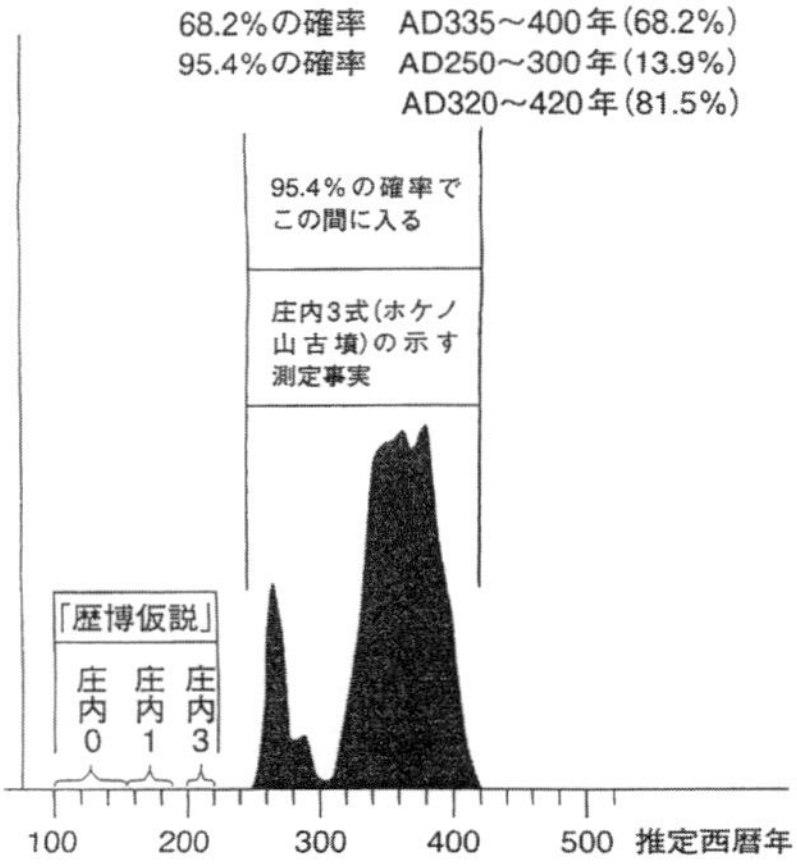

図37　ホケノ山古墳の小枝試料の推定西暦年分布(1)

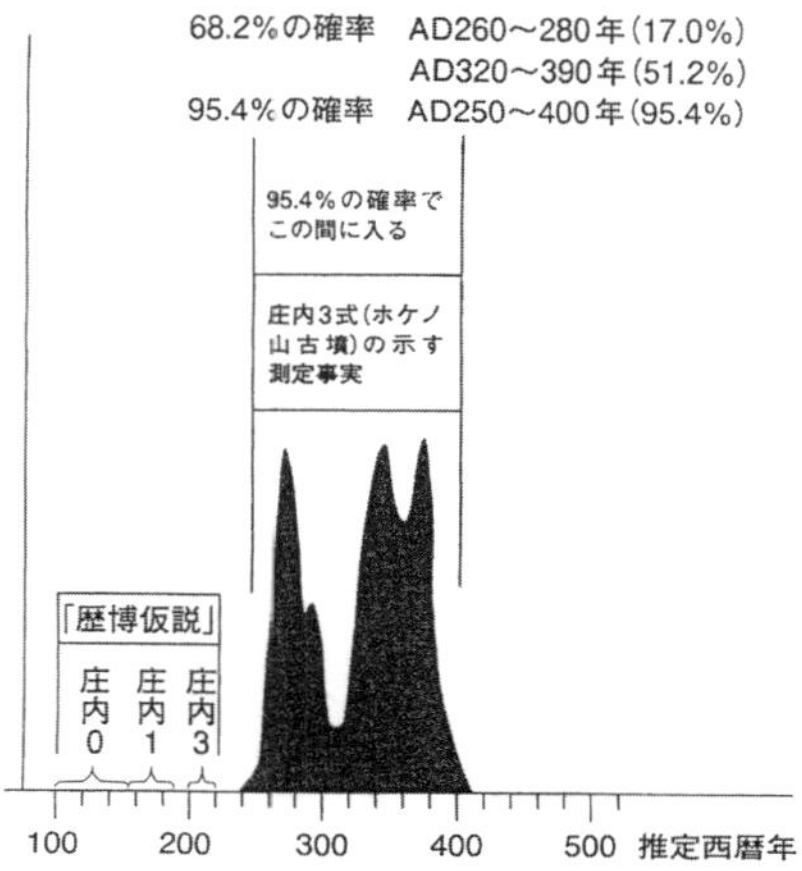

図38　ホケノ山古墳の小枝試料の推定西暦年分布(2)

ところが、庄内3式のはずのホケノ山古墳の年代が、それとは、完全にずれている。

ここから、歴博仮説は、ふつうの統計学の基準では、1%以下の危険率で棄却できることになる。これは、歴博仮説にとって、致命的ではないか。

これもまた、167・168ページの例のばあいと同じく、科学的な不正行為のうちの、「矛盾するデータの隠蔽《いんぺい》」にあたるものである。

ただ、歴博研究グループの論文や発表などを読むと、小保方晴子氏や、この本の「第2章」で紹介した物理学者シェーンの超伝導についての論文捏造事件のばあいと同じく、みずからの不正行為を、意識していないように思われるふしがある。

まず、167・168ページにのべた例のばあいは、関川尚功氏の所説を知らず、ここにあげた例のばあいであれば、報告書『ホケノ山古墳の研究』を、読んでいないのではないか、と疑われるふしがある。

国立の博物館の専門家とみられる人が、何人も共著者になって論文を発表しているのであるが、その内容には、ちょっと考えられないほど、不勉強かつ、粗雑である。ふつうの人には、容易には信じられないことであるが、おどろくほど、レベルが低い。

何億もの国費の助成金をつかいながら、ただ多くの試料を測定しているだけで（もちろん、多くの測定値を示したことじたいは意味がある）、その考察は、いろいろな説や、他にデータがあることを知らず、ひたすら、みずからの先入観と、思いこみにあっているデータを強調し、不都合なデータは、大胆にはぶくという方法によっている。

シェーンの事件のばあい、捏造があきらかになったあとでしらべてみたところ、芝居の楽屋裏は、あきれるほど粗末で、空虚であった。

連名の共同研究者は、単なる箔付《はくつ》けにすぎなかった。

また、韓国のソウル大学教授の黄禹錫《ファンウソク》チームのＥＳ細胞研究の捏造事件も思いださせる、ＥＳ細胞は、「万能細胞」で、骨や、神経、臓器などに成長する能力をもつとされている。

黄禹錫教授も、ノーベル賞にもっとも近い人物として、国家から、研究費が湯水のように与えられた。

そして、黄教授の捏造の明白な証拠が指摘されたのちも、マスコミは、なお、蜃気楼を追い求め、真実から目を背《そむ》けつづけようとした。そのために、きわめて面倒なこととなった。（黄禹錫教授の捏造事件については、李成柱著、裵淵弘訳『国家を騙《だま》した科学者』［牧野出版、二〇〇六年刊］にくわしい。）

『国家を騙した科学者たち』のなかには、記されている。

「黄教授の論文捏造が明らかになっても、どの新聞も黄教授の恥《はじ》知らずな詐欺劇を正面から批判しようとしなかった。」

個人から金品を詐取したばあいには、詐欺罪になる。

しかし、根拠のない情報を、マスコミを通じて大量に流し、国家などから多額の助成金をうけとるようなばあいは、罪にはならないんだよな。

ここから、私たちがとるべき行動は、つぎの三つのうちどれなんだろう。

① インチキは、合法的に大規模に行なうべきである。

② おかしいよ、と声をあげるべきである。

③ 沈黙を守るべきである。

どの道をとるのも、シンドイことである。

そして、問題は、②③の立場をとる人たちは、「おかしいな」と感じていても、①の立場をとる受益者（金品ばかりでなく、ポストなどをふくむ）は無意識の自己防衛本能がはたらき、みずからが、インチキをしているとは、思っていないことである。利害がからめば、思いこみは、正当化されやすい。みずからは、正しい主張をしているのだ、と思いこむ。その結果、小保方晴子氏やシェーンなどが、みずからは、不正行為としているという意識がないのと、同じような情況になる。

しかし、小保方晴子氏のばあいも、シェーンのばあいも、「纒向邪馬台国説」のばあいも、「エビデンス（科学的証拠）」は、示されていない。実質をともなわない過剰な宣伝ばかりがある。

ふつうの科学の基準では否定されることが、指摘されているにもかかわらず、それを無視した記事が、新聞紙上ではくりかえし報道される。

マスコミで宣伝すれば、自説が正しくなると考える人たちにも問題があるし、すでに批判もでているにもかかわらず、誤った情報をくりかえすマスコミにも大きな問題がある。

第4の理由

庄内3式・布留0式の年代は、炭素14年代測定法により、四世紀が中心

纒向学研究センターの考古学者、寺沢薫氏の土器編年論によれば、ホケノ山古墳は、庄内３式期のものであり、箸墓古墳、東田大塚古墳《ひがいだおおつかこふん》は、布留０式期古相のものとされている。

いっぽう奈良県立橿原考古学研究所員であった関川尚功《せきかわひさよし》氏によれば、この三つの古墳は、いずれも、布留式期のもので、年代差はなく、大略西暦三五〇年前後のものとされる。

イエス・キリストものべている。「罪なきもの、石もて女を打て。（罪を犯したことのない人だけ、あの女に石をぶつけなさい）」と。

みんなが、小保方晴子さんと同じことをしているのでは、だれも、小保方さんを責《せ》められない。なんだか恐《こわ》い話になってしまった。

オレオレ詐欺の電話には、気をつけよう。マスコミ報道にも、気をつけよう。地域おこしもよい。郷土愛もよい。しかし、我田引水は困る。ひいきのひきたおしは困る。十分な根拠のないことを、断言的にいうのは困る。ニセモノの商品を売ることに近くなるようでは困る。

現在までに得られている纒向《まきむく》古墳群（ホケノ山古墳、箸墓古墳、東田大塚《ひがいだおおつか》古墳）の築造年代に関係する炭素14年代測定値の結果を総合すると、つぎのようになる（136ページ、**図29参照**）。

西暦二六〇年以前である確率…１％以下

西暦二六〇年～三〇〇年である確率…約15％

西暦三〇〇年以後である確率…約85％

箸墓古墳の築造年代が、四世紀以後である確率は、85％である。そういっても、それは、「明日が雨である確率は85％である」というのと同じくらい確からしい。

第5の理由

箸墓古墳と同時期とみられる古墳、または、箸墓古墳と関連をもつ古墳で、現在までに発掘されたものは、ことごとく竪穴式石槨または、木槨をもつが、これは、『魏志倭人伝』の「棺あって槨なし」の記事にあわない

これについては、このシリーズの拙著『古代年代論が解く邪馬台国の謎』（勉誠出版、二〇一三年刊）のなかで、つぎの六つの古墳をとりあげて論じた。

(1) 日葉酢媛《ひばすひめ》の命《みこと》の陵墓
(2) ホケノ山古墳
(3) 黒塚古墳
(4) 神原神社古墳
(5) 柳本天神山古墳
(6) 桜井茶臼山古墳

ここでは、さらに、以下の二つの古墳例を追加して記す。

●［追加例1］浦間茶臼山古墳《うらまちゃうすやまこふん》

岡山市に、「浦間茶臼山古墳」とよばれる古墳がある。

この古墳について、岡山県教育庁文化財課の宇垣匡雅《うがきただまさ》氏は、つぎのようにのべる。

表21　墳丘規模の比較(1)（単位 m）（箸墓古墳の墳頂は第４段目をとった）

	全長	後円部経	後円部頂径	後円部高	前方部高
浦間茶臼山古墳	138	81	27	13.8	6.6
箸墓古墳	278	160	57	23	16.9
箸墓古墳の２分の１	139	80	28.5	11.5	8.5

表22　墳丘規模の比較(2)

	墳全長	後円部径	後円部高	前方部幅
浦間茶臼山古墳	138m	81m	13.8m	61m
箸墓古墳	280m	161m	30m	132m
箸墓古墳の２分の１モデル	140m	80m	15m	66m

「この浦間茶臼山古墳と同様な墳形をとる古墳は箸墓古墳である。この二つの古墳の規模の比較をおこなったのが先の表（**表21**）および**図39**（原論文は、図４となっている）であるが、浦間茶臼山古墳は箸墓古墳の墳丘緒元の１／２の数値をとるとみてよく、浦間茶臼山古墳の墳形が箸墓古墳の１／２の相似形をとることは確実である。そして墳丘の平面形だけでなく、立面についてもよく類似を示しており、両者がおなじ企画にもとづいて築かれたものと判断できる。」（「吉備の前期古墳―１　浦間茶臼山古墳の測量調査」『古代吉備』第９集、一九八七年刊）

なお、インターネットで調べると、この**表21**とはすこし異なる**表22**のような測量値が、示されていた。

東海大学教授の考古学者、北條芳隆《よしたか》氏も、浦間茶臼山古墳と箸墓古墳とを比較し、つぎのようにのべている。

「両墳の基本的な地割の枠組は、約１：２で共有されていたとみてよい。」（「墳丘に表示された前方後円墳の定式とその評価」『考古学研究』第32巻、第４号、一九八六年三月）

浦間茶臼山古墳は、箸墓古墳の二分の一に設計されている。箸墓古墳と同じく、前方部が三味線《しゃみせん》のバチ形に開いている。

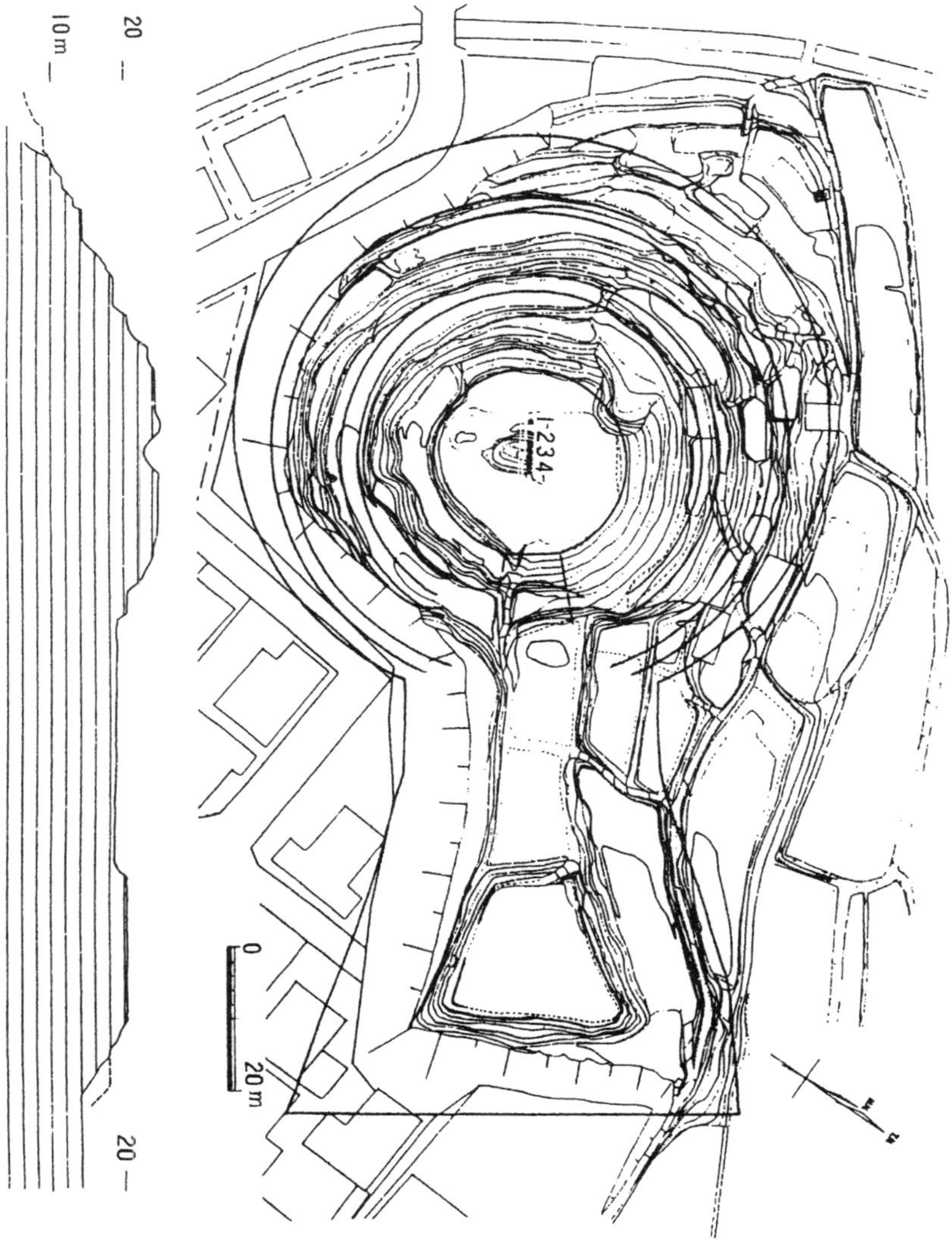

図39　浦間茶臼山古墳と箸墓古墳の墳丘の比較
1．浦間茶臼山古墳

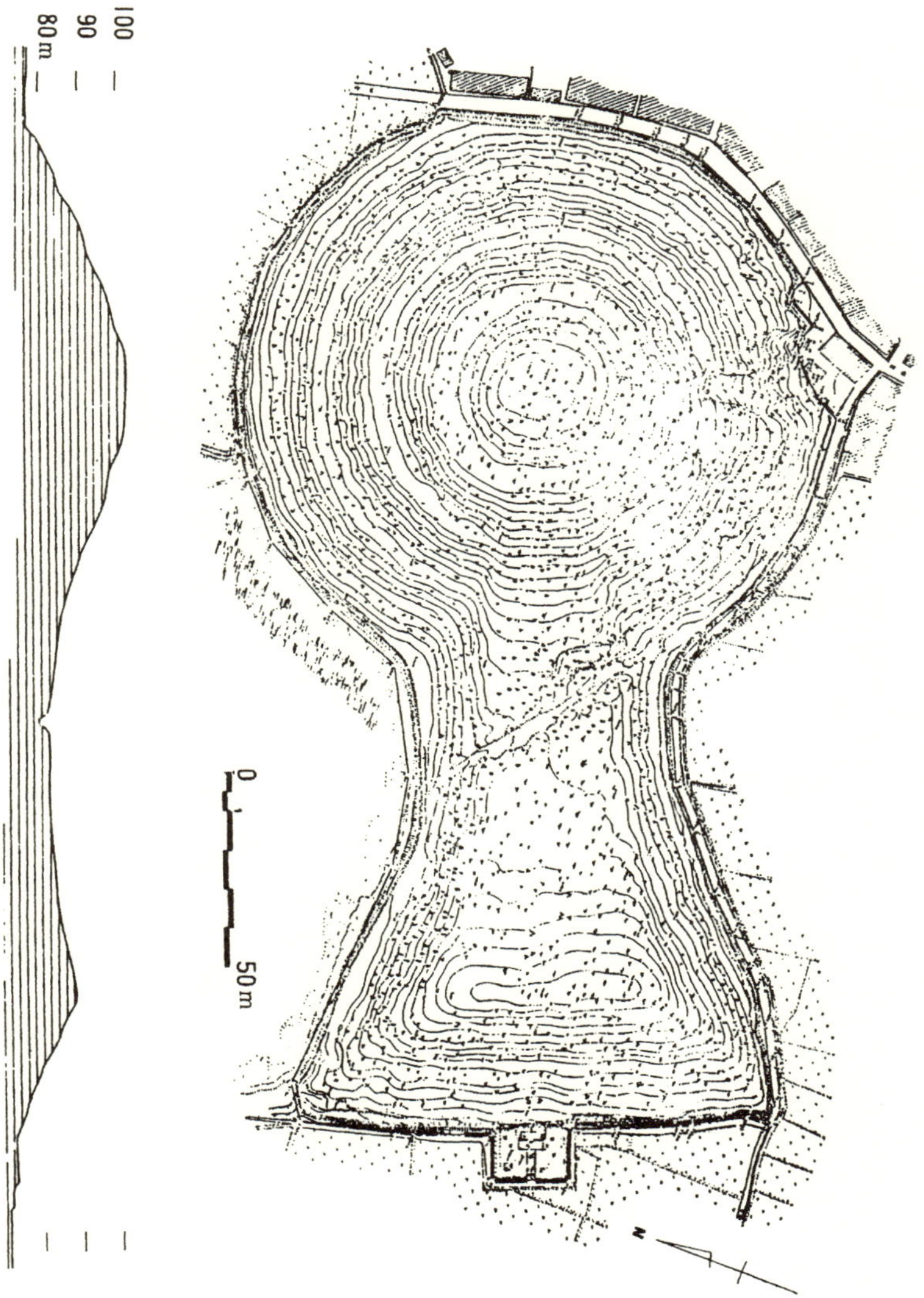

図39　浦間茶臼山古墳と箸墓古墳の墳丘の比較
２．箸墓古墳

また、箸墓古墳からも、浦間茶臼山古墳からも、特殊器台形埴輪の破片が採取されている。

浦間茶臼山古墳は、岡山大学の教授であった近藤義郎《こんどうよしろう》を、団長とする発掘調査団によって発掘された。その報告書『岡山市浦間茶臼山古墳』（浦間茶臼山古墳発掘調査団、真陽社、一九九一年二月刊）が出ている。

その報告書によれば、浦間茶臼山古墳には、竪穴式石槨があり、「割竹形木棺を納めていたものと判断してよい」構造になっていた。

やはり、『魏志倭人伝』の「棺あって槨なし」の記述とあわない。

なお、インターネットで、「浦間茶臼山古墳」を引くと、「長大な割竹形木棺が納められていたと推測されている」と記されている。

奈良県の箸墓古墳が、岡山県の古墳と関係をもつ可能性があることは、**系図1**、**系図2**に示すように、『古事記』『日本書紀』によれば、箸墓古墳の被葬者の夜麻登々母々曽毘売命《やまとゝもゝそびめのみこと》（倭迹迹日百襲姫命《やまとゝとひもゝそひめのみこと》）の弟の大《おお》吉備津日子命《きびつひこのみこと》（吉備津彦命《きびつひこのみこと》）が、岡山県方面へつかわされていることからうかがえる。

●［追加例2］下池山古墳《しもいけやまこふん》

奈良県の天理市に、下池山古墳とよばれる古墳（**図40**）がある。

141ページの**地図2**に示したように、下池山古墳は、黒塚古墳と同じく、崇神天皇陵古墳の比較的近くにある。

下池山古墳について、大塚初重・小林三郎編『続・日本古墳大辞典』（東京堂出版、二〇〇二年刊）は、つぎのように記す。

下池山古墳《しもいけやまこふん》

奈良県天理市成願寺町字川下りに所在する。大和古墳群のほぼ中央にあり、前方部を南に向ける前方後

⑦孝霊天皇
（大倭根子日子賦斗邇命《おおやまとねこひこふとにのみこと》）

意富夜麻登玖邇阿礼比売命《おおやまとくにあれひめのみこと》

夜麻登登母母曾毘売命《やまとともももそびめのみこと》

日子刺肩別命《ひこさしかたわけのみこと》
（高志《こし》の利波臣《となみのおみ》・五百原君《いおばらのきみ》
豊国《とよのくに》の国前臣《くにさきのおみ》・角鹿済直《つぬがのわたりのあたい》の祖《おや》）

比古伊佐勢理毘古命《ひこいさせりびこのみこと》
（大吉備津日子命《おほきびつひこのみこと》）
（吉備の上道臣《かみつみちのおみ》の祖《おや》）

倭飛羽矢若屋比売《やまととびはやわかやひめ》

系図１　『古事記』による系譜

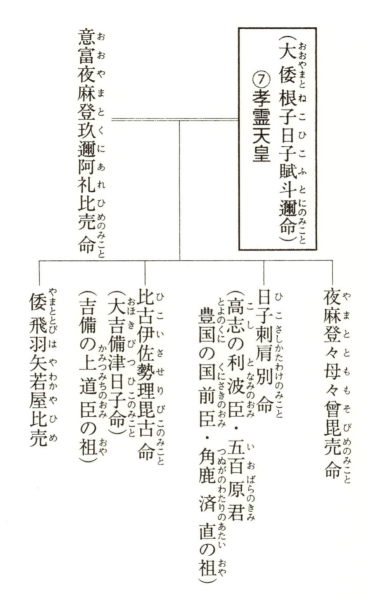

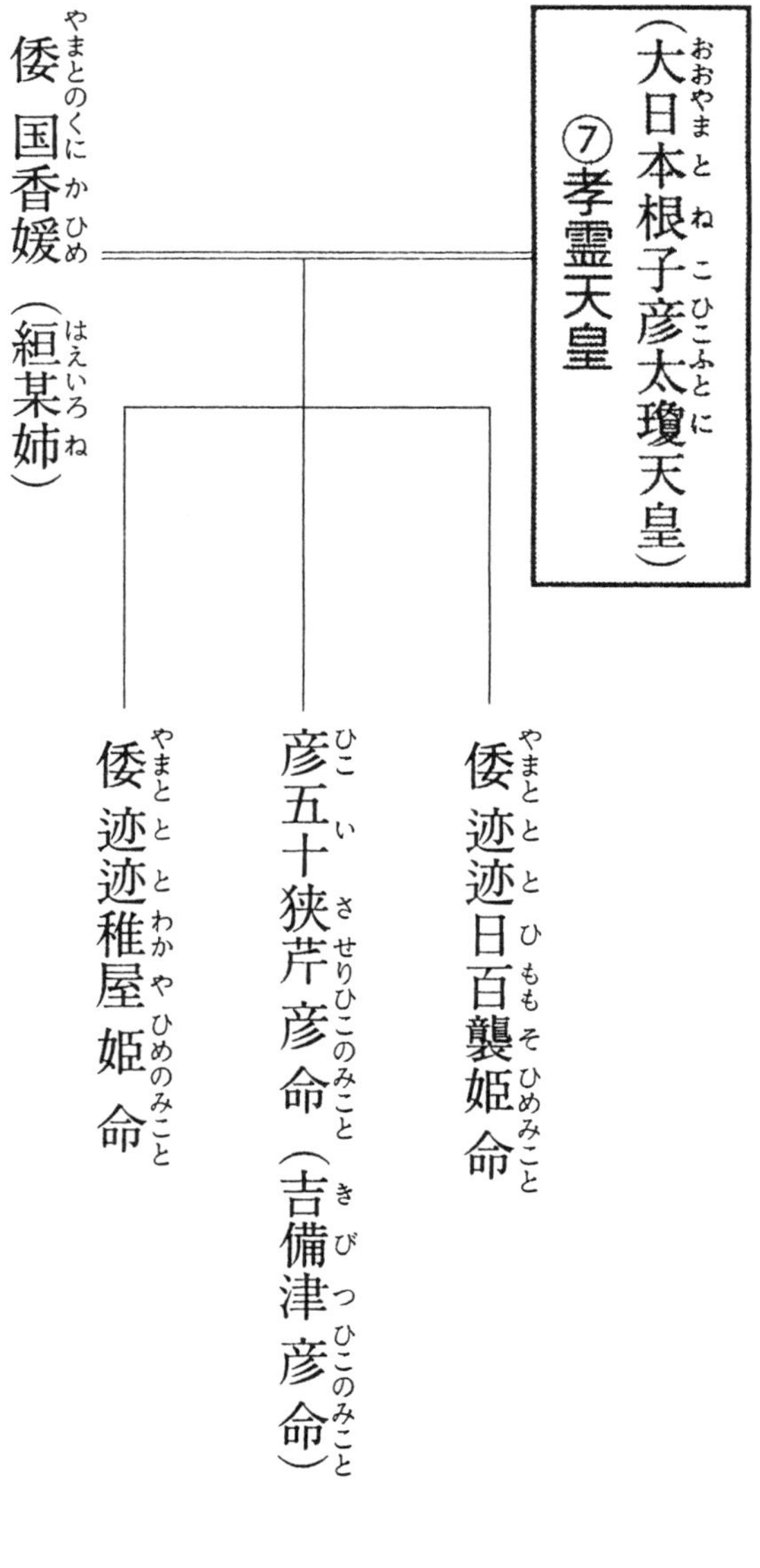

系図２　『日本書紀』による系譜

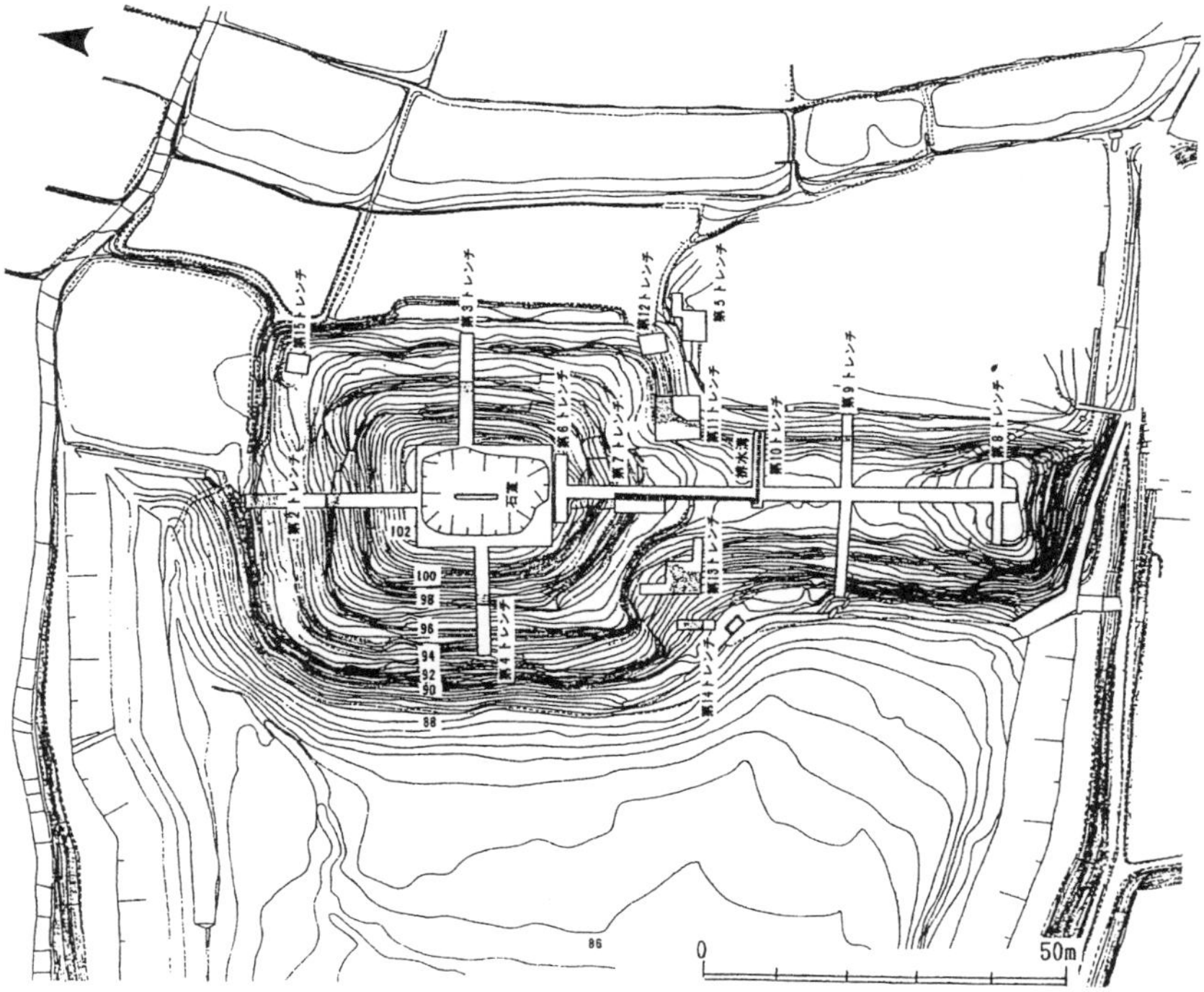

図40　下池山古墳

方墳。全長一二〇m、後方部長六〇m、同部幅五七m、同部高一四m、前方部長六〇m、同部幅二七m、同部高六m、盛り上がりの顕著な平面正方形の後方部に狭長な前方部が付く墳丘形態で、古くから典型的な前方後方墳として知られていた。一九九五・九六年（平成七・八年）に発掘調査が実施され、外表施設と埋葬施設が確認された。墳丘表面には葺石が遺存し、埴輪は使用されていない。現在、墳丘の周囲には溜池が巡っているが、周濠の有無については明らかでない。墳丘の大部分が盛土で、段築は後方部二段以上、前方部二段を確認している。墳丘は西に下る緩傾斜地に立地しているため、西側には葺石を施した基底段を付設して高低差を解消している。埋葬施設は後方部の竪穴式石室一基である。墓壙は深さ四mの二段構造で、上面は長さ一八m、幅一二m。墓壙底に複層構造の基底部を設え、その周囲に安山岩の板石を積み上げて内法長六・八m、幅〇・九〜一・三m、高さ一・八m前後の合掌形の石室を構築する。内部にはコウヤマキ製の割竹形木棺の身と蓋の一部が遺存していた。副葬品は、勾玉・ガラス玉・管玉・石釧・刀・剣・やりがんななどが出土している。この中心埋葬施設とは別に墓壙内には五〇cm四方の小石室が造られ、内部から直径三七・六cmの大形の倣製内行花文鏡が出土した。築造時期は古墳時代前期前半と考えられ、木棺の形態や埋葬儀礼を知る上で注目される。〔文献〕橿原考古学研究所『下池山古墳・中山大塚古墳調査概報』一九九七、学生社。（卜部行弘）」（傍線、安本）

なお、下池山古墳については、二〇〇八年に、奈良県立橿原考古学研究所編集・発行の報告書『下池山古墳の研究』が出ている。

さきに紹介した『続・日本古墳大辞典』（二〇〇二年刊）の「下池山古墳」の項の記事では、築造時期を、「古墳時代前期前半」と記している。これは、一九九七年に刊行された橿原考古学研究所編『下池山古墳・中山大塚古墳調査概報』（学生社刊）によっている。

二〇〇八年に刊行された報告書『下池山古墳の研究』では、築造時期について、つぎのように、「布留1式古段階」と考えられている。

「下池山古墳は桜井茶臼山古墳と時期的に並行すると考える。桜井茶臼山古墳出土の二重口縁壺は寺沢薫氏により布留1式古段階に位置づけられ、最近では君嶋俊行氏によって追認されている。下池山古墳の盗掘坑および被覆粘土上から出土している土師器とも矛盾しない。」（卜部行弘氏執筆）

なお、橿原考古学研究所の所員であった関川尚功《せきかわひさよし》氏の、つぎのような見解のあることを紹介しておく。

「箸墓古墳からは壺や特殊埴輪が出土している。箸墓古墳出土の壺は、桜井茶臼山《さくらいちゃうすやま》古墳出土の壺と同種のものである。これは布留式の古いところ、布留１式期のものとみられる。

箸墓古墳出土の特殊埴輪は、他の古墳での特殊埴輪と埴輪との共伴出土状況から判断すると、埴輪の１期の時期にあたるころのものとみられる。

これらから、箸墓古墳とホケノ山古墳とはほぼ同時期のもので、布留１式期のものであり、古墳時代前期の前半のもので、四世紀の中ごろ前後の築造とみられる」（『季刊邪馬台国』102号、二〇〇九年刊）

この関川氏の見解にしたがうと、「古墳時代前期前半」と、「布留式の古いところ、布留１式期」とは、矛盾しない。

関川氏の見解によるとき、箸墓古墳をふくめ、これらは、四世紀中ごろ前後のものであり、卑弥呼の時代よりも、百年ほどのちのものである。

関川尚功氏は、つぎのようにものべている。

「（箸墓古墳で）採集された壺は、吉備系の装飾壺のほかに畿内系の二重口縁の大形壺があり、これは装飾のない古墳時代前期の布留式にみられるものです。この壺はすでに桜井茶臼山古墳でも以前から知られており、今回の鏡が多く出た再調査でも発掘されております。この大型壺は箸墓古墳の壺と細部までよく似たほぼ同形のものであるので、この二つの古墳の時代はあまり変わらないことが知られてます。ところでこの桜井茶臼山古墳ではかつての発掘によって副葬品がかなり出ておりまして、碧玉などで作られた玉杖などが有名ですが、腕輪の形をしたものなどこうした石製品がかなりみられます。このような石製品は五世紀初めの古墳でもたくさん出ているように、これまでの古墳編年ではこれがみられるのは時期が下った頃とされていました。桜井茶臼山古墳は箸墓古墳と共に最も古い古墳の一つであるにもかかわらず、やや新しくされていたわけです。

また、箸墓古墳より古い古墳とされてきたホケノ山古墳の発掘においては、庄内式に多い壺と共にこれまで四世紀とされていた布留式の小形丸底壺が一緒に出てきました。庄内式の壺が布留式まで残存しているわけですが、これをみればホケノ山古墳は箸墓古墳より古いなどとはとてもいえません。」(『情報考古学』Vol.17、No.1・2〔二〇一一年〕)

第6の理由　箸墓古墳よりもまえ、または、同時期の古墳から、「篦被《のかつぎ》」のある銅鏃が出土している

まず、「篦被《のかつぎ》」について、つぎの「**コラムⅢ**」で説明しておく。

兵庫県立博物館館長の考古学者、石野博信氏は、二〇〇八年の『季刊邪馬台国』100号で「邪馬台国＝畿内説」の方であるにもかかわらず、ホケノ山古墳に関係し、率直に、つぎのようにのべている。

「(ホケノ山古墳の) 調査段階で問題になりましたのは、図 (省略) の上の左側の二本です。銅鏃の下に突起みたいなもの (ホケノ山古墳の) が付いていています。ふつう、このタイプの銅鏃が出ますと、前期古墳の中でも前半ではなくて、中ごろから後半だというふうにいわれている銅鏃です。そういう銅鏃が主だっていますから、この古墳 (ホケノ山古墳) は新しいんじゃないかということが調査中から問題になりました。銅鏃を専門に研究している人、あるいは専門ではなくても、いわば前期古墳に関心のある考古学をやっている人間にとっては、常識的に、このタイプがこんなに古いとき、こんな段階であるのだろうかと。」

コラムⅢ　箆被《のかつぎ》

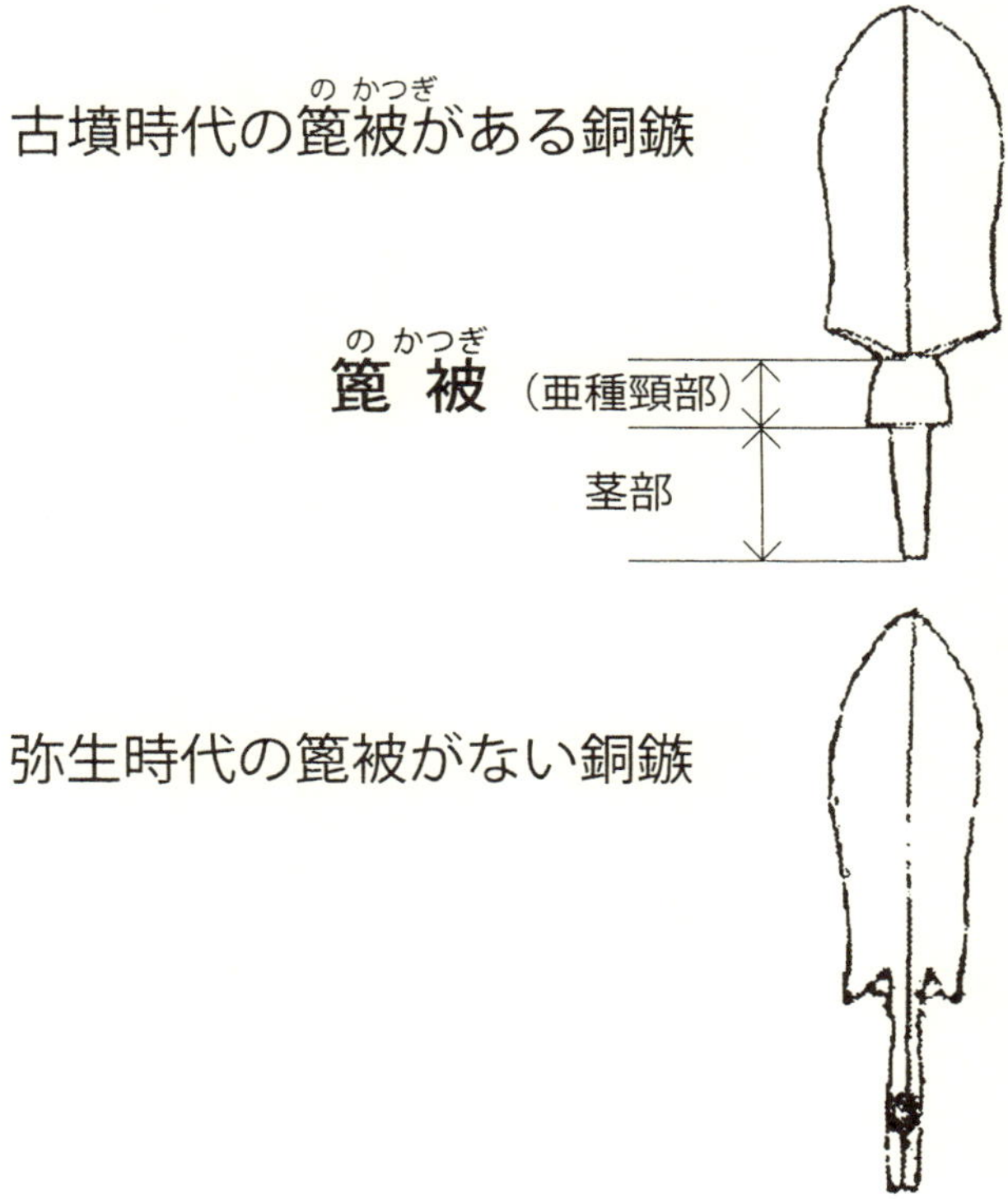

図41　箆被《のかつぎ》のある銅鏃と箆被のない銅鏃

弓の矢の、竹の棒の部分を「矢柄《やがら》」という。「矢柄」のことを、古語で「箆《の》」という。

また、平安時代ごろから、身分のある女性が、顔をかくすために頭の上にかぶったおいを、「被《かつぎ》」という。

矢尻《やじり》の、「矢柄」にとりつける部分において、「矢柄（箆《の》）」にかぶせる部分を、「箆被《のかつぎ》」という。

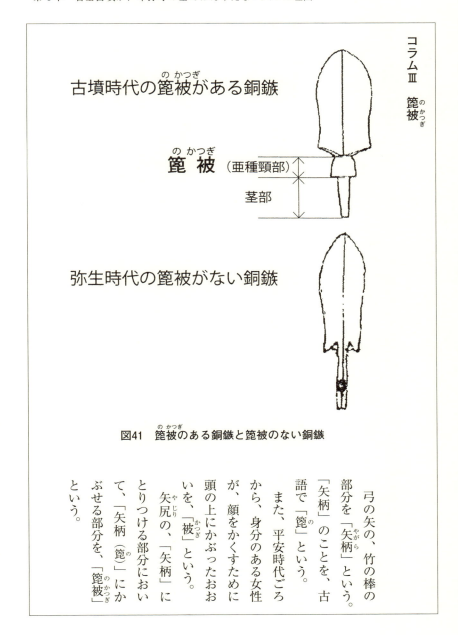

ところで、この箆被のある銅鏃は、すでに紹介した岡山県の、箸墓古墳と相似形の古墳「浦間茶臼山古墳」からも出土している。

図42に示すようなものである。

いま、報告書『ホケノ山古墳の研究』に示されている三十九箇の箆被のある銅鏃のなかから、完形品に近いと思われるものをとりだせば、**図43**に示したもののようになる。

図42と**図43**とを比較すれば、つぎのようなことがわかる。

(1) 岡山県の「浦間茶臼山古墳出土の箆被のある銅鏃」と、「ホケノ山古墳出土の箆被のある銅鏃」とは、全体の大きさや、各部のサイズなどが、かなり近い。

(2) ただ、矢尻の下の両がわに張ったエラの部分がホケノ山古墳出土のものは、鋭く下につき出ている。ささったとき、浦間茶臼山古墳出土のものにくらべ、より抜けにくいのではないかと思われる形をしている。

報告書『岡山市浦間茶臼山古墳』(浦間茶臼山発掘調査団、真陽社、一九九一年刊)に箆被のある銅鏃について、つぎのようなことが、記されている。

「有茎箆被柳葉式銅鏃を出土した古墳は20数例が知られている。このうち岡山県磐梨郡《いわなすぐん》可真《かま》村(現・赤磐《あかいわ》郡熊山《ぐんくまやま》町(現・赤磐市))出土例、兵庫県豊岡市森尾古墳出土例、京都府八幡市美濃山古墳出土例は浦間茶臼山古墳と同形同大品である。従来、箆被柳葉式銅鏃は月の輪古墳や新沢千塚500号墳など比較的新しい時期の古墳で出土することが多く、確実な最古型式の古墳からの出土例は確認されていなかった。」

ホケノ山古墳出土のものも、浦和茶臼山古墳出土のものと、だいたい同形同大品といえようか。

ここの引用文のなかに、箆被のある銅鏃は、「比較的新しい時期の古墳で出土することが多く」と記され

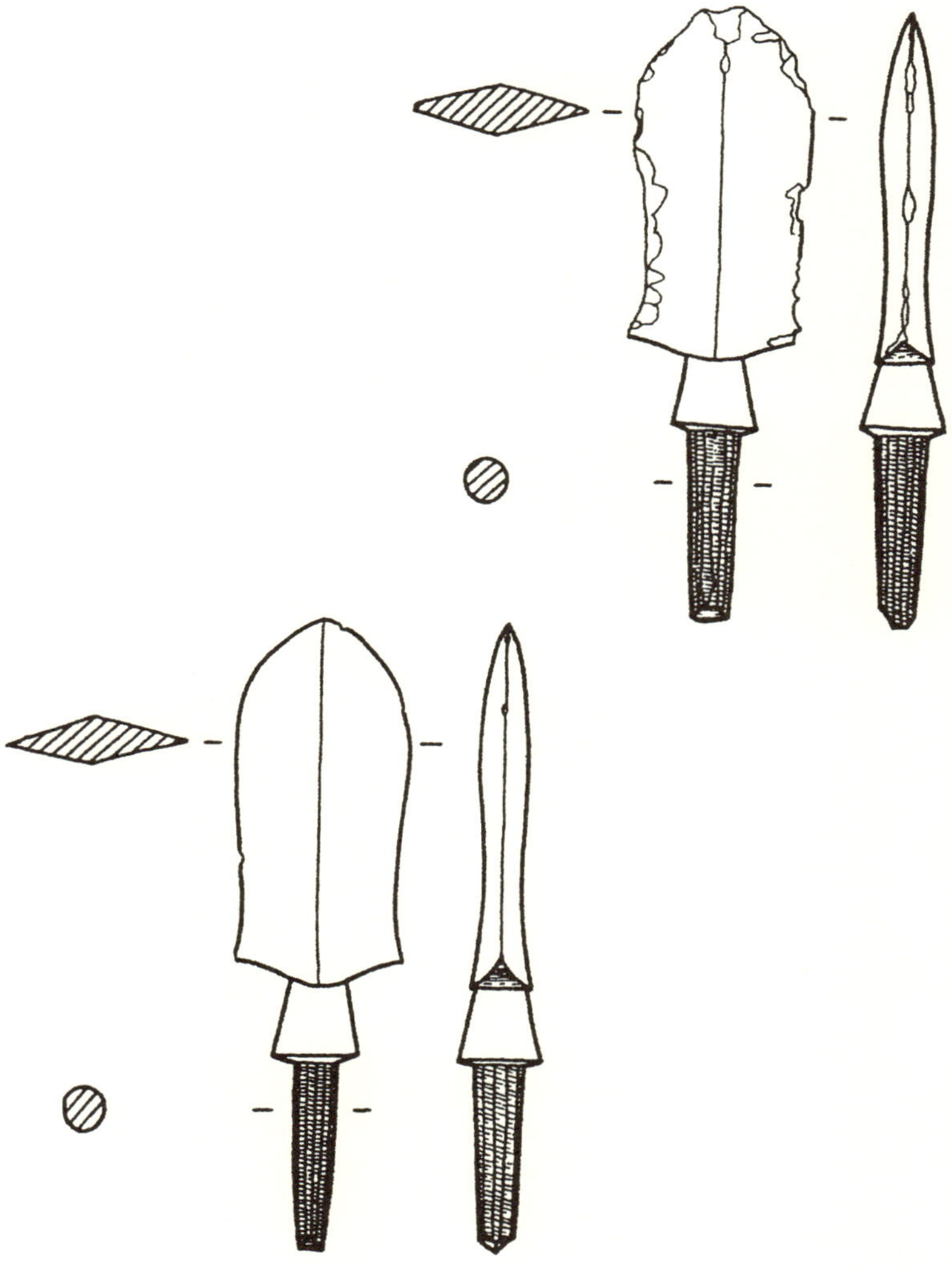

図42　浦間茶臼山古墳出土の箆被のある銅鏃
『岡山市浦間茶臼山古墳』（浦間茶臼山古墳発掘調査団、真陽社、1991年２月）による

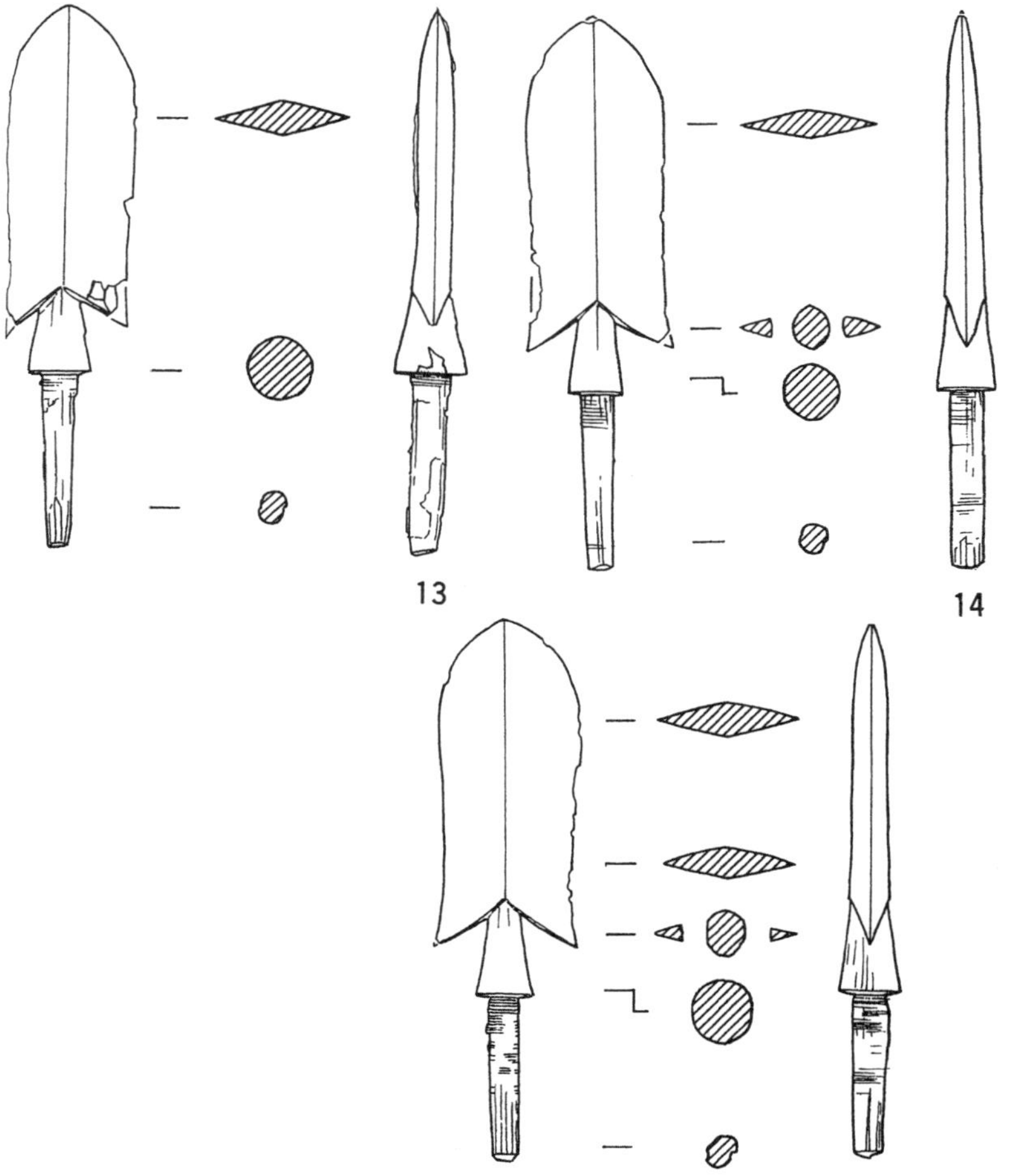

図43　ホケノ山古墳出土の箆被のある銅鏃

『ホケノ山古墳の研究』（奈良県立橿原考古学研究所編集・発行、2008年刊）による。番号は、原報告書にある番号。

ている。

また、ここの引用文のなかにみえる兵庫県の森尾古墳は、正始《せいし》元年銘の三角縁神獣鏡の出土したことで知られる古墳である。

大塚初重・小林三郎編の『日本古墳大辞典』（東京堂出版、一九八九年刊）は、森尾古墳の築造年代について、「四世紀末から五世紀初頭の年代を与えておきたい」と記す。正始元年鏡は、奈良県の桜井茶臼山古墳からも出土している。

このように、箸墓古墳や、ホケノ山古墳などに関連した諸古墳は、出土物や遺構などにおいても、相互に関連性をもつ。箸墓古墳や、ホケノ山古墳だけを特別に古くもって行くのは、根拠にとぼしいのではないか。

第7の理由

箸墓古墳周濠から木製の輪鐙《わあぶみ》が出土している

箸墓古墳の周濠の上層から、布留1式期の土器とともに、木製の輪鐙《わあぶみ》が出土している。馬具が出土

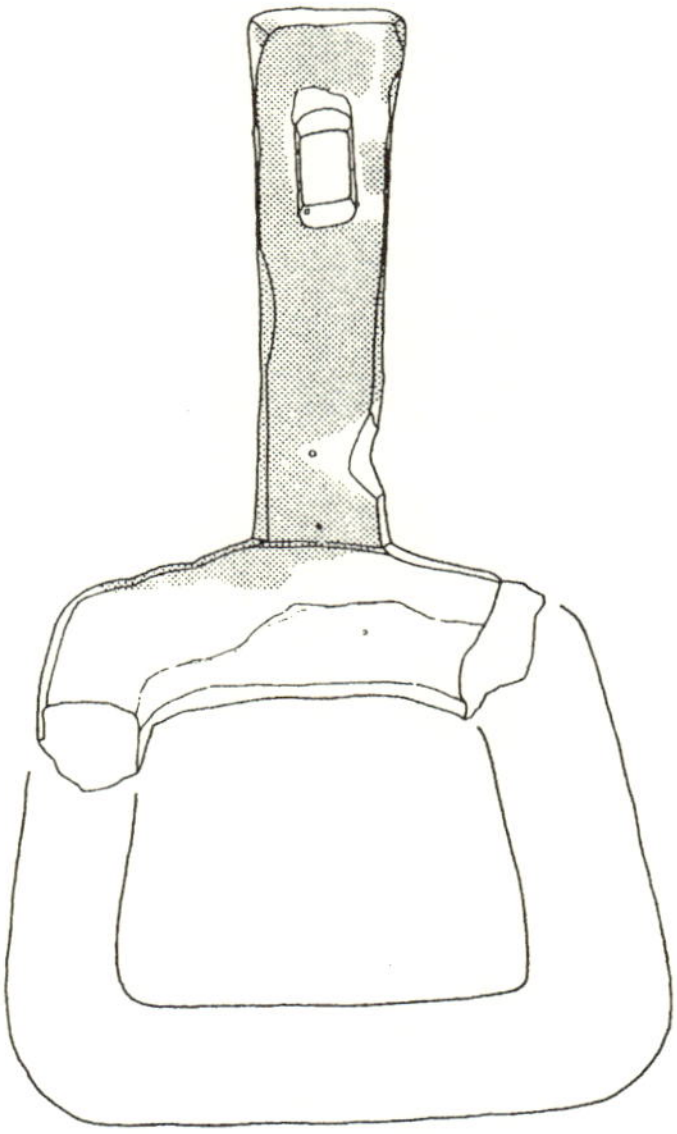

図44　箸墓古墳周濠から出土の木製輪鐙復元案図
（橋本輝彦「纒向遺跡第109次出土の木製輪鐙」［『古代武器研究』Vol. 3、古代武器研究会、2002年刊、滋賀県立大学考古学研究室］による。）

している（図44）。

馬具は、ふつう四世紀の終わりごろから五世紀のあたりに出土しはじめる。

西暦四〇〇年前後以後に築造の古墳から出土する。

いっぽう、布留0期、布留1式期の期間は、それぞれ、二十年～三十年ていどとみるのがふつうである。西暦四〇〇年前後から、布留0式～布留1式はじめまでの四十年～六十年さかのぼれば、およそ、三五〇年前後となる。卑弥呼の死亡の時期より、百年ほどあとである。

畿内の古墳のばあい、馬具が出土する古墳は、まずは、西暦四〇〇年以後ごろと考えられよう。

そして、一つの土器の型式の存続期間は、二十～三十年ていどとみるのがふつうである。

馬具の出現を、西暦四〇〇年ごろとし、そこから、三様式ていどさかのぼっても、四世紀代のなかにおさまる。卑弥呼の時代には、とうていとどかない。

第8の理由　倭迹迹日百襲姫《やまとととひももそひめ》は、卑弥呼などではありえない

倭迹迹日百襲姫と卑弥呼とは、時代が重ならないばかりではない。

『日本書紀』の伝える倭迹迹日百襲姫についての記述は、『魏志倭人伝』や『後漢書』などの伝える卑弥呼についての記述と、基本的な点で合致していないところが多い。

たとえば、『魏志倭人伝』と『後漢書』とは、卑弥呼が王になった事情を、つぎのように記している。

「その国は、もと男子をもって王としていた。倭国が乱れ、たがいに攻伐しあって年をへた。そこで、一女子を共立として王とした。名づけて卑弥呼という」（『魏志倭人伝』）

「歴年、主がいなかった」という『魏志倭人伝』や『後漢書』「東夷伝」の記事と、はっきり矛盾することとなる。

倭迹迹日百襲姫が卑弥呼であるとすれば、当時は、男王崇神天皇がいたことになり、「更めて男王を立てた」

これらの文章によれば、もとは男子の王がいたが、卑弥呼の時代には男王がいなかったということになる。

いう。ともに立てて王とした。」（『後漢書』「東夷伝」）

「倭国は大いに乱れ、たがいに攻伐しあった。歴年、主がいなかった。一女子があった。名を卑弥呼と

「（卑弥呼の死後、）更《あらた》めて男王を立てたが、国中がそれに従わなかった。」（『魏志倭人伝』）

この章のおわりに

141ページの**地図2**をもう一度ご覧いただきたい。

この**地図2**を虚心にながめれば、このあたりの古墳は、崇神天皇、垂仁天皇、景行天皇の時代ごろのもの

と考えられそうなものであるが、……。

つまり、それは、倭の五王の時代のはじまる五世紀の初頭から、せいぜい六、七代さかのぼる崇神天皇以

後の時代である。

それは、卑弥呼の時代にとどくころとは、とても思えない。

以上のべてきたように、「箸墓古墳＝卑弥呼説」は、思いこみと、そのマスコミ宣伝によってもたらされ

ているものであって、事実にもとづくものではない。

予算獲得のために、無理な宣伝を重ねているのではないか。

第5章　考古学リーダー諸氏への苦言

●考古学が、ガラパゴス化しつつある●

ガラパゴス陸イグアナ
(http://adaisuke.blog100.fc2.com/blog-entry-146.html による。)

「邪馬台国畿内説」は、マスコミ宣伝ばかりがはなやかである。その論拠をたずねて行くと、首をかしげるものばかりにであう。データじたいにも問題のあることがあるが、基本的には、データから結論をみちびく「推論」のしかたが、科学のレールのうえにのっていない。報告者の思いつきの域をでていないものがほとんどである。

1　なぜ、「考古学的には畿内説」が成立するのか、その論拠が、さっぱりわからない

この節のはじめに

「邪馬台国畿内説」の立場をとる考古学関係の方は、「邪馬台国は畿内でキマリ」的な発言をすることがよくある。しかし、考古学の外部から、その論拠をよくみると、なぜ、それで畿内説が成立するのか、その理由がさっぱりわからない。

そこでは、結論のマスコミ宣伝だけがあって、証明がほとんど完全にぬけているようにみえる。

なぜ、そのようにみえるのか。

その理由を、整理列挙してみよう。

「チェリー・ピッキングではないか」

多くの資料、データのなかから、発表者の先入観、あるいは、思い込みなどに都合のよいものだけをとりあげて、マスコミ発表を行なう。都合の悪いデータなどについては、無視する。検討をはぶく。いわゆる「チェリー・ピッキング」が、きわめてしばしば行なわれているようにみえる。

「考古栄えて記紀ほろぶ。」

『古事記』『日本書紀』には、考古学的検証できるようなことがたくさん記されている。しかし、「まず、考古学の資料で、徹底的に考えて、……」という立場をとり、『古事記』や『日本書紀』などを排除し、そ

れらの文献を手にとろうともしない考古学関係の人がすくなくない。「文献は不案内なので」とか、「文献はよく勉強していないので」などと平気でいう。

明治維新ののち、軍制をはじめ、多くのことが、西欧の影響をうけた。文献を排し、考古学的資料だけから考えたならば、あるいは、明治維新のころ、わが国は、西欧列強の支配をうけた、というような仮説も成立しうるかもしれない。

文献資料は、古代のことを考えるさいの仮説の宝庫である。

文献資料を排除するような方法によるときは、仮説設定のための情報が不足することになる。「現代人である考古学者個人の判断」にもとづく、いくつもの不安定な仮説がならびたつ余地が大きくなる。ともすれば、考古学的事実の詳細な列挙はあっても、歴史像は、焦点を結ばない。

英語で、「ヒストリー（history）」といえば、まず「歴史」のことである。ただ、英語の「ヒストリー」は、「物語」という意味ももっている。フランス語で、英語の「ヒストリー」と語源を等しくすることばは、「イストワール（histoire）」である。フランス語の「イストワール」は、おもに「物語」という意味である。これらの言葉は、ギリシア語やラテン語の「ヒストリア（historia）」からきている。

「ヒストリア」には、「歴史」の意味も、「物語」の意味もあった。

ドイツ語のゲシヒテ（Geschichite）ということばも、「歴史」という意味と、「物語」という意味の両方をもっている。

かつて、「歴史」と「物語」とは、分かちがたく結びついていた。

考古学的な事実の列挙だけでは、ストーリーとして事態を把握することは、困難となる。要するに、よくわからないということになりやすい。

たとえば、考古学の畿内説によるばあい、大和朝廷の起源は、どのようなものであったと考えられるか、イメージがみえてこない。

「歴史」は、本来、文献資料を出発点とする。

考古学だけでは、「歴史」を構成しえない。

現在のわが国では、考古学が、「歴史学」の主人公でありうるかのようにふるまおうとしているかのようにみえる。

しかし、それは、力不足である。

現状の考古学は、あくまで、「考古学」であって、いまだ「歴史学」たりえていない。

このことと関連するのが、つぎの項目でのべることとである。

「だれが」と、「いつか」がわからない

歴史学は、「だれが、いつ、どこで、なにをしたか」をたどる学問である。

しかし、考古学だけでは、そもそも、「だれが」の部分がぬけている。考古学は、本来、「なにが、いつ、どこで、どのように出土したか」をテーマとする学問であるからである。

そして、奈良県の考古学のばあい、「いつ」の部分でさえ、かなり不安定である。

奈良県出土の土器に、直接年号などが、書かれているわけではない。

箸墓古墳の築造年代なども、考古学の方法だけでは定まらないのである。しっかりとした根拠の提出がなく、雰囲気や、付和雷同による大さわぎが、くりかえされている。

「かすったら畿内説」「風が吹けば邪馬台国」

それなりの考古学者や、考古学的機関が、マスコミなどを通じて発表されたことがらの根拠をたずねると、なぜ、そのデータから、その結論がでてくるのか、論理のすじ道がよくわからないことが、はなはだ多い。

結局は、発表した人の思いつきが、思いこみなのではないか、と考えられるものがすくなくない。

「マスコミ発表あって、証明なし。」

森口尚史氏という人が、iPS細胞による世界初の臨床応用をしたと、マスコミ発表にもちこんで、問題になったことがあった。

森口尚史氏は、個人で行なったから、問題になった。しかし、考古学の分野では、みんなで行なっているので、問題になりにくくなっているのではないか。

十分な検証をへていないと思われることがらのマスコミ発表が行なわれるのは、考古学の分野ではほとんど常態化しているようにみえる。

マスコミ報道にもちこむことができれば、それで証明が完成したと錯覚にしているようにみえることが、はなはだ多い。効《き》くことについての検証を経ていない薬を、マスコミ大宣伝したからといって、効くようにはならない。大宣伝は、なんら証明にならない。

同調圧力が強すぎる

日本考古学では、少数意見に対する同調圧力が、強すぎるようにみえる。

多数意見に付和雷同するのではなく、個々の研究者が、具体的データや少数意見の根拠をよくしらべて、自分で考え検討して発言するシステムになっているのか。

ふりこみ詐欺に、二度も、三度も、ひっかかる人がいる。だまされやすい心理構造になっているのであろう。

ある一つの学問分野が、そのような構造であっては困る。

旧石器捏造事件でだまされて、「反省がみられない」「ちっとも変わらない」「懲りない面々」「学会はついにカルト宗教と化す」などの痛烈な批判がみられた。しかし、この分野の基本的な体質は、それほど変わっていないようにみえる。

ふつうの人は、一度だまされたら注意深くなる。徹底的にだまされた人ほど、なぜだまされたのか、よくわからないことが多い。

オウム真理教の教組を、いまだに信じつづける人もいる。

旧石器捏造事件でだまされたのに、箸墓古墳＝卑弥呼の墓説などで、まただまされる。

一度だまされて、同じ方法で二度だまされる人を、ふつうなんと呼ぶか。

それを、考えるべきである。

多数派が誤り、少数派が正しい。現代において、こんなことは、ふつうの科学学問分野では、おきえないことである。しかし、考古学の分野では、それがおきている。

旧石器捏造事件のあとも、同じようなことがくりかえされている。

考古学は、科学や学問の域に達しているのか？　発掘や記述を精密におこなうという技術の段階に、とどまっているのではないか。

統一理論を目指していない

科学も、学問も、それだけで孤立してしまうと、みずからの科学性を喪失してしまうものである。日本の考古学は、考古学の純粋性をまもり、「考古学的には、これが正しいのです。」と強く主張し、それでつっぱしる傾向がある。

中国文献や、日本文献をもふくめた統一理論をめざそうとしない。

それは結局、象の鼻だけを詳細に観察記録し、「鼻学的には、象は、ゴムホースのようなものです。これが正しいのです。」と強く主張するようなことにならないか。

部分的真実は、全体的真実とはかぎらない。

毛沢東ものべている。

「揚子江《ようすこう》（長江）は、あるところでは、北に流れ、あるところでは南に流れ、あるところでは西にすら流れている。しかし、大きくみると、かならず、西から東へ流れている。」

ある岸辺に立って観察した事実は、いかに精密に観察すればとて、全体的真実に転化するわけではない。

「歴史」は、ひろく全体をみて構成される必要がある。

データのとりあつかいでも、統計学など、全体を把握しうる方法を、もっと導入する必要があるであろう。

統一した古代史像があるわけではなく、とにかくマスコミ発表をきそうため、個々の遺跡・遺物についても、考古学者によって考え方がさまざまである。読者は、バラバラの知識を与えられても、統一した像をえがくことができない。

2　考古学の曲り角

データ的事実と合っていない

日本の考古学は、いま、大きな曲り角にきているようにみえる。

これまでに述べてきたように、現在の考古学のリーダー諸氏がのべている邪馬台国関係の言説は、科学的、学問的根拠がありにもとぼしい。

マスコミ宣伝ばかりが華やかで、ほとんどなんの根拠も示していないというべきである。

なぜ、このようなことになったのか。

考古学のリーダー諸氏が、無意識のうちに守ろうといるのは、データが示す事実や真実なのではなく、できあがった体制《システム》がもたらす既得権益ではないのか。

考古学の多くの発掘は、考古学者みずからの支出による資金によってまかなわれているわけではない。公的な資金にもとづいて発掘が行なわれているのである。

その資金の獲得のためには、とにかく、邪馬台国と結びつけて、宣伝を華やかに行なったほうが有利、というわけだ。

そうでなければ、データなどが示している事実を、なぜ直視しようとしないのか理解できない。そこでは、どんなにデータを示しても、無駄である。みずからの思いこみか、思いつきしかみないのであるから。

いまは、マスコミを使えば、事実を隠蔽《いんぺい》できる時代ではないと思う。

公的な機関や、名のある考古学者が発表しているからということで、きちんとした根拠をもっているか否かを検討せずに、記事などにする記者なども、不勉強でだらしがない。

マスコミ界で、よくいわれていることばがある。

『犬が人を咬《か》んだ』では、ニュースにならない。『人が犬を咬んだ』ならばニュースになる。」

かくて、「人が犬を咬んだ」とひとたび報道されると、マスコミも、人の話も、「人が犬を咬んだ」の方向に流れてしまう。くりかえし、それが報道されて、「人が犬を咬む」頻度が、どれくらいかなどは、考慮しようとしない。

古代史のばあい、「年代が古ければ古いほどニュースになる」。「年代が新しい」というのでは、ニュースにならない。

かくて、旧石器捏造事件では、五十万年前、七十万年前と、ほとんど夢のように年代がくりあがっていった。

そして、いま、箸墓など、古墳のはじまりの年代で、また、同じようなことをくりかえしている。

マスコミで一度報道されると、いまだに「卑弥呼の墓という説もある」式の、紋切型の枕詞《まくらことば》のついたナンセンスな箸墓報道がくりかえされる、というようなことがおこる。

箸墓古墳は、四世紀崇神天皇の時代の倭迹迹日百襲姫《やまとととひももそひめ》の墓である。卑弥呼の時代の、およそ百年後に築造されたものである。卑弥呼と箸墓とでは、時代が異なる。

学校伝説・都市伝説と同じように、根拠のないマスコミ伝説が、幽霊のようにさまよいはじめる。

そのような伝説は、纒向遺跡などへの調査資金の継続的獲得という、意識的・無意識的な考古学リーダー諸氏の、一定の意図から発生しているようにみえる。

古代史問題だけに専念しているわけではない記者諸氏にくらべて、ややマニアックともいえる、いわゆるアマチュアの研究者のトップクラスの人々のレベルが高くなってきている。インターネット情報のほうが、誤りのない情報を伝えていることが、しばしばあるという状況になっている。

事実は、頑固である。マスコミ宣伝だけで、このような事実無根、データ無視の状況が、いつまでも命脈をたもちうるとは、とても思えない。

考古学のリーダー諸氏の言説が、データ的事実と合っていない。私たちの「意見」と合っていないことをのべているのではない。「事実」と合っていないことを述べているのである。

読者は、すこし丁寧に検討してみていただきたい。

データ的事実と合っていない「見解」を発表して、資金を獲得することは、データの偽造にかぎりなく近づく。

効《き》かない薬を効くと宣伝して荒かせぎをする企業に近づく。

ビッグデータの時代にはいっている

幽霊のように根拠のない「学説」が、やたらにマスコミをにぎわすことになった理由は、ほかにもいくつかある。

考古学の分野でも、データが厖大になりすぎたことである。他の分野と同じように、いわゆる「ビッグデータ」の時代に突入しつつあるのだ。

インターネットで検索し、さらに諸報告書類にあたれば、えられる情報ははなはだビッグになっている。

一つ一つの発掘じたいは精密に行なわれ、報告書の図面などは正確に期されているとしても、「ビッグデータを処理して、そこから適切な本質的情報をとりだすデータ・マイニングの方法」「ビッグデータの科学的処理法」が、考古学の分野では、なお十分に普及していない。

日本情報考古学会という学会があり、それなりの啓蒙が行なわれているが、マスコミをにぎわす考古学のリーダー諸氏は、そのような動きには無頓着である。

例を、いくつかあげよう。

古代の動物の骨を、正確に復元し、その詳密を記録する。それじたいは重要なことである。しかし、それだけにとどまったのでは、「進化論」というストーリー性を提供する豊かさをもつ学説はでてこない。なんら構造をもった知識には、なりえない。

構造をもたない精密な記述の集積だけでは、記憶の負担にたえかねることになる。

諸種の動物の骨を、時代順にならべ、地域差を考慮し、比較検討し、「帰納的に」ものを考え、一歩飛躍することによって、全体を統一的に説明、俯瞰《ふかん》しうる学説「進化論」はえられる。

コンピュータ技術や、統計学・確率論などの発展は、そのような「帰納」を科学的に、全体的に行なう方法を教えてくれる。このような最近の「ビッグデータ」の処理法などに、考古学のリーダー諸氏は、あまりにも、注意を向けないという形になっている。

とにかく、自説をマスコミ宣伝すれば、という思いにとりつかれているようにみえる。

これに似たような状況が生じたことが、科学史上これまでに何度かあった。

典型的な事例では、天体観測のデータが多く積み重ねられ、その結果観測事実と、バイブルにもとづく「天動説」との矛盾が大きくなってきた時代があった。

西欧中世の教会勢力を、現代日本の考古学リーダー諸氏、マスコミ、地域おこしなどをはかる自治体などの、学界・マスコミ界・官界の癒着によって生じている壁になぞらえて考えれば、ガリレオが生きた西欧中世も、現代も、あまり変わりがないな、といっぽうでは思う。しかし、いっぽうでは、インターネットなどをみれば、やはり現代は、昔とは違うな、とも思うのである。

考古学至上主義は、考古学のガラパゴス化、ひいては考古学のカルト化に通ずる

あまりにも、「考古学的方法」なるものにこだわり、他の科学と共通の方法、統計的方法、確率論的思考などを、とりいれようとしない。あるいは無視する。しかし、統計的方法などは、現代諸科学共通の基本的言語となっている。

統計学的方法も、第二次大戦後、増山元三郎の『推計学の話』（一九四九年刊）、北川敏男の『統計学の認識』（一九五〇年刊）などにより、いわゆるフィッシャー流の推測統計学（推計学）が、日本に紹介された。それまでの大量観測法に対し、標本抽出法による小標本理論、検定論、推定論などが常識化していった。

そしてまた、コンピュータの発展にともない、多変量解析がさかんに行なわれるようになった。

さらに、現在では、厖大なデータの蓄積にともない、パソコンなどから得られるビッグデータの処理の諸技術が発展してきている。

たとえば、V・M・ショーンベルガーと、K・クキエ共著の『ビッグデータの正体―情報の産業革命が世界のすべてを変える―』（講談社、二〇一三年刊）のなかでは、つぎのようにのべられている。

「世の中にコンピュータが本格的に入ってきてから50年。データの蓄積が進み、これまででは考えられなかったようなことがいつ起こっても不思議ではない状況にある。かつて世界がこれほどの情報洪水に見舞われたことはないし、その情報量も日増しに拡大する一方だ。規模の変化は状態の変化につながる。そして、量的な変化は質的な変化をもたらす。」

「ビッグデータは大変革の始まりを告げるものだ。望遠鏡の登場によって宇宙に対する認識が深まり、顕微鏡の発明によって細菌への理解が進んだように、膨大なデータを収集・分析する新技術のおかげで、これまでとはまったく思いもつかぬ方法で世の中を捉えられるようになる。」

「個人への効果はとてつもなく大きいはずだ。確率や相関関係が重視される世の中では、専門知識の重みが薄れる。専門家が不要になるわけではないが、これからはデータが紡ぎだす〝ご託宣〟との知恵比べになる。」

「『データによる物事の判断は、人間の判断を補完し、ときに上回ることもある』。これがビッグデータの最大の衝撃だろう。そのような形が普通になれば、統計学者やデータアナリストはともかく、それ以外の分野のエキスパートは輝きを失うはずだ。」

「世界を数量的に捉えて解き明かそうという人類の挑戦が始まった。その重要な第一歩となるのが、ビッグデータだ。かつては計測も蓄積も分析も共有も不可能だった物事が、次々にデータ化されていく。」

「歴史を振り返れば、人類が残してきた素晴らしい業績の舞台裏で、我々は『物事を測る』という行為によって世界を支配してきた。

正確さへの強いこだわりは13世紀半ばの欧州で始まった。ちょうど天文学者が時間・空間の正確な数量化に取り組んだ時代である。歴史家のアルフレッド・クロスビーの言葉を借りれば、『現実世界の測定』だ。ある現象を測定さえできれば、理解したも同然だった。

その後、測定は、観察と解釈という科学的手法と結びついた。言い換えれば、数量化して記録し、再現性のある結果を提示する能力だ。

ケルビン卿の通称で知られる物理学者ウィリアム・トムソンは、『測ることは知ること』と断言した。

やがて測定は、権威の根拠になっていく。『知識は力なり』と説いたのは、哲学者フランシス・ベーコンだ。」

「データに新たな意味を与えたのが数学だ。だから単に記録や検索にとどまらず、分析も可能になったのである。

「情報化社会という言葉が聞かれるようになって久しいが、ビッグデータは真の『情報化社会』の到来を意味する。ついにデータが主役になるのだ。我々が蓄積してきたデジタル情報は、ついに斬新な方法でまったく新たな用途に生かされ、そこから新しい価値が生まれるのである。」

「ここまで列挙してきた、この膨大な成果にたどり着けた背景には、コンピュータのプロセッサーの高速化、メモリーの大容量化、ソフトウェアやアルゴリズムの高度化があるが、こうした道具立ては理由の１つに過ぎない。もっと根本的な理由は、『膨大なデータを持てるようになったこと』に尽きる。世の中のさまざまな部分がデータ化されたおかげだ。人類は、コンピュータ革命のはるか前から世の中を数値化したいという野望を燃やしてきた。それがデジタルツールの登場で、データ化が一気に進んだ。」

「我々は、新しいことを上手に、素早く、たくさん成し遂げる力を手に入れた。そこには、とてつもない価値を引き出す可能性が秘められており、新たな勝者と敗者を生み出すはずだ。データの価値の大半は、２次利用から生まれる。」

「情報」そのものをカウントし、数量化し、ビッグデータをうまく利用する力を身につければ、パソコンが一台あれば、個人が、大組織にも対抗できる時代がきているのである。

ところが、考古学のリーダー諸氏の言説は、五十年以上まえの、小標本理論の段階にすら達していない。数量化の概念すらもっていないといってよい。

その実態そのものを直視すべきである。

他の分野の科学の進展に、およそ、無関心である。

おそるべき考古学至上主義、唯我独尊主義である。

考古学の分野で名のある先生が、マスコミで自信をもって発表しておられるのであるから、そうとうな根拠があるのであろうと思いがちである。

しかし、事実は、ハダカの王様が、みずからの衣裳を世間に喧伝しているだけである。立派な衣裳などは、どこにもない。

ガラパゴス諸島のイグアナのように、特種な環境で、特殊な進化をとげ、世界標準からかけはなれてしまう現象を、ガラパゴス化という。

考古学じたいが、学問や科学全体のなかで、ガラパゴス化しつつあるのではないか。

辻本武氏は、「旧石器捏造事件」に関連し、「学界はついにカルト宗教と化す」と、痛烈な批判をのべている（「『旧石器捏造事件』考」『季刊邪馬台国』116号、二〇一三年）。

「カルト」は、ふつう「少数の人々の狂信的な崇拝支持」をいう。考古学のような多数の人々の属する学界が、学問分野全体のなかで、カルト化することはめずらしい。

しかし、考えてみれば、中世のキリスト教は、科学の歴史全体のなかでは、カルト化していたようにもみえるし、第二次大戦中のわが国やヒトラーのもとのドイツも、カルト化しているようにもみえる。

邪馬台国時代の奈良県は、邪馬台国文化の空白地帯

考古学的に、確実な邪馬台国の時代のものといえる遺跡・遺物は、奈良県からはほとんど出土していない

とみられる。邪馬台国時代の奈良県は、「邪馬台国文化」の空白地帯、辺境であったとみられる。

畿内説では奈良県の、のちの時代の遺跡・遺物の年代を、古くもちあげる努力をさかんに行ない、それをマスコミに発表することをくりかえしている。しかし、いずれも、きわめて不確実なものか、または、誤った解釈にもとづくものといえる。

考古学のリーダー諸氏は、なんら証明されていない結論を、あたかも、すでに証明されているかのように、マスコミでくりかえし発表し、それによって、批判的意見や、反対派を封じこめようとする方法をもっぱらとっている。

この方法は、旧石器捏造事件で大失敗したはずである。しかし、まったくこりる様子がない。この方法をくりかえす。

この方法は、学問・科学を、大きく誤らせるものである。

だれしも、得意、不得意はある。

したがって、ふつう、専門家は、みずからの不得意な分野については、沈黙を守る。そのようにすべき義務があると思う。

世間的名声のある人が、不案内な分野でリーダーぶりを発揮しては、世間を、ミスリードすることになる。

古文献を無視することは、羅針盤なく航海することにひとしい

また、考古学のリーダー諸氏は、しばしばのべる。

「まず考古学の分野で、徹底的に考えて。文献などについての考察は、そのあとで。」

この考えは、しばしば『古事記』『日本書紀』などの古文献の情報を排除することにつながる。

『古事記』『日本書紀』などの日本古文献のもたらす情報を排除することは、しばしば、それらの記す情報よりも、考古学者の思いつきや、思いこみを優先させることになる。

しかし、古代と現代とでは、ものの発想じたいが大きく異ることがある。現在、あたりまえと思うことが、現代人流の独断になっていることが、しばしばありうる。古文献をよく読んで、古代人の発想に慣れることは必要である。

古文献の情報を排除することは、古代史の内容を、いちじるしく貧困にさせるものである。

ときには、考古学者のえがく幻想としかいいようのない世界に、人々を迷いこませるものとなる。

その幻想は、畿内説村のなかだけで、ガラパゴス島の動物のように進化したものである。

『古事記』『日本書紀』をはじめとする古文献に記されている「伝承」は、古代史を考えるばあいの「仮説」や「ヒント」の宝庫である。それを捨てさることは、古代史の内容を、いちじるしく貧しくするものである。

畿内説村では、古文献の記す「伝承」よりも、考古学者の思いつきや、思いこみという、あらたな現代発生の「神話」のほうをしばしば優先させている。「箸墓古墳＝卑弥呼の墓説」や、大きな建物あとが出れば「卑弥呼の宮殿」といって騒ぐ、などは、その典型的な事例である。

そこでは、『日本書紀』の記す「箸墓古墳は、（崇神天皇時代の）倭迹迹日百襲姫の墓である」という有力な情報や、纒向遺跡は、垂仁天皇の纒向の珠城《たまき》の宮や景行天皇の纒向の日代《ひしろ》の宮などの宮殿のすぐ近くであるという情報は、無視または軽視される。

このような方法は、考古学の分野以外の人には、いちじるしく説得力を欠くものである。

ギリシア、ローマの考古学や、聖書の考古学は、すべての考古学のはじまりであり、母胎であった。そして、その考古学は、神話、伝承といったものに、みちびかれたものであった。

そのことを忘れてはならない。

稲荷山古墳出土の鉄剣銘文にしても、出雲からの大量の銅剣・銅矛・銅鐸の出土にしても、考古学の出土物は、大きくみるとき『古事記』『日本書紀』に記されている内容を裏切っていない。むしろ、『古事記』『日本書紀』などが伝える情報が、大略において根拠のあることを、さし示しているようにみえる。

古文献を放棄することは、羅針盤なく航海するようなものである。

古代史の構築において、考古学は主人公たりえない。

考古学のみで、歴史をくみたてることはできない。

考古学は、「仮説」を肉づけする重要な情報を提供する。そして、「仮説」が正しいか否かを判断するチェック機能をもつ。しかし、考古学は、基本的には、歴史を構成するばあいの補助学であるといえる。

わが国では、歴史学の補助学であるものが、あまりに長く主人公としてふるまってきたのではないか。

これ以上、考古学のリーダー諸氏のえがく幻想におつきあいして、そこに多額の公共の資金をつぎこむことには、強く異議を申しのべるべき段階に達している。

エビデンス（科学的根拠）を示さずに、とにかくマスコミ宣伝して、という方法は、長い目で見たばあい、結局、考古学の信用を失わせる。

マスコミ宣伝によって資金を獲得するという目的にもそわなくなる。若い優秀な人たちが、考古学の分野に参入する気持をなえさせることにもなる。逆効果をもたらすことになる。

化粧品でも薬でも、学説でも。ただ宣伝によって売れればよいというものではないはずである。

そのような方法には、ツケがくることを考えるべきである。

第6章　新・邪馬台国東遷説

●奈良県は、近畿地方のなかでも、後進地であった●

饒速日《にぎはやひ》の命《みこと》画像（物部長仁氏蔵）

邪馬台国時代の近畿地方を考えるとき、『魏志倭人伝』に記されている事物や遺跡が、全体的にみて、奈良県よりも京都府、大阪府、兵庫県から多く出土しているのはなぜなのか？

奈良県は、『魏志倭人伝』の記す邪馬台国文化の「空白」の中心地である。大阪府よりも、京都府よりも、兵庫県よりも後進地である。

もう、インチキはやめよう。

たとえば、「女王国＝纒向説」の根拠などは、なにもないのだ。あるのは、しかるべき学者や機関などの、過剰なマスコミ宣伝だけである。

「畿内説」は、内容の空虚な張子の虎、空中に画いた楼閣である。

京都府、大阪府、兵庫県などには、奈良県よりもはやく、北九州文化、邪馬台国文化がおよんでいた。

1　饒速日《にぎはやひ》の命《みこと》の東遷

奇妙な事実・奈良県は、畿内でも、「邪馬台国文化」の波及のとくに遅れた地域である

西暦三世紀ごろの、『魏志倭人伝』に記されている事物の、わが国での出土状況をみていると、ふしぎなことに気がつく。

例をあげる。

図45は、すでに、「第1章」の37ページで**図1**として紹介したもので、庄内様式、つまり、邪馬台国時代前後の、わが国での鏡の出土状況についてのグラフである。桜井市纏向学研究センター所長の寺沢薫氏の作成されたデータにもとづく。ただ、**図1**と異なるところは、あらたに、四角で囲んだ部分をつくったところである。

図45の、四角いワクでかこんだ畿内の部分をよくご覧いただきたい。

この時期の鏡の出土数は、京都府のほうが奈良県を上まわっている。兵庫県でさえ、奈良県と同じ数の出土をみている。

奈良県はなんら特殊な位置をしめていない。北九州において、福岡県が、鏡の出土状況において突出した特殊な位置をしめているのとは、大きく異なる。

同様なことは、鉄の鏃についてもいえる。『魏志倭人伝』は、倭人は「鉄の鏃」を用いると記している。

図46をご覧いただきたい。

鉄の鏃の出土数は、京都府、兵庫県、大阪府のほうが奈良県を上まわっている。近畿地方では、滋賀県で

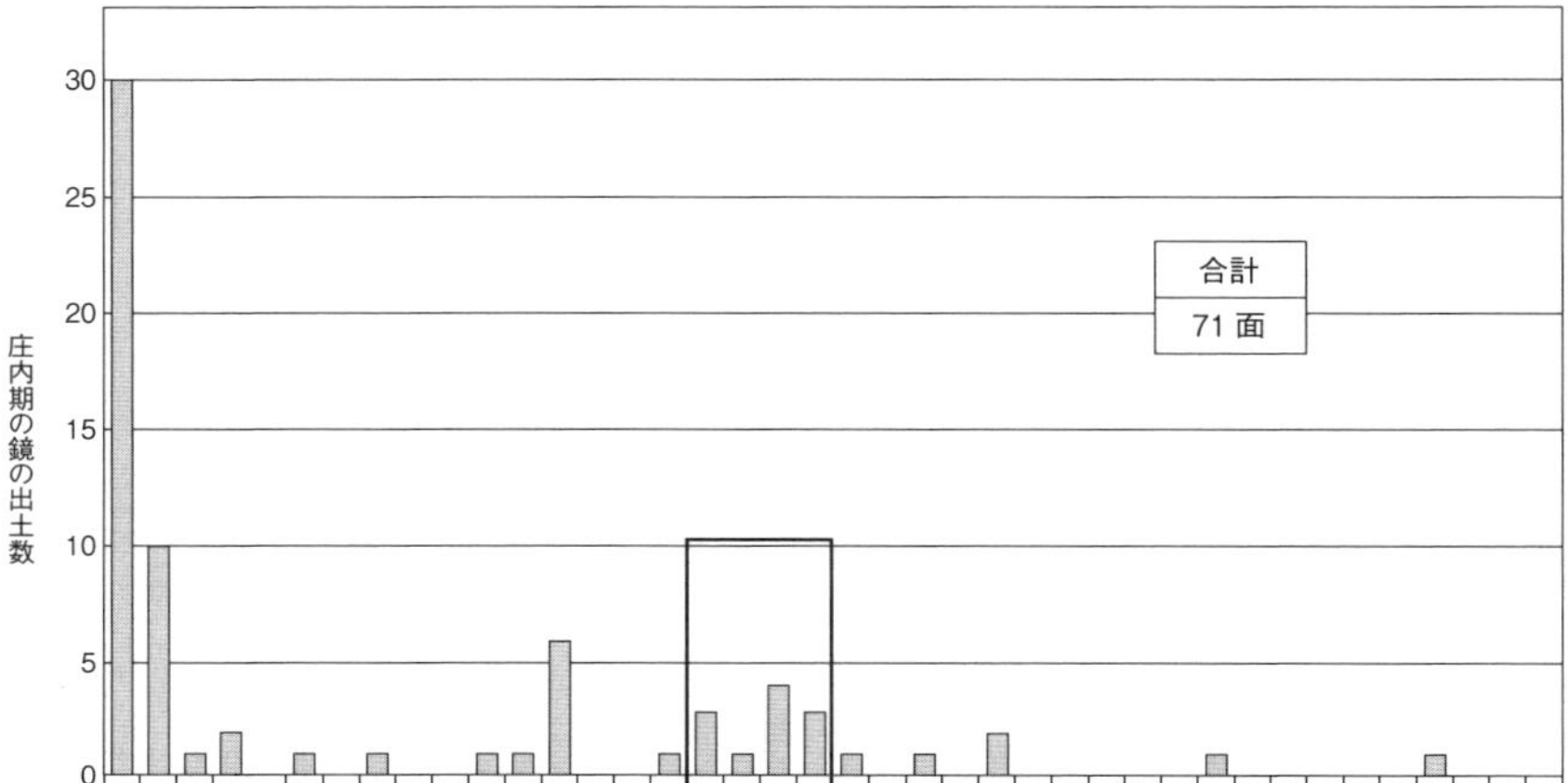

福岡県	佐賀県	大分県	長崎県	宮崎県	熊本県	鹿児島県	山口県	島根県	鳥取県
30	10	1	2	0	1	0	1	0	0

岡山県	広島県	愛媛県	香川県	高知県	徳島県	兵庫県	大阪府	京都府	奈良県
1	1	6	0	0	1	3	1	4	3

滋賀県	和歌山県	三重県	岐阜県	愛知県	静岡県	長野県	福井県	山梨県	新潟県
1	0	1	0	2	0	0	0	0	0

石川県	群馬県	栃木県	埼玉県	東京都	神奈川県	千葉県	茨城県	福島県	宮城県
1	0	0	0	0	0	1	0	0	0

図45　寺沢薫氏の資料による県別・庄内期の鏡の出土数

さえ、奈良県を上まわっている。

　このような傾向は、三世紀末ごろ以後の出土物が多いかとみられる「魏晋鏡（中国では西晋時代［二六五〜三一六］の墓から出土していることが多い）」では、さらにいちじるしくみとめられる。

　図47に示すように、京都府、大阪府、兵庫県の出土数は、奈良県の出土数を、大きく上まわっている。京都府、大阪府、兵庫県の総計三十七面に対し、奈良県からはわずか二面しか出土していない。

　このような傾向は、弥生時代の「鉄刀・鉄剣・鉄矛・鉄戈」の出土数でもみとめられる。**図48**のとおりである。

　さらには、**図49**に示すように「貨泉《かせん》」の出土数においても、同様な傾向がみとめられる。

　「貨泉」は、新の国の王莽《おうもう》によって、西暦一四年以後ごろに鋳造された。ただ、そうとう厖大な量鋳造されたようで、中国でもわが国でも、明《みん》や鎌倉・室町時代など、かなり後の時代の遺跡からも出土する。

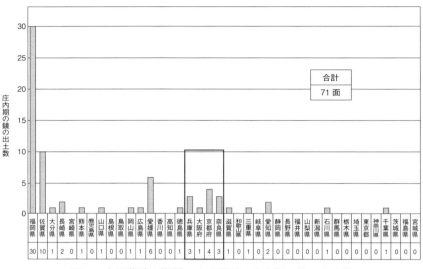

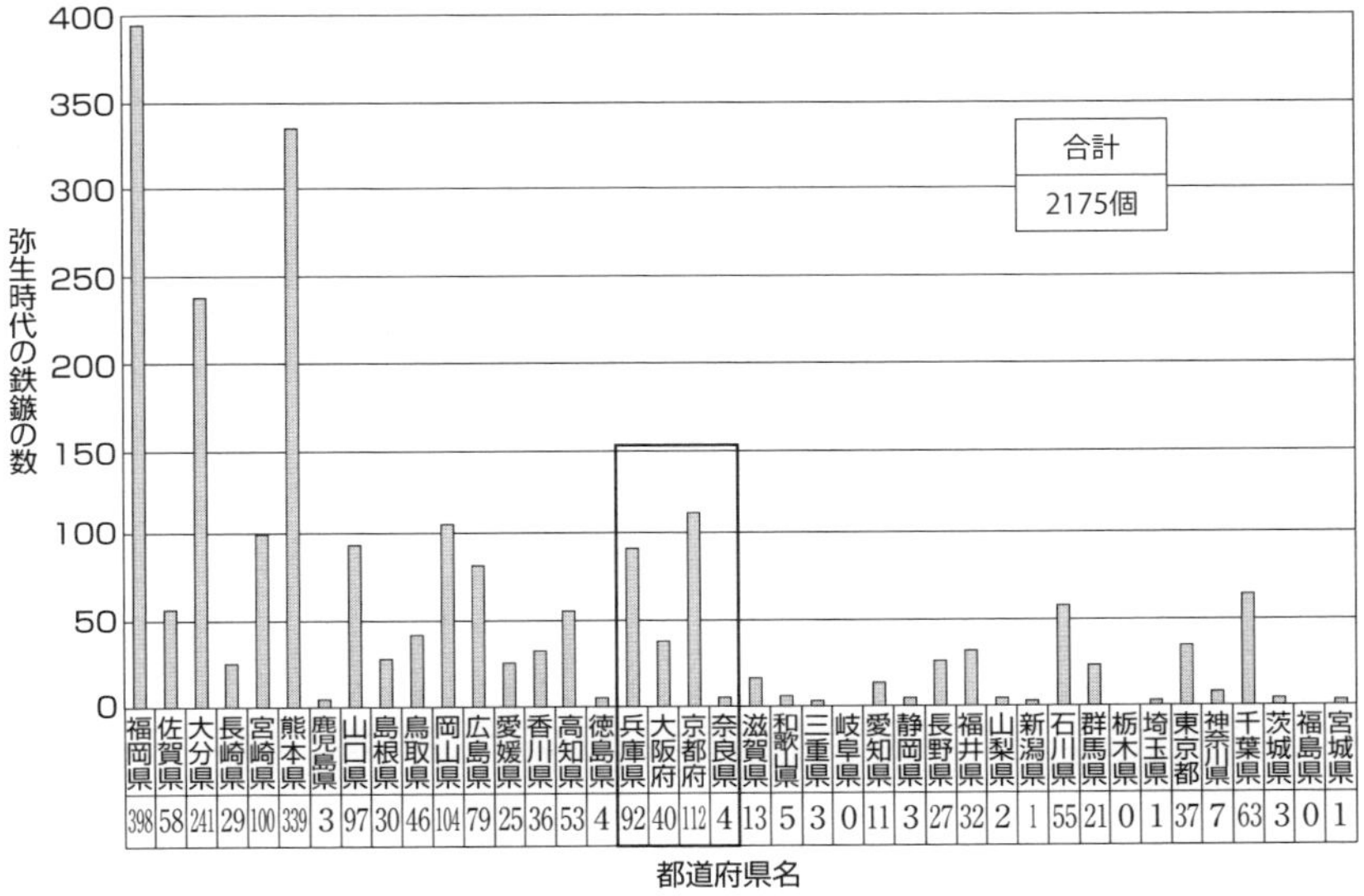

図46　県別　弥生時代の鉄鏃の数

（もとのデータは、川越哲志編『弥生時代鉄器総覧』［広島大学文学部考古学研究室、2000年刊］による。）

西晋代の洛陽晋墓からも、五十二枚の貨泉が出土している。

このようにみてくると、三世紀の邪馬台国時代において、『魏志倭人伝』の記している ような「邪馬台国文化」「倭人文化」「女王国文化」（以下、これらを「邪馬台国文化」という語で代表させることとする）が、近畿地方諸府県のなかで、もっとも及んでいない地域は、奈良県であるようにみえる。

これは、「邪馬台国が奈良県にあったとする説」をいちじるしく成立困難にさせるのではないか。

なぜ、こんなことがおきているのであろう。

しかも、たとえば、37ページの**図1**の庄内様式期の出土鏡のうち、奈良県からの出土の三面は、34・35ページの**表1**をみればわかるように、ホケノ山古墳出土のものである。

そして、ホケノ山古墳から出土したおよそ十二年輪の小枝試料の、炭素14年代法による

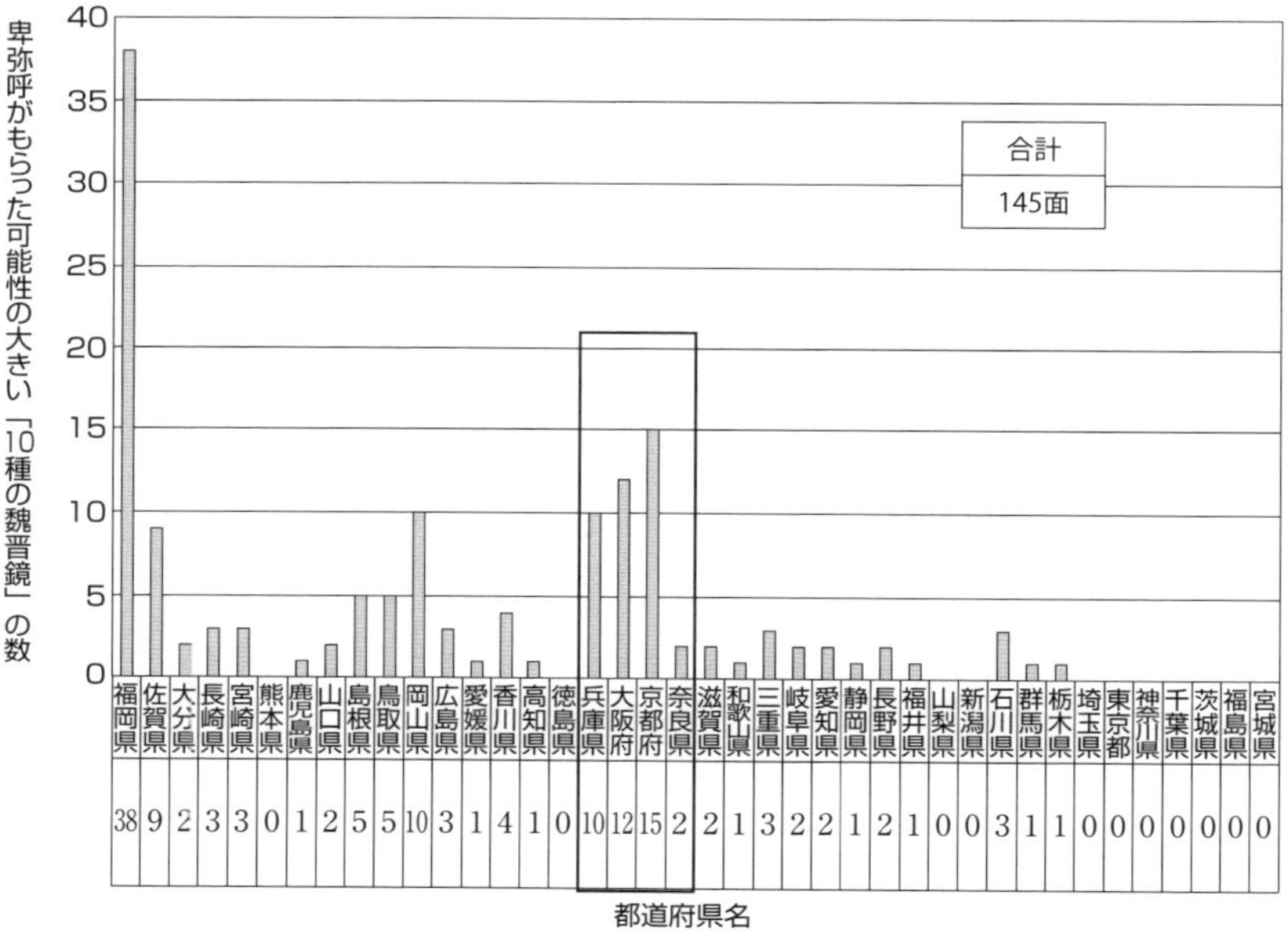

図47　県別　卑弥呼がもらった可能性の大きい「10種の魏晋鏡」の数

（もとのデータは、『季刊邪馬台国』71号〔特集「新説・これが卑弥呼の鏡だ!!」、梓書院、2000年刊〕、および拙著『「邪馬台国畿内説」徹底批判』〔勉誠出版、2008年間〕による。）

測定年代は、おもに、四世紀を中心とする年代を示している。ホケノ山古墳のデータは、邪馬台国時代よりもあとの、四世紀のデータではないか。また、ホケノ山古墳出土の画文帯神獣鏡は、基本的に、中国の長江流域・呉系の鏡である。わが国の画文帯神獣鏡は、おもに、古墳時代の遺跡から出土している。しかも、ホケノ山古墳からは、直径が十九・一センチのものが出土している。このように直径の大きな画文帯神獣鏡は、中国では、調査した一五四面中一例しかしられていない。ホケノ山古墳の画文帯神獣鏡は、わが国でつくられたものである可能性がある。わが国で出土する鏡で、面径の大きな画文帯神獣鏡は、国産鏡に例が多い。

このようなことから、ホケノ山古

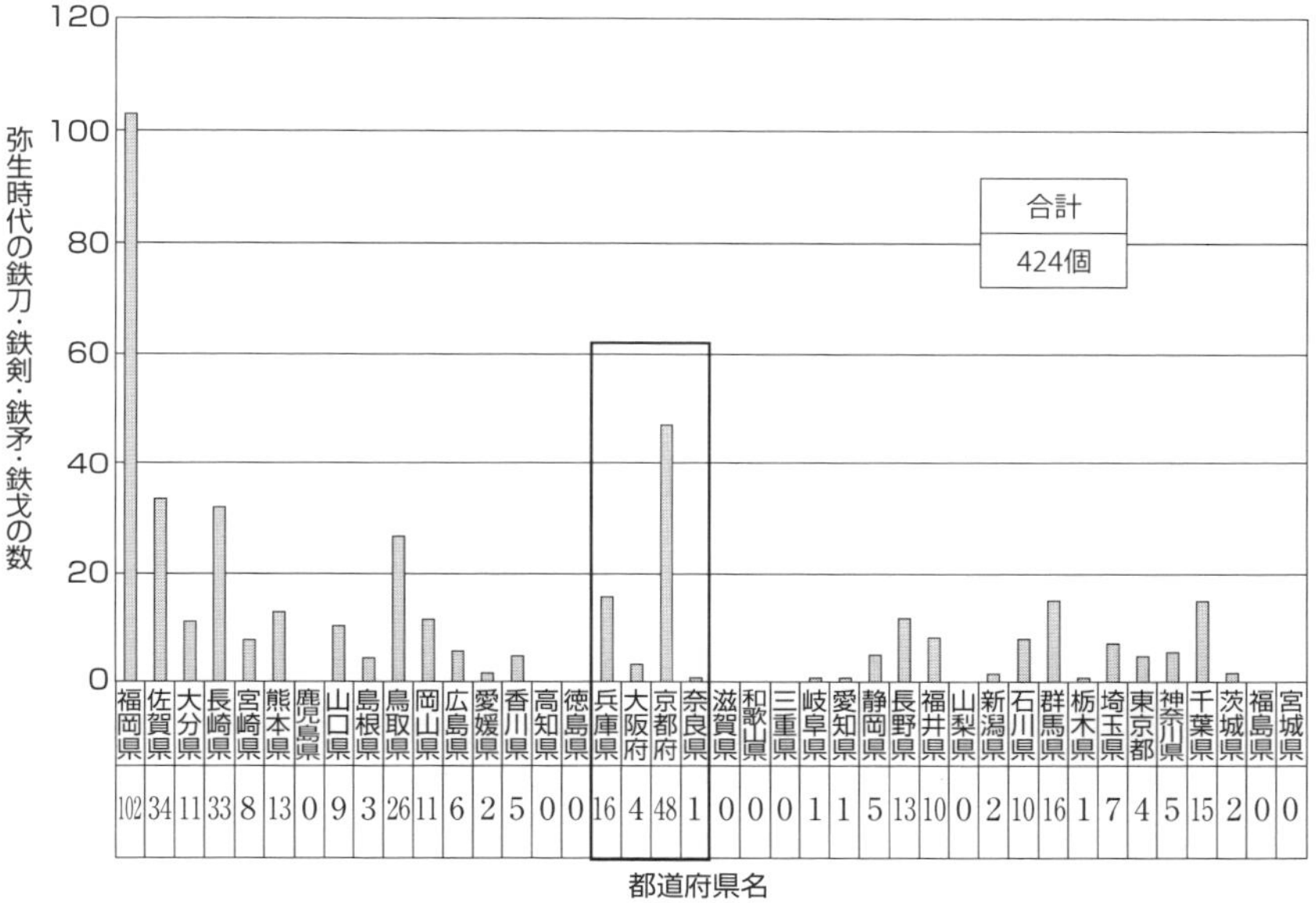

図48　県別　弥生時代の鉄刀・鉄剣・鉄矛・鉄戈の数

（もとのデータは、川越哲志編『弥生時代鉄器総覧』［広島大学文学部考古学研究室、2000年刊］による。）

墳の築造年代は、三世紀ではなく、四世紀にくだる可能性が大きい。

表1から、ホケノ山古墳出土鏡をのぞけば、**表1**、**図1**の、庄内様式期、大略、邪馬台国時代の、奈良県での出土鏡の数は、皆無となってしまう。

九州勢力が、何度か東遷している

このような事実は、邪馬台国東遷説の立場からは、うまく説明できるようにみえる。

『古事記』『日本書紀』や、『新撰姓氏録』『先代旧事本紀』などによれば、九州勢力が、何度か東遷しているように描かれている。

とくに、『日本書紀』や「新撰姓氏録」『先代旧事本紀』によれば、神武天皇よりも先に、物部《もののべ》氏などの祖先である饒速《にぎはや》日《ひ》の命《みこと》などが、北九州から東遷し、大阪

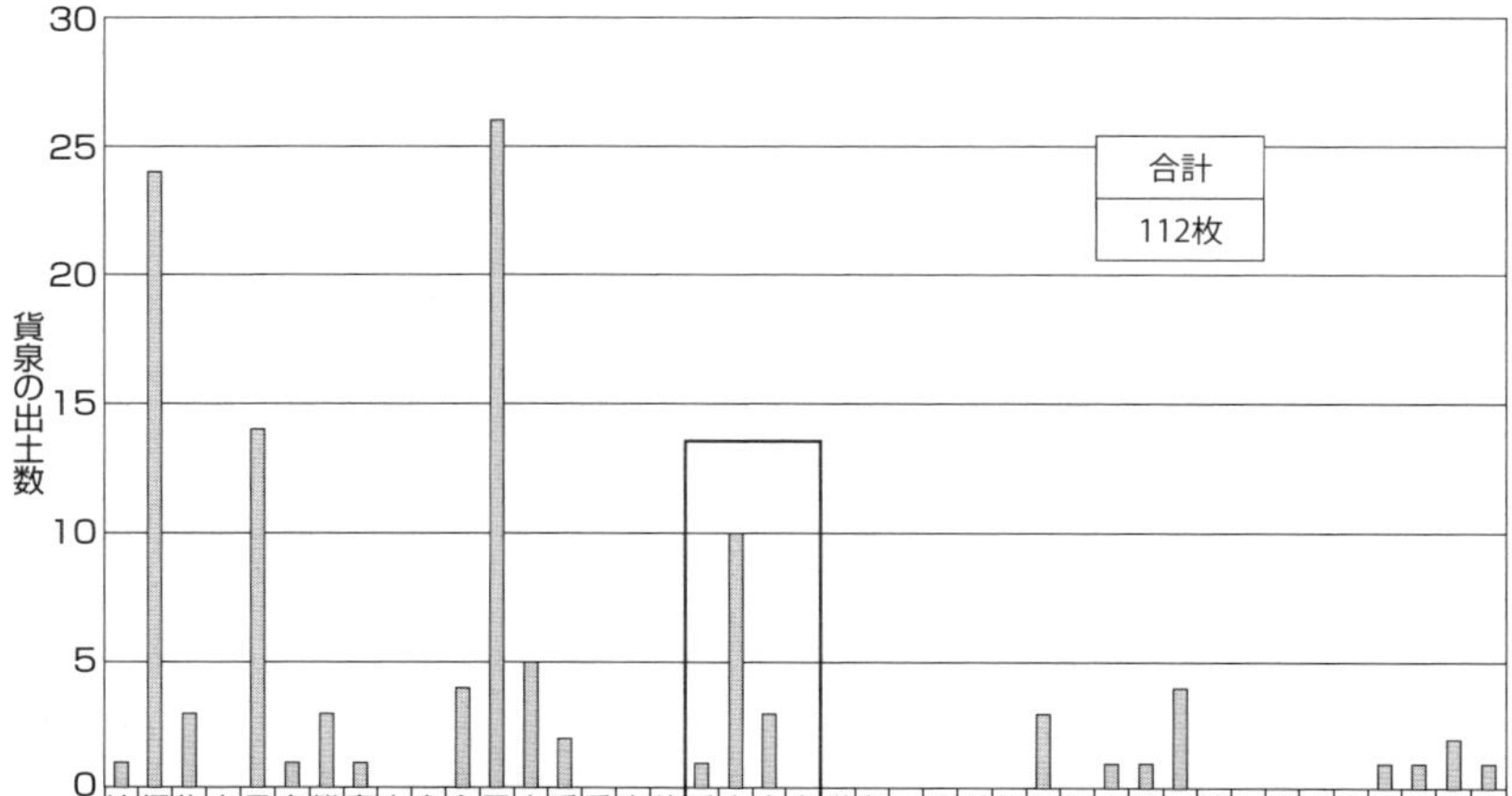

沖縄県	福岡県	佐賀県	大分県	長崎県	宮崎県	熊本県	鹿児島県	山口県	島根県	鳥取県	岡山県	広島県	愛媛県	香川県	高知県	徳島県	兵庫県	大阪府	京都府	奈良県	滋賀県	和歌山県	三重県	岐阜県	愛知県	静岡県	長野県	福井県	山梨県	新潟県	石川県	群馬県	栃木県	埼玉県	東京都	神奈川県	千葉県	秋田県	青森県	北海道
1	24	3	C	14	1	3	1	0	0	4	26	5	2	0	0	0	1	10	3	0	0	0	0	0	0	0	3	0	1	1	4	0	0	0	0	0	1	1	2	1

図49　県別　貨泉の出土数

（もとのデータは、拙著『大崩壊「邪馬台国畿内説」』［勉誠出版、2012年刊］64ページ以下の表による。）

府を中心とし、京都府や兵庫県などで栄えていたことが記されているのである。

　奈良県よりも先に、大阪府や京都府、兵庫県などが、「邪馬台国文化」の影響をうけていたのではないか。そのため、三世紀ごろは、大阪府、京都府、兵庫県などのほうが、奈良県よりも邪馬台国文化の強く及んだ地になっているのではないか。

　何度かの東遷現象については、考古学者の森浩一や、民俗学者の谷川健一など、すでに触れておられる人も、かならずしもすくなくない。

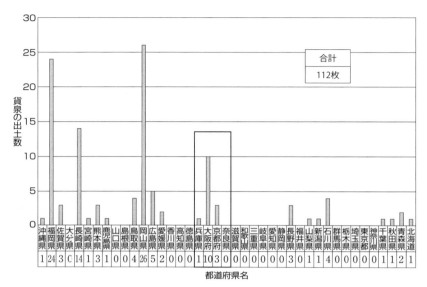

　森浩一は、その著『敗者の古代史』（中経出版、二〇一三年刊）のなかでのべる。

「饒速日命《にぎはやひのみこと》と長髄彦《ながすねひこ》は、記紀の『神武東遷』の説話に河内平野や奈良盆地の先住の支配者として登場する。神武軍に対して防戦の末、饒速日が舅《しゅうと》の長髄彦を殺して帰順するのが『日本書紀《にほんしょき》』の筋書きだが、金鵄《きんし》が神武軍に加勢するような戦いの記述は鵜呑《うの》みにしがたい。饒速日は物部氏《もののべし》の祖とされる。『先代旧事本紀《せんだいくじほんき》』の記事や、ゆかりの古社の存在からみて、饒速日こそ北部九州のから東遷を実行した人物であり、その伝承を取り込んで神武東遷の逸話が成立したことがうかがえる。」

また、谷川健一氏は、その著『隠された物部王国「日本《ひのもと》」』（情報センター出版局、二〇〇八年刊）のなかでのべる。

「『日本書紀』によりますと、神武が東征した先には、『饒速日《ニギハヤヒ》』と『長髄彦《ナガスネヒコ》』に率いられた強力な連合軍が待ち受けていました。彼らは河内・大和の先住豪族でした。」

「私は、東遷と降臨は大いに関係があると考えています。それが『日本書紀』や『旧事本紀』の神武東征説話のなかに反映されている。すなわち、神武帝の東征に先立ってヒギハヤヒが『天磐船《あまのいわふね》』に乗って国の中央に降臨したことを認めている。このニギハヤヒの東遷は、物部氏の東遷という史実を指しているものと私は受け取っております。物部氏の出身は、現在の福岡県直方《のうがた》市、もしくは鞍手郡《くらてぐん》あたりのようです。」

「物部氏の（九州での）勢力の基盤と『邪馬台国』の領域とがほぼ重なりあっていることが、確認されるのです。」

古代史家の鳥越憲三郎も、その著『弥生の王国』（中公新書、中央公論社、一九九四年刊）のなかでのべる。

「物部一族はもと（福岡県の）鞍手郡を中心とした地域に居住し、そこから主力が河内・大和へ向けて移動したことが確かである。」

物部氏の本拠地

まず、大阪府に、三世紀の末ごろに「邪馬台国文化」が、どのように及んでいるとみられるかについて考えてみよう。

坂本太郎・平野邦雄監修の『日本古代氏族人名辞典』（吉川弘文館、一九九〇年刊）の「物部氏《もののべうじ》」の項に、つぎのように記されている。

「（物部氏の）本拠は河内国渋川郡（大阪府八尾市・東大阪市・大阪市の各一部）の付近で、同系氏族・奴隷民はすこぶる多く『八十物部《やそもののべ》』と称された」（**地図3**参照）。

八尾市渋川にある渋川廃寺は、物部氏の氏寺と推測されている。

佐伯有清編『日本古代氏族事典』（雄山閣、一九九四年刊）も、「物部《もののべ》」の項で、つぎのように記す。

「本拠は河内国渋川郡（大阪府八尾市付近）を中心とする地域であろう。」

六世紀頃、物部《もののべ》の連《むらじ》の本宗家は、渋川郡を中心として強大であった。

物部の弓削《ゆげ》の守屋《もりや》の大連《おおむらじ》（以下、物部の守屋と記す）は、蘇我《そが》の大臣馬子《おおおみうまこ》の宿禰《すくね》（以下、蘇我の馬子と記す）と、崇仏論争をはじめ、ことごとく対立する（**地図3**に、弓削《ゆげ》の地名がある）。

物部の守屋は、阿都《あと》（阿斗。のちの河内の国渋川郡跡部郷。現在の大阪府八尾市跡部・渋川・植松ふきん）に兵を集めた（**地図3**、**地図4**に、阿斗が記されている）。

蘇我の馬子は、物部の守屋討滅の軍をおこす。

西暦五八七年、物部の守屋は、蘇我の馬子、聖徳太子らの諸皇子連合軍に敗れて殺される。

『日本書紀』の崇俊天皇の即位前記は記す。

「軍兵をひきいて、志紀《しき》郡（大阪府藤井寺市・八尾市南部。現在、八尾市志紀町がある）から、渋川《しぶかわ》の家（物

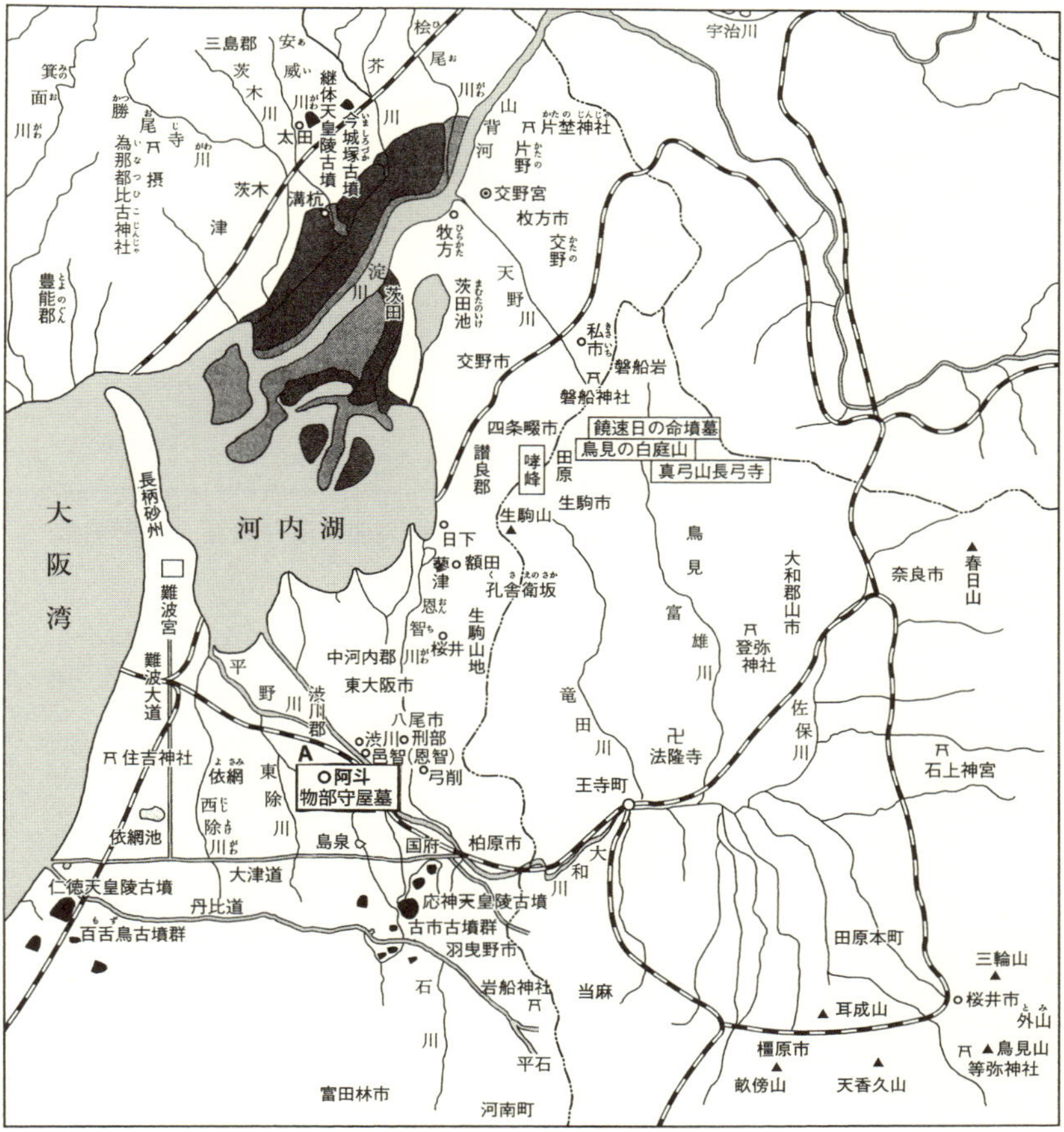

地図3　饒速日の命・物部氏関係地図

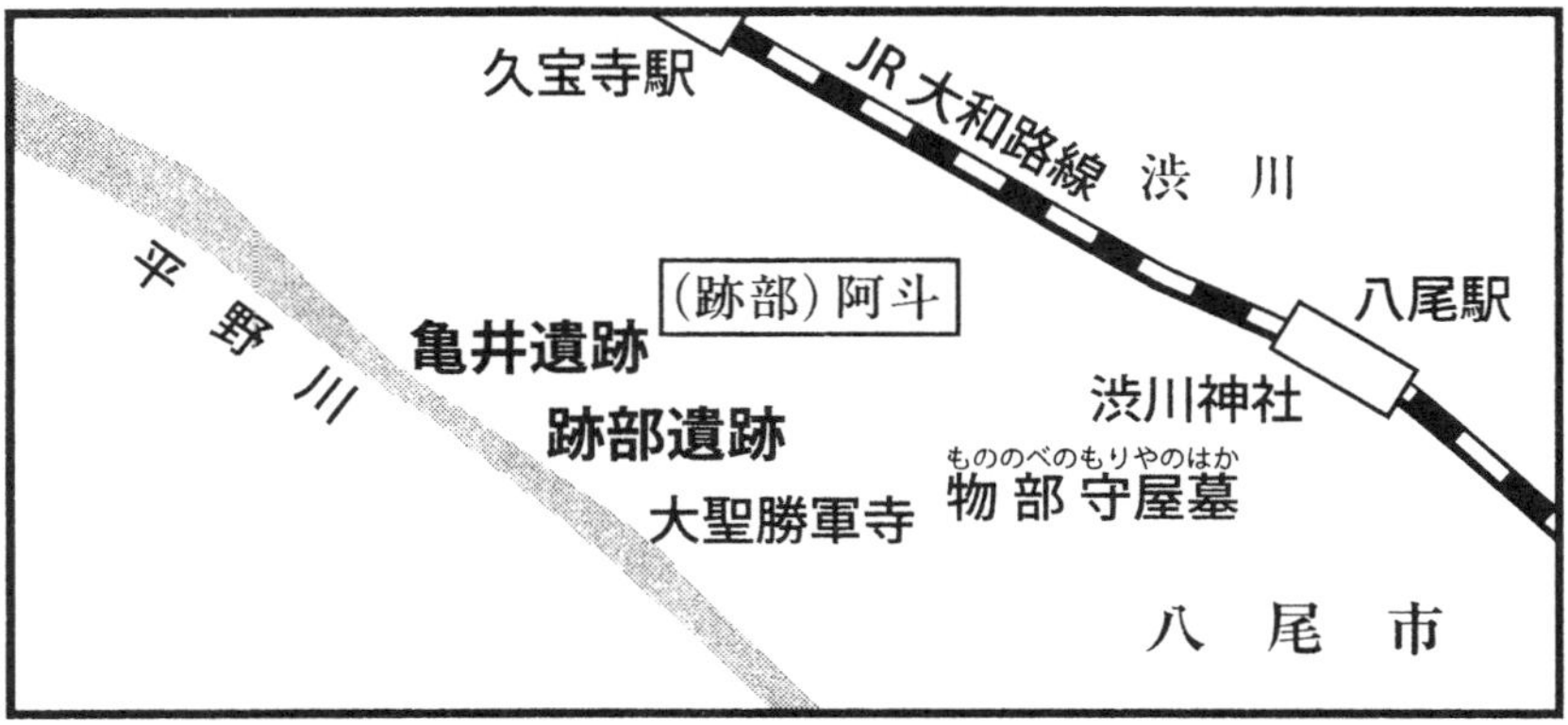

地図4　地図3のAの部分（阿斗の部分）の拡大図（亀井遺跡・跡部遺跡）

部の守屋の邸宅）にいたる。物部の大連守屋は、みずから子弟と奴隷軍とをひきいて戦った。」

物部の守屋は、物部氏の本拠地で戦って死んだのである。

庄内式土器の出土する場所

考古学者の石野博信氏は、『古墳はなぜつくられたか』（大和書房、一九八八年刊）のなかで、**地図5**のような地図をかかげ、庄内式土器について、つぎのようにのべられる。

「**地図5**で九州の例を挙げていますが、近畿より西側で庄内式土器がいちばんまとまって出てくるのが九州です。岡山ではいまのところ二、三点程度、鳥取県で二、三点ぐらい、滋賀県はありますが、福井県でちょっとという感じです。東海地域は二、三遺跡ぐらいで、関東では東京都内の板橋で一点と横浜でそれらしいのが一点出ています。ほかにもあるかもしれませんが、ごく少数です。そういう地域の中で、九州は非常に多いのですが、九州に入っている庄内式土器は圧倒的に大和系の庄内式の甕ですから、大和と九州との関係が強く考えられるかもしれません。一つの解釈をすれば、九州が大和の人間を労働力として集めたということになりますが、普

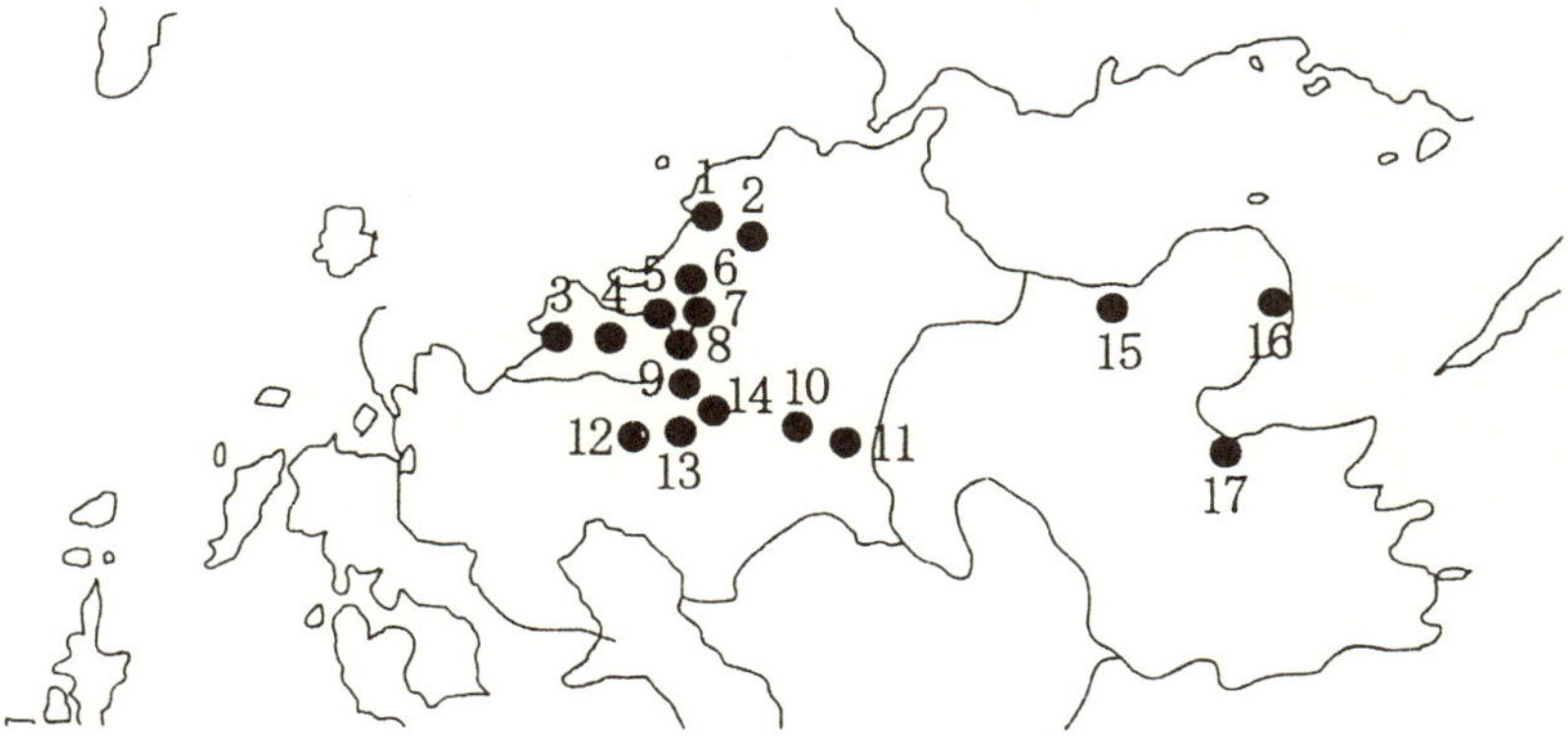

1.今川遺跡　2.久原瀧ヶ下遺跡　3.御床松原遺跡　4.三雲遺跡　5.西新町遺跡　6.多々良込田遺跡　7.那珂深ヲサ遺跡、瑞穂遺跡、板付周辺遺跡　8.柏田遺跡　9.井手ノ原遺跡、今光遺跡　10.小田道遺跡、神蔵古墳（下層）　11.塚堂遺跡　12.西一本杉遺跡　13.西原遺跡、本川原遺跡　14.千塔山遺跡　15.赤塚古墳周濠　16.安国寺遺跡　17.守岡遺跡

地図5　北部九州の庄内系土器出土主要遺跡
（橿原考古学研究所図録）

通はそうではなくて、この現象については近畿の勢力が九州を取り込んだ証拠だという解釈がどちかというと強いわけです。その辺も片手落ちでして解釈に一貫性がありません。一貫性がない場合は、何か説明が要るのだろうと思いますが、事実としては大和系のものが多くて、河内系のものは一遺跡、四、五点ぐらいです。」（ただし、引用文中の地図番号は、原文献と異なっている。）

石野博信氏はまた、『邪馬台国と安満《あま》宮山《みややま》古墳』（吉川弘文館、一九九九年刊）におさめられた「邪馬台国と大和」という文章のなかで、つぎのようにものべる。

『「庄内式土器の生産地」（**地図6**）をごらんください。庄内式と呼んでいる、近畿地方で三世紀に使われた土器が主に分布しているのが太い線で

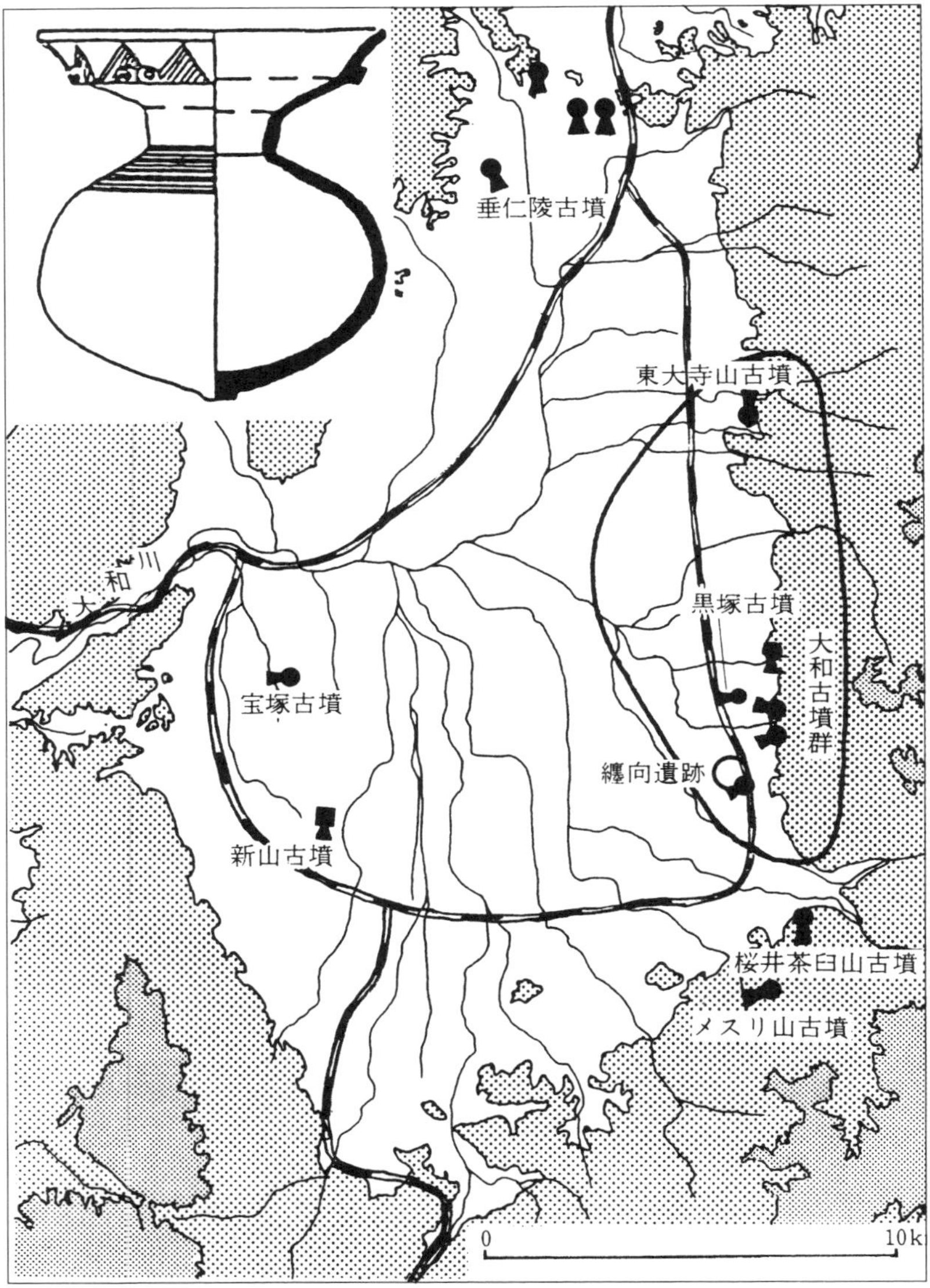

地図6　庄内式土器の生産地
（ただしJR線は相対的位置を示すため、安本が書き加えた。）

囲んだ範囲です。二一〇年から二九〇年ぐらいの間に使われた土器で、同じ奈良県でも、もっと北の奈良市とか、南の飛鳥、あるいは西側の葛城の地域では出てはいますが、主には使われていません。大阪平野でも、八尾とか東大阪あたりは集中的に使われていますが、この（安満宮山古墳のある）高槻地域とか兵庫県の神戸などでは、出てくるけれども中心的には使われていないという、非常に地域と年代の限られた奇妙な土器なんです。」

庄内式土器は、大阪府豊中市の庄内式土器のものを標識とする土器である。

しかし、現時点では、豊中市域は、庄内式土器の作られた場所ではないといわれている。土の分析などからは、八尾市や東大阪市あたりで作られている。

畿内の庄内式土器の出土地は、物部氏の根拠地であった

ここに、注目すべき、重要な事実がある。

それは、大阪府および奈良県の庄内式土器の出土地が、古代物部氏の根拠地であったことである。

大阪府のばあいをとりあげる。

すでに紹介した石野博信氏の文章中にあるように、大阪平野では、「八尾とか東大阪あたりは（庄内式土器が）集中的に」使われている。

そして、八尾や東大阪あたりは、物部氏の本貫地（本籍地）であった。

なお、大阪府八尾市の旧跡部郷の地には、跡部遺跡があり、流水文銅鐸など、二つの銅鐸が出土している。

この地の銅鐸について、石野博信氏がつぎのようにのべておられる。

「（大阪府八尾市の）跡部（の銅鐸）もそうですね。（埋めた時期は）庄内とは言わないまでも、さかのぼっ

ても後期です。」

この地での銅鐸の出土と、この地が、物部氏の根拠地であることとは、関係がありそうである。

大阪府（河内の国、和泉の国、摂津の国東部）、兵庫県東南部（摂津の国西部）などの、凡河内《おおしこうち》氏の現地管理領域や、京都府南部（山代《やましろ》の国）、滋賀県（近江《おうみ》の国）の琵琶湖の西南部などは、饒速日の命がもたらしたとみられる北九州文化、邪馬台国文化の影響がみられる地域である。

これに対し、奈良県（大和の国）、三重県（伊勢の国）、兵庫県南西部（播磨の国）などは、のちの時代まで、出雲文化、大国主の命系文化が根づよく残存した地域のようにみえる。

このようなことがおきたのは、つぎのような理由によるのであろう。

(1) 大国主の神の名で伝えられる人格神は、各地の勢力のある豪族と婚姻関係を結び、勢力を扶植していった。とくに、出雲の国から大和の国にいたる広大な領域に、支配権や影響力をもった、文字どおり、大きな国の主であった。扁平鈕式以前の型式の銅鐸の分布は、大国主の命勢力の伸張と関係をもつであろう。

(2) 出雲勢力の国譲りの結果、出雲には、高天の原（北九州方面）から、天《あめ》の穂日《ほひ》の命《みこと》が天くだった。大阪府を中心とする畿内には、饒速日の命が天くだった。

しかし、大阪府を中心とする畿内の周辺地域の、奈良県（大和の国）、三重県（伊勢の国）、兵庫県南西部（播磨の国）などは、ややあとまで、出雲の国文化、大国主の命系文化の残存した地域であった。

饒速日の命系勢力は、土地の銅鐸文化の伝統をあるていどうけいれ、北九州からもっていった銅原料（このことは、銅にふくまれる鉛の同位体比の分析からいえる）を用い、近畿式銅鐸・三遠式銅鐸などを製作した。

また、庄内式土器なども、饒速日の命系勢力が、北九州から大阪方面にまずもたらしたものであろうと考える。

以下に、そのことをみてみよう。

2　北九州文化（饒速日の命系文化）の大阪府、京都府南部、兵庫県東部への進出

大阪府のばあい

まず、つぎの**系図3**をご覧いただきたい。

この系図は、天照大御神と、その孫の世代までの系図である。

この**系図3**をみれば、『古事記』『日本書紀』では、天照大御神の子の、天津彦根《あまつひこね》の命《みこと》を、凡河内《おおしこうち》すなわち大阪府方面と、山代《やましろ》すなわち京都府方面の土地の豪族の祖先とする。

まず、大阪府方面を検討してみよう。

凡河内《おおしこうち》（大河内《おおしこうち》・凡川内《おおしこうち》とも書く）氏は、名のある豪族である。

のちの平安時代に、三十六歌仙のひとりで、『古今和歌集』の撰者である凡河内躬恒《おおしこうちのみつね》などを出している。

『小倉百人一首《おぐらひゃくにんいっしゅ》』の、凡河内躬恒の「心あてに折らばや折らむ初霜《はつしも》のおきまどはせる白菊の花」は、よくしられている。

坂本太郎・平野邦雄監修の『日本古代氏族人名辞典』（吉川弘文館、一九九〇年刊）の「大河内氏」の項には、つぎのように記されている。

「大河内とは河内のみならず和泉《いずみ》・摂津《せっつ》国も含めた河内地方全体に関わるものであろうが、河内・川内

系図3　天照大御神の子と子孫

A.『古事記』による系図

- 万幡豊秋津師比売《よろずはたとよあきつしひめ》の命《みこと》（栲幡千千媛《たくばたちぢひめ》）
  - ⑦天《あま》の火明《ほあかり》の命《みこと》
  - ⑧天津日高日子番《あまつひこびこほ》の邇邇芸《ににぎ》の命《みこと》

- ①天照大御神《あまてらすおおみかみ》
  - ②正勝吾勝勝速日天《まさかあかつかちはやひあめ》の忍穂耳《おしほみみ》の命《みこと》（＝万幡豊秋津師比売の命）
  - ③天《あめ》の菩卑《ぼひ》の命《みこと》――健比良鳥《たけひらとり》の命《みこと》
  - ④天津日子根《あまつひこね》の命《みこと》（凡河内国造《おおしこうちのくにのみやつこ》・山代国造《やましろのくにのみやつこ》らの祖）
  - ⑤活津日子根《いくつひこね》の命《みこと》
  - ⑥熊野久須毘《くまのくすび》の命《みこと》

B.『日本書紀』による系図

- 高皇産霊《たかみむすび》の尊《みこと》――万幡豊秋津媛《よろずはたとよあきつひめ》の命《みこと》
  - ⑦天《あま》の火明《ほのあかり》の命《みこと》――天《あま》の香山《かぐやま》（尾張《おわり》の連《むらじ》らの祖）
  - ⑧天津彦彦火《あまつひこひこほ》の瓊瓊杵《ににぎ》の尊《みこと》

- ①天照大神《あまてらすおおみかみ》
  - ②正哉吾勝勝速日天《まさかあかつかちはやひあま》の忍穂耳《おしほみみ》の尊《みこと》（＝万幡豊秋津媛の命）
  - ③天《あま》の穂日《ほひ》の命《みこと》（出雲の臣らが祖）
  - ④天津彦根《あまつひこね》の命《みこと》（凡河内直《おおしこうちのあたい》・山代直《やましろのあたい》が祖）
  - ⑤活津彦根《いくつひこね》の命《みこと》
  - ⑥熊野櫲樟日《くまのくすび》の命《みこと》

『先代旧事本紀』は、⑦の「天《あま》の火明《ほのあかり》の命《みこと》」を、「天照国照彦天《あまてるくにてるひこあま》の火明櫛玉饒速《ほあかりくしたまにぎはや》日《ひ》の命《みこと》」と記し、尾張氏と物部氏の祖とする。天の火明の命を、饒速日の命と同神とする『先代旧事本紀』の説を、本居宣長は『古事記伝』で偽説とし、田中卓氏は、同神とみとめてもよいとする（『日本国家の成立と諸氏族』（田中卓著作集2。図書刊行会刊）。『新撰姓氏録』は、火明《ほあかり》の命《みこと》の子の、天《あま》の賀吾山《かごやま》の命《みこと》を、尾張《おわり》の連《むらじ》・尾張《おわり》の宿禰《すくね》の祖とする。

を称する渡来氏族を統率することを表すという説もある。」

また、佐伯有清編『日本古代史族事典』（雄山閣、一九九四年刊）は「凡河内《おおしこうち》」の項で、つぎのように記す。

「河内・摂津・和泉を含んだ広い領域を統括する国造に任命され、支配領域下の渡来氏族や県《あがた》・屯倉《みやけ》に対する編戸制的な人民支配を行なったとされている。」

凡河内氏、山代氏の姓《かばね》は、もともとは、直《あたい》であった。

出雲氏の姓は臣《おみ》、物部氏の姓は連《むらじ》であった。

古代の氏姓制度において、臣、連は、直よりも、政治的・社会的な地位が高い。臣・連が、最高の姓であった。

物部氏（連）は、凡河内氏（直）よりも、地位が上であった。

もともと、凡河内氏は、物部氏の支配下にあったとみられる。

『先代旧事本紀』によるとき、饒速日《にぎはやひ》の尊《みこと》が天下ったさいに、三十二人の人が、ボディガード的な人として、ともに下っている。

そのなかに、凡河内の直らの祖として、天《あま》の御陰《みかげ》の命《みこと》の名がある。

『新撰姓氏録《しんせんしょうじろく》』に、「天津彦根《あまつひこね》の命《みこと》の子、明立天《あけたつあめ》の御影《みかげ》の命《みこと》」とある。この明立天の御影の命と天の御陰の命とは、同じ人物である。

つまり、天の御影の命は、天照大御神の孫になる。

饒速日の命を、『先代旧事本紀』の説くように、天《あめ》の忍穂耳《おしほみみ》の命《みこと》の子とすれば、饒速日の命と天の御影の命とは、従兄弟《いとこ》同士となる。

世代は、大略において、合っているといえよう。

世代をほぼ同じくする人が、ともに東に降っていることになる。

『日本書紀』の「雄略天皇紀」の九年の条に、凡河内直《おおしこうちのあたい》の香賜《かたぶ》が采女《うねめ》（後宮の女官）をおかして逃げたため、摂津の国の三嶋郡の藍原《あいのはら》（今の大阪府茨木市大田）で、香賜をとらえて殺したという記事がある。

これも、この地が、凡河内氏の統括領域にはいっていたためであろう。

『日本書紀』の「安閑天皇紀」によれば、安閑天皇の元年（五三四年ごろとみられる）に、大河内味張《おおしこうちのあじはり》が、勅命にそむいた罪をあがなうために、摂津の竹生《たかふ》の屯倉《みやけ》（大阪府茨木市南部から摂津市中央部にかけての一帯の地の、朝廷の直轄領）に、河内の県の大河内氏の私有地を、郡ごとに五百人、春秋ごとに、耕作労働者として献上することになった話がみえる。

これは、摂津の竹生《たかふ》の地を、屯倉《みやけ》としてさしだすことを惜《お》しんだため、大河内味張が罪にとわれた事件である。

また、『日本古代氏族人名辞典』の「大河内氏」の項には、つぎのようにも記されている。

「八世紀には摂津国の律令国造や同国河辺郡《かわのべぐん》（兵庫県川辺郡と尼崎・伊丹・宝塚・川西・三田の諸市の一帯）の郡司に任命され、平安時代には下級地方官になるものが多く、歌人の躬恒《みつね》もその一人である。」

凡河内氏は、河内・摂津・和泉、つまり現在の大阪府全体から兵庫県にわたる広い地域の現地管理者として、統轄支配する国造《くにのみやつこ》（世襲の地方官）の一族であった。

国造は、ふつう、ほぼのちの一郡ていどの地域を領していた。

ところが、凡河内氏や、出雲氏、山代氏などは、国造ではあっても、のちの一国あるいは数国にわたる広い領域を統轄支配していた。

ただ、凡河内氏や出雲氏、山代氏などは、国造家であった。

国造の姓は、ふつう、直《あたい》である。臣《おみ》・連《むらじ》家よりも、社会的な地位は低い。

京都府のばあい

つぎに、京都府のばあいを考えよう。

系図3を、もう一度みていただきたい。

『古事記』も、『日本書紀』もともに、天照大御神の子の天津日子根《あまつひこね》の命《みこと》（天津彦根の命）が、凡河内国《おおしこうちのくに》と山代国《やましろのくに》の、国造一族の祖先であると記している。これは、『古事記』『日本書紀』ともに記しているのであるから、比較的信頼性の高い所伝であろう。

「山代国」は、現在の京都府の南部をしめる国である。

「ヤマシロの国」は、古くは「山代国」と表記された。『古事記』にも、「山代国」の表記がみられる。六七二年の壬申《じんしん》の乱のころから「山背《やましろ》」の表記がみられるようになる。以後しばらくは、「山代」「山背」の両方の表記がみられるが、七〇一年の大宝令の施行のころから、奈良山《ならやま》の背後を意味する「山背」に定着していく。そして、七九四年の平安遷都のさい、桓武天皇《かんむてんのう》の詔《みことのり》によって、「山城国」の表記にあらためられた。「山城国」の表記は、平安時代以後の書き方である。

『新撰姓氏録』には、つぎのような記事がある。

「山背忌寸《やましろのいみき》、天都比古禰の命《みこと》の子《こ》、天《あめ》の麻比止都禰《まひとつね》の命《みこと》の後《すえ》なり。」

この「天都比古禰の命」は、天照大神の子の「天津彦根の命」のことである。

「天《あめ》の麻比止都禰《まひとつね》の命《みこと》」は、『先代旧事本紀』の「巻十」の「国造本紀」につぎのようにある記事の、「天《あめの》一目《まひとつ》の命《みこと》」と同一神とみられる。

系図4　天津彦根《あまつひこね》の命《みこと》は、凡河内国造《おおしこうちのくにのみやつこ》と山代国造《やましろのくにのみやつこ》との祖

天照大《あまてらすおお》（御《み》）神《かみ》――天津彦根《あまつひこね》の命《みこと》（天都比古根《あまつひこね》の命《みこと》）
- （明立《あけたつ》）天《あま》の御影《みかげ》の命《みこと》（凡河内国造《おおしかわちのくにのみやつこ》、凡河内直《おおしこうちのあたい》の祖《おや》）
- 天《あめ》の麻比止都禰《まひとつね》の命《みこと》（山代国造《やましろのくにのみやつこ》、山代直《やましろのあたい》の祖《おや》）（天《あめ》の一目《まひとつ》の命《みこと》）

「天一目《あめのまひとつ》の命《みこと》をもって、山代国造《やましろのくにのみやつこ》となす。山代直《やましろのあたい》の祖《みおや》なり。」

これらをまとめて、系図の形にかけば、**系図4**のようになる。

天都彦根の命の子が、大阪府と、京都府南部の地域の現地管理者的な支配者になっているのである。『新撰姓氏録』の「山城国神別《やましろのくにしんべつ》」をみると、そのはじめのほうに、饒速日《にぎはやひ》の命《みこと》の子孫とされる氏族が、かなり多くあげられている。

たとえば、宇治宿禰《うじのすくね》は、饒速日の命の六世の孫の伊香我色雄《いかがしこお》の命《みこと》の後裔であるとされている。宇治の氏名は、後の時代の山城国宇治郡宇治郷（京都府宇治市一帯）の地名にもとづく。

また、『新撰姓氏録』の「山城国神別」では、「山背忌寸《やましろのいみき》。天都比古禰《あまつひこね》の命《みこと》の後裔である。」と記している。

そして、『続日本紀《しょくにほんぎ》』の慶雲《けいうん》三年（七〇六）十月十二日の条に、「摂津国造従七位上凡河内《おおしこうち》の忌寸石麻呂《いみきのいわまろ》、山背国造《やましろのくにのみやつこ》外従《げじゅ》八位上山背忌寸品遅《やましろのいみきほむじ》」などの位を、一階進級させた、という記事がみえる。

山背忌寸が、山背国造《やましろのくにのみやつこ》になっているのである。そして、これは、摂津国造の凡河内忌寸氏と山背国造の山背忌寸氏とを、ならべて書くような書き方である。

山城の国においても、饒速日の命や天津比古禰の命の子孫が、根づよい地盤をもっていたことがうかがわれる。

以上のべてきたことのほかに、『先代旧事本紀』によるばあい、饒速日の命といっしょに天下った人のなかに、京都府内の地域の現地支配者の祖先であるとされている人が何人かみえる。たとえば、つぎのようなものである。

○「天の背男《せお》の命　山背の久我《くが》の直《あたい》たちの祖《おや》」

「天背男命《あまのせおのみこと》」「阿麻乃西乎乃命《あまのせおのみこと》」両様の表記が『新撰姓氏録』にみえる。『新撰姓氏録』では、「神魂《かむむすび》の命《みこと》の五世の孫、阿麻乃西乎乃命《あまのせおのみこと》」などと記されている。

「久我」は、のちの山城の国の愛宕郡《あたごぐん》久我村（京都市伏見区久我一帯）である。

兵庫県のばあい

佐伯有清編『日本古代氏族事典』（雄山閣、一九九四年刊）の「凡河内《おおしこうち》」の項に、つぎのようなことが記されている。

「凡河内直《おおしこうちのあたい》氏の氏族としての本拠地は摂津国菟原郡《うはらぐん》を中心とする西摂地方であったが、大王家にとって政治的・軍事的に重要な務古水門《むこのみなと》を掌握していたことによって河内・摂津・和泉を含んだ広い領域を統轄する国造に任命され、支配領域下の渡来氏族や県・屯倉に対する編戸制的な人民支配を行ったとされている。」

ここにみえる菟原郡（**地図7**参照）は、現在、兵庫県に属する。

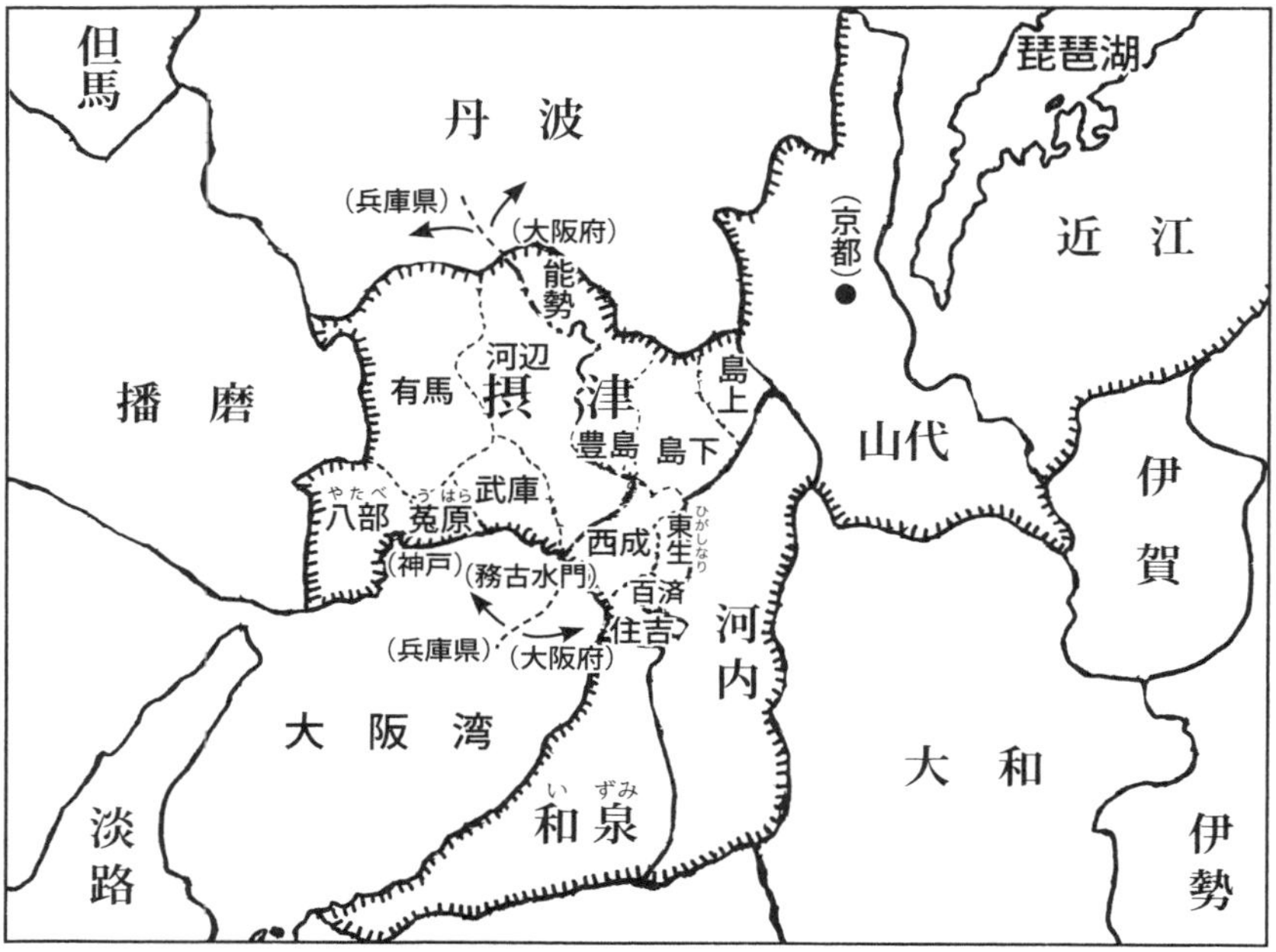

地図7　天津彦根《あまつひこね》の命《みこと》の後裔氏族が活動した地域（⬭で示した地域）

摂津の国菟原郡（兎原郡）の、現在の神戸市には、式内社《しきないしゃ》の河内国魂神社《かわちくにたまじんじゃ》（灘区《なだく》国玉通三丁目）がある。式内社は、『延喜式《えんぎしき》』の「神名帳《じんみょうちょう》」に、記載されている神社である。

「国魂神社」の「国魂」については、本居宣長が、その著『古事記伝』のなかで、つぎのようにのべている。

「いずれの神であれ、国を経営《つく》り、功《いさ》徳《お》のある神を、その国々で、国魂《くにみたま》とも、大国魂《おおくにみたま》ともいってまつるのである。」

「河地国魂神社」が、現在の兵庫県にまつられているのである。

河内国魂神社は、もともとは大河内氏の祭祀した社かとみられる。

また、摂津の国の菟原郡の東に、八部《やたべ》（八田部・矢田部）郡《ぐん》がある（**地図7**）。

『先代旧事本紀』の「巻第八」の「神皇本紀」の「仁徳天皇」の条に、つぎのような記事がみえる。

「仁徳天皇は、侍臣《じしん》の物部《もののべ》の大別《おおわけ》の連公《むらじきみ》に詔《みことのり》してのべた。『皇后の八田皇女《やだのおうじょ》は、ながく数年を経たけれども、皇子が生まれない。そこで、おまえ大別《おおわけ》を、御名代《みなしろ》（皇室の私有民。国造《くにのみやつこ》の民を割《わ》けてとり、皇族名［このばあいは、矢田皇女］を付して、その名を残すようにし、その租税を皇室関係の経費とする）の民の統括者と定める。』

皇后の名の『矢田』を氏の名とし、物部《もののべ》の大別《わけわけ》の連《むらじ》を、矢田部《やたべ》の連公《むらじきみ》の姓《かばね》にあらためた。」

これは、もともとその土地に、物部氏が、いたことによるものであろう。

谷川健一編『日本の神々　神社と聖地』（摂津　河内　和泉　淡路）（白水社、一九八四年刊）の「河内国魂神社《かわちくにだまじんじゃ》」の項に、つぎのような文がみえる。

「凡河内氏は天津彦根命《あまつひこねのみこと》の後裔とされており、八部郡《やたべぐん》の市街地の一部または北部山田町に天津彦根命を祀《まつ》る神社がすこぶる多いのは、その名残《なご》りかと考えられる。」

なお、『先代旧事本紀』には、「播麻《はりま》の物部《もののべ》」も、饒速日の命とともに、武器をもって下った二十五の天物部《あまのもののべ》のリーダーの一人として記されている。播麻の国は、兵庫県の南西部で、摂津の国の西どなりの国である。

滋賀県のばあい

つぎに、近江の国のばあいをとりあげてみよう。

旧近江の国にあたる滋賀県野洲郡野洲町冨波《とば》・小篠原・辻町に大岩山古墳群がある。三角縁神獣鏡が出土し、大量の銅鐸も出土している。御上《みかみ》神社の近くである。

考古学者の石野博信氏は、つぎのようにのべている。

「不思議なことに、三角縁神獣鏡については弥生後期や庄内式土器と一緒に出て来ない。京都府の黒田古墳とか、香川県の鶴尾古墳など、だれもが三世紀代と認める土器を持った前方後円墳が二十例ほど出てきたが、三角縁神獣鏡が三世紀の土器と一緒に出るものが全くふえてこない。」（邪馬台国研究　新たな視点』）

しかし、一例だけであるが、近畿地方で、あるいは庄内式土器と並行期かとみられる土器の出土した古墳から、三角縁神獣鏡が出土している。滋賀県野洲郡野洲町にある古冨波山古墳《ことばやま》である（**地図8**参照）。（九州では庄内式の時期に三角縁神獣鏡が出ているとする菅谷文則氏や、柳田康生氏の見解がある。）

大塚初重氏ら編の、『日本古墳大辞典』は、この古墳について、つぎのように記す。

「**古冨波山古墳**《ことばやま》　滋賀県野洲郡野洲町大字冨波字古トバ乙に所在し、野洲郡の右岸、三上山に近い平野に位置する。明治年間、朱・鏡三（陳氏作四神二獣鏡・王氏作四神四獣鏡・三角縁神獣鏡）が掘り出された。一九七四年（昭和四十九年）滋賀県教育委員会で発掘調査され、主体部の掘り方まで確認されたが、石材もなく粘土槨と推定された。径三〇メートル前後の円墳と推定。墳高一・七メートル以上、周堀はなく葺石・埴輪もない。しかし、基底部をなす第一次盛土層上面から多数の古式土師器が出土し、庄内期併行であることが判明。三世紀に遡る県内最古期の古墳に属し、大岩山古墳群の一つとして国指定史跡。〔文献〕梅原末治「栗太、野洲郡に於ける二三の古式墳墓の調査報告」考古学雑誌12―2、一九二一．丸山竜平・山口辰一「野洲郡野洲町冨波遺跡調査報告」昭和四十八年度滋賀県文化財調査年報、一九七五、滋賀県教育委員会。（丸山）」

この項を執筆された丸山竜平氏は、「邪馬台国＝畿内説」の方であり、古墳の築造年代が、多少古めに推定されている可能性がある。

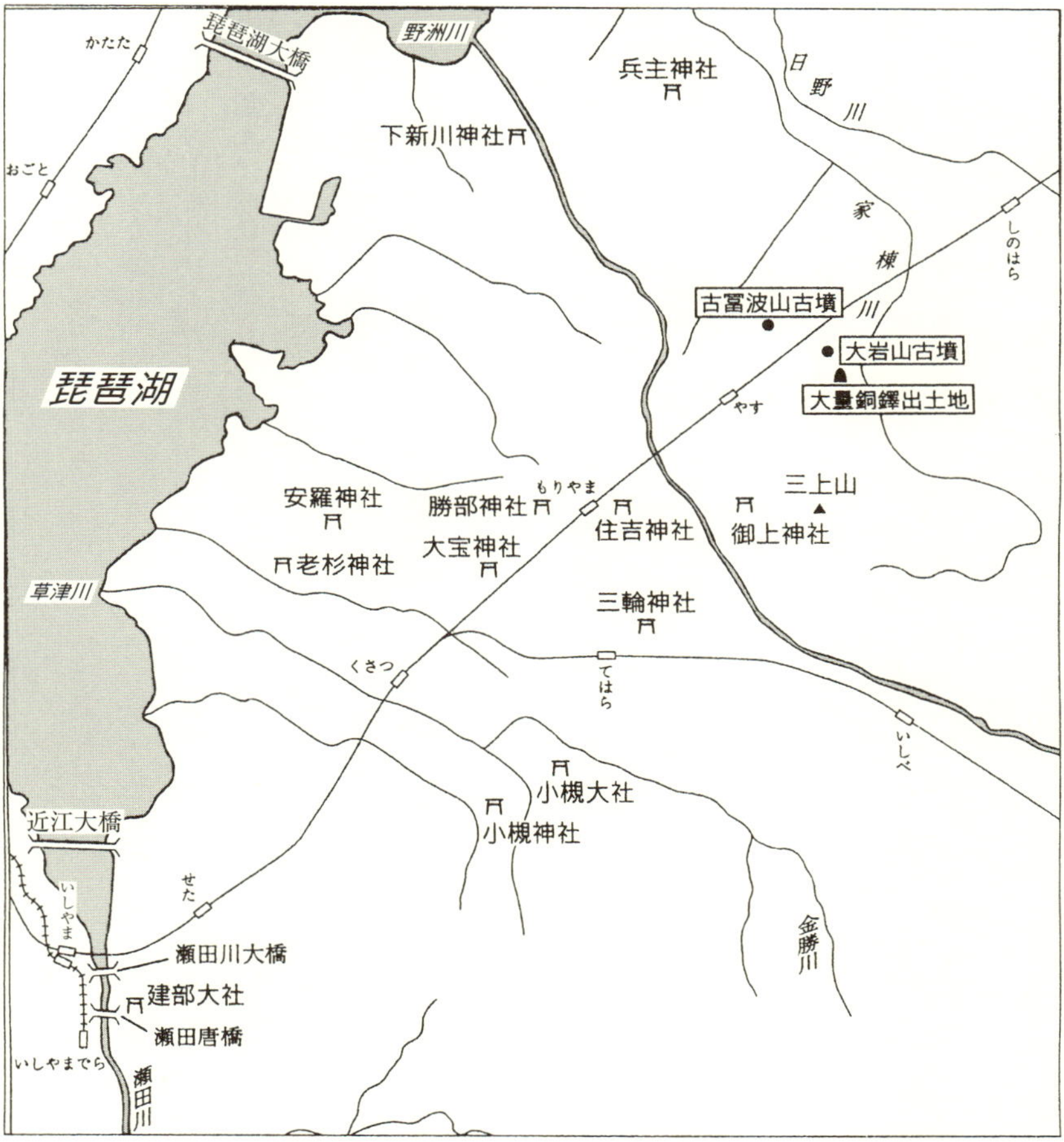

地図8　大量銅鐸出土地・三角縁神獣鏡出土古墳・御上神社
（『日本の神々5』［白水社刊］の地図をもとに作成）

34・35ページの**表1**に、寺沢薫氏は、「庄内期」の鏡を示されているが、そこには、古冨波山古墳出土の三角縁神獣鏡は、ふくまれていない。

寺沢氏は、古冨波山古墳出土の鏡を、「庄内期」のものとすることに、疑問をもたれたのであろう。

私は、文献的にいえば、畿内の庄内式土器の時代は、ほぼ、饒速日の命の畿内降臨から、神武天皇の東征をへて第九代開化天皇ごろまでの時代にあたると思う。

考古学的にいえば、畿内で近畿式銅鐸や三遠式銅鐸等の最末期の銅鐸が行なわれた時代から、はっきりとした前方後円墳が出現する直前のころまでであると考える。

古冨波山古墳は、大岩山古墳群に属する。

大岩山古墳群では、まず平地に前方後方形周溝墓である冨波古墳が築かれ、ついで、円墳の古冨波山古墳が築かれ、そののち、山麓に前方後円墳の天王山古墳が築かれているようにみえる（**地図9**、**地図10**参照）。

同一首長系譜の墓が、世代を追って出現しているようで、墳墓の形式の変遷をみるうえで、重要な資料を提供していると思う。

すこしくわしく検討してみよう。

大岩山古墳群のなかの、大岩山古墳からも、三角縁神獣鏡が出土している。

この地の銅鐸を保持した氏族が、やがて、大和朝廷のなかにくみいれられ、ひきつづいて三角縁神獣鏡を保持したようにもみえる。

大岩山古墳も、円墳と推定される。大岩山古墳からは、三角縁二神二獣鏡・神獣車馬画像鏡・竜虎獣帯鏡・画像文帯竜虎鏡が出土している。神獣車馬画像鏡の下に、鉄剣一口があった。

また、大岩山古墳群の一角に、総数二十四個の銅鐸の出土地がある（大岩山銅鐸出土地）。

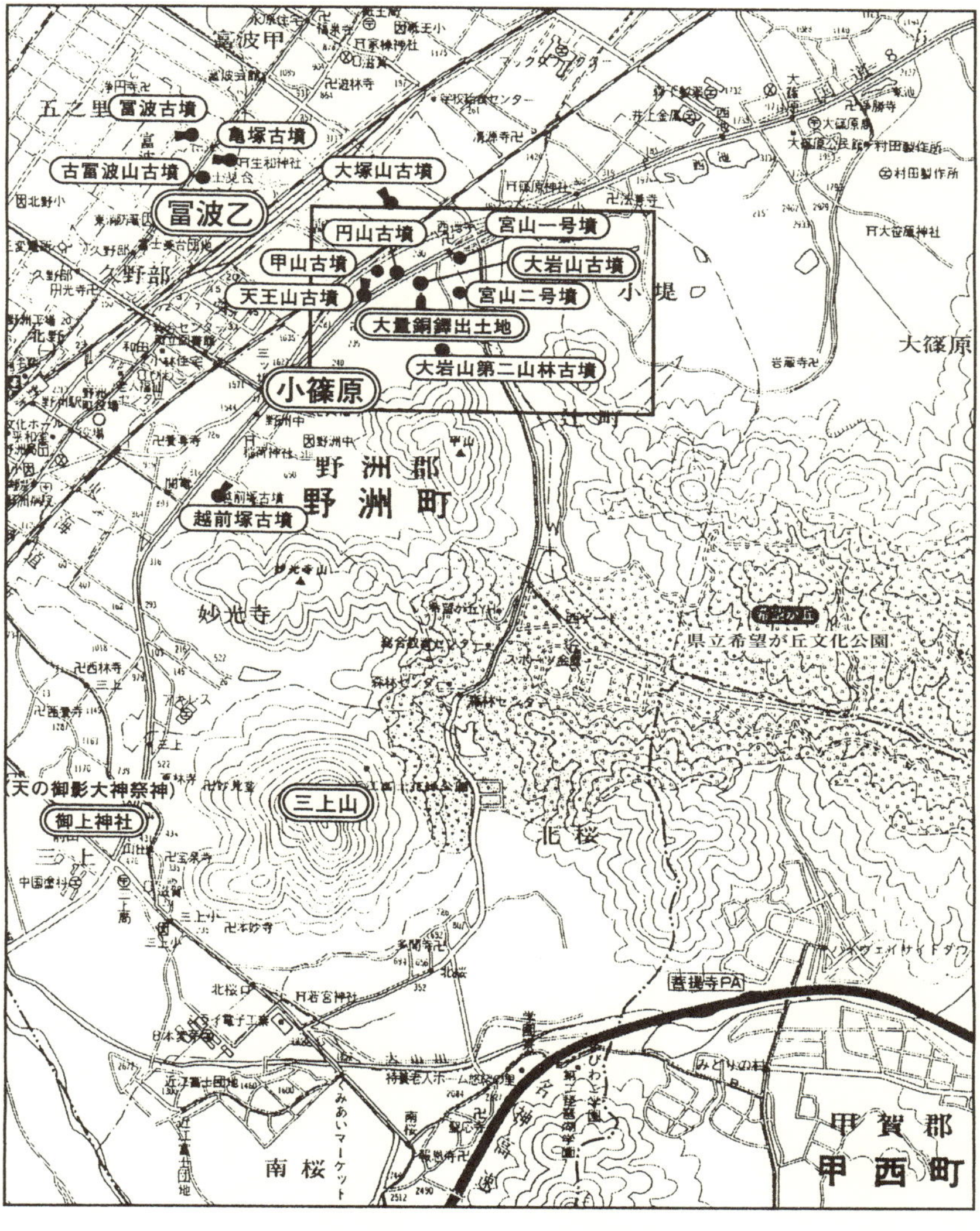

地図9　三上山と大岩山の地

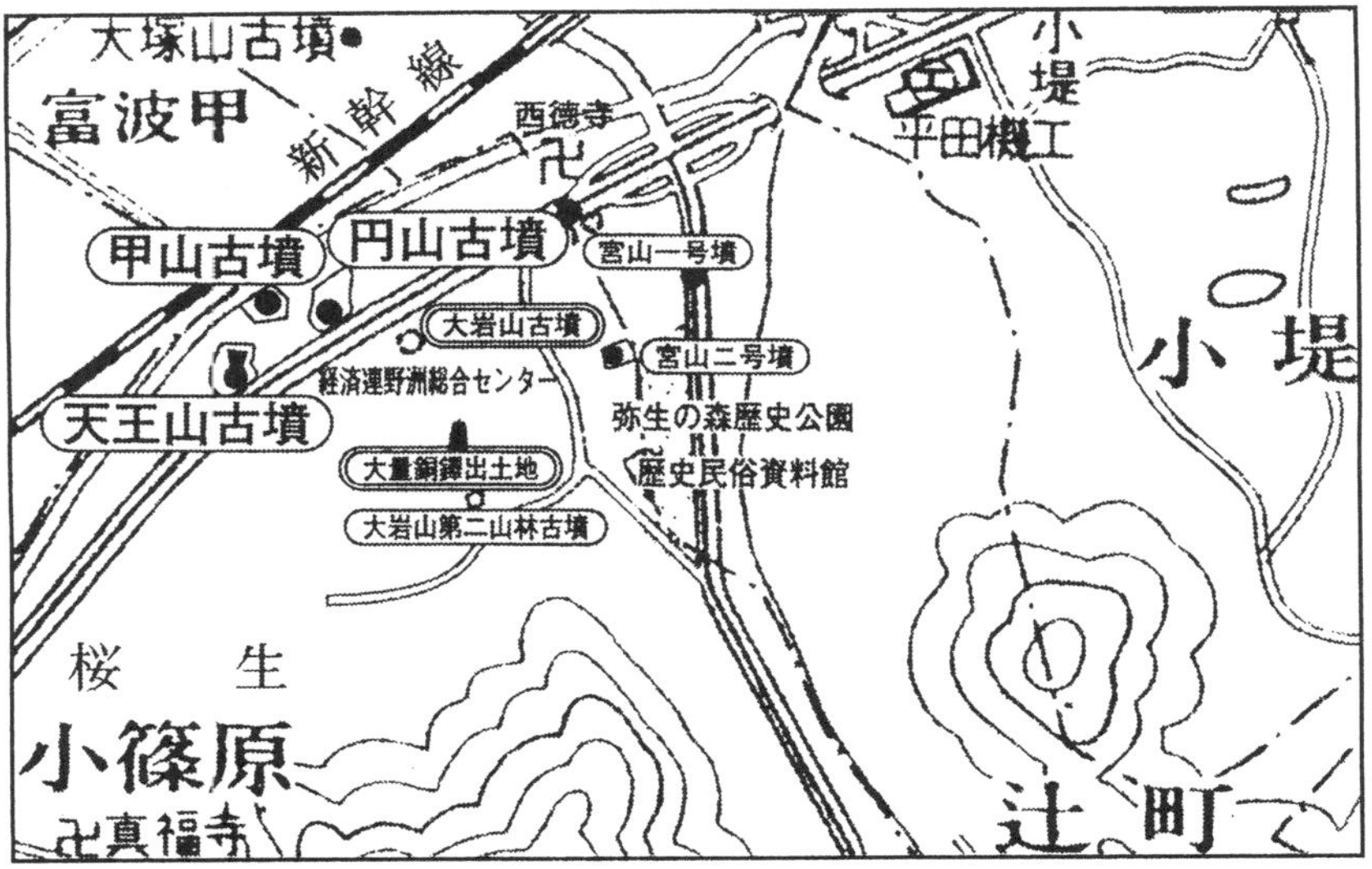

地図10　大岩山古墳ふきん（地図９の四角の部分拡大図）

滋賀県野洲郡野洲町小篠原の大岩山銅鐸出土地は、出雲の加茂岩倉遺跡が出現するまでは、わが国で、もっとも多くの銅鐸が出土した場所であった。

大岩山銅鐸出土地から出た高さ一三四・七センチの銅鐸（重要文化財）は、わが国の最大級の銅鐸である。

この地からは、十二個の「近畿式銅鐸」と、三個の「三遠式銅鐸」とが出土している。両方を合計すれば、十五個となる。「近畿式銅鐸」と「三遠式銅鐸」とは、最末期の銅鐸である。銅鐸は、もっとも華麗で大形の最末期の銅鐸へと発展し、突如伝統を絶つ。

大岩山の地の歴史

この地の歴史を、文献の上からたどってみよう。

この地域は、かつて、「近淡海《ちかつおうみ》の安《やす》の国造《くにのみやつこ》」の管轄下の地域である。

近淡海《ちかつおうみ》は、もともと、都に近い淡水湖（琵琶湖）を意味する。都に遠い淡水湖（遠淡海《とおつおうみ》、浜名湖）に対応する。国郡などの名は、好ましい文字二文字を採用せよとの和銅六年（七一三）の勅命などにより、近淡《ちかつおう》海《み》は、「近江《おうみ》」、遠淡海《とおつおうみ》は「遠江《とおとおみ》」と書かれるようになった。

『古事記』は、つぎのように記す。

「（第九代開化天皇の皇子の）日子坐の王《ひこいますおおきみ》が、近淡海《ちかつおうみ》の御上《みかみ》の祝《はふり》が奉斎する天《あめ》の御影《みかげ》の神の娘である息長《おきなが》の水依比売《みずよりひめ》と結婚して生んだ子の、水穂《みずほ》の真若《まわか》の王《おおきみ》が、近淡海の安《やす》の直《あたい》の祖である。」（**系図5**参照）

ここに、天の御影の神の名がでてくる。

この文の「近淡海の安の直」は、「近淡海の安の国造」である。

『日本神祇由来辞典』（柏書房刊）は、つぎのように記す。

「（『古事記』では）息長の水依比売は、天の御影の神の娘とあるが、御影の神を斎《いつ》き祀《まつ》る御上《みかみ》の祝《はふり》の娘と考えたほうがよいであろう。」

「御上の祝は、この神の後裔といえよう。」

『先代旧事本紀』は、つぎのように記す。

「淡海の（安の）国造は、（第十三代の）成務天皇の時代に、彦坐の王の三世の孫の、大陀牟夜別《おおたむやわけ》を国造に定めた。」

『古事記』の「景行天皇紀」にも、「近淡海の安の国造の祖、意富多牟和気《おおたむわけ》」とある。

『先代旧事本紀』の「大陀牟夜別」と、『古事記』の「意富多牟和気」とは、同一人物とみられる。

「天の御影の神」は、御上神社の祭神である。

御上神社は、『延喜式』の「神名帳」の「近江の国野洲郡（**地図8**参照）」の条に、「御上神社」とある。この神社は、現在、滋賀県野洲郡野洲町三上にある（**地図8**参照）。

系図5　近淡海《ちかつおうみ》の安直《やすのあたい》の系譜（主として『古事記』による）

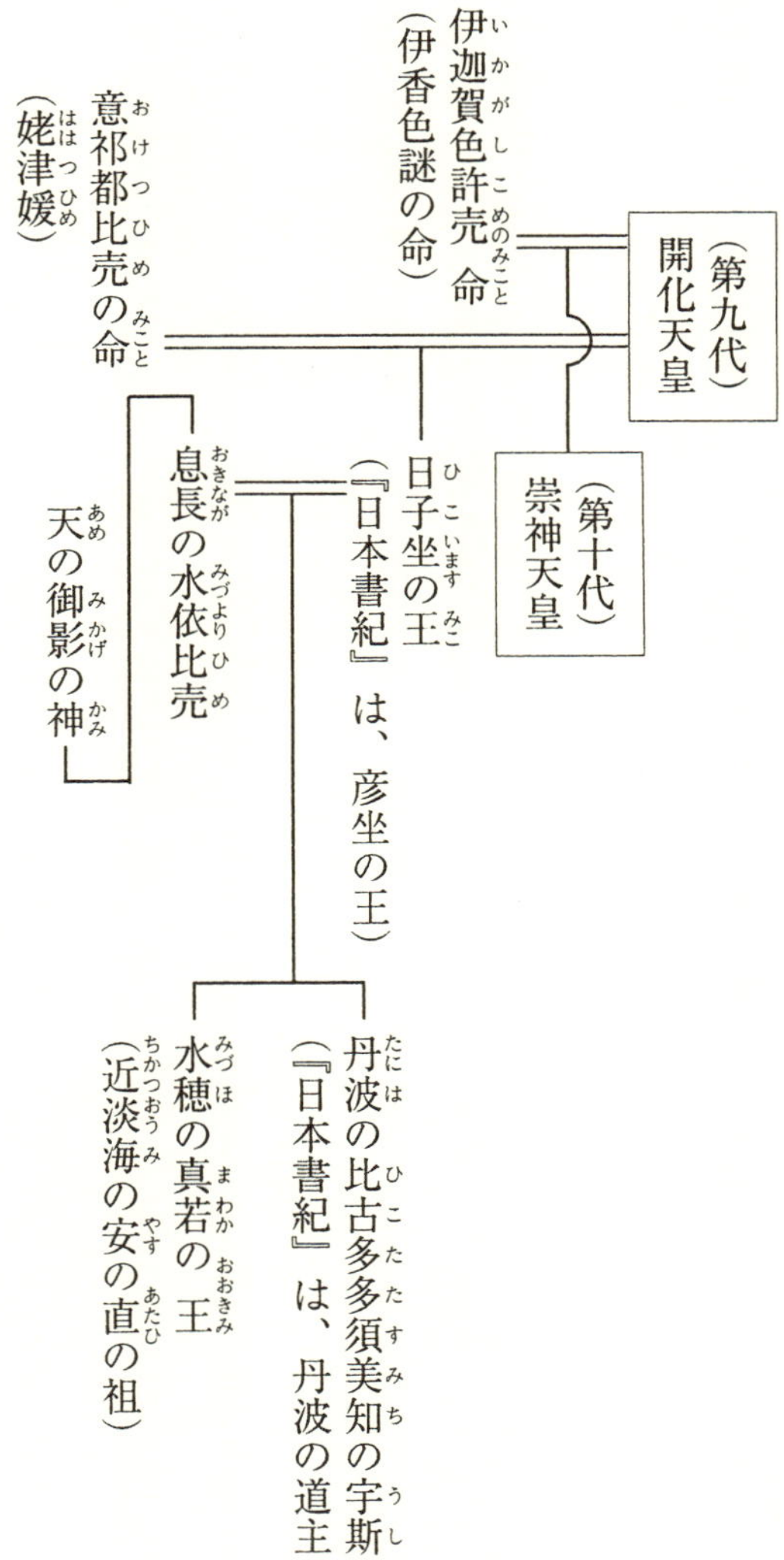

三上神社は、三上山の西のふもとにある。そして、この三上山から二・五キロほど北の地点から銅鐸や鏡は出土している（地図8参照。野洲《やす》駅の近く）。

『先代旧事本紀』は、饒速日の尊といっしょに畿内に天下った三十二人の人たちのなかに、つぎの名を記す。

「天《あめ》の御影《みかげ》の命《みこと》　凡河内《おおしこうち》の直《あたい》の祖。」

すでにみたように（系図4参照）、天の御影の命は、天照大神の孫で、天津彦根の命の子である。凡河内国の国造家の祖である。

大阪府からも、「近畿式銅鐸」が、かなり出土している。

御上神社の祭神の「天の御影の神」は、凡河内の直の祖の「天の御陰の神」と同一神とみられる。

滋賀県も大阪府も、近畿式の銅鐸が多く、三遠式の銅鐸が少ないという共通の特徴をもつ。

日子坐の王の子の瑞穂《みずほ》の真若《まわか》の王《おおきみ》が、近淡海《ちかつおうみ》の安の直の祖となったのは、母が近淡海の御上《みかみ》の祝《はふり》が奉斎する「天の御影の神」の娘の、「息長の《おきながの》水依比売《みずよりひめ》」であるためとみられる。

とすれば、滋賀県の野洲の地の、もともとの領有者は、天の御影の神（天の御陰の命）の系統の人たちであったとみられる。

そして、「天の御陰の命」は、饒速日の命と行動をともにし、饒速日の命とともに天下った人なのである。

結婚を通じて、土地の豪族の支配権が、天皇家の系統の支配権のなかに、くみいれられている様子がうかがえる。

なお、『古事記』は、「孝昭天皇記」で、つぎのように記す。

「（孝昭天皇は）尾張の連の祖の、奥津余曽《おきつよそ》の妹の、余曽多本毗売《よそたほひめ》の命と結婚して、天《あめ》の押帯日子《おしたらしひこ》の命《みこと》とを生んだ。天の押帯日子の命は、近淡海《ちかつおうみ》の国造の祖である。」

これは、近淡海の安の国造とは別系統で、おそらくは、近江の、安（野洲）とは別の地域を支配したのであろう。

これも、天の押帯日子の命の母が、饒速日の命の四世の孫の余曽多本毗売である。尾張氏の地盤をうけついで、子孫が、近淡海の国造となったものであろう。

私は、饒速日の命系統の人たちは、東遷ののち、土地の文化伝統をうけいれて、近畿式銅鐸や三遠式銅鐸を生みだしたと考えているが、これについては、このシリーズの拙著『古代物部氏と「先代旧事本紀」の謎』（勉誠出版、二〇〇三年刊）のなかで、ややくわしくのべた。

滋賀県に、彦根市がある。

この彦根市は、もと、犬上郡（**地図11**参照）に属していた。

『新撰姓氏録』に、「犬上県主《いぬがみのあがたぬし》は、天津彦根の命の後裔である。」と記されている。

彦根市は、もと、犬上郡彦根町であった。

吉田東伍編の『大日本地名辞書』に、つぎのように記されている。

「彦根という地名は、犬上県主の祖先の、天津彦根の命を祭った山の名から出ている。一書に、天津彦根の命は、この山に降臨したという。」

また、『日本古代氏族辞典』に、つぎのような文がみえる。

「『百家系図』の三上系図に、天津彦根の命の八世の孫として、大加賀美《おおかがみ》の命《みこと》とをあげ、『御間城入彦五《みまきのいりびこい》十瓊殖《にえ》の天皇《すめらみこと》（崇神天皇）の六年秋九月、近淡海《ちかつおうみ》の国の御上《みかみ》の嶽《たけ》の麓《ふもと》において、神代から伝えてきた神鏡を、鋳して移したまう。』とあり、大加賀美《おおかがみ》の命《みこと》を、三上祝《みかみのはふり》・川上舎人《かわかみのとねり》氏などとともに、犬上県主

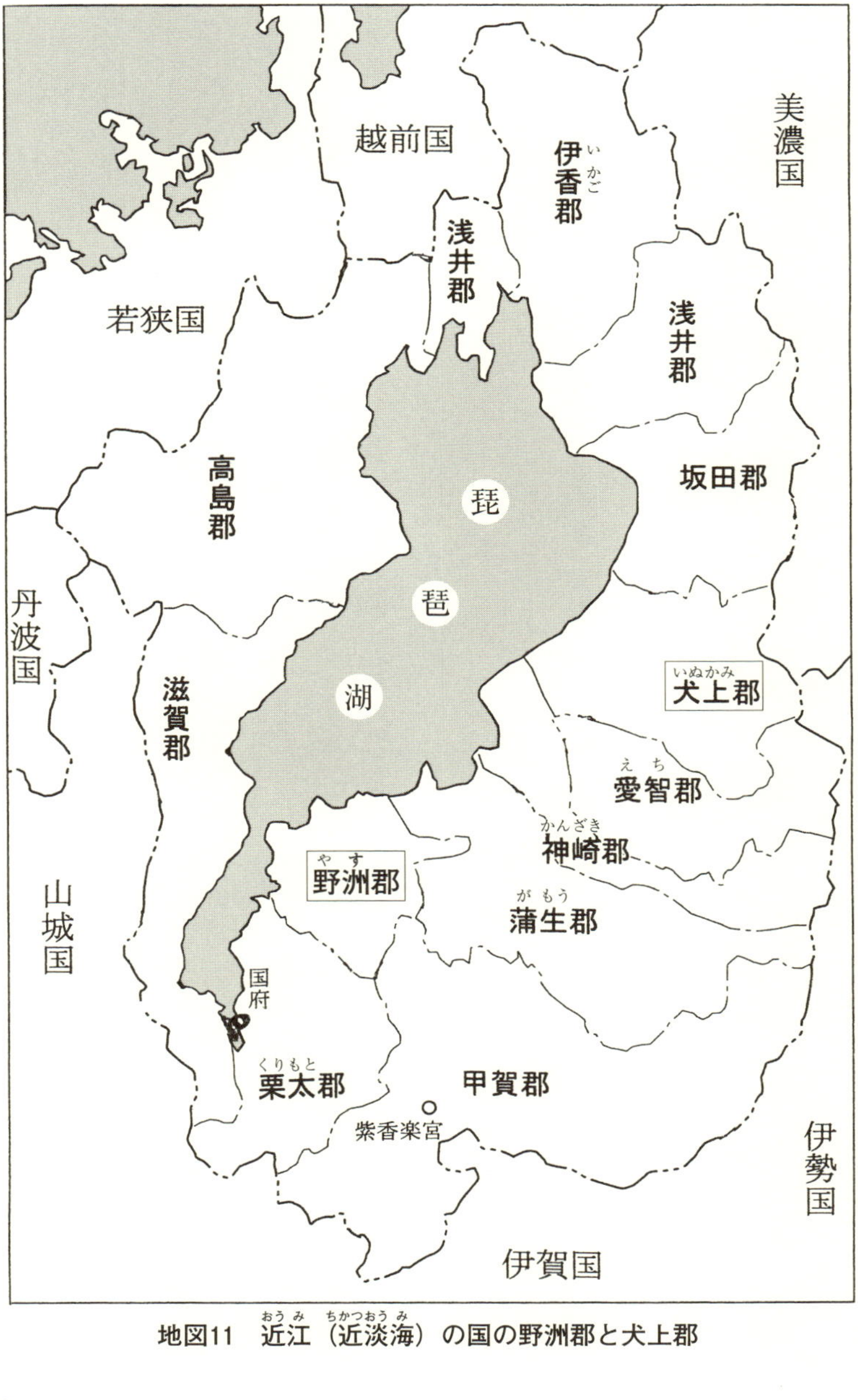

地図11　近江《おうみ》（近淡海《ちかつおうみ》）の国の野洲郡と犬上郡

の祖と注している。」

大加賀美の命の名は、「鏡」と関係しているのであろう。

大加賀美《おおかがみ》といえば、大きな鏡を連想する。そして、三角縁神獣鏡は、面径の大きな鏡である。この地からは、三角縁神獣鏡が、出土している。

凡河内氏《おおしこうちし》の祖先は、なぜ神武天皇軍と戦っていないのか

『古事記』『日本書紀』によるとき、神武天皇が東征したさい、大阪府で、それに抵抗したのは長髄彦と饒速日の命との連合軍であったようにみえる。

そのさいの戦い、すなわち、孔舎衛《くさえ》の坂《さか》での戦いには、凡河内氏の名はみえない。

これは、おもにつぎのような理由によるのであろう。

(1) 現在の大阪市の中心部あたりには、279ページの**地図3**にみられるように、巨大な潟湖《せきこ》があった。大河内氏の本拠は、おもにこの潟湖と淀川との北にあった。潟湖や川をわたって、戦いに加わるのは、むずかしかった可能性がある。

(2) 孔舎衛《くさえ》の坂《さか》あたりで戦ったとすれば、その地は、長髄彦の本拠のあった鳥見《とみ》のあたりと、饒速日の命の本拠のあった可能性の大きい八尾市のあたりとからであれば、距離的にも比較的に近い。神武天皇軍を、はさみうちにできる。

(3) 長髄彦の軍と、物部系氏族の軍とだけで勝つみこみがあり、じじつ、孔舎衛の坂での戦いでは、神武天皇軍に勝っている。

「第1次邪馬台国東遷」と「第2次邪馬台国東遷」

地図7をもう一度ご覧いただきたい。

この**地図7**をみれば、つぎのようなことがわかる。

(1)　天照大御神の子と伝えられる天津彦根の命の後裔氏族が、河内、和泉《いずみ》、摂津、山代《やましろ》、近江《おおみ》のきわめて広い範囲で活動しているようにみえる。現在の、大阪府全体、兵庫県の東部、京都府の南部、滋賀県の南部にわたる地域である。

そして、この地域が、奈良県よりもさきに、邪馬台国文化が及んでいる地域と重なりあうようにみえる。この地域は、物部氏の祖先を最高リーダーとし、天津彦根の命の後裔氏族が、現地管理者として支配していた地域のようにみえる。

(2)　いま、物部氏の祖先の饒速日の命による邪馬台国勢力の東遷を、「第1次邪馬台国東遷」と呼ぶことにしよう。そして、神武天皇の事績として伝えられる九州勢力の東遷を、「第2次邪馬台国東遷」と呼ぶことにしよう。

大和、伊勢、伊賀などの、現在の奈良県、三重県などに、「邪馬台国文化」が強く及ぶようになるのは、おもに、「第2次邪馬台国東遷」によってであるようにみえる。「第2次邪馬台国東遷」によって、邪馬台国文化は、「第1次邪馬台国東遷」のばあいよりも、より周辺におよぶようになったようにみえる。

その状況を、以下に、奈良県、三重県、そして兵庫県西部の播磨の国を例としてみてみよう。

3　出雲文化（大国主の命系文化）の、奈良県、三重県、兵庫県東部での残留

大和の国のばあい

大和や伊勢、そして播磨の国は、神武天皇の「第2次邪馬台国東遷」以前においては、「邪馬台国文化」よりも出雲系文化・大国主の命系文化の影響が、かなり強かった地域のようにみえる。

まず、大和の国のばあいをとりあげる。

(1)　奈良県の桜井市三輪に、大神神社《おおみわじんじゃ》がある。この神社は、大物主《おおものぬし》の大神《おおかみ》を主神としてまつる。大物主の神は、大国主の神の和魂《にぎみたま》（柔和な徳をそなえた神霊）である。『古事記』『日本書紀』では、この神社が神武天皇以前に創建をみたように描かれている。そのため、「日本最古の神社の一つ」（『日本国語大辞典』〔小学館刊〕）とされている。

(2)　『日本書紀』の「崇神天皇紀」に、「倭《やまと》成《な》す大物主《おおものぬし》」（倭の国を造成された大物主の神）という表現がみえる。「倭《やまと》」（大和）すなわち奈良県の地は、大物主の神（大国主の神）がつくった国である、とされている。

(3)　『古事記』によれば、第一代の神武天皇は、「美和《みわ》の大物主の神の女《むすめ》富登多多良伊須須岐比売《ほとたたらいすすきひめ》（またの名は、比売多多良伊須気余理比売《ひめたたらいすけよりひめ》）と結婚して、第二代の天皇、綏靖《すいぜい》天皇を生んでいる。

『日本書紀』では、神武天皇は、事代主《ことしろぬし》の命《みこと》との娘の媛蹈鞴《ひめたたら》五十《い》鈴媛《すずひめ》の命《みこと》を皇后として、綏靖天皇を生んでいる。事代主の命は、大国主の神の子である。

いずれにしろ、神武天皇は、出雲系の神の娘と結婚している。

古代においては、ある貴種の人が、ある土地にはいり、その土地の主権者の娘と結婚し、そのあいだに

生まれた子が、その土地の主権をうけつぐというパターンが、きわめてしばしばくりかえされている。以後、このようなパターンを「両系相続パターン」（コラムⅣ参照）と呼ぶことにする。結果的に、このような「両系相続」「女性中つぎによる支配権の継承、貴種への帰属パターン」を通じて、その貴種の系統が、勢力をひろげていくのである。ここから考えると、大和の国、奈良県の地域の主権者は、もともと、大国主の命関係の神であったようにみえる。

コラムⅣ　両系相続パターン―女性中つぎによる支配権の継承、貴種への帰属パターン―

ある貴種の人が、出身地以外の土地にはいる。そして、その土地の豪族・主権者の娘と結婚する。そのあいだに生まれた男子が、その土地と人民の主権者になる。

このパターンを通じて、その土地の勢力は、貴種がわの勢力に、くみいれられていく。

古代においては、神話時代以来、このパターンが、じつにしばしばみえる。

たとえば、つぎのようなものである。

(1)『古事記』によるとき、九州出身らしい伊邪那岐《いざなぎ》の命《みこと》が、出雲出身らしい伊邪那美《いざなみ》の命《みこと》と結婚する。（古代の女性は、しばしば出身地に墓がつくられる。伊邪那美の命は、出雲《いずも》の国と伯岐《ほうき》の国とのさかいの比婆の山にほうむられている。）

そして、伊邪那岐の命と伊邪那美の命とのあいだに生まれた須佐《すさ》の男《お》の命《みこと》は、出雲方面の主権者となっている。

(2)大国主の神は、須佐の男の命の娘の須勢理毘売《すせりびめ》と結ばれる。そして、須佐の男の命の政治的支配権のシンボルである大刀《たち》と弓矢と琴とをうばって、二人でかけおちをする。このようにして、大国主の神は、出雲の国の主権者となる。

(3) さきに、滋賀県のばあいの、「大岩山の地の歴史」の小見出《こみだ》しのところで説明したところであるが、開化天皇の皇子の日《ひ》子《こ》坐《います》の王《おおきみ》は、天《あま》の御影《みかげ》の神の娘の息長《おきなが》の水依比売《みずよりひめ》と結婚する。そのあいだに生まれた水穂《みずほ》の真若《まわか》の王《おおきみ》が、近《ちか》つ淡海《おうみ》の安の国造の祖となっている。

なお、大正～昭和時代の女性史研究家の高群逸枝《たかむれいつえ》は、『母系制の研究』（理論社、一九六六年刊など）をあらわした。高群逸枝は、一対の夫婦のあいだに生まれた子どもは、父方親族の一員であるとともに、母方親族の一員である資格をもっていたとのべる。この考え方によれば、ある人物や氏族の「祖先」は、ある特定の男性に収斂《しゅうれん》するのではなく、父系と母系の複数の祖先に拡散していくことになる。高群逸枝は、多くの事例をあげて論じている。

たとえば、『新撰姓氏録《しんせんしょうじろく》』の「山城国神別《やましろのくにしんべつ》」に、つぎのような記事がある。

「秦忌寸《はたのいみき》は、神饒速日《かむにぎはやひ》の命《みこと》の後裔である。」

秦忌寸は、伝承によれば、秦の始皇帝の子孫で、本来、渡来系の氏族である。その渡来系の氏族が、饒速日の命の子孫で、「神別」氏族（神々の子孫と称した氏族）とされているのは、一見矛盾である。これは、たとえば、神饒速日の命の子孫の男性が、秦忌寸出身の女性と結ばれ、（当時は、一般に男性の通い婚であった）その子が、その女性のもとで育てられ、秦忌寸氏の土地、人民の支配権をうけついたような種類の、両系相続があったとすれば、説明がつく。

『新撰姓氏録』をみれば、このような事例は、かなりあげることができる。

(4) 『出雲国風土記』には、大国主の神のことを表現するのに、「天《あめ》の下造《したつく》らしし大神《おおかみ》」が十例、「天《あめ》の下《した》造《つく》らし大神《おおかみ》の命《みこと》」が九例、「天《あめ》の下造《したつく》らし大神《おおかみ》、大穴持《おおなもち》の命《みこと》」が七例、「天《あめ》の下造《したつく》らし大穴持《おおなもち》の命《みこと》」が一例で、「天《あめ》の下造《したつく》らしし」という語をかぶせた表現が、合計二十七例みえる。

いっぽう、『古事記』によれば、古代の諸天皇は、「天下治《あめのしたしらしめ》しき」と記されている。

つまり、大国主の神がつくった天下を、諸天皇が治めたという形になる。

これはつぎのようなストーリーで理解できる。

「大国の主の神が造った天下を、国譲りの結果、高天の原勢力にゆずった。その結果、出雲へは天《あめ》の穂《ほ》日《ひ》の命《みこと》が下り、畿内方面へは、饒速日の命が下った。のちに、神武天皇が東征し、奈良県の地に都した。その結果、諸天皇が天下を治めることになった。」

(5)『出雲《いずも》国 造《くにのみやつこ》の神賀詞《かむよごと》』（出雲の神から天皇への祝《いわ》いのことば）のなかに、つぎのような部分がある。

『大穴持《おおあなもち》の命《みこと》が、倭《やまと》の大物主櫛𤭖玉《おおものぬしくしみかたま》の命《みこと》（みずからの和魂《にぎみたま》［柔和な神霊］）を大御和《おおみわ》の神奈備《かむなび》（大神神社《おおみわじんじゃ》）に、阿遅須伎高孫根《あじすきたかひこね》の命《みこと》（大国主の神の子）を葛木鴨《かずらぎかも》の神奈備（高鴨《たかがも》神社）に、事代主《ことしろぬし》の神《かみ》（大国主の神の子）を宇奈提《うなて》（雲梯《うなて》神社）に、賀夜奈留美《かやなるみ》の命《みこと》（大国主の神の娘）を飛鳥《あすか》の神奈備（賀夜奈留美《かやなるみ》の命《みこと》神社）に坐《ま》せて、皇御孫《すめみま》（天皇）の近くの守り神にした。」

(6)天理市に大己貴《おおなむち》の神の荒魂《あらみたま》（荒い神霊）をまつる大和《おおやまと》神社がある。

(7)『古事記』の「崇神天皇記」に、「意富多多泥古《おおたたねこ》の命《みこと》は、神君《みわのきみ》、鴨君《かものきみ》の祖《おや》」とある。

大和の国の葛上郡上鳬郷《かつじょうぐんかみかも》（奈良県御所市櫛羅《ごせしくじら》・小林・三室《みむろ》・竹田一帯の地）は、大国主の命の後裔氏族のいた場所であった。

(8)御所《ごせし》市の宮前町掖上《わきがみ》には、鴨都波《かもつわ》神社があり、大国主の命の子の、八重事代主《やえことしろぬし》の命《みこと》をまつる。

御所市《ごせし》に、大穴持《おおあなもち》神社があり、吉野郡に大名持《おおなもち》神社がある。いずれも『延喜式』に名がみえる。

伊勢の国のばあい

つぎに、伊勢の国のばあいをみてみよう。

『伊勢国風土記《いせのくにふどき》』の逸文《いつぶん》（他の文献に引用される形で、一部分のみ残存する文章）によれば、伊勢の国には、もと伊勢津彦《いせつひこ》という神が住んでいた。

神武天皇が東征をしたさい、神武天皇は、天《あめ》の日別《ひわけ》の命《みこと》をつかわして、伊勢津彦を平定させた。

伊勢津彦は、その国を神武天皇にたてまつり、強い風をおこして、浪をうちあげて、東に去っていったという。信濃の国（長野県）に去っていたとも伝えられる。

伊勢の国は、天の日別の命の封地（領有地）になったという。

『先代旧事本紀』の「国造本紀《こくぞうほんぎ》」によれば、神武天皇の時代に、天《あめ》の日鷲《ひわし》の命《みこと》を、伊勢の国造に定めたという。天の日鷲の命は、天の日別の命と同一神とされる。

天の日鷲の命は、伊勢の皇大神宮の外宮《げくう》の祠官の一族である度会《わたらい》氏の祖とされる。

度会氏の伝承では、天の日別の命は、伊勢津彦を追ったあと、伊勢津彦の娘の弥豆佐々良比売《みずささらひめ》の命《みこと》と結婚し、彦国見賀岐建与束《ひこくにみがきたけよつか》の命《みこと》を生み、その直系が伊勢の国造となり、その傍系が度会氏になったという。これも、さきに説明した「両系相続パターン」の例といえる。

また、『伊勢国風土記』によれば、伊勢津彦の命は、「出雲の神の子」とされる。この「出雲の神」については、大国主の神のこととする伝承と、天《あめ》の菩卑《ほひ》の命《みこと》のこととする伝承との二つがあったようである。天の菩卑の命は、南九州に天下った邇邇芸《ににぎ》の命《みこと》の叔父で、大国主の命の国譲りののちに、出雲の国造《くにのみやつこ》家の祖となったとされる神である。

(1)【伊勢津彦は、大国主の神の子とする伝承】『播磨国風土記』の揖保《いぼ》郡の条の、「伊勢野」という地名を説明したところで、「伊和《いわ》の大神の子、伊勢津比古《いせつつこ》の命《みこと》」とある。この「伊和の大神」の「伊和」は、「三輪《みわ》」に通ずる。『播磨国風土記』では、「伊和の大神」を、「葦原志許乎《あしはらのしこお》の命《みこと》」と重なりあうような神として記している。「葦原志許男の命」は、「大国主の神」の別名である。また、兵庫県宍粟市《しそうし》一宮《いちのみや》町《ちょう》にある伊和神社は、『延喜式』（九二七年成立）では、『伊和坐大名持御魂神社《いわのおおなもちみたまじんじゃ》』と記されている。「大名持神」は、「大国主の神」のことである。

帝国大学（のちの東京大学の）教授であった栗田寛《くりたひろし》も、『国造本紀考《こくぞうほんぎこう》』という本をあらわし、その「相模《さがみ》国造」の項で、伊勢津彦の命を、大己貴《おおなむち》（大国主）の命《みこと》との子とする。

(2)【天《あめ》の菩卑《ほひ》の命《みこと》の子とする伝承】『先代旧事本紀』の「国造本紀《こくぞうほんぎ》」に、「成務天皇の時代に、武刺《むさし》（武蔵）の国造《くにのみやつこ》の祖の伊勢津彦の命の三世の孫の弟武彦《おとたけひこ》の命を、相武《さがむ》（相模）の国造《くにのみやつこ》に定めた。」とある。そして、「无邪志《むざし》（武蔵）の国造」の条には、出雲の臣の祖の二井《ふたい》の宇迦諸忍《うかもろおし》の神狭《かむさ》の命《みこと》の十世の孫の、兄多毛比《えたもひ》の命《みこと》を无邪志の国造に定めた。」とある。ここに「出雲の臣」が出てくる。「出雲の臣」といえば、天の菩卑の命の系統をさす。

「武蔵国造系図」でも、伊勢津彦の命は、天の穂（菩）日の命の子の天《あめ》の夷鳥《ひなとり》の命《みこと》の子とされている。

これによれば、伊勢津彦の命は、天の菩日の命の子孫である。

出雲から大和（奈良県）の畿内にかけての、もともとの領有者は、大国主の神で、国譲りの結果、出雲方面へは、高天の原（北九州地方とみられる）から天の菩卑の命が下り、畿内方面には神武天皇に先立って、饒速日の命が天下った。

このような歴史伝承の大きな流れからみると、伊勢の国のもともとの土着神ともみられる伊勢津彦は、大国主の命の子孫とみるほうが、自然なようにみえる。

一方、『先代旧事本紀』の「国造本紀」の記す系譜や、武蔵国造系図などの、系譜関係資料では、伊勢津彦は、天の菩卑の命の子孫とされている。

播磨の国のばあい

播磨の国は、摂津の国の西どなりにある。

現在の兵庫県南西部である。

播磨の国に、「伊和《いわ》神社」(兵庫県宍粟市《しそうし》一宮町《いちのみやちょう》須行名《すぎょうめ》)がある。

『延喜式』の「神名帳」では、「伊和坐大名持御魂神社《いわのおおなもちみたまじんじゃ》」とされている。

この伊和神社は、播磨の国の「一《いち》の宮《みや》」であった。「一の宮」は、その国で、由緒があり、信仰のあつい神社で、その国で第一位のものである。

宍粟市《しそうし》一宮町《いちのみやちょう》閏賀《うるか》の、伊和神社の裏山からは、明治四十一年(一九〇八)に、6区袈裟《けさ》襷文《だすきもん》の扁平鈕式銅鐸が出土している。

伊和の大神の名は、『播磨国風土記』に、たびたびみえる。『播磨国風土記』では、宍禾郡《しさわぐん》の雲箇《うるか》(宇留加《うるか》)の里でも伊和の大神が活動したことになっている。

また、『播磨国風土記』の「伊和《いわ》の村《むら》」の条に、「もとの名は、神酒《みわ》である」と記されている。

さらに、『播磨国風土記』には、「伊和の大神の子、伊勢津比古《いせつひこ》の命《みこと》・伊勢津比売《いせつひめ》の命《みこと》」ともある。

そして、『播磨国風土記』では、「大汝《おおなむち》の命《みこと》」「葦原志許乎《あしはらのしこお》の命《みこと》」の名も、しばしばみえる。

これらのことからみて、「伊和の大神」は、大国主の神と、大略重なる神とみてよいであろう。

すなわち、つぎのとおりである。

（1）『延喜式』にみえる「伊和坐大名持御魂神社」の「大名持《おおなもち》」は、「大己貴《おお(あ)なむち》の命《みこと》」「大穴持《おお(あ)なもち》の命《みこと》」「大穴牟遅《おお(あ)なむじ》の神《かみ》」「大汝《おおなむじ(ち)》の神《かみ》」とも通じるもので、大国主の神の別名である。

（2）さきに紹介した『播磨国風土記』の文のように、「伊和《いわ》」が「神酒《みわ》」に通じるとすれば、奈良県桜井市の三輪《みわ》にある「大神神社《おおみわじんじゃ》」の祭神が「大物主の大神」（大国主の命の和魂《にぎみたま》とされる）であることとむすびつく。

（3）伊勢津彦を、伊和の大神の子とすれば、伊勢津彦を、大国主の神の子とする説と重なりあう。

また、『播磨国風土記』では、伊和の大神は、葦原《あしはら》の志許乎《しこお》の命《みこと》（大国主の命の別名）と、しばしば、ほとんど同じような行動をし、同じような神格をもつ神として描かれている。たとえば、「伊和の大神、国占《くにし》めましし時に」「葦原の志許乎の命、国占めましし時に」など。

播磨の国も、もともとは、大国主の命の勢力圏、影響下にあったのであろう。

以上みてきたように、出雲から、奈良県、三重県、兵庫県南西部にかけて、広く大国主の命に関する話が、古典の記事で、分布しているようにみえる。

また、その分布と重なるように、扁平鈕式銅鐸などの最盛期の銅鐸が、分布しているようにみえる。

そして、この地域のうちの大阪府、京都府南部、滋賀県、兵庫県東部などでは、その上にかぶさるように、饒速日の命や、天津彦根の命の子孫氏族に関する伝承が、古典の上で分布しているようにみえる。

さらに、饒速日の命や天津彦根の命の子孫氏族の分布する地域は、近畿式銅鐸や、三遠式銅鐸などの終末期銅鐸が、分布しているようにみえる。

近畿式銅鐸や三遠式銅鐸の銅原料には、北九州におもに分布する小形仿製鏡や、広型銅矛、広型銅戈と同じ銅原料の用いられていることが、銅にふくまれる鉛の同位体比の分析からわかっている。

近畿式銅鐸や、三遠式銅鐸の銅原料は、ほぼあきらかに、北九州からもたらされているのである。饒速日の命にひきいられて東遷した集団は、北九州から銅原料をもたらし、東遷先の文化伝統をうけつぎ、新式の銅鐸を鋳造していたようにみえる。そして、その勢力は、さらに、愛知県、静岡県などに及んでいるようにみえる。

4 饒速日《にぎはやひ》の命《みこと》の実在性

饒速日の命後裔氏族の畿内における繁栄

『新撰姓氏録』は、古代の氏族の系譜を集成した本である。平安前期の八一五年に成立した。京・畿内に本籍をもつ一一八二氏を、その出自や家系によって、皇別《こうべつ》・神別《しんべつ》・諸蕃《しょばん》・未定雑姓に分類し、記述している（**表23**参照）。

このうち、「皇別」は、天皇家から分かれて、臣籍に降下した氏族である。したがって、これは、大和朝廷成立以後にあらわれた氏族である。

また、「諸蕃」は、帰化した人々の子孫であると称した氏族である。

「神別」は、神々の子孫と称した氏族である。

「神別」のうち、「左京神別」「右京神別」などは、平安京ができてから、都に本籍を移した氏族がほとんどとみられる。

これらに対し、つぎの五つは、土着氏族の分布状況をあるていど伝えている可能性がある。

(1) 大和国《やまとのくに》神別

表23　『新撰姓氏録』にのせられた1182氏の分類

分類基準		氏族数		祖先となる天皇や神
皇別		335氏（28.3%）		神武天皇
神別	天神	265氏（22.4%）	404氏（34.2%）	饒速日《にぎはやひ》の命《みこと》、神魂《かみむすび》の命《みこと》、高魂《たかむすび》の命《みこと》、津早魂《つはやむすび》の命《みこと》（藤原氏の祖神の天《あま》の児屋《こやね》の命《みこと》は、津速《つはや》魂《むすび》の命《みこと》の三世の孫）。
	天孫	109氏（9.2%）		天《あめ》の火明《ほあかり》の命《みこと》、天《あめ》の穂日《ほひ》の命《みこと》、天津彦根《あまつひこね》の命《みこと》（いずれも天照大御神の子孫）。
	地祇	30氏（2.5%）		大国主の命。
諸蕃		326氏（27.6%）		
未定雑姓		117氏（9.9%）		
計		1182氏（100%）		

(2)　摂津国《せっつのくに》神別

(3)　河内国《かわちのくに》神別

(4)　和泉国《いずみのくに》神別

(5)　山城国《やましろのくに》神別

この五つの「神別」に属する二五七氏が、どの神の子孫の氏族と称しているのかを、国別に分類して示せば、**表24**のようになる。

この**表24**をみれば、つぎのようなことがわかる。

(1)　饒速日の命の子孫系が、もっとも多い。饒速日の命は、『古事記』『日本書紀』の神話世界では、ストーリーの中心となっている神ではない。『古事記』『日本書紀』の神話世界で中心になっているのは、天照大御神や、大国主の命である。

饒速日の命系氏族が、**表24**のように、畿内諸国において、中心となっているようにみえるのは、饒速日の命の子孫系の諸氏族が早くから、畿内で地盤をもっていたからであろう。

饒速日の命が、歴史書のストーリー上、中心人物のようにとりあつかわれているのは、『先代

表24　『新撰姓氏録』の「神別」氏族の分類（河内・摂津・和泉・山城・大和の諸国）

	河内の国	摂津の国	和泉の国	山城の国	大和の国	計	備考
饒速日《にぎはやひ》の命《みこと》の子孫系	16氏族	7氏族	14氏族	18氏族	7氏族	62氏族	畿内方面へ天くだった（『古事記』『日本書紀』『新撰姓氏録』『先代旧事本紀』）。
天《あめ》の火明《ほあかり》の命《みこと》の子孫系	8	6	7	6	5	32	『先代旧事本紀』は、饒速日の命と、天の火明の命とを、同一の神とする。
天津彦根《あまつひこね》の命《みこと》の子孫系	4	3	2	1	3	13	『古事記』『日本書紀』は、凡河内国造と山代国国造の祖とする。
神魂《かみむすび》の命《みこと》の子孫系	7	7	13	11	7	45	神魂の命の子孫神に、天の道根の命、天《あめ》の背男《せお》の命《みこと》など。天の道根の命は紀伊国造となる。『新撰姓氏録』『先代旧事本紀』に、神魂の命は、「（葛野の）賀茂（鴨）の県主」の祖とある。
高魂《たかむすび》の命《みこと》の子孫系	9	1	2	0	5	17	大伴氏、忌部氏、葛城国造剣根の命などの祖先神。
天《あめ》の児屋《こやね》の命《みこと》の子孫系	9	8	12	3	2	34	中臣氏、藤原氏の祖先神。
天《あめ》の穂日《ほひ》の命《みこと》の子孫系	1	2	5	3	2	13	出雲国造、土師氏の祖先神。
大国主《おおくにぬし》の命《みこと》の子孫系	1	4	1	2	4	12	大神《おおみわ》氏、大和の加茂氏の祖先神。
その他	8	7	4	1	9	29	天《あめ》の御中主《みなかぬし》の命《みこと》、火闌降《ほのすそり》の命《みこと》、彦火火出見《ひこほほでみ》の尊《みこと》、その他の子孫系。
計	63	45	60	45	44	257	

旧事本紀』である。『先代旧事本紀』は、『新撰姓氏録』が成立してからしばらくのちの、八三〇年ごろ成立したとみられる。

『新撰姓氏録』は、物部氏を、「神別」のなかの「天神（古代の神々の子孫と称した氏）」のなかにいれ、「神別」の「天孫（天照大御神の子孫とされる氏）」のなかにいれなかった。

そのため、『先代旧事本紀』の編者が憤慨し、抗議のために『先代旧事本紀』を編集したのだという説がある。たしかに、『先代旧事本紀』の編者は、人名の表記法その他において、『新撰姓氏録』に、ことさらに異をたてるような書き方をしている（これらについてくわしくは、このシリーズの拙著『古代物部氏と『先代旧事本紀』の謎』［勉誠出版、二〇〇三年刊］参照）。

しかし、『先代旧事本紀』の伝える内容は、『新撰姓氏録』の畿内諸国の「神別」の諸氏族についての記述内容に、呼応しているといえる。

たとえば、『新撰姓氏録』は、「二田《ふたた》物部《もののべ》。神饒速日《かむにぎはやひ》の命《みこと》、天降《あまくだ》りましし時の従人《ともびと》、二田天物部《ふたたのあめのもののべ》の後《すえ》なり。」のような形で、神饒速日の命の天降り伝承をのせている。そして、その内容は、『新撰姓氏録』よりものちにできた『先代旧事本紀』のほうが、ストーリーとしては、より詳しい。

多くの子孫氏族が、平安時代の前期に、饒速日の命を祖先とする伝承をもっていた。饒速日の命にあたる人物は実在し、その東遷伝承は、かなり史実を伝えているのではないか。

(2)　**表24**の「天《あめ》の火明《ほあかり》の命《みこと》」については、『古事記』は、邇邇芸《ににぎ》の命《みこと》の兄であるとしている。『日本書紀』は、瓊瓊杵《ににぎ》の尊《みこと》の子であるとする伝承と、瓊瓊杵の尊の兄であるとする異伝との両方を伝えている。

表24を見ながら考えるならば、一度、南九州に天下った瓊瓊杵の命の子が、饒速日の命といっしょに畿内に天下るのは、やや不自然である。

その意味では、瓊瓊杵の尊の兄弟とみたほうが無理がない。

『先代旧事本紀』は、饒速日の命と天の火明の命とを、同一神とみなす。同一神とみなすのが妥当であるか否かは検討を必要とするが、時代的には大略あうことになる。

『日本書紀』は、天の火明の命の子の天《あま》の香山《かぐやま》が、尾張《おわり》の連《むらじ》らの遠祖であることを伝えている。『新撰姓氏録』も、「先代旧事本紀」も、「火明《ほあかり》の命《みこと》の男《こ》、天《あめ》の賀吾山《かごやま》の命《みこと》」を、尾張の連の祖と記している（『先代旧事本紀』の表記は、「天の香語山の命」）。

尾張など、東へより遠く進出するためには、一度、南九州方面へ下ることなく、より早く、はじめから東の方へ下ったとみるほうがよいようにみえる。

（3）『新撰姓氏録』の、「山城国神別」に、「今木連《いまきのむらじ》は、神魂《かみむすび》の命《みこと》の五世の孫、阿麻乃西乎《あまのせお》の命《みこと》の末裔である。」という記事がみえる。

この「阿麻乃西乎《あまのせお》の命《みこと》」は、『新撰姓氏録』の別のところでは、「天《あめ》の背男《せお》の命《みこと》」とも表記されている。

そして、『先代旧事本紀』では、饒速日の命とともに天降った神のなかに、「天《あま》の背男《せお》の命《みこと》　山背《やましろ》の久我《くが》の直《あたい》たちの祖」がいる。

『新撰姓氏録』の「山城国神別」にみえる記述、『先代旧事本紀』の「山背《やましろ》の久我《くが》の直《あたい》」についての記述など、京都府の南部で活動した神魂《かみむすび》の命《みこと》の子孫と称する氏族のいたことがわかる。

「天の背男の命」の名は、『古事記』にも、『日本書紀』にもみえない。しかし、『新撰姓氏録』と『先代旧事本紀』とを照らしあわせれば、諸氏族の近畿諸地域での活動状況はうかがえる。

（4）**表24**をみると、「天《あめ》の児屋《こやね》の命《みこと》」の子孫系の氏族が、かなりみられる。「天の児屋の命」は、中臣氏、藤原氏の祖先神である。六四五年の「乙巳《いっし》の変」で蘇我《そが》氏が滅ぼされる。以後、中臣氏、藤原氏が、権力を増大させた時期に、『新撰姓氏録』が、編纂されている。

天の児屋の命の子孫系の氏族が、畿内に多く分布するようになったのは、おそらくは、「乙巳《いっし》の変」以後の現象であろう。

いずれにせよ**表24**は、大和朝廷成立前夜、饒速日の命系氏族が、畿内、とくに「河内・摂津・和泉・山城」の諸国で繁栄していたことを伝えるものであろう。

五八七年に、物部氏の本宗家が滅ぼされたのち、二四〇年ほどたったのちに、物部氏の祖先の饒速日の命に関する系譜を作為的に作って、それを勅をうけて撰進された『新撰姓氏録』にのせても、天皇家の権威が高まるとも思えない。

なお、私は、歴史上の人物などの「実在性」「非実在性」などを考えるにあたって、歴史の流れや、文献上、考古学上の諸根拠からみて、「実在の可能性」と「非実在の可能性」のどちらが大きいかを比較（ばあいによっては計量）する立場である。

「実在の確実な証拠がなければ非実在とする」といった津田左右吉流の十九世紀的文献批判学の方法はとらない。津田左右吉流の議論は、歴史の把握において、くりかえし失敗してきた方法である。

神魂《かみむすび》の命《みこと》の天下り伝承

『先代旧事本紀』は、天《あま》の神魂《かみむすび》の命《みこと》を、「葛野《かどの》の鴨《かも》の県主《あがたぬし》らの祖」と記す。古代の「葛野」は、山城の国（京都府南部）の広大な地域をしめ、のちの葛野郡《かどのぐん》、愛宕郡《おたぎぐん》の諸郡を含んだものかといわれている。

いっぽう、『新撰姓氏録』は、「山城国神別」において、つぎのように記す。

「賀茂《かも》の県主《あがたぬし》は、神魂《かみむすび》の命《みこと》の孫の武津《たけつ》の身《み》の命《みこと》の後裔である。」

『先代旧事本紀』でも、『新撰姓氏録』でも、「鴨（加茂）の県主」が、「神魂の命」の後裔である、としている点においては、一致している。

『新撰姓氏録』は、また、つぎのようにも記している。

「鴨《かも》の県主《あがたぬし》と、賀茂の県主とは、祖先が同じである。神武天皇が、大和の国にむかおうとしたとき、神《かみ》魂《むすび》の命《みこと》の孫の鴨武津《かもたけつ》の身《み》の命《みこと》は、大きな烏《からす》となって翔《と》びかけり、みちびいた。神武天皇は、その功をほめた。天の八咫《やた》の烏《からす》の号《な》は、これによってはじまった。」

『日本書紀』は、「神武天皇紀」で、つぎのように記す。「頭八咫《やた》の烏《からす》もまた、賞せられた。その子孫は、葛野《かづの》の主殿《とのもり》の県主《あがたぬし》らである。」

「葛野の主殿の県主」は、主殿《とのもり》の職を世襲した葛野の県主という意味である。

「主殿の職」は、朝廷で、天皇行幸のさいの乗《の》りもの、宮中の清掃・燭火・薪炭のことなどをつかさどった。律令時代には、主殿寮《とのもりりょう》とよばれる役所があった。

『先代旧事本紀』では、饒速日の命とともに天下った神のなかに、つぎのような名がみえる。

「天《あま》の神魂《かみむすび》の命《みこと》、葛野《かどの》の鴨《かも》の県主《あがたぬし》らの祖。」

「天《あま》の神玉《かむたま》の命《みこと》、三島《みしま》の県主《あがたぬし》らの祖。」

また、『先代旧事本紀』は、「神代本紀」において、「天の神玉の命は、神皇産霊《かみむすび》の尊《みこと》（神魂《かみむすび》の命《みこと》）の子で、「葛野《かどの》の鴨《かも》の県主《あがたぬし》らの祖」とも記す。

つまり、『先代旧事本紀』によれば、饒速日の尊とともに、神魂の命も、その子の神玉の命も、天下ったこと、その子孫が、山城の国の葛野の鴨の県主や、摂津の国の三島の県主になったことなどが記されている。

饒速日の命の時代に、神魂《かみむすび》の命《みこと》が、ともに天下り、そのあとで、神武天皇の時代に、神魂の命の孫の武津《たけつ》

表25 『新撰姓氏録』の「神別」氏族の分類（左京神別・右京神別）

	左京神別上	左京神別中	左京神別下	右京神別上	右京神別下	計	備　考
饒速《にぎはや》日《ひ》の命《みこと》の子孫系	28氏族	0氏族	1氏族	15氏族	0氏族	44氏族	石上《いそのかみ》の朝臣《あそみ》・穂積《ほつみ》の朝臣《あそみ》・阿刀《あと》の宿禰《すくね》など。
天《あめ》の火《ほ》明《あかり》の命《みこと》の子孫系	0	0	12	0	9	21	尾張《おわり》の宿禰《すくね》、尾張《おわり》の連《むらじ》、伊《い》福部《おきべ》の宿禰《すくね》など。
天津彦根《あまつひこね》の命《みこと》の子孫系	0	0	4	0	2	6	額田部《ぬかたべ》の湯坐《ゆえ》の連《むらじ》、三枝部《さきくさべ》の連《むらじ》、奄智《あむち》の連《むらじ》など。
神魂《かみむすび》の命《みこと》の子孫系	0	8	0	9	4	21	県《あがた》の犬養《いぬかい》の宿禰《すくね》、竹田《たけだ》の連《むらじ》、鳥取《ととり》の連《むらじ》など。
高魂《たかむすび》の命《みこと》の子孫系	0	10	1	7	1	19	大伴《おおとも》の宿禰《すくね》、佐伯《さえき》の宿禰《すくね》、大伴《おおとも》の連《むらじ》など。
天《あめ》の児屋《こやね》の命《みこと》の子孫系	10	0	0	1	0	11	藤原《ふじわら》の朝臣《あそみ》、大中臣《おおなかおみ》の朝臣《あそみ》、石上《いそのかみ》の朝臣《あそみ》など。
天《あめ》の穂《ほ》日《ひ》の命《みこと》の子孫系	0	3	0	2	4	9	土師《はじ》の宿禰《すくね》、菅原《すがはら》の朝臣《あそみ》、秋篠《あきしの》の朝臣《あそみ》など。
大国主《おおくにぬし》の命《みこと》の子孫系	0	0	1	0	1	2	宗像《むなかた》の朝臣《あそみ》など。
その他	0	2	2	2	8	14	火《ほ》の闇降《すそり》の命《みこと》（2氏族）、彦《ひこ》火火出見《ほほでみ》の尊《みこと》（2氏族）、海《わたの》神綿積《かみわたつみ》の命《みこと》（3氏族）などの子孫系。
計	38	23	21	36	29	147	

表26 『新撰姓氏録』の「神別」氏族の分類（総計）

	畿内諸国	左京右京	合計	代表的後裔氏族
饒速日《にぎはやひ》の命《みこと》の子孫系	62氏族	44氏族	106氏族	物部《もののべ》氏・石上《いそのかみ》氏
天《あめ》の火明《ほあかり》の命《みこと》の子孫系	32	21	53	尾張《おわり》氏・伊福部《いおきべ》氏
天津彦根《あまつひこね》の命《みこと》の子孫系	13	6	19	凡 河内《おおしこうち》氏・山代《やましろ》氏
神魂《かみむすび》の命《みこと》の子孫系	45	21	66	紀 直《きのあたい》 氏（紀伊国造氏）・山城《やましろ》の鴨《かも》氏
高魂《たかむすび》の命《みこと》の子孫系	17	19	36	大伴《おおとも》氏・忌部《いんべ》氏・葛城国造氏
天《あめ》の児屋《こやね》の命《みこと》の子孫系	34	11	45	中臣《なかおみ》氏・藤原《ふじわら》氏
天《あめ》の穂日《ほひ》の命《みこと》の子孫系	13	9	22	出雲《いずも》氏・土師《はじ》氏
大国主《おおくにぬし》の命《みこと》の子孫系	12	2	14	大神《おおみわ》氏・大和《やまと》の加茂《かも》氏
その他	29	14	43	阿曇《あずみ》氏など
計	257	147	404	

の身《み》の命《みこと》が、八咫烏《やたがらす》となって活動したという話は、時代の前後関係においては、大略矛盾がない。

先に天下ったものの子孫であるから、神武天皇の案内ができたのであろう、ということになる。

左京・右京の「神別」氏族

つぎに、『先代旧事本紀』の左京・右京の「神別」氏族一四七氏を分類してみる。すると、**表25**のようになる。

表25の全体的傾向は、すでに示した**表24**とあまり変わらないようにみえる。

やはり、もっとも多いのは、饒速日の命の後裔と称する氏族である。平安京においても、「皇別」氏族をのぞけば、饒速日の命系氏族が、もっとも闊歩《かっぽ》していたようにみえる。

物部氏の本宗家の物部守屋《もののべのもりや》が討滅されてから二百年以上たって成立した『新撰姓氏録』

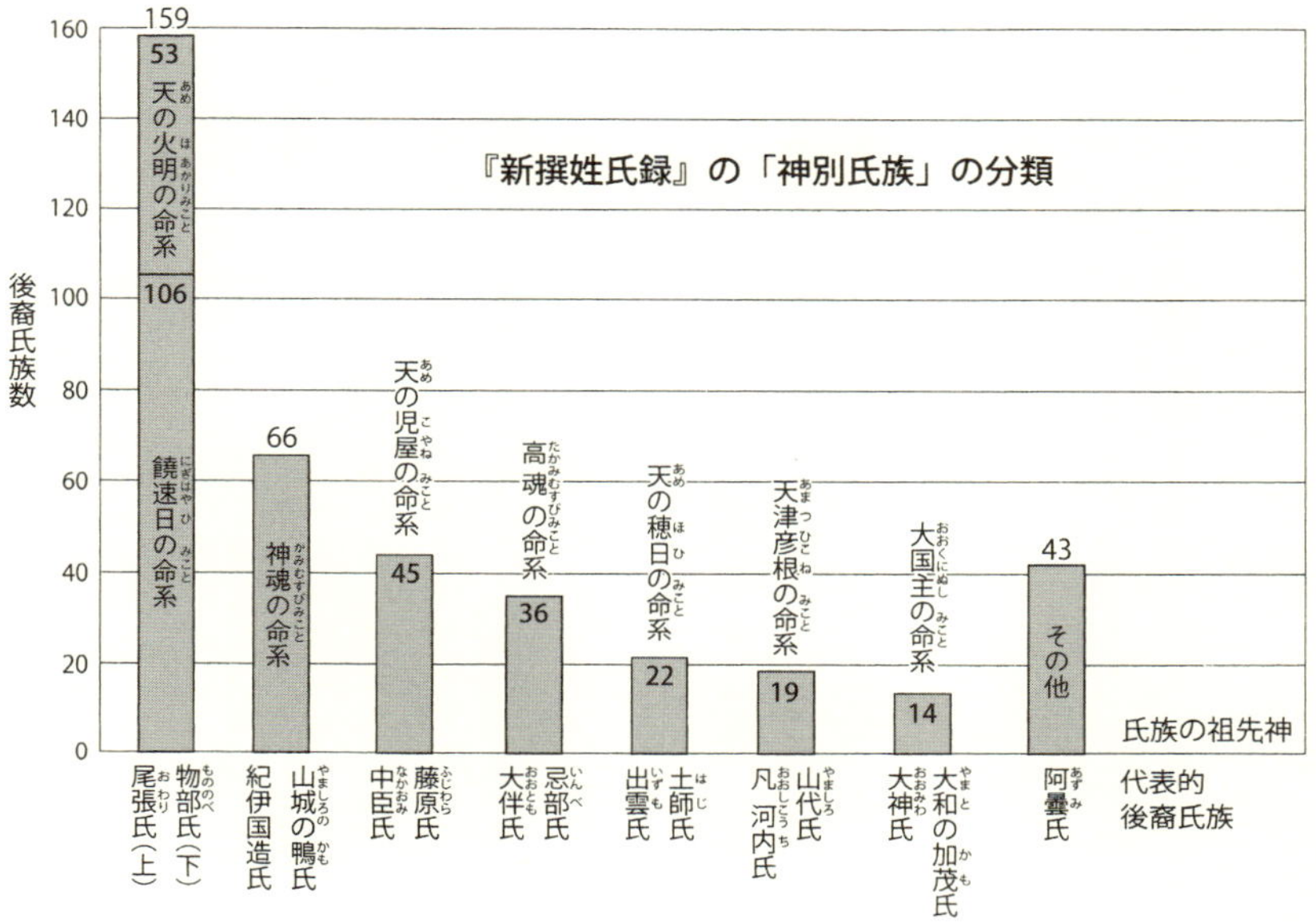

図50　近畿諸氏族の祖先神と後裔氏族数

でさえ、平安時代初期ごろの饒速日の命系氏族の繁茂を記しているのである。

「八十《やそ》物部《もののべ》」といわれるように、同系氏族・隷属氏はすこぶる多い。饒速日の命についての伝承は、諸氏族にとって、消しがたい記憶であったとみられる。

表24と**表25**とをあわせると、**表26**のようになる。また、それをグラフに描けば、**図50**のようになる。

『先代旧事本紀』は、饒速日の命を、天の火明の命と同一神とするので、**図50**においては、饒速日の命系と天の火明の命系とを重ねて描いた。

5 饒速日の命の東遷と銅鐸

銅鐸の破砕・廃棄の時期と古墳時代初頭の時期は近い

桜井市纒向学研究センター所長の寺沢薫氏は、奈良県香芝市《かしばし》二上山《にじょうさん》博物館編の『邪馬台国時代のツクシとヤマト』（学生社、二〇〇六年刊）のなかで、最末期の銅鐸についてのべている。

なお、以下に紹介する寺沢氏の文章中にみえる「突線鈕式銅鐸《とっせんちゅうしきどうたく》」について『最新日本考古学用語辞典』（大塚初重・戸沢充則編、柏書房、一九九六年刊）は、つぎのように説明している。

「銅鐸四型式分類（菱環《りょうかん》鈕（鈕）式《しき》・外縁付鈕式《がいえんつきちゅうしき》・扁平鈕式《へんぺいちゅうしき》・突線鈕式《とっせんちゅうしき》）中の最新型式。」

「（突線鈕式銅鐸は、）五型式に細分されており、……近畿を中心に分布する近畿式と東海を中心に分布する三遠式があるが、三遠式はやがて近畿式に吸収される。」

要するに、「突線鈕式銅鐸」とは、「近畿式銅鐸」と「三遠式銅鐸」との二つの型式をさす。銅鐸の最末期の型式である。

寺沢薫氏は、『邪馬台国時代のツクシとヤマト』のなかにおさめられた「銅鐸の終焉と大型墳丘墓の出現」という文章のなかでのべる。

「破砕、廃棄銅鐸には東方の諸例が目立つ。しかも圧倒的に突線鈕3式以降の新段階の銅鐸が主体を占めている。廃棄時期も後期末ないしは古墳時代初頭に集中し、再利用例は布留1式併行期にまで下る。銅鐸のマツリの終焉の事情は東方へ向けて遅延した状況にあることも、その史的背景を考える上での重要な視点である。このことは、一部、弥生中期前葉に始まり後期以降ほぼ全国規模で分布する『小銅鐸』も、東国にあっては東方ほど新しく、そのほとんどが古墳時代前期に下るという事実（松井、二〇〇五）とも関係することなのであろう。」

なお、銅のなかにふくまれる鉛の同位体比の分析から、「近畿式銅鐸」「三遠式銅鐸」と「小銅鐸」とは、銅原料がほとんど同じといってよいほど、近いものであろうことが知られている。

最末期の銅鐸である「近畿式銅鐸」と「三遠式銅鐸」との廃棄時期は、東方の諸例において、弥生時代の後期末ないしは古墳時代の初頭に下ることがのべられているのである。

寺沢薫氏の文章には、「破砕銅鐸一覧表」が示されている。その表から、大阪府と奈良県のものだけをとりだして示せば、**表27**のようになる。

この**表27**をよくみてみよう。つぎのようなことに気がつく。

(1)　大阪府が四例、奈良県が二例。ここでも、大阪府優位の傾向がうかがわれる。

(2)　最末期の型式である突線鈕式銅鐸が七例中五例でいどをしめる。

(3)　廃棄時期は、庄内式以後が、七例中五例をしめる。寺沢氏の年代観によるとき、庄内式土器の時代が、ほぼ、邪馬台国時代にあたる。すると、大阪府・奈良県で、最末期の銅鐸が廃棄されたのは、邪馬台国以後となるようにみえる。

銅鐸は、「突線鈕式銅鐸の新しい段階」という大きさも大きくなり、装飾性も、よりはなやかになった進化の頂点で、廃棄、破砕されている。

これは、もし、神話・伝承と結びつけて考えるならば、つぎのようになる。すなわち、ちょうど、そのころとみられる神武天皇の東征による大和朝廷の成立と関係があるのではないか（拙著『大和朝廷の起源』［勉誠出版刊］参照）。

表27　破砕銅鐸一覧表（寺沢薫氏の論文「銅鐸の終焉と大形墳丘墓の出現」による）

所在地	遺跡名	銅鐸形式	部位	文様	出土遺構・層位	廃棄時期	再利用痕跡	備考
大阪府豊中市	利《と》倉《くら》遺《い》跡《せき》	突線鈕3（近畿Ⅱ）式	耳飾1	重弧文	水路（3号木組み遺構上層）	庄内～布留2式（下限）	×	折損、利倉南鈕片と同一個体か
大阪府豊中市	利倉南遺跡（第3次）	突線鈕2－3（近畿Ⅰ・Ⅱ）式	鈕片1	鋸歯文	第3遺構面上（北側に溝2あり）	庄内～布留2式（下限）	×	折損（歪みあり）、溝2から庄内甕出土
大阪府和泉市	池上・曽根遺跡	突線鈕（近畿）式	身部片2	突線文	溝（河道？）	庄内式	×	
大阪府八尾市	亀井遺跡	①突線鈕4（近畿Ⅲ）式か？／②扁平鈕式	①鰭端部1／②鈕片1	突線文／鋸歯文	①NR－2003／②SX－4001	①第Ⅴ－1様式（下限）／②須恵器（下限）	①②×	②は本来NR－3001に所属か（第Ⅵ－1様式下限）
奈良県田原本町	唐古・鍵遺跡（第77次）	扁平鈕or突線鈕1式	身部片1	袈裟襷文	包含層	第Ⅳ～第Ⅴ様式	×	青銅器工房区隣接。鋳造失敗品か？
奈良県桜井市	纒向遺跡	突線鈕3or4（近畿Ⅱor Ⅲ）式	飾耳1	双頭渦文1／2	流路B上層砂層	7世紀末～8世紀前半	△（切断後研磨か？）	本来は庄内式期に所属か

私は、子どものころのことをおぼえている。遠い昔、私の子どものころ、日本は第二次世界大戦に敗れた。当時、人々は、それまで日本の象徴であった「日の丸」の旗をはずかしがり、タンスの奥にしまいこみ、あるいは破棄した。

銅鐸勢力は、鏡・剣・矛・玉をシンボルとする勢力と戦って敗れ、あるいは物部氏の祖先となる勢力のごとく、宥和《ゆうわ》策をとって屈服し、大和朝廷傘下の一勢力となった。

銅鐸勢力は、シンボルである銅鐸を廃棄・破砕し（あるいは廃棄・破砕され）、新しいシンボル、鏡などをうけいれたようにみえる。

かくて、銅鐸の伝統、そのものが否定されることとなる。銅鐸勢力のなかで、自己革命がおこり、九州地方でシンボルであった鏡などを、おのずからうけいれたとするのは不自然である。

東京大学の教授であった日本史家・井上光貞は、すでに一九六〇年刊の、『日本国家の起源』（岩波新書）のなかでのべている。

「考古学上の事実、なかでも銅鐸の問題は、北九州文化の担い手の東遷を証明しているようにみえる。ヤマトの国号の問題も、邪馬台国東遷を前提としてみるときわめて合理的に理解できるのである。」

神話・伝承を、意図的に無視するのではなく、たとえ、おぼろげではあるにしても、古代の情報を、神話・伝承という形で伝えている可能性を、公平に十分に検討すべきである。世界に目をむけてみよう。

西欧でも中国でも、神話・伝承にみちびかれて発掘が行なわれている。神話・伝承を、意図的に排除するのは、第二次世界大戦に敗れた日本のみでみられる特殊事情による。

歴史学は、総合の学である。

古代を考えるにあたって、神話・伝承を意図的に無視することは、考古学を意図的に無視するのと同じていどの誤りをおかす可能性がある。

(4) 突線鈕式銅鐸の新しい段階の廃棄・破砕よりもまえの、弥生中期末の第一次銅鐸集中埋納時に、廃棄、破砕されたものがほとんどなく、埋納行為が、圧倒的多数を占めていたのは、これも、神話・伝承と結びつけるならば、つぎのようになるであろう。

イズモ・キビなどにおけるやや早い銅鐸のマツリの終焉（加茂岩倉遺跡）は、大国主の命の国譲りと、九州方面から天《あめ》の菩比《ほひ》の命《みこと》の天降りとが、神武天皇の東遷の時期よりも早かったことと結びつけられよう（拙著『出雲神話と邪馬台国』［勉誠出版、二〇〇四年刊］参照）。考古学者の森浩一は、『銅鐸』（学生社、一九九四年刊）のなかでのべている。

「鳥居竜蔵先生が、古い時代に銅鐸についていていい論文をいくつかお書きになっていますね。大正二年（一九一三）の『銅鐸考』、大正七年（一九一八）の『有史以前の日本』で銅鐸のことについてふれておられるんですが、大正十二年（一九二三）に『人類学雑誌』通刊四三二号で『我が国の銅鐸は何民族が残した物か』という重要な論文を書いておられます。

この時に、そのころ銅鐸を遺した民族について言われていたいろいろな説を批判して、だめなものはだめだと否定されたんです。たとえば、『扶桑略記』にある阿育王の宝塔説は無理だとか、平田篤胤が『弘仁歴運記考』の中で言っている、天孫以前の大国主の系統の集団が遺した説を否定している。だが、ぼくはこの説はおもしろいと思っているんです。」

森浩一の発言の意味は、「平田篤胤の、銅鐸を遺した民族は、大国主の命の系統の集団が残したとする説は面白いと思う。」ということであろう。

「跡《あと》」の地の破砕銅鐸

崇仏論争をめぐって、蘇我の馬子と対立した物部の守屋は、阿都《あと》（阿斗。のちの河内の国渋川郡跡部郷）に兵を集めた。

『日本書紀』の用明天皇二年（五八七）四月の条に、物部の守屋の別業《なりどころ》（別荘）が阿都にあったことがみえる。おそらくは、崇峻天皇の即位前紀にみえる渋川の家と同じものであろう。

この阿都について、すでに紹介したように、歴史学者の鳥越憲三郎は、『弥生の王国』のなかで、つぎのようにのべる。

「（河内の）跡部郷は渋川郡の中央にあって、その東に邑智《おうち》郷があった。ところが近世の文書では亀井村字跡部となって、わずかに地名を残すだけになった。現在では八尾市跡部町となり、式内小社の跡部神社は亀井町と跡部町との境界にある。いうまでもなく亀井村は跡部郷のなかであった。その亀井遺跡の発掘調査が一九六八年から十九次におよんで行なわれその地が重要な弥生時代の拠点であったことが明らかにされた。そして遺物としては銅鐸鰭片と紐片と紐片、小型銅鏡・銅鏃・貨泉や、祭祀に用いられる銅鐸型土製品・分銅型土製品・卜骨などのほか、多数の弥生式土器が出土した。」

そして寺沢薫氏の示す**表27**をみれば、この亀井遺跡（280ページの**地図4**参照）から、破砕銅鐸が出土していることがわかる。突線紐式の銅鐸である。

また、亀井遺跡からは、小形仿製鏡、貨泉四枚、鉄鏃などが出土している。北九州文化とのつながりを思わせる。

拙著『古代物部氏と「先代旧事本紀」の謎』のなかで、私は、およそつぎのようなことをやや詳しいデータとともにのべた。

「終末期の銅鐸である『近畿式・三遠式』の銅鐸は、静岡県からもっとも大量に出土する。のちの、静岡県の『珠流河《するが》の国造《くにのみやつこ》』『遠淡海《とおつあわうみ》（遠江《とおとうみ》）の国造』『伊豆の国造』になった人たちは、いずれも物部《もののべ》系の人たちである。饒速日《にぎはやひ》の命《みこと》の子孫である。

静岡県とともに『三遠式銅鐸』が大量に出土する愛知県の『尾張の国造』『参河《みかわ》の国造』も、饒速日の命の子孫である。

『終末期銅鐸』は、畿内に天下った饒速日の命系の人々が製作し、使用していたものとみられる。『終末期銅鐸』の時代は、記憶の痕跡も残らない古い時代のことではない。神武天皇の東征の結果、畿内に、鏡や、剣や、玉を中心にする文化がもたらされ、祭器のあり方が異なるようになり、『終末期銅鐸』は廃棄、破砕され、地中に埋められるようになったとみられる。」

「三遠式銅鐸」の「三遠」は、「三河（参河）」と「遠江《とおとうみ》」をさす。

『新撰姓氏録』について、くわしい研究を行なった高群逸枝は、その著『母系制の研究』のなかでのべている。

「物部氏の参河、遠江、駿河《するが》などの方面への盛んなる進出は、この種（両系制）の女系に支持せられてのものであることはいうまでもあるまい。」

物部氏、破砕銅鐸、庄内式土器、阿刀という地名、県《あがた》の分布は、たがいに関連している

寺沢薫氏の示す**表27**の、大阪府と奈良県のデータをさらによくみてみよう。

すると、つぎのようなことに気がつく。

(1) 大阪府と奈良県のデータのばあい、銅鐸は、弥生式土器の時代の末期か庄内式土器の時代ごろに廃棄されている。

(2)　大阪府豊中市の「利倉遺跡《とくらいせき》」は、庄内式土器の標識となる土器を出土した「庄内遺跡」に、比較的距離が近い（直線距離で、四〜五キロほど。**地図12**参照）。

このあたりは、庄内式土器の出土する地域といえるであろうか。利倉遺跡や庄内遺跡のある豊中市は、『日本書紀』の仁徳天皇三十八年の条にみえる「猪名県《いなのあがた》」の域内の地である。

『先代旧事本紀』によれば、饒速日の命が九州から天下ったとき、供奉《ぐぶ》としてともに降った「五部人《いつのともびと》」のなかに、「為奈部《いなべ》らの祖の天津赤占《あまつあかうら》」の名がある。また、「船子《ふなこ》」のなかに、「為奈部らの祖、天津赤《あまつあか》星《ほし》」の名がある。

そして、『新撰姓氏録』の未定雑姓の「摂津の国の条」に、「為奈部《いなべ》の首《おびと》は、伊香我色乎《いかがしこお》の命《みこと》の六世の孫、金連《かねのむらじ》の後裔である。」という文がある。伊香我色乎の命《みこと》は、『日本書紀』の崇神天皇七年八月の条に、「物部の連の祖」と記されている。

「猪名県」の地は、物部系の人々の活動していた地といえるようである。

この地で出土する庄内式土器も、物部氏と関係があるのであろうか。

なお、古代の「猪名県《いなのあがた》」の域内とみられる大阪府箕面市《みのうし》に、「為那都比古《いなつひこ》神社」（279ページの**地図3**左上参照）がある。『延喜式』の神名帳《じんみょうちょう》にみえる神社である。

また、「猪名県」の地には、「猪名川《いながわ》」が流れていた（現在も、猪名川が流れている）（**地図12**参照）。「庄内式土器」の分布と、「県《あがた》」（朝廷の直轄領）の分布とは、重なるようにみえる。「猪名県」のばあいも、そのような考えを支持する。

奈良県田原本町阪手の東南に、城下《しきげ》郡阿刀《あと》村があった。

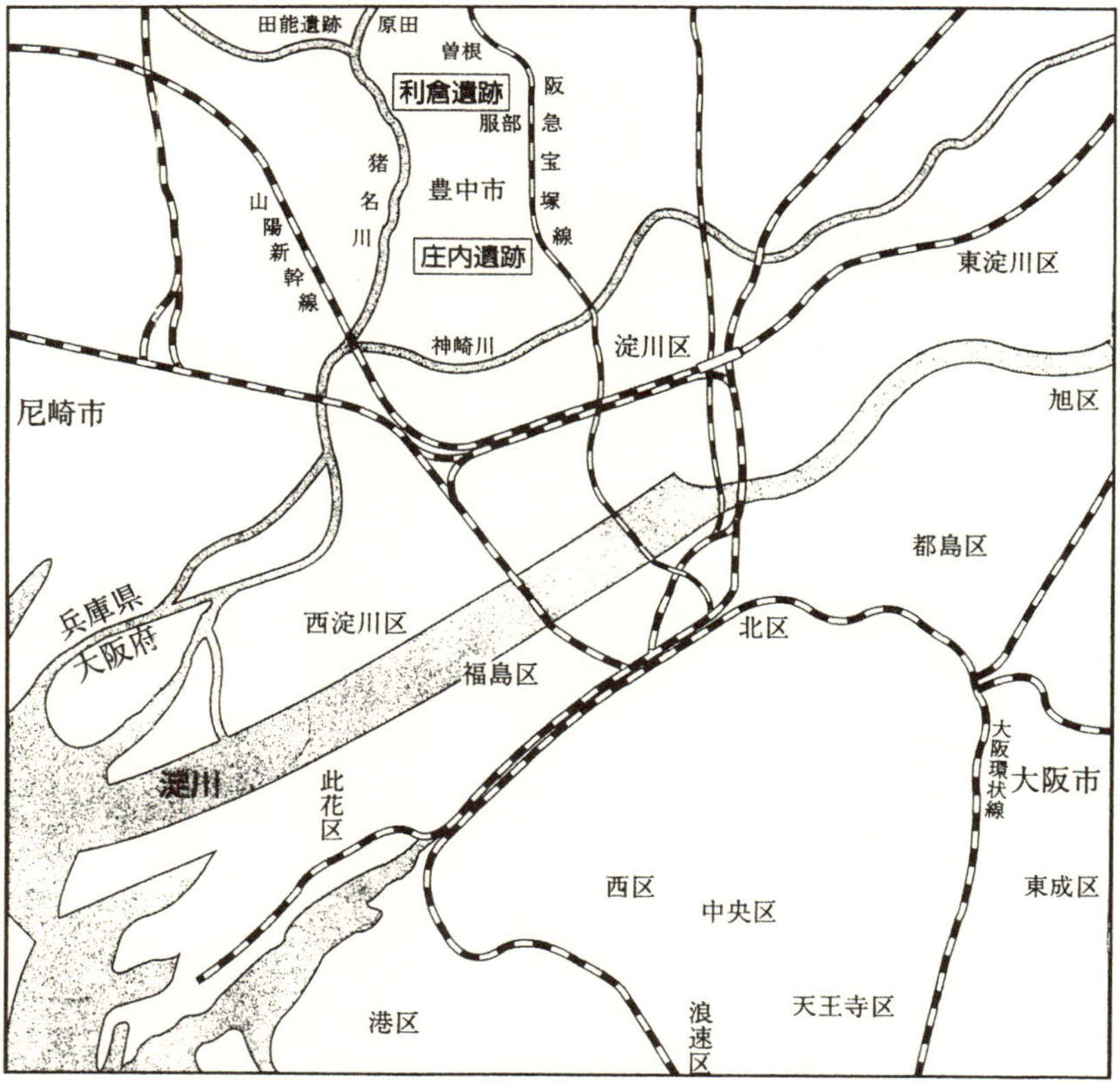

地図12　「利倉遺跡《とくらいせき》」と「庄内遺跡」

この阿刀村の地は、破砕銅鐸の出土した田原本町の唐古・鍵遺跡の二キロほど南である。この奈良県の阿刀の地名は、物部の守屋の家のあった大阪府の阿都と、なんらかの関係があったのであろうか。奈良県の「阿刀」の地名は、『旧事本紀』にみえる饒速日の命とともに北九州から天降った「阿刀造《あとのみやつこ》」と文字が同じである。あるいは、「阿刀造」の一族の住んでいたところなのであろうか。大阪府（河内国）の跡部郷の地の亀井遺跡からは、すでにのべたように、破砕銅鐸が出土している。

なお、『新撰姓氏録』や、『先代旧事本紀』の「天孫本紀」は、「阿刀氏」の祖先を、物部氏の祖先である饒速日の命の孫の味饒田《うましにぎた》の命《みこと》であると伝えている。

また、摂津国の「猪名県」の境内にも、阿刀氏が住んでいた。『続日本後紀』の八四三年（承和十）の条に、「摂津国豊嶋郡《てしまぐん》の人、佐衛門府《さえもんふ》の門部《かどべ》（皇居の門の警備を指揮する武官）の正八位上迹連《あとのむらじ》継麻呂《つぐまろ》ら七十人に、それまでの『迹《あと》』の字を除いて『阿刀《あと》の連《むらじ》』の姓を与えた。」などの記事がみえる。

（3）以上のようにみてくると、物部氏系統の人、破砕銅鐸、庄内式土器、阿刀（跡）という地名、県《あがた》の分布などは、相互に関係しているようにみえる。

奈良県と大阪府の共通地名

奈良県と大阪府の、庄内式土器が多量に出土する地域のあたりには、共通の地名がいくつも存在する。つぎのようなものである。

（1）大和の国磯城《しき》郡と、河内の国志紀《しき》郡。なお、九州の肥後の国に志記《しき》郷がある。

（2）大和の国磯城郡阿刀《あと》と、河内の国渋川郡阿都《あと》。なお、九州の豊後の国に跡部郷があり、備前の国に跡《あと》田《だ》がある。

（3）大和の国磯城郡の桜井と、河内の国河内郡の桜井郷。なお、九州の筑前の国糸島郡に桜井の地名があり、肥後の国宇土郡に桜井郷がある。

（4）大和の国磯城郡に恩坂《おさか》（忍坂）郷がある。忍坂部《おさかべ》を、刑部《おさかべ》とも書く。河内の国中河内郡に、刑部郷がある。刑部氏には、数氏あるが、物部氏系のものがある。

(5)『延喜式』によれば、大和の国の城下《しきのしも》郡に、「倭恩知《やまとおんち》神社」があり、河内の国の高安郡に、「恩知《おんち》神社」がある。「恩知」は、「淹地《あむち》」「邑地《おち》」などの地名あるいは氏族名と関係があるようである。『日本霊異記《にほんりょういき》』によれば、大和の国十市郡に「菴知《あむち》村」がある。

(6) 大和の国磯城郡の大市《おおいち》郷と、河内の国渋川郡邑智《おほち》郷、および、河内の国志紀郡邑智《おほち》郷。

(7) 大和の国山辺郡布留《ふる》と、河内の国古市《ふるいち》郡（もと、志紀の県の域内とみられる）。「古市」は、「古」の地で、市がひらかれていたことにもとづくのであろう。なお、九州の豊後の国国埼《くにさき》郡に古市駅《ふるいちのうまや》がある。

(8) 平安末期には存在していたとみられる「十市県主系図」や、一一四九年の「多《おお》神社注進状」は、春日《かすが》の県が、十市の県になったとする。『古事記』『日本書紀』の皇妃の記述をみても、古く「春日」の地は、大和の国の十市郡のあたりにあったようである。そして、河内の国南河内郡に春日の地がある。なお、九州の筑前の国那珂郡に、春日の地名がある。

(9) 大和の国高市郡の飛鳥《あすか》と、南河内郡の安宿《あすか》（もと、志貴《しき》の県《あがた》の域内とみられる）。

(10) 大和の国高市《たけち》郡の豊浦《とようら》の地と、河内の国河内郡豊浦郷。

(11) 大和の国高市郡と河内の国渋川郡竹淵《たけち》郷。

また、物部氏の祖の饒速日の命は生駒山脈の地に天降っているが、そのことと関連あるかとみられる共通地名に、つぎのようなものがある。

(1) 大和の国生駒郡に坂門《さかと》郷があり、河内の国古市郡に尺度《さかと》郷がある。饒速日の命とともに天下った氏族に、「坂戸《さかと》の造《みやつこ》」がある。

(2) 大和の国生駒郡に鳥見《とみ》郷があり、大和の国磯城郡に迹見《とみ》の地名がある。なお、豊前の国企救《きく》郡《ぐん》に登美《とみ》という地名がある。

(3)　大和の国生駒郡に矢田郷があり、河内の国中河内郡に矢田の地名がある。なお、肥前の国養父《やぶ》郡《ぐん》に屋《や》田《た》郷がある。

(4)　大和の国平群郡額田《ぬかた》郷と河内の国河内郡額田郷。なお、筑前の国早良郡に額田郷がある。

これらをみると、物部氏の祖先が、九州から河内にうつり、さらに、大和に勢力をのばし、それとともに地名がうつっているようにみえる。

私は、庄内式土器は、物部氏とともに、北九州から畿内にもたらされたものと考える。これについては、私の編集している『季刊邪馬台国』72号、73号で詳論した。

「邪馬台国文化」は全体的にみて、大阪府よりも、のちに、奈良県におよんでいるようにみえる。

このことをふまえるならば282ページの**地図6**の、奈良県の磯城郡（奈良盆地南東部一帯）のあたりから出土する庄内式土器は、大和朝廷が成立し、天皇家の直轄領である磯城《しき》の県《あがた》の、現地管理者《マネージャー》として、物部氏が磯城の県主となり、また神武天皇の東遷にともない、あらたに九州から来た人も加わることによって成立した土器のようにみえる。

『新撰姓氏録』に「志貴《しき》の連《むらじ》（磯城県主《しきのあがたぬし》）は、神饒速日《かむにぎはやひ》の命《みこと》の孫の、日子湯支《ひこゆき》の命《みこと》の後裔である。」と記されている。

なお纒向も、広義の師木（磯城）に属する。

奈良県の庄内式土器は、最近の考古学関係の人々がくりあげて考えるほど、年代が古くはないとみられる。

一九六〇年代ごろに、考古学者の佐原真などが考えていたように、そして現在も、考古学者の関川尚功《せきかわひさよし》氏などが堅持しておられるように、奈良県の庄内式土器の年代は、西暦三〇〇年～三五〇年ごろと考えたほうが、むしろ妥当である可能性がある（**表28**参照）。

		唐古以前 (1935)	小林行雄 (1943)	小林行雄 (1958)	坪井清足 (1962)	佐原 真 (1968)	石野博信 (1973)	都出比呂志 (1974)		
中期		櫛目式	唐古第Ⅳ様式				中期4			
				西ノ辻N地点式	西ノ辻N地点式	西ノ辻N地点式	後期1	西ノ辻N地点式		
後期	A. D. 200	穂積式	唐古第Ⅴ様式	西ノ辻Ⅰ地点式	西ノ辻Ⅰ地点式	西ノ辻Ⅰ地点式		西ノ辻Ⅰ式	古	畿内第5様式
				西ノ辻E地点式	西ノ辻E地点式	西ノ辻E地点式	後期2	西ノ辻E(D)式	中	
					西ノ辻D地点式	唐古45号竪穴下層式	後期3			
				西ノ辻D地点式	唐古45号竪穴上層式＝唐古第Ⅴ様式第Ⅰ亜種	西ノ辻D地点式	後期4	上六万寺式		
			唐古第Ⅴ様式第Ⅰ亜種			唐古45号竪穴上層式	纒向1式(曲川式)	北鳥池下層式	新	
古墳時代	A. D. 300	土師器	土師器	土師器		庄内式	纒向2式(庄内1式)	上田町1式		畿内第6様式
							纒向3式(庄内2式)	上田町2式		
					小若江北武	布留式	纒向4式(布留1式)	小若江北武		布留式

表28　畿内弥生後期細分案の変遷（森岡秀人『大師山』所収論文より）

石野博信著『古墳文化出現期の研究』［学生社、1985年刊］によるただし、このばあいは、大阪府の庄内式土器は、全体的に、奈良県の庄内式土器よりもすこし古く、北九州の庄内式土器は、さらに古く、共伴出土する鏡からみて、邪馬台国時代にあたると考えるのである。時間的なズレ、タイム・ラグがあると考えるのである。考古学では、しばしば地域によるタイム・ラグを無視して年代が考えられている。

私は、庄内式土器も、「邪馬台国文化」の一環として、北九州から、東にうちよせてきたと考えるのである。

北九州と近畿の鏡と銅鐸の年代

寺沢薫氏の示された34・35ページの**表1**は、その表にふくまれるおもに北九州の鏡が示すように、北九州の鏡と土器についてなりたつ年代であるとみられる。それは、寺沢氏が示されたように、まさに、ほぼ、邪馬台国時代のものであるとみてよい。

しかし、奈良県の庄内式土器の時代は、北九州にくらべ、タイム・ラグ（時間的な遅れ）があるとみるべきである。

奈良県の庄内式土器の時代は、**表1**にふくまれているホケノ山古墳出土のおよそ十二年輪の小枝試料の炭素14年代測定値が示すように、三世紀の末から、四世紀の半ばごろまでを考えるべきである。

むしろ、四世紀という年代をおもに考えるべきであろう。

そして、三世紀半ばの邪馬台国時代の奈良県は、**表1**に示されているような「邪馬台国文化」は及んでおらず、なお銅鐸の時代であったと考えるべきである。近畿式銅鐸・三遠式銅鐸でさえ、むしろ三世紀の後半ごろから、四世紀のはじめごろにかかる年代を考えるべきである。銅にふくまれる鉛同位体比からみれば、北九州で出土する広形銅矛・広形銅戈・小形仿製鏡第Ⅱ型と、近畿式銅鐸・三遠式銅鐸とは、銅の原料が、ほとんど等しい。銅原料が、北九州から畿内へ流れているとみるべきである。

北九州の小形仿製鏡第Ⅱ型の年代は、おもに、三世紀中ごろの邪馬台国の時代のものと考えられる。畿内の近畿式銅鐸の年代は、タイム・ラグがあり、それよりすこしおくれて、おもに三世紀の後半ごろの年代を考えるべきである。それは、饒速日の命遷の時期と大きくは重なりあう。

おそらくは、饒速日の命勢力は、北九州から銅原料をもたらし、畿内にすでに存在していた銅鐸文化の影響をうけ、近畿式銅鐸・三遠式銅鐸を創造したものであろう。

それ以前の畿内は、出雲の大国主の命の文化の影響をうけ、扁平鈕式銅鐸の時代であったと考えられる。

その状況は、すでに拙著『「邪馬台国畿内説」徹底批判』（勉誠出版、二〇〇九年刊）でややくわしく論じたように、**表29**に示すようなものであったとみられる。この**表29**において、**表29**の左下の、北九州からも出土する「位至三公鏡」は、中国では、西暦二八七年、二九五年、三〇二年にあたる年の墓誌をもつ洛陽晋墓から八面出土している。その他の根拠からも、「位至三公鏡」は、おもに西晋時代（二六五〜三一六）の鏡とみるべきである。これは、そうとうな年代的根拠をもつ。この鏡を基準として、年代を考えるべきである。

征討伝承のない国々

『古事記』『日本書紀』を、すこし丁寧に読むと、つぎのようなことに気がつく。

「東山道の近江の国、美野の国、飛騨の国、東海道の尾張の国、畿内の山城の国、河内の国などについては、のちの時代には、大和朝廷による大規模な征討伝承が残されていない。いつのまにか、大和朝廷の領域のなかにはいっている。」

これはなぜだろう。

おそらく、つぎのような事情によるとみられる。

「これらの国々は、大和朝廷が成立するまえに、饒速日の命系統の人々の治める領域にはいっていた。饒速日の命系統の人々と、天皇家系統の人々との連合政権が成立し、饒速日の命系統の人々の治める領域は、両系相続などを通じて、しだいに、天皇家系統の人々に、ゆずられていった。

あるいは、基本的領有権は、天皇がもつこととなり、現地の管掌権《マネージャー》は、たとえば、国造や県主として、物部氏系統の人がもつ、という形になるようになった。現地の管掌権を、天皇家が与える、という形式をとるようになった。」

以上のようにみてくるとき、庄内式土器の終わりの時期を、**表1**により、西暦二六〇年〜二八〇年ごろとすれば、奈良県に「邪馬台国文化」が及んだのは、それ以後のことのようにみえる。奈良県に邪馬台国文化のおよんだ年代は、神武天皇の東征年代二八〇年ごろと重なりあうものである（神武天皇の年代については、このシリーズの拙著『古代年代論が解く邪馬台国の謎』勉誠出版、二〇一三年刊参照）。

邪馬台国の時代に、邪馬台国文化はなお奈良県に及んでおらず、邪馬台国が奈良県や、纒向あたりにあったとする説は成立困難とみられる。

北九州文化と畿内文化との対立

一九二〇年に、和辻哲郎《わつじてつろう》は『日本古代文化』（岩波書店刊）をあらわし、「邪馬台国東遷説」を説いた。

地図13に示されるような「九州を中心とする銅剣、銅矛の文化圏と、畿内を中心とする銅鐸の文化圏の対立」から、「九州の支配者が、銅鐸をもつ畿内の先住民を滅したことを物語っている」と考えた。

盛行の時期	畿内
240年～270年ごろ	**〔外縁付鈕２式銅鐸〕** ○「扁平鈕式銅鐸」以前の形式である「外縁付鈕２式銅鐸」は、西暦200～230年ごろに盛行とみられる。したがって、これも邪馬台国時代の銅鐸といえる。「扁平鈕式銅鐸」と「外縁付鈕２式銅鐸」とは、鉛の同位体比は、それほど変わらない〔『季刊邪馬台国』61号、拙著『三角縁神獣鏡は卑弥呼の鏡か』［廣済堂出版刊］参照〕。 **〔扁平鈕式銅鐸〕** ○鉛の同位体比からみて、「扁平鈕式銅鐸」の銅原料は、「長宜子孫銘内行花文鏡」に近いとみられる。北九州から畿内に、銅原料が流れこみ、盛行するにいたるには、20年～30年の遅れ（time lag）があるとみられる。 ○「扁平鈕式銅鐸」は、形式からみて、つぎの「近畿式銅鐸」「三遠式銅鐸」のまえの時代にこなければならない。そして、つぎの「近畿式銅鐸」や「三遠式銅鐸」は、鉛の同位体比からみて、北九州におもに分布する「小形仿製鏡第Ⅱ型」と、ほとんど同一原料が用いられているとみられる。
280年～300年ごろ	**〔突線鈕式銅鐸（近畿式銅鐸・三遠式銅鐸）〕** ○鉛の同位体比からみて、「突線鈕式銅鐸」は、北九州で行なわれた「小形仿製鏡第Ⅱ型」「広形銅矛」「広形銅戈」などと、同一原料が用いられている。北九州から畿内に、同原料が流れこみ、銅鐸製品が盛行するにいたるには20年～30年のタイム・ラグがあるとみられる。 ○「突線鈕式銅鐸」が、破砕されるにいたるのは、290年～300年ごろとみられる。
310年～350年ごろ	**〔画文帯神獣鏡など〕** ○鉛同位体比からみて、「画文帯神獣鏡」の銅原料は、北九州で盛行した「位至三公鏡」「蝙蝠鈕座内行花文鏡」などに近い。北九州から畿内に銅原料が流れこむのに、20年～30年のタイム・ラグがあるとみられる。 ○中国の洛陽晋墓から、「画文帯神獣鏡」が出土している。洛陽晋墓の築造年代は、西暦300年前後である。 ○ホケノ山古墳など、いわゆる庄内期の古墳からは、「画文帯神獣鏡」は出土しているが、銅鐸も、「三角縁神獣鏡」も出土していない。畿内における「画文帯神獣鏡」の初現の時期は、銅鐸の時代のあと、「三角縁神獣鏡」の出現のまえとみられる。 ○「画文帯神獣鏡」は、古墳時代の遺跡から、大量に出土する。わが国では、古墳時代に近いころ、あるいは、古墳時代になってから出現したとみられる。

表29　銅鏡・銅鐸の行なわれた年代（北九州と近畿）

盛行の時期	北九州
230年～240年前後	**〔長宜子孫銘内行花文鏡などの後漢鏡〕** ○「長宜子孫銘内行花文鏡」は、後漢時代の代表的な鏡である。魏や晋の鏡が、あるていどの数、日本にもたらされるようになるのは、239年の卑弥呼の遣使以後のことであろう。それまで倭国内で行なわれていたのは魏晋鏡ではなく、おもに後漢鏡とみられる。 ○「平原遺跡」出土鏡の製作年代は、西暦200年前後とみられている。（前原市文化財調査報告書『平原遺跡』）。西暦200年ごろに鋳造された鏡が、墓にうずめられるのは、年代的にすこしおくれて、220年～230年ごろになりうるとみられる。 （卑弥呼に与えられた鏡も基本的には、後漢系統の鏡であろう。）
260年～270年前後	**〔小形仿製鏡第Ⅱ型・広形銅矛・広形銅戈〕** ○263年に蜀が滅び、265年に魏が滅び、280年に呉が滅ぶなど、260年～280年ごろ、中国は、基本的に乱れていた。中国からの輸入鏡がはいりにくくなり、仿製鏡が大量に鋳造されるようになったとみられる。 ○「小形仿製鏡第Ⅱ型」の銅原料は、鉛同位体比からみて、後漢系の鏡を、大量に溶かしあわせ、ブレンドしたもののようにみえる。したがって、「小形仿製鏡第Ⅱ型」「広形銅矛」「広形銅戈」などの盛行した時期は、長宜子孫銘内行花文鏡」などの後漢系統の鏡が盛行した時期よりも後とみられる。
290年～330年前後	**〔位至三公鏡・蝙蝠鈕座内行花文鏡など、洛陽晋墓出土系の鏡〕** ○西暦300年前後に築造された洛陽晋墓（西暦287年、295年、302年にあたる年の墓誌が出土している）において、もっとも多く出土するのが「位至三公鏡」である（全24面のうち８面）。これらの鏡が、日本で盛行した時期も、西暦300年前後か、あるいは、それをさらにくだることが考えられる（この種の鏡は、わが国では、北九州で盛行。西暦300年前後まで、鏡の分布の中心地は、一貫して、北九州にあった。） ○わが国で出土する「位至三公鏡」「蝙蝠鈕座内花文鏡」などの、いわゆる「魏晋鏡」系の鏡の銅は、鉛の同位体比からみて、中国南方系の銅である。西暦280年に、呉がほろび、中国南方系の銅が、かなり多量に、中国の北方の洛陽あたりにも、流れこむようになったとみられる。それが、わが国に輸出される機会も、ふえたとみられる。 ○いわゆる「魏晋鏡」も、のちの「三角縁神獣鏡」も、ともに、中国の南方系の銅が用いられている。「位至三公鏡」などがわが国で行なわれた年代を、洛陽晋墓などにあわせて、かなり下げなければ、のちに行なわれる「画文帯神獣鏡」や「三角縁神獣鏡」などと、銅原料からみての状況がスムーズにつながらない。

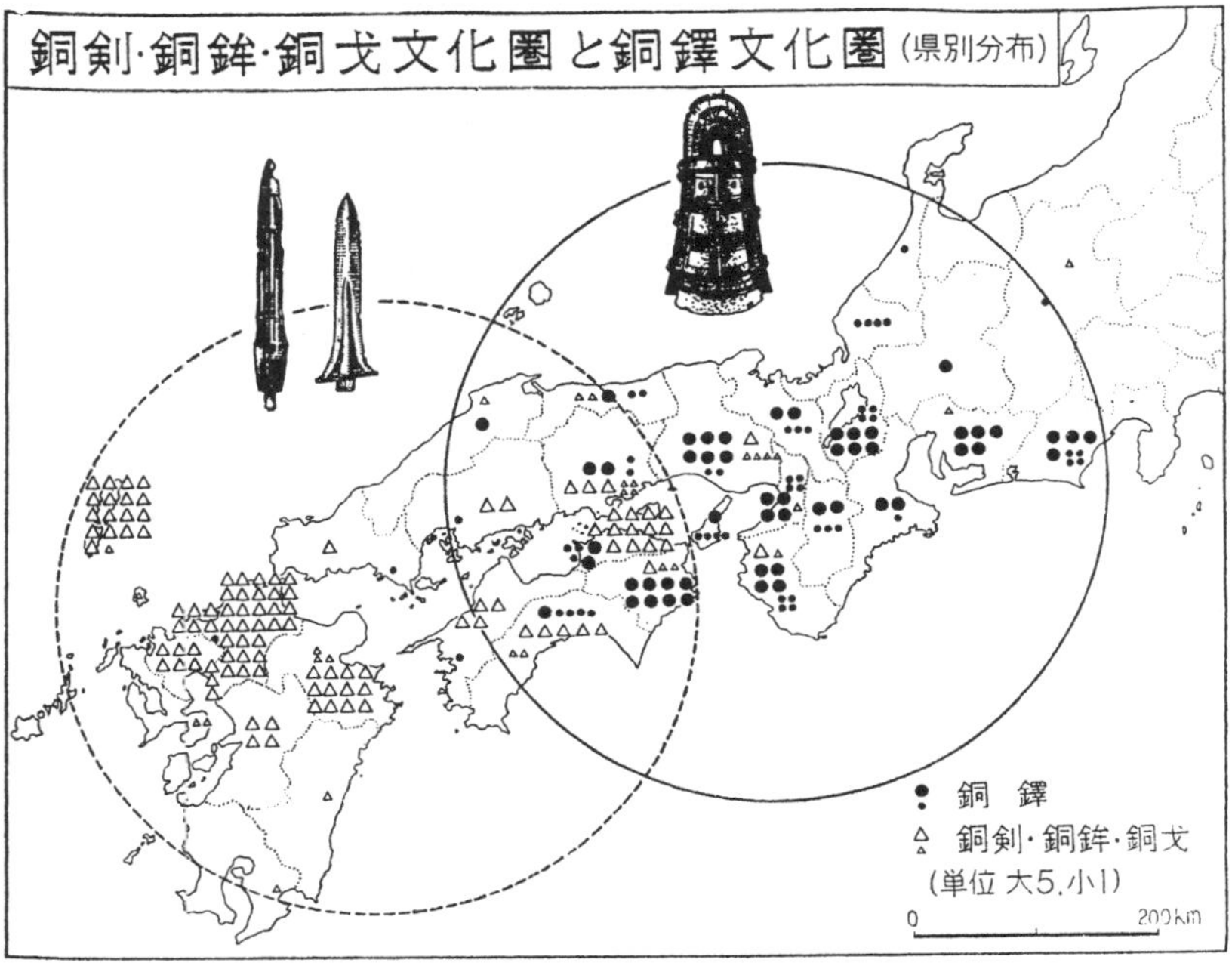

地図13　銅剣・銅鉾・銅戈文化圏と銅鐸文化圏（県別分布）
井上光貞著『日本の歴史１　神話から歴史へ』（中央公論社、1965年刊）による。

和辻哲郎のこの考えは、**地図14**のように修正する形で、再評価してよいと考える。

そして、終末期の銅鐸である近畿式の銅鐸や三遠式の銅鐸は、**地図15**に示すような形で、愛知県や静岡県方面へひろがる。愛知県や静岡県は、のちに、饒速日の命の子孫とされる氏族が、しばしば国造氏族になっている地域である。

地図15の格子目になっている地域、すなわち、初期・最盛期銅鐸も、終末期銅鐸も、ともに行なわれている地域、大阪府、滋賀県、京都府、兵庫県などが、大国主の命によって象徴される出雲系文化のうえに、饒速日の命によって象徴される北九州系文化、邪馬台国系文化が重なった地域である。

大国主の命は、おそらく出雲方面か

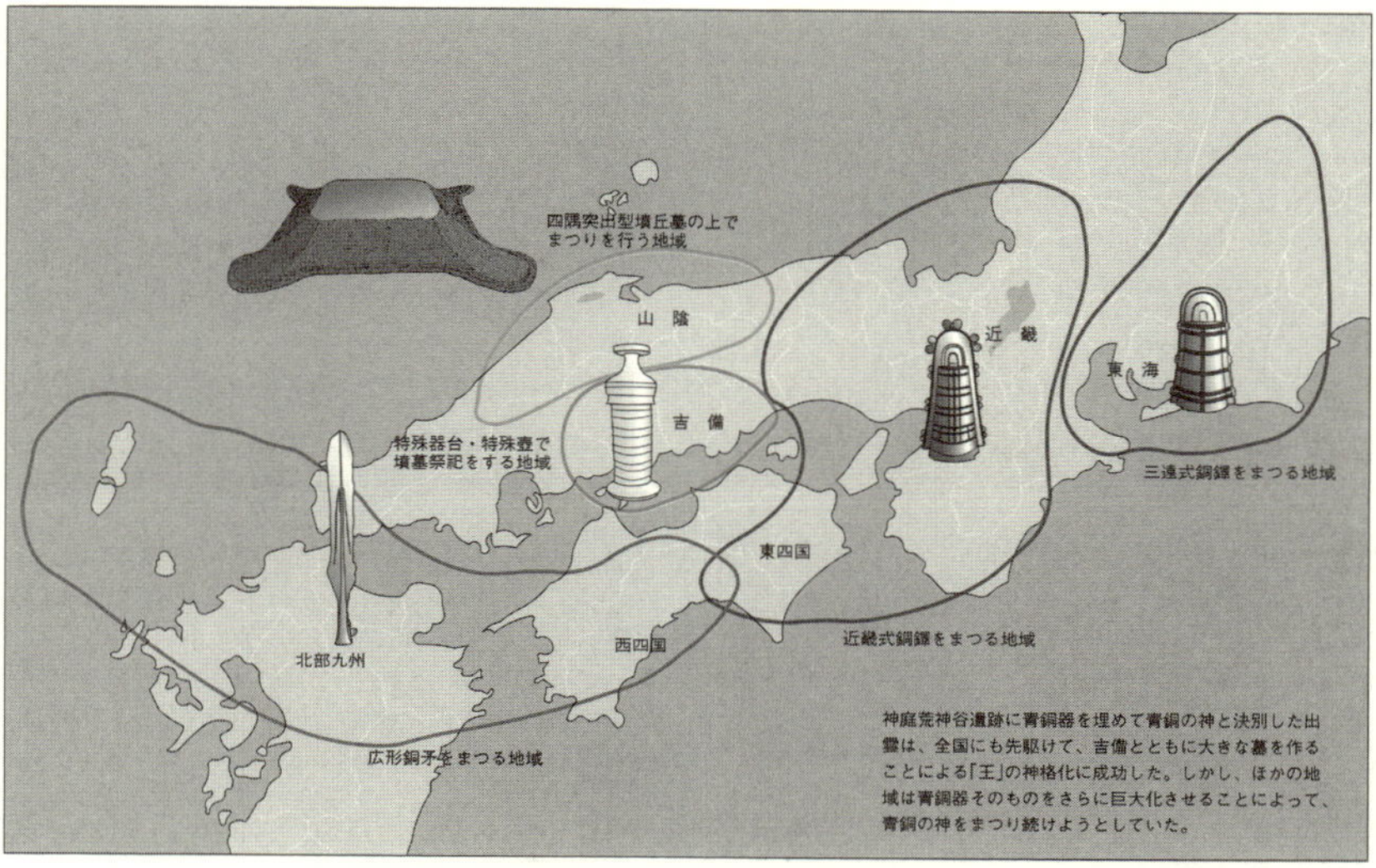

地図14　弥生時代後期の各地域のシンボル
（『古代出雲文化展』〔島根県教育委員会・朝日新聞社、1997年刊〕による）

ら近畿地方にわたる広い範囲の銅鐸文化圏に、支配権というか、影響力をもっていたのであろう。文字どおり「大きな国の主」であったのであろう。

大国主の命は、縁結びの神とされる。それは、大国主の命が、多くの女性と結ばれたからであろう。しかし、それは、大国主の命が、色好みであったからとか、女性にもてたからではなさそうである。両系相続的な方法によって、多くの土地の支配権を手にいれるため、多くの女性と関係をもったのであろう。かくて、大国主の命は、戦わずして支配権を拡大していく。

「言《こと》向《む》け和《やわ》す」という言葉がある。「平定する」「征服する」の意味である。ことばのもとの意味は、「言葉で相手の心をやわらげる」である。大国主の命は、ことばのもとの意味のように、「言向け和して」、大国をつくった。

大国主の命は、また、農業神である。国をひろげ、多くの労働力をもって、灌漑《かんがい》施設などを作ったであろう。

★傾向として、左（西）に行くほど、「初期・最盛期銅鐸」の率が大きくなる。右（東）に行くほど、「終末期銅鐸」の率が大きくなる。そして上（北）に行くほど、「初期・最盛期銅鐸」の率が大きくなる。下（南）に行くほど「終末期銅鐸」の率が大きくなる。縦線の県は、格子線の県をふくめ隣あわせで、地域的に連続的である。横線の県は格子線の県をふくめ隣あわせで、連続的である。

縦線・横線重なりあう部分の面積が、かなり大きい。

地図15　「初期・最盛期銅鐸」と「終末期銅鐸」との分布

『魏志倭人伝』にあるような「租賦（租税）」をとり、国力の充実もはかったであろう。銅鐸は、もともと、出雲文化の輝きを示すシンボルであったとみられる。

饒速日の命が東遷し、のちの、河内、和泉、摂津、山代、近江などを植民地化した。そして、その周辺の大和、伊勢、播磨などには、すこしあとの、神武天皇の東征の時代のころまで、大国主の命の影響が残ったようにみえる。

以上を要するに、邪馬台国関連遺物が、ほとんどまったくといってよいほど出土しない奈良県に、邪馬台国をもっていくのは、いかにも無理だということである。

邪馬台国文化の砂漠の地に、いきなりポコンと、卑弥呼の墓や宮殿だけが出現するものであろうか。

ここに示した文献的、考古学的データを、一度じっくり検討してみてほしい。

おわりに

この本で述べてきたように、「有利なデータや材料だけを使い、不利なものを除去する」「矛盾するデータの隠蔽《いんぺい》」は、研究における不正行為「偽造」の一種である。これは、誤った結論をみちびきだすことになる方法である。

いま、「邪馬台国畿内説」は、みずからの不正行為を、はっきりとは意識しないまま、不正行為の道を歩みつつあるようにみえる。

ある世界に、はいりこんでしまうと、そのことがわからなくなる。

第二次世界大戦中、わが国は、不正な戦いをしているという意識がなかった。正義の戦争をしているという思いが強かった。それと同じような状況となる。

この本で明示している「邪馬台国畿内説」にとって不利なデータや事実を、正面から十分に検討してみてほしい。自説に有利なデータと、不利なデータとを、公平なはかりにかけてほしい。

マスコミもまた、意識しないまま、不正行為に荷担してしまうことのないよう、十分に注意してほしい。

科学の分野では、小保方晴子氏や、シェーンにかぎらず、みずからが不正行為を行なっているという意識を欠いたまま、不正行為に手を染めてしまうことが、しばしばおきるのである。

ある立場に立ってしまうと、見えるべきものが見えない。見えないはずのものが見える。

その結果、自説に不利なデータは、無意識のうちに落とし、自説に有利なデータだけをひろうということになってしまうのである。

人も、集団も、無意識であるがゆえに、誤りをおかす人や集団は、同じ種類の誤りをくりかえしやすい。

考古学は、旧石器事件で大きくつまづいた。それは、年代を古く古くしたほうが、マスコミを賑《にぎ》わすのに有利であり、そうすれば、助成金をえやすいという構造があり、そのため、そちらにのめりこみすぎたためである。捏造が明らかになっても、責任は、藤村新一氏一人にもってもらえば、利益享受者は、不問に付される。

そしていま、考古学のある立場の方々は、同じような行動をとっている。とにかく邪馬台国と結びつけたほうが、マスコミを賑わすのに有利で、そうすれば、助成金などの利益もえやすいという構造がある。そのため、そちらにのめりこみやすい。そして、事実、そちらにのめりこみすぎているようにみえる。そのことを意識していないから、反省も行なわれない。

まわりのわれわれは、そのことを観察し、声をあげよう。

オレオレ詐欺は、犯罪になる。学問的、科学的不正は、犯罪にはならないケースが多い。旧石器捏造事件の藤村新一氏は、捏造によっていわば詐取した金で、生計をたてるという形になっていた。しかし、刑法上の罪にとわれることはなかった。

刑法上の罪にとわれることは、ふつうはない。しかし、研究上の不正では、オレオレ詐欺よりも、ずっと大きな額の金が動いていることが多い。

なくなられた考古学者の森浩一が、考古学は、町人の学問であるべきであることを説き、官による考古学を批判したのは、このようなところに原因がある。

森浩一は述べている。

「今日の政府のかかえる借金は、国立の研究所などに所属するすごい数の官僚学者の経費も原因となっているだろう。」

「ぼくはこれからも本当の学問は町人学者が生みだすだろうとみている。官僚学者からは本当の学問は生まれそうもない。」（以上、季刊『邪馬台国』102号、梓書院、二〇〇九年刊）

著者紹介

安本美典（やすもと　びてん）

1934年、中国東北（旧満洲）生まれ。京都大学文学部卒業。文学博士。産業能率大学教授を経て、現在、古代史研究に専念。『季刊　邪馬台国』編集責任者。情報考古学会会員。専攻は、日本古代史、数理歴史学、数理文献学、数理言語学、文章心理学。

『大和朝廷の起源』（勉誠出版）などの、本シリーズの既刊14点以外のおもな著書に、つぎのようなものがある。

日本古代史関係……『神武東遷』（中央公論社）、『卑弥呼の謎』『高天原の謎』『倭の五王の謎』『邪馬台国ハンドブック』（以上、講談社）、『邪馬台国への道』『数理歴史学』（筑摩書房）、『研究史邪馬台国の東遷』（新人物往来社）、『吉野ケ里遺跡と邪馬台国』（大和書房）、『奴国の滅亡』『日本人と日本語の起源』（以上、毎日新聞社）、『新説：日本人の起源』『騎馬民族は来なかった！』『巨大古墳の主が分った！』『「邪馬台国畿内説」を撃破する！』（以上、宝島社）、『邪馬台国はその後どうなったか』『巨大古墳の被葬者は誰か』『応神天皇の秘密』（以上、廣済堂出版）、『日本誕生記Ⅰ、Ⅱ』『邪馬台国の真実』（PHP 研究所）など。

言語学関係……『日本語の誕生』（大修館書店）、『日本語の成立』（講談社）、『日本語の起源を探る』（PHP 研究所）、『日本人と日本語の起源』（毎日新聞社）、『言語の科学』（朝倉書店）、『言語の数理』（筑摩書房）など。

推理◎邪馬台国と日本神話の謎

邪馬台国《やまたいこく》は99.9％福岡県《ふくおかけん》にあった
ベイズの新統計学による確率計算の衝撃

著　者	安本美典
発行者	池嶋洋次
発行所	勉誠出版（株） 〒101-0051 東京都千代田区神田神保町 3-10-2 電話　03-5215-9021（代）
装　幀	稲垣結子
印　刷	（株）太平印刷社
製　本	井上製本

平成27年１月30日　第１版第１刷

ISBN978-4-585-22555-3 C0021